Gerald Poscheschnik
Empirische Forschung in der Psychoanalyse

Forschung Psychosozial

Gerald Poscheschnik (Hg.)

Empirische Forschung in der Psychoanalyse

Grundlagen – Anwendungen – Ergebnisse

Psychosozial-Verlag

Bibliografische Information der Deutschen Nationalbibliothek
Die Deutsche Nationalbibliothek verzeichnet diese Publikation in der Deutschen
Nationalbibliografie; detaillierte bibliografische Daten sind im Internet über
<http://dnb.d-nb.de> abrufbar.

Originalausgabe
© 2005 Psychosozial-Verlag
E-Mail: info@psychosozial-verlag.de
www.psychosozial-verlag.de
Alle Rechte vorbehalten. Kein Teil des Werkes darf in irgendeiner Form (durch
Fotografie, Mikrofilm oder andere Verfahren) ohne schriftliche Genehmigung des
Verlages reproduziert oder unter Verwendung elektronischer Systeme verarbeitet,
vervielfältigt oder verbreitet werden.
Umschlagabbildung: William Blake: »Newton«, 1795/c.1805. (Ausschnitt)
Umschlaggestaltung nach Entwürfen
des Ateliers Warminski, Büdingen.
Lektorat: Dagmar Kühnle
Printed in Germany
ISBN 978-3-89806-477-4

Inhalt

Vorwort 7

Gerald Poscheschnik
Statt einer Einleitung: Empirische Forschung
in der Psychoanalyse – Einige Gedanken
zur wissenschaftstheoretischen und
methodologischen Standortbestimmung 11

Teil I – Grundpositionen der Debatte 61

Gerd Rudolf
Psychoanalyse und Forschung: Unüberwindliche Gegensätze? 63

Siegfried Zepf
Die »empirische« Beforschung der psychoanalytischen
Therapie – Einige epistemologische und methodologische
Anmerkungen 77

Teil II – Psychoanalytische Experimentalforschung 111

Thomas Köhler
Experimentelle Studien zur freudschen Lehre
von Widerstand und Verdrängung 113

Tamara Fischmann und Wolfgang Leuschner
Kann die psychoanalytische Traumtheorie
experimentell gestützt werden? 121

Teil III – Psychoanalytische Entwicklungsforschung 143

Martin Dornes
Ist die Kleinkindforschung irrelevant für die Psychoanalyse?
Anmerkungen zu einer Kontroverse und zur
psychoanalytischen Epistemologie 145

Inhalt

Kai von Klitzing
Psychoanalyse und Entwicklungsforschung – Sind
Psychoanalyse und Kleinkindforschung füreinander relevant?   175

Peter Fonagy und Mary Target
Was kann die Entwicklungspsychopathologie
Psychoanalytikern über die Psyche sagen?   187

Teil IV – Psychoanalytische Therapieforschung   199

Falk Leichsenring
Wirkungsnachweise psychoanalytischer und
tiefenpsychologisch fundierter Therapie   201

Ulrich Streeck
Körperliches Verhalten und das interaktive Geschehen
im psychotherapeutischen Behandlungszimmer   221

Rainer Krause
Das Gegenwartsunbewusste als kleinster gemeinsamer
Nenner aller Techniken – Integration und Differenzierung
als Zukunft der Psychotherapie   239

Eva Bänninger-Huber
Klinische Emotions- und Interaktionsforschung   257

Brigitte Boothe
Die Dynamik des Erlebens in der Patientenerzählung   273

Anna Buchheim
Ein Dialog zwischen Bindungsforschung und Psychoanalyse   293

Gerhard Schüßler und die OPD-Arbeitsgruppe
Operationalisierte Psychodynamische Diagnostik – Das
Unbewusste zwischen Individualisierung und Operationalisierung   313

Bibliographie   325

Verzeichnis der Autorinnen und Autoren   373

Vorwort

Wie die wachsende Anzahl von psychoanalytischen Publikationen empirischer Orientierung Zeugnis ablegt, stehen die Zeichen auf Wende (s. z. B. Altmeyer 2004a; Buchholz 2004; Giampieri-Deutsch 2002a; 2004a; Kernberg 2001b; 2004; Kutter 2004; Leuzinger-Bohleber et al. 2002; 2004; Stuhr et al. 2001; Thomä 2004): Fortschritte der Psychoanalyse auf der einen Seite und Weiterentwicklungen der Wissenschaftstheorie auf der anderen Seite lassen keinen Zweifel mehr daran, dass die Psychoanalyse den Rang einer vollwertigen Wissenschaft für sich beanspruchen darf. Aufgrund guter empirischer Fundierung psychoanalytischer Theorie und Praxis kann die Wissenschaftlichkeit der Psychoanalyse heute offensiv vertreten werden.

Vereinzelt lassen sich allerdings noch immer hartnäckige Ressentiments finden, die jede Form empirischer Forschung in der Psychoanalyse in Bausch und Bogen ablehnen. Viele dieser Widerstände beruhen allerdings auf unzutreffenden Vorurteilen: Dazu zählt z. B. das Missverständnis, die Psychoanalyse hätte ihre Essentials preiszugeben und sich bedingungslos einem szientistischen Ideal zu unterwerfen; oder dass nur Forschung mit quantitativen Methoden als wissenschaftlich gilt; oder dass wissenschaftliche Forschung zwangsläufig an großen Populationen erfolgen muss. Solche und ähnliche Positionen wurden über lange Zeit durch eine eher orthodox gesinnte Wissenschaftstheorie lanciert, die einem einheitswissenschaftlichen Ideal anhing, das heute allerdings kein ernstzunehmender Wissenschaftstheoretiker mehr vertritt (Hampe 2004). Empirische und psychoanalytische Forschung werden also vielleicht nur deshalb vereinzelt noch als Mesalliance verstanden, weil viele nach wie vor einer antiquierten Vorstellung von Wissenschaft aufsitzen, die darunter eine streng positivistische und ausschließlich quantifizierend und experimentell arbeitende Forschung versteht. Die neuere Wissenschaftstheorie geht aber von einer Pluralität der Wissenschaften aus und erlaubt es jeder Spezialwissenschaft, so auch der Psychoanalyse, ihre eigenen an Forschungsgegenstand und -fragen orientierten Grundlagen zu entwickeln und entsprechende Formen der empirischen Forschung zu betreiben. Unter empirischer Forschung in der Psychoanalyse verstehe ich somit keine rein naturwissenschaftliche, ausschließlich quantitative Forschung, sondern eine die Spezifika der Psychoanalyse berücksichtigende und an psychoanalytischen Maximen orientierte Form von Forschung, welche bemüht ist – ungeachtet, ob sie sich qualitativer oder quantitativer Methoden bedient, am Einzelfall oder größeren Kollektiven erfolgt –, Standards wissenschaftlicher Präzision einzuhalten. Das heißt, empirische Forschung in der Psychoanalyse muss keine Contradictio in adjecto sein, sondern kann für die an Interessensgebieten reiche Psychoanalyse sinnvoll und bereichernd sein.

Eine interdisziplinäre und offene Ausrichtung, welche auch die zeitgenössische Pluralität innerhalb der Psychoanalyse akzeptiert, erscheint mir dabei klug und sinnvoll, weshalb ich mich auch entschieden gegen jede Form der Orthodoxie ausspreche, welche eine Politik rational nicht nachvollziehbarer Ausgrenzung oft nur geringfügig abweichender Meinungen betreibt.

Der vorliegende Band bietet eine Stichprobe aus dem breit gefächerten Spektrum empirischer Forschung in der Psychoanalyse. Das Panorama der enthaltenen Arbeiten erstreckt sich von der wissenschaftstheoretischen und methodologischen Diskussion der psychoanalytischen Wissenschaft und Therapie über die psychoanalytische Experimental- und Entwicklungsforschung bis hin zur psychoanalytischen Therapieforschung.

Die dem Buch immanente Einführung in Grundlagen, Methoden, Anwendungen und Ergebnisse empirischer Forschung in der Psychoanalyse kann nicht nur Experten[1] als Diskussionsgrundlage dienen, sondern kann auch jene, die bisher dem Unternehmen einer empirischen Psychoanalyse eher mit Skepsis gegenüberstanden, aber über die prinzipielle Bereitschaft verfügen, in den Diskurs einzutreten, mit dem komplexen Sujet vertraut machen. Mit ein Ziel ist es, einen bescheidenen Beitrag zur Entwicklung einer psychoanalytischen Forschungskultur auf breiterer Basis zu leisten. Darunter wäre dann nicht nur die grundsätzliche Bereitschaft zu verstehen, sich als Psychoanalytiker an Forschungsprojekten – z.B. zur Wirksamkeit psychoanalytischer Therapie – zu beteiligen, sondern auch in bescheidenem Ausmaß durch z.B. systematische Einzelfallanalysen selbst aktiv an der empirischen Forschung in der Psychoanalyse mitzuwirken.

Am Zustandekommen des vorliegenden Bandes waren viele Personen auf die unterschiedlichste Art und Weise beteiligt. Ihnen allen gebühren meine Special Thanks:

---

[1] Der Einfachheit halber wird das generische Maskulinum zur Kennzeichnung von Personen beiderlei Geschlechts verwendet.

Liz Allison, Eva Bänninger-Huber, Antje Becker, Brigitte Boothe, Christian Bruckner, Anna Buchheim, Martin Dornes, Tamara Fischmann, Peter Fonagy, Elisabeth Jandl-Jager, Daniel Just, Horst Kächele, Dave J. Karloff, Katja Kochalski, Thomas Köhler, Kathrin Krämer, Rainer Krause, Axel Krefting, Dagmar Kühnle, Ines Lahoda, Falk Leichsenring, Wolfgang Leuschner, Jutta Menschik-Bendele, Kathrin Mörtl, Ulrich Moser, Gerd Overbeck, Hermine Poscheschnik, Renate Poscheschnik, Gerd Rudolf, Gerhard Schüßler, Bernd Schwibs, Gernot Soran, Ulrich Streeck, Mary Target, Wolfgang Tress, Volker Tuchan, Kai von Klitzing, Jörn von Wietersheim, Johannes Wadl, Björn Wieser, Fam. Wintschnig, Hans-Jürgen Wirth, Siegfried Zepf; Studienrichtungsvertretung Psychologie, Universität Klagenfurt, Klagenfurter Psychoanalytische Mittwoch-Gesellschaft.

Klagenfurt, im Sommer 2005
Gerald Poscheschnik

Empirische Forschung in der Psychoanalyse – Einige Gedanken zur wissenschaftstheoretischen und methodologischen Standortbestimmung

Gerald Poscheschnik

Einleitung
Die psychoanalytische Wissenschaft, so wie sie sich uns heute darstellt, ist ein Konglomerat von mehr oder weniger divergierenden Theorien, Methoden, Anwendungen und Denkperspektiven. In ihrer nunmehr über hundert Jahre währenden Historie haben empirische Datensammlung und theoretische Erwägung ein Massiv von Erkenntnissen heranwachsen lassen, das für den Einzelnen nicht mehr überschaubar ist.

Um dieser teils verwirrenden Komplexität, teils schillernden Ästhetik einigermaßen Herr zu werden, wurden mannigfaltige Ordnungsversuche vorgeschlagen: Relativ weiter Bekanntheit erfreut sich z.B. die Unterteilung der Psychoanalyse anhand ihrer Menschenbilder in die klassische und die romantische Tradition (Bergmann 2000; Strenger 1989; Wirth 2001). Von großer Popularität ist auch die Benennung einer Reihe unterschiedlicher Gruppierungen, die sich auf ein aus der Masse der Psychoanalytiker herausragendes Vorbild berufen und dessen Werk sowohl in ihrer forscherischen Arbeit als auch klinischen Tätigkeit besondere Reverenz zollen; so z.B. die Freudianer, Kleinianer, Lacanianer, Adlerianer usw. Eine umfassendere Einteilung, die sich auf wissenschaftliche und therapeutische Aufmerksamkeitsschwerpunkte bezieht und zwischen vier psychoanalytischen Schulen (Triebpsychologie, Objektbeziehungspsychologie, Ichpsychologie, Selbstpsychologie) differenziert, wurde von Pine (1988) vorgeschlagen. Weitere Systematisierungsversuche der Psychoanalyse wurden anhand historischer und regionaler Besonderheiten (Kernberg 2001a; Wallerstein 2001a; Will 2001), unterschiedlicher methodologischer Gesichtspunkte und Modelle bei der Untersuchung relevanter Phänomene (Henseler 2003; Loch 1998; Rapaport 1960) sowie behandlungstechnischer Diskrepanzen (Cremerius 1979; Haynal 1987; Kernberg 2001a; Thomä 1999) vorgenommen[1].

Dieser a prima vista tatsächlich relativ chaotisch anmutende Pluralismus kostet manche Exponenten der zeitgenössischen Psychoanalyse lediglich ein gleichgültiges Schulterzucken, während er anderen wiederum schlaflose Nächte zu bereiten scheint. Da alles Hadern mit dieser typisch postmodernen Vielfalt nicht das Geringste an ihrem Vorhandensein ändert, ist es m. E. wesentlich sinnvoller, einen konstruktiven Umgang mit ihr zu finden. Die meisten psychoanalytischen Modelle sind nämlich ohnehin weit weniger widersprüchlich, als es auf den ersten Eindruck scheint; tun sich scheinbar unüberwindliche Abgründe zwischen ihnen auf, so liegen diese weniger in der Natur der Sache selbst, sondern sind weit mehr Resultat einer apodiktischen Haltung ihrer Vertreter. So hat Johannes Cremerius (1982) aus seiner Analyse von Spaltungen in der Geschichte der psychoanalytischen Bewegung folgenden Schluss gezogen:

> »Die wahren Gründe für das Aufhören des wissenschaftlichen Diskurses und für das Schisma liegen in privaten, sehr intimen Aversionen und Idiosynkrasien zwischen Persönlichkeiten, die sich nicht miteinander arrangieren können. Es sind die allgemeinen, wohlbekannten menschlichen Leidenschaften wie Herrschsucht, Wunsch, der Erste zu sein, sich nicht ein- oder unterordnen können, den anderen übertreffen, entthronen müssen etc., die in diesen Situationen der Vernunft den Garaus machen« (Cremerius 1982, 374).

Die dissidenten, angeblich mit den bestehenden Modellen unvereinbaren Theorien erweisen sich nämlich meist als *reduktionistische Theorien*. Damit

---

[1] Eine andere Möglichkeit bestünde noch darin, einfach eine Reihe von Domänen psychoanalytisch inspirierter Forschung aufzulisten: so z.B. die Psychotraumatologie (Fischer/Riedesser 1999; Hirsch 2004; Seidler et al. 2003), die Bindungsforschung (Fonagy 2001; Frischenschlager 2003; Holmes 1993; Köhler 1995; Strauß et al. 2002), die Säuglingsforschung (Dornes 1993; 1997; 2000; Hellmann 2003; Lichtenberg 1983; Stern 1985), die Psychosomatik (Klußmann 1986; Küchenhoff 2000; Wesiack 1998), die Traumforschung (Boothe 2003; Leuschner 2000; Mancia 2002; Moser/von Zeppelin 1996), die Politische Psychoanalyse (Ottomeyer 2000; Richter 1995; Wirth 2002), die Kulturpsychoanalyse (Mattonet 2002; Neukom 2002; Rank 1922), die Ethnopsychoanalyse (Gerlach 2000; Parin et al. 1963; Reichmayr 1995), die Psychotherapieprozessforschung (Dahl et al. 1988; Kächele 2003; Gill et al. 1999), die Affektforschung (Hirsch 1997; Krause 2002a; Seidler 2001), die Sexualforschung (Aigner 1999; Richter-Appelt 2003; Sigusch 2001) oder die Geschichte der Psychoanalyse (Fallend/Kienreich 1986; Fallend et al. 1989; Reichmayr 1990), um nur eine kleine Selektion anzubieten.

hat Hartmann (1964) Theorien bezeichnet, die Teilaspekte wissenschaftlicher Modelle einseitig betonen und überbewerten. Der Teil des Ganzen, der totalisiert wird, ist meist bereits im bestehenden Theoriegebäude vorhanden, weshalb es sehr wohl möglich wäre, einen Konsens zu finden und ein Schisma zu vermeiden. Ob es zu einer Abspaltung kommt, hängt meist von den tonangebenden Persönlichkeiten und dem herrschenden Diskussionsklima ab. Sind die Protagonisten der wissenschaftlichen Gruppierung eher dogmatisch und freie Diskussion prallt an einem Kanon sakrosankter Prinzipien ab, werden Abspaltungen eher forciert; ist das Diskussionsklima hingegen von toleranter Offenheit geprägt – garantiert durch integrative Persönlichkeiten –, bleibt Raum für eine Vielfalt an benachbarten Meinungen und Theorien (Cremerius 1982).

Während paradigmatische Differenzen in der Vergangenheit noch häufig Stein des Anstoßes waren und zu schwärenden Konflikten führten, die eine der beiden Seiten sogar ins Dissidententum zwingen konnten (Cremerius 1982; Wirth 2000), ist die heutige Psychoanalyse durch größere Bewusstheit ihres Theorienpluralismus gekennzeichnet, der – wenn auch langsam und unter Widerständen – allmählich zu größerem Respekt zwischen den verschiedenen Schulen und Richtungen innerhalb der Psychoanalyse führt (Altmeyer 2004a; Kernberg 2001a; Kutter 2000; Mertens 1981; 1997). Das nicht zuletzt, weil der Pluralismus zunehmend als Chance begriffen werden kann, interessante Phänomene von unterschiedlichen (schulischen) Positionen aus zu beleuchten. So gesehen ist jede einzelne dieser Perspektiven geeignet, bestimmte Facetten der zu untersuchenden Phänomene zu erhellen, während andere Aspekte gleichzeitig verdunkelt werden. Eine Kombination der verschiedenen Blickwinkel eröffnet dann die Möglichkeit, die blinden Flecken gegenseitig zu kompensieren und so eine vollständigere Sicht auf die Dinge zu erlangen (s. a. Leuzinger-Bohleber 1997; Pine 1988; Poscheschnik 2003).

Nichtsdestotrotz wirft die theoretische, praktische und methodische Diversität der (post)modernen Psychoanalyse die Frage nach dem Common Ground auf, die alles andere als leicht zu beantworten ist (Cremerius 1982; Wallerstein 1990). Eher reduktionistische Lesarten, welche das Tertium Comparationis in einer Anzahl gemeinsam geteilter Schibboleths suchen, werden der realen Buntheit kaum gerecht. Aus diesem Grund ist es vielleicht eher zielführend, nach dem Common Ground in einer summativen Definition der Psychoanalyse zu fahnden, welche all jene Erkenntnisse, die auf verschiedenen Wegen in den letzten hundert Jahren gewonnen wurden, berücksichtigt.

Angesichts der konsequenten wissenschaftlichen Orientierung der Psychoanalyse an ihrem Forschungsgegenstand – dem Menschen in all seiner Komplexität und Widersprüchlichkeit – und des real existierenden Pluralismus, der sich von der Untersuchung diverser Phänomene intrapsychischer Psychodynamik über interpersonelle Relationen und psychosomatische Konnexionen bis hin zu soziokulturellen Faktoren inklusive interdisziplinärer Querverbindungen erstreckt, scheint es am adäquatesten, die *Psychoanalyse als eine Humanwissenschaft* zu konzipieren[2]. Die Psychoanalyse könnte – stellt man die vielfältigen Forschungsgebiete, Anwendungsfelder, Theorien, schulischen Forschungsschwerpunkte in Rechnung – sogar ein beinahe umfassendes humanwissenschaftliches Forschungsprogramm bereitstellen, dessen Ziel es ist, den Menschen als biopsychosoziales Wesen in all seinen Facetten unter besonderer Berücksichtigung psychodynamischer, unbewusster Prozesse mit eigenen und adaptierten Methoden zu beschreiben, zu erklären und zu verstehen sowie therapeutisch zu behandeln[3].

So hat z. B. Erikson (1950) in seinem methodischen Vorgehen stets biologische, psychologische und soziologische Dimensionen in der Ergründung eines Phänomens, z. B. der Symptomatik eines Patienten, vorgeschlagen. In dieser Tradition steht z. T. auch Lorenzer (1986), der die Psychoanalyse als Wissenschaft zwischen den Wissenschaften verstand und sie in einem Dreieck zwischen Biologie, Psychologie und Soziologie angesiedelt hat (s. a. Kutter 2000). Auch Rudolf (2000) erachtet eine Betrachtung auf mehreren Ebenen für notwendig, um das menschliche Wesen, welches von biologischen, psychologischen und soziologischen Faktoren determiniert ist, wissen-

---

2   Die Humanwissenschaft ist definiert als eine Disziplin, welche ihr wissenschaftstheoretisches und methodologisches Selbstverständnis an ihrem Forschungsgegenstand, dem Menschen als biopsychosoziales Wesen, orientiert, dabei empirisch exakte Wissenschaftlichkeit anvisiert, ohne jedoch unbrauchbare Prämissen aus den Naturwissenschaften zu importieren.
3   Mir ist klar, dass so eine weitläufige Definition Ablehnung herausfordern kann. Schließlich wird die Psychoanalyse in einer knappen Definition gerne als die Wissenschaft vom Unbewussten konzipiert. Erstens greift so eine Definition der Psychoanalyse aber insofern zu kurz, als man ja gar nichts von der Existenz unbewusster Prozesse wissen könnte, würden diese nicht das Erleben und Verhalten (im weitesten Sinn des Wortes) determinieren und sich so indirekt bemerkbar machen. Das heißt, auch die Psychoanalyse kommt nicht umhin, in einem ersten methodischen Schritt die zu untersuchenden Phänomene einer umfassenden deskriptiv-phänomenologischen Untersuchung zu unterziehen, bevor sie dann in weiteren methodischen Schritten die unbewussten Dimensionen ergründen kann. Zweitens waren unbewusste Prozesse niemals alleiniges Erkenntnisinteresse. Ungeachtet dessen, dass deren Erforschung zu den bedeutendsten Beiträgen der Psychoanalyse zur Humanwissenschaft zählt, war Freud an der Entwicklung einer umfassenden Theorie des Mentalen inklusive ihrer Konnexionen zu den Sphären des Somatischen und Sozialen interessiert.

schaftlich erforschen und therapeutisch behandeln zu können. Freud hatte übrigens – betrachtet man die unglaubliche Kreativität und Vielfalt seines epochalen Gesamtwerks und lässt sich nicht von einengenden Definitionen blenden – eine ähnlich breit gefächerte Auffassung von der Psychoanalyse. Er verstand sie nicht nur als eine Anwendungswissenschaft, die die Aufgabe verfolgt, psychopathologische Entgleisungen zu kurieren, sondern auch als Forschungsmethode und Grundlagenwissenschaft, die »normale« Individuen und deren Einbettung in kulturelle und gesellschaftliche Zusammenhänge zu beschreiben, zu erklären und zu verstehen trachtet (s. a. Freud 1913j; 1916-17a; 1919a; 1923a; 1926f; 1933a; Giampieri-Deutsch 2004b; Hartmann 1958; Poscheschnik et al. 2003). So birgt auch schon das freudsche Œuvre m. E. den Keim einer umfassenden Humanwissenschaft in sich, an dessen Ausarbeitung und Erweiterung die psychoanalytische Gemeinschaft bis heute arbeitet, sodass die Psychoanalyse mittlerweile durch die mit Abstand elaborierteste Theorie menschlichen Erlebens und Verhaltens besticht.

Um ein psychoanalytisches Grundgerüst für eine umfassende Humanwissenschaft bereitstellen zu können, bedarf es aber erstens noch aufwändiger integrativer Leistungen, um die verstreuten Theoriefragmente zusammenzuführen, denn momentan gleicht die psychoanalytische Theorie noch immer mehr einem Berg von Baumaterial als einem Theoriegebäude, und zweitens zukünftiger Forschung, um die bestehenden Lücken im Wissen zu füllen. Ziel integrativer, mehrdimensionaler Modelle wäre es, den bestehenden Fundus an Theorien kohärent miteinander zu verknüpfen. Eine Schlüsselstellung bei dieser Aufgabe könnte aufgrund ihres Hangs zu Systematik und Präzision der empirischen Forschung in der Psychoanalyse zukommen. Diese könnte konkurrierende Theorien mit unterschiedlichen Forschungsdesigns und -methoden auf ihren Gültigkeitsbereich hin untersuchen, um sie für Integrationen in übergeordneten Modellen aufzubereiten[4].

Empirische und poetische Forschung in der Psychoanalyse
An dieser Stelle erscheint es mir notwendig, innerhalb der Psychoanalyse eine Differenzierung vorzunehmen, die ihr wissenschaftliches Selbstver-

---

[4] Solche integrativen, mehrdimensionalen Modelle erscheinen mir ansatzweise in einigen anspruchsvollen Lehr- und Handbüchern jüngeren Datums aus unterschiedlichen psychoanalytischen Forschungsterrains durchaus schon realisiert (z.B. Adler et al. 2003; Ahrens/Schneider 2002; Arbeitskreis OPD 1996; Deneke 1999; Fischer/Riedesser 1999; Hoffmann/Hochapfel 1999; Kutter 2000; Krause 1997; 1998; Mentzos 1982; Mertens 1993; Mertens/Waldvogel 2000; Rudolf 2000; Tyson/Tyson 1990).

ständnis betrifft. Meines Erachtens lassen sich in der psychoanalytischen Literatur zwei immanente Forschungstraditionen erkennen, deren eine versucht, an Ideale wissenschaftlich exakter Forschung anzudocken und deren andere primär auf therapeutische Intuition vertraut. Ich möchte vorschlagen, die erstere Forschungstradition als *empirische Forschung in der Psychoanalyse* zu bezeichnen und die letztere *poetische Forschung in der Psychoanalyse* zu nennen. Mir ist bewusst, dass diese Polarisierung zwischen empirischer und poetischer Forschung in der Psychoanalyse hochgradig artifiziell ist, weshalb ich ausdrücklich betonen möchte, dass es sich bei diesen beiden Forschungskulturen in der Psychoanalyse um idealtypische Kategorien handelt, die realiter freilich weite Überlappungsbereiche aufweisen und von den meisten, um nicht zu sagen allen, Psychoanalytikern in Kombination verwendet werden. Beide Forschungstraditionen, deren Wurzeln sich bis in die Epoche der Klassischen Psychoanalyse zurückverfolgen lassen, haben Erkenntnisse großer Tragweite zu Tage gefördert und ergänzen sich insofern prächtig, als sich die poetische Forschung in der Psychoanalyse mit jenen Nuancen und Untiefen der Conditio humana auseinander setzt, die aufgrund unzulänglicher Methodik noch gar nicht operationalisiert und systematisch erforscht werden können, während die empirische Forschung in der Psychoanalyse systematische und nachvollziehbare Evidenz für psychoanalytische Theorien anstrebt, zwischen konkurrierenden Theorien zu vermitteln versucht sowie den regen Austausch mit den Nachbardisziplinen pflegt.

Unter der *poetischen Forschung in der Psychoanalyse* verstehe ich jene Forschungstradition, die ihre Daten vornehmlich aus der exklusiven psychoanalytischen Situation zwischen Analytiker und Analysand gewinnt. Daraus werden Konzepte und Theorien geschmiedet, ohne jedoch den Prozess der Erkenntnis transparent zu machen, was hin und wieder mit einer gewissen Mystifikation der psychoanalytischen Erkenntnis einhergeht. Solche klinischen Forscher können sich in psychischen Gefilden bewegen, deren empirische Ergründung aufgrund einer noch zu stumpfen oder gar fehlenden Methodik vorerst verwehrt bleiben muss. Die Lektüre solcher Autoren offeriert eine faszinierende Gedankenwelt, die uns in die Untiefen menschlicher Psychodynamik fortzureißen vermag und zuweilen regelrechte Offenbarungen in sich birgt. Wahre Meister dieser Disziplin sind einige Vertreter der französischen Psychoanalyse wie z.B. André Green[5] (Green 1983; Wolff 2000), Jacques Lacan

---

5 Es soll nicht unerwähnt bleiben, dass André Green (2000a; 2004) gelegentlich recht harsch gegen jede Form empirischer Forschung in der Psychoanalyse polemisiert. Seine Argumentationsstrategie besteht im Wesentlichen darin, sein idiosynkratisches Verständnis von Psychoanalyse zum einzig richtigen zu erklären und alle anderen Spielarten der Psychoanalyse

(Lacan 1949; Pagel 1989) oder Jean Laplanche (Laplanche 2004; Sauvant 2004). Aber auch Psychoanalytiker in der Tradition der Schule Melanie Kleins gehören sicherlich hierher (Klein 1952; Bion 1959; Schafer 1994; Seubert 2004)[6]. Zusätzlich möchte ich noch psychoanalytische Forscher hier erwähnen, die sich als Romanciers betätigen (T. Moser 1976; Overbeck 1997; Yalom 1989).

Obgleich jede Form wissenschaftlicher Forschung auch so etwas wie eine *ästhetische Komponente* (Eberhard 1987) enthalten kann, und Anekdoten, Fallvignetten, Allegorien, Mythen auch durchaus komplexe Zusammenhänge verständlich machen können, darf nicht übersehen werden, dass poetische Einsprengsel lediglich illustrativen Wert haben und nicht der Beweisführung dienen können. Das Risiko in der Verwendung von Ergebnissen der poetischen Forschung in der Psychoanalyse besteht vor allem darin, sich von der Vagheit ihrer Konzepte und Theorien verführen zu lassen, aus der Summe aller in der psychoanalytischen Therapie produzierten Daten nur noch jene zu selegieren, welche die eigenen Glaubensüberzeugungen bestätigen. Wie Clifford Yorke (2002) befürchtet, ist es heutzutage keine Rarität, anstatt der gleichschwebenden Aufmerksamkeit zu frönen und das Material möglichst unvoreingenommen auf sich wirken zu lassen, lieber gespannt auf der Lauer nach Bestätigungen vorgefertigter Annahmen zu liegen. Damit werden gesunder Zweifel und Möglichkeit zum Irrtum, essenzielle Bestandteile wissenschaftlichen Vorgehens, suspendiert. Ungeachtet aller wissenschaftlichen Schwächen der poetischen Forschung ist sie aber doch unverzichtbar für die Psychoanalyse, weil ihre kühnen Hypothesen als Wegweiser für die zukünftige Forschung dienen können.

Nun zur *empirischen Forschung in der Psychoanalyse*. Da allein schon das Wort »empirisch« in Verbindung mit Psychoanalyse bei manchen Psychoanalytikern allergische Reaktionen auszulösen scheint, was mit einer Reihe von Vorurteilen in Zusammenhang stehen dürfte, möchte ich dezidiert festhalten, dass darunter keinesfalls eine Psychoanalyse zu verstehen ist, die ihre Vorzüge für ein Linsengericht verhökert, wie Lorenzer (1970) einst befürchtet hat. Es geht also nicht um eine Submission der Psychoanalyse unter eine szientistische Doktrin positivistischer Prägung. Ohne auf diese

---

zu entwerten. Ich ziehe es vor, auf Polemik zu verzichten, da ich mich voll tiefen Respekts vor beiden Forschungstraditionen und der sie repräsentierenden kreativen Geister gleichermaßen tief verneige, wenn auch meine Vorliebe der empirischen Forschung in der Psychoanalyse gehört.

6   Da der Kleinianischen Psychoanalyse oft rigide Wissenschaftsfeindlichkeit unterstellt wird, möchte ich hinzufügen, dass Contemporary Kleinians durchaus die Vagheit ihrer Konzepte problematisieren und an höherer Präzision arbeiten (Niedecken 2004) oder sich bei der Präsentation ihrer Einzelfallstudien um intersubjektive Nachvollziehbarkeit bemühen (Schmithüsen 2004).

begrenzt zu bleiben, kann sich die empirische Forschung in der Psychoanalyse aber sehr wohl Forschungsdesigns und -methoden wie z. B. des - Experiments oder der Statistik bedienen, wenn der Gegenstand der Untersuchung es erfordert (s. a. Kutter 2004); um nicht auf ihren Hang zur wissenschaftlichen Präzision verzichten zu müssen, kann sie jene Methoden entwickeln, die sie braucht, um psychoanalytische Konzepte und Theorien intersubjektiv nachvollziehbar zu untersuchen. Empirische Forschung in der Psychoanalyse meint also vielmehr die Anstrengung, Standards von Wissenschaftlichkeit zu erfüllen, indem versucht wird, psychoanalytische Konzepte zu präzisieren und auch zu operationalisieren, Theorien kritisch und systematisch auf ihren jeweiligen Gültigkeitsbereich zu testen sowie das methodische Vorgehen für Dritte transparent zu machen, ohne jedoch die Spezifika der Psychoanalyse preiszugeben. Neben der Erfüllung von Gütekriterien wissenschaftlicher Forschung legt die empirische Forschung in der Psychoanalyse Wert darauf, den gesamten Forschungsprozesses kritisch zu reflektieren[7].

Insofern kann empirische Forschung selbstverständlich auch mit qualitativen Methoden oder an Einzelfällen erfolgen. Systematische Einzelfallanalysen, wie sie heute in der psychoanalytischen Therapie- und Pathologieforschung betrieben werden, sind ein legitimes wissenschaftliches Forschungsdesign, können mit Fug und Recht empirisch genannt werden und stehen jenen Arten wissenschaftlicher Forschung, die mit größeren Stichproben arbeiten, prinzipiell um nichts nach (s. z. B. Fischer 1989; Flick 2002; Kächele 1981; Leuzinger-Bohleber 1995; Mayring 2002; Meyer 1994; Schaumburg et al. 1974; Stuhr 2001; Thomä 1999).

Auch die Übertragung von Erkenntnissen aus Fallstudien in allgemeinere und abstraktere Zusammenhänge, die *Generalisierung*, durch z. B. die Entwicklung von Konzepten, Modellen oder einer Typologie, ist durchaus akzeptabel, wenn sie step by step erfolgt und man die nötige Behutsamkeit dabei walten lässt (s. a. Deneke/Stuhr 1992; Flick 2002; Frommer/Langenbach 1998; Gerhardt 1998; Kächele 1981; Kelle/Kluge 1999; Leuzinger-Bohleber 1995; 1997; Mayring 2002; Moser 1989; Schaumburg et al. 1974; Stuhr 2001; Thomä/Kächele 1973a). Um Übergeneralisierungen zu vermeiden,

---

7 Vorerst soll uns diese Kurzcharakteristik von empirischer Forschung in der Psychoanalyse genügen. Dieses Bestreben nach wissenschaftlicher Akribie, wie es in exakten Konzepten, überprüften Theorien und methodischer Korrektheit zum Ausdruck kommt, wird vom Wissenschaftstheoretiker Michael Hampe (2000 zit. nach Leuzinger-Bohleber 2002) *Disziplinierung der Erfahrung* genannt. Diese betrachtet er trotz der heutigen Pluralität der Wissenschaften als ihren kleinsten gemeinsamen Nenner.

müssen die Grenzen des Geltungsbereichs, der Generalisierbarkeit einer so gewonnenen Theorie mithilfe von Fallkontrastierung und der Suche nach abweichenden Fällen sorgfältig ausgelotet werden (s. a. Steinke 2000; Kächele 1981; Tress/Fischer 1991). Besonderer Wert wird auf die Dokumentation der – oft im Rahmen psychoanalytischer Therapien – erhobenen Daten gelegt. Je nach Zielsetzung der Studie kann man heute Notizen, Tagebücher, Dokumentationsbögen, Tonbandaufzeichnungen und Verbatim-Protokolle sowie Videoaufzeichnungen benutzen (s. z. B. Flick 2002; Kächele 1981; 1990; Kächele et al. 1973, Kernberg 2004; Kutter 2004; Moser 1991; Schaumburg et al. 1974; Thomä/Kächele 1988; Zwiebel 1994).

Der Unterschied zu den Fallvignetten der poetischen Forschung in der Psychoanalyse besteht in Anwendung regelgeleiteter Methodik, höherer Transparenz des Erkenntnisgewinns und Behutsamkeit bei Schlussfolgerung und Generalisierung. Mit anderen Worten, im Unterschied zur *Fallvignette*, die eine höchst impressionistische Zusammenfassung eines Einzelfalls bietet und mehr illustrativen denn empirischen Wert aufweist, streben *Einzelfallanalysen* Exaktheit und Systematik an (Kächele 1981; Leuzinger-Bohleber 1995; Schaumburg et al. 1974), wobei solche Bemühungen nicht in Widerspruch zu novellistischen Ansprüchen stehen müssen (Overbeck 1994).

Freilich zeigt die empirische Forschung in der Psychoanalyse auch Interesse an der Überprüfung von Hypothesen an größeren Populationen. In solchen Fällen kann man sich gruppenstatistischer Designs, wie sie für die Wirksamkeitsforschung in der Psychotherapie unverzichtbar sind, oder auch der eng mit der Einzelfallanalyse verbundenen *aggregierten Einzelfallforschung* und *komparativen Kasuistik* bedienen. Insbesondere klinisch arbeitende Psychoanalytiker setzen letztgenannte Vorgehensweisen ein, um generellere Aussagen z. B. über ein Kollektiv von Patienten mit einem bestimmten Störungsbild machen zu können (Jüttemann 1998; Kächele 1981; Leuzinger-Bohleber 1995).

Wer im weiten Feld der psychoanalytischen Literatur einigermaßen bewandert ist und diese auf ihre Realisierung unterschiedlicher Forschungsdesigns durchsucht, wird reichlichen Fund machen. Neben dem als klassisch geltenden Forschungsdesign der *Einzelfallanalyse* lassen sich nämlich auch Forschungsdesigns wie z. B. *Dokumentenanalyse* (Eckstaedt 2004; Freud 1914b; Stroczan 1998), *Handlungs- und Aktionsforschung* (Beckmann 1988; Freud/Burlingham 1951; Robertson/Robertson 1975), *Feldforschung* (Erikson 1950; Lazar et al. 1986; Parin et al. 1963), *Evaluationsforschung* (Leuzinger-Bohleber/Stuhr 1997; Leuzinger-Bohleber et al. 2002; Fonagy et al. 2001a) oder *Experimentalforschung* (Brakel 2004; Leuschner et al. 1998; Shevrin 2004) aufspüren.

Zu den bedeutendsten psychoanalytischen Forschern empirischer Orientierung unserer Zeit zählen neben den in diesem Band versammelten Autorinnen und Autoren noch Sidney Blatt, Wilma Bucci, Robert Emde, Gottfried Fischer, Horst Kächele, Otto Kernberg, Marianne Leuzinger-Bohleber, Joseph Lichtenberg, Lester Luborsky, Ulrich Moser, Gerd Overbeck, Rolf Sandell, Howard Shevrin, Mark Solms, Daniel Stern, Helmut Thomä und Robert Wallerstein, um nur einen kleinen Teil der Spitze einer Pyramide von Forschern, deren Basis immer breiter wird, zu nennen.

Angefangen hat alles – sowohl die empirische als auch die poetische Forschung in der Psychoanalyse – mit Sigmund Freud, dem es als erstem gelungen ist, jene Bereiche der menschlichen Psyche, welche zuvor bestenfalls prometheischen Philosophen und Literaten zugänglich waren, wissenschaftlich zu beschreiben, zu erklären und zu verstehen. Zu diesem Zweck musste er Prämissen der klassischen Naturwissenschaften überwinden und methodologische Strategien modifizieren und ergänzen, um mentale Prozesse der wissenschaftlichen Untersuchung und Behandlung zugänglich zu machen. Unter strikten Szientisten hat ihm diese revolutionäre Tat den Vorwurf der Unwissenschaftlichkeit eingetragen.

Die psychoanalytische Gemeinschaft hat diesen wiederholt vorgetragenen *Unwissenschaftlichkeitsvorwurf* mit zwei verschiedenen Strategien beantwortet, die auch bis zu einem gewissen Grad mit den oben beschriebenen Forschungstraditionen korrespondieren. Während die poetische Forschung in der Psychoanalyse mit einem eher *defensiven Umgangsstil* auf den Vorwurf der Unwissenschaftlichkeit reagiert hat, hat die empirische Forschung in der Psychoanalyse mit einer *offensiven Strategie* gekontert. Freilich gibt es auch hier fließende Übergänge und das im Folgenden Ausgeführte ist cum grano salis zu lesen:

Die *defensive Strategie der poetischen Forschung in der Psychoanalyse* bestand vor allem darin, sich gegen den Unwissenschaftlichkeitsvorwurf mit einem Rückzug in die Privatpraxis, einer Ideologisierung der psychoanalytischen Therapie als alleiniger Erkenntnisquelle, einer Mystifikation der psychoanalytischen Methodik und einer Abschottung gegenüber den Nachbarwissenschaften zu wappnen. Damit waren bedauerlicherweise generelle *Widerstände gegen Forschung in der Psychoanalyse* (Kernberg 2001a) verbunden, die aber beginnen, sich mehr und mehr aufzulösen (Altmeyer 2004a; Buchholz 2004; Kernberg 2004).

Die vereinzelt noch immer anzutreffende Wissenschaftsskepsis in der Psychoanalyse entspringt m. E. häufig einer *Angst vor Falsifikation*, die aber im Großen und Ganzen unbegründet ist. *Erstens* zeichnen sich die gegen psychoanalytische Theorie und Praxis vorgebrachten Invektiven durch einen Stil aus, der in mehrfacher Hinsicht gegen den Ehrenkodex wissenschaftlicher Redlichkeit verstößt. Die so genannte *Anti-Freud-Literatur* besticht durch völlige Unkenntnis des State of the Art der Psychoanalyse, stützt sich primär auf persönliche Angriffe gegen Freud und baut ihre meist fehlerhafte Darstellung der psychoanalytischen Theorien auf sinnentstellender und inkorrekter Wiedergabe von Originalzitaten auf (Köhler 1993; 2002; 2004a). *Zweitens* entspringen alle psychoanalytischen Konzepte, Theorien und Theoreme der Erfahrung und können bestenfalls als nicht ausreichend empirisch fundiert oder vorschnell übergeneralisiert kritisiert werden. Eine eingehende empirische Überprüfung würde in den allermeisten Fällen lediglich zu einer Präzisierung der einzelnen Theorien und einer Eingrenzung ihres Gültigkeitsbereichs führen. Und *drittens* ist die Psychoanalyse allen Unkenrufen zum Trotz frappant gut durch psychoanalytische Forschung und interdisziplinäre Evidenz (z.B. experimenteller und neurowissenschaftlicher Provenienz) empirisch fundiert (siehe z.B. Buchholz 2004; Giampieri-Deutsch 2002a; 2002b; 2004a; 2004b; Kächele et al. 1991; Leuzinger-Bohleber et al. 2004).

Dass die Unwissenschaftlichkeit der Psychoanalyse eine alte Mär uninformierter und ignoranter Kritikaster ist, soll aber keineswegs heißen, dass konstruktive Kritik an psychoanalytischen Theorien, die sich auf Kenntnis der Materie und differenzierte Urteile stützt, nicht erwünscht wäre. Wohlinformierte Kritik, wie sie nicht nur von Psychoanalytikern, sondern auch Nachbarwissenschaftlern seit jeher vorgebracht wird, ist für die Weiterentwicklung der psychoanalytischen Theorie und Therapie sogar unverzichtbar!

Die Wissenschaftlichkeit der Psychoanalyse kann heute also offensiv vertreten werden. Die *empirische Forschung in der Psychoanalyse* hat von Anfang an so eine *offensive Umgangsstrategie* mit dem Unwissenschaftlichkeitsvorwurf eingeschlagen und ist damit weit weniger von der Wissenschaftsorientierung Freuds entfernt, als gelegentlich noch immer insinuiert wird. Sie versucht das freudsche Erbe auf ihre Art und Weise einzulösen, indem sie die von ihm begründete Wissenschaft weiterentwickelt und sich gegen sektiererische Tendenzen widerständig zeigt.

Den klinisch-psychotherapeutischen Puristen unter den Analytikern, die jede Form empirischer Forschung in der Psychoanalyse jenseits der Falldarstellung und dem klinischen Denken deklassieren – eine Tendenz, die ich auf den *Medicozentrismus* (Parin/Parin-Matthèy 1983) zurückführe, welcher mit einer Reduktion der Psychoanalyse auf ihre klinische Anwendung sowie einer Elimination ihres allgemeinwissenschaftlichen und kulturkritischen Aspekts korrespondiert –, sei entgegengehalten, dass bereits Freud aus dem Vollen geschöpft und verschiedene methodologische Prinzipien und methodische Strategien ins Spiel gebracht hat (s. a. deMijolla 2004). Wer die Texte Freuds unvoreingenommen studiert, wird erkennen können, dass er sich bei der Generierung von Hypothesen und Fundierung von Theorien auf vielerlei Datenquellen gestützt hat (darunter psychoanalytische Therapien [Freud 1905e; 1909d], andere Wissenskontexte bzw. interdisziplinäre Informationen [1905c; 1912-13a], Selbstbeobachtung, Selbstreflexion, Selbstanalyse [1900a; 1919h], Beobachtungen außerhalb des psychoanalytischen Settings an Erwachsenen wie Kindern [Freud 1901b; 1920g]).

Ausgehend von der Fülle freudscher Forschung und der Pluralität zeitgenössischer Psychoanalyse möchte ich im Gegensatz zu einer *totalitären Logik der Ausgrenzung*, wie sie von eher orthodox gesinnten Kreisen in der Psychoanalyse vertreten wird, für eine liberale *Logik der Akzeptanz* plädieren, die jeder Spielart der Psychoanalyse ihre Daseinsberechtigung gewährt.

Ich möchte nun zu einer kurzen Erörterung der einflussreichsten wissenschaftstheoretischen Positionen der letzten hundert Jahre übergehen, die dabei behilflich sein soll, eine angemessene Definition und Verortung empirischer Forschung in der Psychoanalyse zu finden.

Kurzer Abriss der Wissenschaftstheorie

Jede sachliche Erörterung wissenschaftstheoretischer Fragen gestaltet sich schwierig, da trotz aller Fortschritte auf diesem Gebiet die Debatte nach wie vor von verhärteten Fronten geprägt ist. Bei diesen ideologisch geführten Disputen stehen sich verfeindete Lager gegenüber, die sich auf die immer gleichen Dichotomien berufen und die immer gleichen Vorurteile gegeneinander ins Feld führen. Viele Wissenschaftler kranken noch immer am Glauben, sie seien im Besitz der alleinig richtigen Methode und können es nicht lassen, jeden, der sich ihrem Diktat nicht beugen möchte, als unwissenschaftlich zu diffamieren.

Wer allerdings einen Blick in die neuere wissenschaftstheoretische Literatur wirft, wird sich nur noch wundern können, dass das Denken vieler Wissenschaftler noch immer in rigiden Polarisierungen (z. B. nomothetisch vs. idiographisch, erklären vs. verstehen, naturwissenschaftlich vs. geisteswissenschaftlich, hard science vs. soft science, deduktiv vs. induktiv, quantitativ vs. qualitativ) inklusive der daraus resultierenden Einnahme eines apodiktischen Standpunkts arretiert bleibt. In aktuellen Übersichtstexten und Lehrbüchern zur Wissenschaftstheorie (Breuer 1977; Eberhard 1987; Karloff 2001; Kriz et al. 1990; Poser 2001; Seiffert 1969a; 1969b) herrscht nämlich zumindest dahingehend Konsens, dass keine wissenschaftstheoretische Position mehr einen Alleinvertretungsanspruch für alle wissenschaftlichen Disziplinen erheben kann. Vielmehr werden eine Reihe von prinzipiell gleichberechtigten, jeweils mit Stärken und Schwächen behafteten wissenschaftstheoretischen *Standpunkten* (Poser 2001) oder *Erkenntniswegen* (Eberhard 1987) zur Diskussion gestellt. Gerade diese Heterogenität vorhandener Ansichten führt zur unvermeidlichen Relativierung jedes Versuchs, eherne Festsetzungen dessen, was als wissenschaftlich gilt, zu postulieren (Breuer 1977). Der Glaube (sic!), dass irgendeine dieser Orientierungen prinzipiell richtiger, wahrer, wissenschaftlicher ist, lässt sich letztendlich nicht rational begründen und ist pure Ideologie.

Ich möchte vorerst die einflussreichsten wissenschaftstheoretischen Positionen der letzten hundert Jahre in der gebotenen Kürze referieren, um daran anschließend die bedeutendsten Konklusionen für die Wissenschaften darzustellen. Die herausragenden Wissenschaftstheorien des 20. Jahrhunderts waren der *Logische Empirismus* des Wiener Kreises, der *Kritische Rationalismus* Poppers, die *Struktur wissenschaftlicher Revolutionen* von Kuhn, die *anarchistische Erkenntnistheorie* von Feyerabend und die *Methodologie wissenschaftlicher Forschungsprogramme* von Lakatos. Es ist vor allem das Verdienst der drei letztgenannten Autoren, wissenschaftliche Mythen entzaubert und so der *Wissenschaftsforschung* den Boden bereitet zu haben, die an wachsender Relevanz zu gewinnen beginnt. Unter diesem erst jungen Forschungszweig sind naturalistische Untersuchungen zum Vorgehen von Wissenschaftlern in praxi und daraus abgeleitete Theorien über das Wesen wissenschaftlicher Forschung zu verstehen. Ich habe diesem Zweig, der mit den Namen Bruno Latour (1999) und Karin Knorr-Cetina (1981; 1999) verbunden ist, keinen eigenen Abschnitt gewidmet, da die Ergebnisse noch nicht in systematisierter und umfassender Form vorliegen; sehr wohl habe ich aber einzelne Befunde dieser Arbeiten in meine Überlegungen einfließen lassen.

Dass ich mich aufs 20. Jahrhundert beschränke, heißt nicht, dass es zuvor keine Diskussion dieses Themas gegeben hätte. Die Suche nach zuverlässigem Wissen ist alt und wurde auch von Kant (1781) zu den großen Fragen der Philosophie gezählt (*Was kann ich wissen?*). Kurzum, die Wurzeln der im Folgenden referierten wissenschaftstheoretischen Positionen lassen sich bis zur antiken Philosophie zurückverfolgen (s. z.B. Kunzmann et al. 1991; Ricken 1988; Solomon/Higgins1997; Wuchterl 1995). Unmittelbarere Vorläufer insbesondere des Logischen Empirismus und des Kritischen Rationalismus sind der *Rationalismus* René Descartes' (1596-1650), der mit den Namen Francis Bacon (1561-1626), John Locke (1632-1704), David Hume (1711-1776) und John Stuart Mill (1806-1873) verflochtene *Empirismus* sowie der *Positivismus* von Auguste Comte (1798-1857) (siehe dazu Wuchterl 1995; Kunzmann et al. 1991; Solomon/Higgins 1997; Coreth/Schöndorf 1983; Coreth et al. 1984).

Der Wiener Kreis und der Logische Empirismus:
Der Logische Empirismus des Wiener Kreises (u. a. Rudolf Carnap, Herbert Feigl, Kurt Gödel, Otto Neurath, Moritz Schlick) ist in nuce ein empiristisch-positivistischer Ansatz, der das erlebnismäßig Gegebene als den Ursprung aller Erkenntnis betrachtet und die Entwicklung einer Einheitswissenschaft erstrebt. Trotz der Vielfalt der von den Mitgliedern des Wiener Kreises vertretenen Positionen ist ihnen doch allen die Überzeugung gemeinsam, dass jede Wissenschaft dem Idol der Naturwissenschaft mit ihren Forderungen nach mathematischer Genauigkeit, begrifflicher Klarheit und logischer Strenge zu entsprechen hat (Breuer 1977; Carnap/Stegmüller 1959; Coreth et al. 1986).

Der Logische Empirismus verficht das methodologische Prinzip der Induktion, bei der von einer Summe von Einzelbeobachtungen auf allgemeine Gesetzmäßigkeiten geschlossen werden soll. Hypothesen sollen verifizierbar sein. Da alle induktiven Schlüsse Wahrscheinlichkeitsschlüsse sind, kommt dem Bestätigungsgrad, sprich dem Maß an Übereinstimmung zwischen einem Sachverhalt und der ihn beschreibenden Hypothese, eine tragende Rolle zu (Carnap/Stegmüller 1959). Eine Zentralstellung in dieser Philosophie genießen zudem quantitative Begriffe, die numerische Werte zur Klassifikation von Dingen und Ereignissen heranziehen (Carnap/Stegmüller 1959)[8].

---

8 Quantitative Begriffe gelten zum Teil heute noch selbst in solchen Disziplinen, in denen der Versuch, jedes Phänomen in ein Korsett aus Zahlen zu pressen dem Gegenstand nicht angemessen ist und eher burlesk wirkt, als eine Art Goldstandard. Dass die Idee der Quantifizierung auch in allen Human- und Sozialwissenschaften nützlich sein kann und ihren angemessenen Platz haben sollte, um gruppenstatistische Vergleiche anzustellen oder zu überprüfen, ob und inwieweit sich aus Einzelfallanalysen geschöpfte Hypothesen generalisieren lassen, steht freilich völlig außer Zweifel. Davon auszugehen, dass ein beliebiges Beobachtungsdatum erst dann zu einem wissenschaftlichen wird, wenn man es quantifiziert, ist allerdings ein naiver Glaube an die Magie der Zahlen und verschleiert zudem die hermeneutische Konstruktion jedes metrischen Systems (Atteslander 1995; Devereux 1967; Eberhard 1987).

Das Unternehmen, mithilfe unmittelbarer Beobachtung von Sachverhalten so genannte *Protokollsätze* zu gewinnen, um eine Basis für die Rechtfertigung und Überprüfung theoretischer Aussagen zur Verfügung zu haben, erwies sich bald als uneinlösbares Versprechen, da jede Beobachtung bereits mehr oder minder stark von theoretischen Vorannahmen eingefärbt ist (Coreth et al. 1986; Breuer 1977). Dass *völlige* Voraussetzungslosigkeit der Erkenntnis in den Wissenschaften nicht zu realisieren ist, darf nicht dahingehend missverstanden werden, dass eine *möglichst* unvoreingenommene Erkenntnis auf der Basis intersubjektiven Konsenses nicht erzielt werden könne (Coreth et al. 1986; Popper 1934; Wetz 1995).

Karl Popper und der Kritische Rationalismus:
Das Erbe des Wiener Kreises hat Sir Karl R. Popper, *die* wissenschaftstheoretische Kolossalfigur des 20. Jahrhunderts, angetreten (Breuer 1977; Eberhard 1987; Geier 1994; Morgenstern/Zimmer 2002; Poser 2001). In seinem wissenschaftstheoretischen Hauptwerk, der *Logik der Forschung*, entwickelt Popper (1934) den so genannten *Kritischen Rationalismus* aus einer scharfen Kritik am induktiven Vorgehen, das, um von einzelnen Beobachtungen auf allgemeine Regeln schließen zu können, der Prämisse der Gleichförmigkeit des Naturverlaufs in Vergangenheit, Gegenwart und Zukunft bedarf. Popper (1934) hat völlig richtig erkannt, dass diese Prämisse, auch *Induktionsprinzip* genannt, nicht ohne logischen Fehler bewiesen werden kann. Denn entweder setzt man sie einfach als gültig voraus und postuliert sie dogmatisch oder man begründet sie empirisch und vollzieht einen Zirkelschluss par excellence, indem man die Voraussetzungen induktiver Verallgemeinerung selbst induktiv zu begründen trachtet. Aufgrund dessen verwirft Popper (1934) die Induktion als Bestätigungsverfahren und degradiert sie zu einem heuristischen Hypothesengewinnungsverfahren. Um das Problem von Induktion und Verifikation zu neutralisieren, ersetzt Popper (1934) es durch die Prinzipien der Deduktion und Falsifikation. Fortan geht es nicht mehr darum, Theorien zu verifizieren, indem man nach Evidenzen fahndet, sondern um ihre kritische Überprüfung durch widersprechende empirische Daten. Theorien besitzen immer und unaufhebbar nur noch den Status von Hypothesen oder Vermutungen. Das Hauptaugenmerk des Kritischen Rationalismus richtet sich somit auf den *context of justification*, also der Beurteilung von Theorien, während der *context of discovery*, die Entdeckung von Theorien, irrelevant wird.

Die fraglichen Hypothesen müssen, um diesem Anspruch gerecht werden zu können, natürlich falsifizierbar sein[9]. »*Ein empirisch-wissenschaftliches System muss an der Erfahrung scheitern können*« (Popper 1934, 15). Theorien dürfen nicht durch eine Isolation von der empirischen Basis gegen Falsifikation immunisiert werden. Jede Wissenschaft hat das Risiko des Scheiterns ihrer Theorien zu tragen und muss sich auch kontrollierten Nachprüfungen unterziehen. Aber nicht nur Theorien, auch so genannte Basissätze, das sind konsensuelle Aussagen über konkrete Phänomene, betrachtet Popper (1934) als fehlbar. Jede menschliche Erkenntnis ist prinzipiell fallibel!

Die Reichweite der Rezeption von Poppers Werk in der Wissenschaft kann gar nicht unterschätzt werden. Der bahnbrechende Erfolg seines Modells dürfte aber wahrscheinlich nur wenig darauf beruhen, dass es praktikablere Regeln für das Vorgehen des Wissenschaftlers liefert als andere wissenschaftstheoretische Entwürfe; wie ihm seine Kritiker nämlich entgegenhalten, hat das vom Kritischen Rationalismus beschriebene Verfahren der Falsifikation mit der realen Wissenschaftspraxis nur sehr wenig zu tun. Wissenschaftler arbeiten nämlich nicht so, wie Popper sich das vorgestellt hat, sondern suchen lieber nach Bestätigungen für ihre Theorien (Poser 2001). Falsifiziert werden immer nur die anderen.

---

9 Popper hat die Psychoanalyse mit der Begründung, ihre Theorien seien nicht falsifizierbar, bekanntlich als unwissenschaftlich abgelehnt. Dieses Urteil wird auf ein Ereignis im Jahre 1919 zurückgeführt, von dem diverse Biographen (Geier 1994; Morgenstern/Zimmer 2002) berichten: Der junge Karl Popper war damals in den von Alfred Adler begründeten Erziehungsberatungsstellen in Wien tätig und konfrontierte ihn eines Tages mit einem Fall, der ihm nicht so recht zu Adlers Theorie zu passen schien. Adler allerdings bereitete es keine Schwierigkeiten, Poppers Fallbericht ins Erklärungssystem seiner Theorie einzufügen, was Popper veranlasste zu denken, die Psychoanalyse produziere lediglich unüberprüfbare Mythen. Aufgrund dieser Begebenheit hat Popper fortan der gesamten Psychoanalyse unterstellt, sie würde alle neuen Erfahrungen stets nur im Lichte einer vorgefertigten Theorie interpretieren ohne offen für widersprüchliche Daten zu sein. Da auch die Newtonsche Physik keinerlei Kriterien für ihre eigene Falsifizierbarkeit entwickelt hat und Popper sie trotzdem voller Respekt behandelt hat (Lakatos 1970b), kann man vermuten, dass die narzisstische Kränkung durch Adler der Motor dieser unkorrigierbaren Ablehnung war. Erstaunlicherweise hat Popper seine Vorurteile meines Wissens auch nie einer Überprüfung unterzogen, indem er sich z.B. mit anderen Psychoanalytikern unterhalten oder neuere psychoanalytische Literatur studiert hätte, was ihn eines besseren belehren hätte können. Allein die stetige Weiterentwicklung und Differenzierung psychoanalytischer Theorien demonstriert deren Kontrastierbarkeit mit negativen Daten und grundsätzliche Modifizierbarkeit. Freud hat das so formuliert: »Sie wissen, wir waren nie stolz auf die Vollständigkeit und Abgeschlossenheit unseres Wissens und Könnens; wir sind, wie früher so auch jetzt, immer bereit, die Unvollkommenheiten unserer Erkenntnis zuzugeben, Neues dazuzulernen und an unserem Vorgehen abzuändern, was sich durch Besseres ersetzen lässt« (Freud 1919a, 183).

Weiters wurde bemängelt, dass sich seine Argumentation im Kontext von Verifikation und Falsifikation lediglich auf so genannte Allsätze, sprich Theorien universeller Gültigkeit, bezieht. Zwar lässt sich so ein Allsatz tatsächlich durch eine einzige kontradiktorische Beobachtung falsifizieren, in den Wissenschaften existieren aber nur sehr wenige Allsätze, weshalb es von Vorteil ist, hinsichtlich der Reichweite der Gültigkeit einer Theorie zu differenzieren und mit dem Probabilismus befreundet zu bleiben (Kamlah/Lorenzen 1967; Seiffert 1969a; 1997).

Neben der ausschließlichen Festlegung auf Induktion *oder* Deduktion ist noch die exklusive Konzentration auf den *context of justification* fragwürdig; dass der *context of discovery* einer Theorie obsolet sei, ist insofern unplausibel als eine der empirischen Erfahrung entsprungene Hypothese, wie z. B. im Rahmen der klinisch-psychoanalytischen Junktim-Forschung, sicherlich bereits einen höheren empirischen Gehalt aufweist als reine Spekulation (Canestri 2004; Dreher 1998; Eberhard 1987).

Bis ins Mark erschüttert wurde das bis dahin dominierende Selbstverständnis der Wissenschaft durch Thomas Kuhn (1962), der mit zahlreichen Beispielen aus der Geschichte der Naturwissenschaften evident machen konnte, dass sich wissenschaftliche Forschung immer im Rahmen eines historisch begrenzten Paradigmas, einer nicht weiter problematisierten Grundansicht, bewegt. Entgegen den Postulaten Poppers (1934) trachtet man weniger danach, Hypothesen zu falsifizieren, sondern Phänomene im Rahmen eines bestehenden Paradigmas zu erklären (Kuhn 1970a; Poser 2001).

Thomas Kuhn und die Struktur wissenschaftlicher Revolutionen:
Thomas Kuhns (1962) Werk *Die Struktur wissenschaftlicher Revolutionen* hat das traditionelle Verständnis vom wissenschaftlichen Fortschritt als Kumulation von Erkenntnis und die Idee einer Uniformität der Wissenschaft so nachhaltig zerstört, dass sie – zumindest in der alten Form – nicht mehr haltbar sind (Poser 2001).

Kuhn (1962) konnte mittels wissenschaftsgeschichtlicher Untersuchungen nachweisen, dass wissenschaftliche Forschung stets im Rahmen eines von einer wissenschaftlichen Gemeinschaft geteilten *Paradigmas* erfolgt. So ein Paradigma gibt vor, welche Probleme überhaupt zulässig sind, und liefert ein methodisches Rüstzeug, das bei der Suche nach Lösungen erlaubt ist. Das Paradigma stellt dem jeweiligen Wissenschaftler formalisierte Grundprinzipien, Modelle, Werte und Musterbeispiele zu Verfügung, an denen er sich in seiner praktischen Tätigkeit orientieren kann (Kuhn 1969; Hoyningen-Huene

1989; Masterman 1970). Die Vermittlung des Paradigmas ist fest in den Ausbildungsritualen bzw. im Studium der jeweiligen Wissenschaft verankert.

Normale Wissenschaft versteht Kuhn (1962) als das konsequente Bemühen, die Natur im Rahmen eines solchen Paradigmas zu beschreiben und zu erklären, wobei man sich der in der Ausbildung vermittelten Begriffsschubladen und Erklärungsschablonen bedienen kann. »Durch Konzentration der Aufmerksamkeit auf einen kleinen Bereich relativ esoterischer Probleme zwingt das Paradigma die Wissenschaftler, ein Teilgebiet der Natur mit einer Genauigkeit und bis zu einer Tiefe zu untersuchen, die sonst unvorstellbar wären« (Kuhn 1962, 38); d. h., die normale Wissenschaft ist weniger bestrebt, Novitäten zu finden, und mehr damit beschäftigt, jene Rätsel zu lösen, die das Paradigma vorgibt.

Ständiger Begleiter dieser Art von Forschung sind *Anomalien*, welche nicht schlüssig mit dem bestehenden wissenschaftlichen Paradigma erklärt werden können. Solche Anomalien, sprich Phänomene, auf die man durch das Paradigma nicht vorbereitet ist, werden normalerweise ignoriert und ihre allmähliche bewusste Anerkennung spielt eine nicht zu unterschätzende Rolle als Fanal revolutionärer Veränderungen. Beginnen die Anomalien schließlich überhand zu nehmen, gerät die Wissenschaft in eine *Krise*, weil sich das bestehende Paradigma zur Lösung neu aufgeworfener Probleme als zunehmend ungeeignet erweist. Neue Paradigmen, welche den Anspruch erheben, die aufgeworfenen Anomalien und Probleme besser zu erklären als ihr Vorgänger, beginnen um Vorherrschaft zu ringen; ein Prozess, der von Kuhn (1962) als *wissenschaftliche Revolution* bezeichnet wird. Sobald eines der Paradigmen triumphiert hat, beginnt wieder eine *normalwissenschaftliche Phase*. Die anderen konkurrierenden Paradigmen verschwinden aus dem wissenschaftlichen Diskurs, indem ihre Mitglieder zum neuen Paradigma konvertieren oder exkommuniziert werden (Kuhn 1962).

Welches Paradigma letztlich das Rennen macht, lässt sich nicht rein rational begründen und hängt von vielerlei Kontextbedingungen, darunter historischen Gegebenheiten und rhetorischer Kompetenz der das neue Paradigma lancierenden Exponenten, ab. Hier lässt sich ein *Rationalitätsdefizit in den Wissenschaften* orten. Der von den Apologeten des Paradigmas versprochene Erfolg im Lösen fachwissenschaftlicher Probleme beruht nämlich anfangs nur auf ausgewählten, unvollständigen Exempeln und kann sich erst dann wirklich bewähren, nachdem es zu einer neuen normalwissenschaftlichen Phase gekommen ist (Kuhn 1962).

Ludwik Fleck (1935), ein weniger bekannt gewordener Pionier wissenschaftssoziologischer Untersuchungen, hat mit seiner *Lehre vom Denkstil und Denkkollektiv* viele Ideen Thomas Kuhns über das Paradigma bereits in den Dreißigerjahren vorweggenommen (Kuhn 1962; Schäfer/Schnelle 1980; Poser 2001). Fleck (1935) versteht das *Denkkollektiv* als die soziale Einheit einer Gemeinschaft von Fachwissenschaftlern, die getragen wird von einem bestimmten *Denkstil*. Darunter ist ein Kanon von Problemen und Methoden zu verstehen, auf dem das Kollektiv sein Theoriegebäude errichtet. Obwohl die Beharrungstendenz eines etablierten Denkstils groß ist und sich durch eine beachtliche Widerständigkeit gegen Widersprüchlichkeiten auszeichnet, sind Veränderungen trotzdem möglich. Während Kuhn (1962) sehr stark die wissenschaftlichen Revolutionen und Krisen fokussiert, würdigt Fleck (1935) eher diese schleichenden Veränderungen eines Denkstils. Je nach heuristischem Gewicht provozieren empirische Entdeckungen *Denkstilweiterentwicklungen* unterschiedlichen Ausmaßes. Dass Paradigmen nicht völlig unkorrigierbar sind und es fließende Übergänge zwischen normaler und revolutionärer Wissenschaft gibt, haben auch Popper (1970) und Watkins (1970) in Diskussionsbeiträgen zu Kuhns Thesen bemerkt[10].

Kuhn (1962) und Fleck (1935) resümierend kann man sagen, dass die Wissenschaften sowohl durch Kontinuitäten als auch Diskontinuitäten charakterisiert sind; einerseits existieren zwar Paradigmen mit Monopolstellung, die hohe Rigidität und Intoleranz gegenüber anderen, ebenfalls gut argumentierten und empirisch fundierten Denkstilen aufweisen, andererseits kommt es aber auch innerhalb von Paradigmen zu sublimen Weiterentwicklungen (s.a. Toulmin 1961). Gelingt es einem Paradigma, die absolute Hegemonie zu erlangen – in so einem Fall könnte man von *monoparadigmatischer Wissenschaft* oder *Forschung* sprechen – besteht aber noch immer das Risiko der ideologischen Erstarrung in einem geschlossenen System, das nur noch selbstversteckte Ostereier finden kann. Ich will versuchen, die Konsequenzen, die so eine monoparadigmatische Wissenschaft haben kann, mit einem relativ simplen Beispiel zu illustrieren, das sich bei Wesiack (1994) finden lässt: Das in der Medizin zur Zeit dominante Paradigma naturwissenschaftlich biotechnischer Orientierung fokussiert physikalisch-chemische und biologische Prozesse, ignoriert dabei aber die psychische und soziale Dimension des Menschen oder weist eine Beschäftigung damit als unwissen-

---

10 So hat z.B. die Psychoanalyse ihren Denkstil bzw. ihr Paradigma beständig ergänzt, erweitert, umgewandelt, revolutioniert und neu erfunden, sodass man die Psychoanalyse heute fast schon als ein Meta-Paradigma beschreiben kann, das eine Reihe von mehr oder weniger gut elaborierten Sub-Paradigmen (psychoanalytischen Schulen) umfasst.

schaftlich zurück. Obwohl also von der Psychoanalyse und der Lerntheorie ausgehend formulierte Antithesen in Form der modernen psychosomatischen oder biopsychosozialen Medizin (Adler et al. 2003) vorliegen, steht die Anerkennung des Beziehungsproblems und der damit verbundene, dringend notwendige Paradigmenwechsel nach wie vor aus (Wesiack 1994).

Als Antidot gegen wissenschaftliche Sektenbildungen kann m.E. *polyparadigmatische Forschung* fungieren. Da es nämlich keine Paradigmen ohne Anomalien gibt (Kuhn 1962), sollte es auch zulässig sein, gleich von Anfang an mehrere theoretische Modelle zu verfolgen. Realisiert ist diese Möglichkeit in Imre Lakatos' Modell wissenschaftlicher Veränderung, das den Pluralismus als permanentes Charakteristikum der Wissenschaften ansieht. So gesehen ist der Status einer monoparadigmatischen Wissenschaft inklusive Eliminierung von Kritik eine nur wenig rühmliche Tat (Feyerabend 1970).

Imre Lakatos und die Methodologie wissenschaftlicher Forschungsprogramme:

Die *Methodologie wissenschaftlicher Forschungsprogramme* wurde von Lakatos (1970a; 1970b) als Alternative zum Kritischen Rationalismus (Popper 1934) eingeführt. Letzterer übersieht nämlich, dass eine limitierte Anzahl von Basissätzen nicht ausreicht, um eine Theorie endgültig ad acta zu legen, da keine Theorie frei von Anomalien sein kann. *Würde man dem naiven Falsifikationismus radikal folgen, müssten alle Theorien allzeit verworfen werden. Das liefe auf eine Zerstörung jeder Wissenschaft hinaus.* In den Wissenschaften geht es auch weit weniger um die Beurteilung von einzelnen Theorien als um die Bewertung einer Reihe von Theorien; die wichtigsten wissenschaftlichen *Theorienreihen* sind durch eine bemerkenswerte Kontinuität verbunden, welche sie zu *Forschungsprogrammen* verschmilzt (Breuer 1977; Herrmann 1976; Kriz et al. 1990; Kuhn 1970c; Lakatos 1970a; 1970b; Poser 2001; Tetens 1994).

So ein Forschungsprogramm besteht aus methodologischen Regeln zweierlei Art: Die *negative Heuristik* definiert Forschungswege, die man tunlichst vermeiden soll und die *positive Heuristik* zeigt Wege auf, die man beschreiten soll. »Die negative Heuristik spezifiziert den ›harten Kern‹ des Programms, der, infolge der methodologischen Entscheidung seiner Protagonisten, ›unwiderlegbar‹ ist« (Lakatos 1970a, 131). Um den *harten Kern* des Forschungsprogramms wird ein *Schutzgürtel* von Hilfshypothesen gelegt, der widerlegbar ist und unter dem Eindruck empirischer Forschung permanent modifiziert zu werden hat. Ein Forschungsprogramm ist also darauf ausgelegt, nicht assimilierbare Anomalien zu ignorieren und assimilierbare Anomalien in den Korpus ihrer Modelle zu integrieren (Lakatos 1970a; 1970b; Tetens 1994).

Die einzelnen Forschungsprogramme sollten sich im freien Spiel der Kräfte üben können, weshalb Lakatos (1970a) auch jede Normalwissenschaft im Sinne von Kuhn (1962), die ja nichts anderes ist als ein Forschungsprogramm, das eine Monopolstellung errungen hat, scheel beäugt; stattdessen sollte die Geschichte der Wissenschaften eine Geschichte des Wettstreits von konkurrierenden Forschungsprogrammen resp. Paradigmen sein. »Ein ›theoretischer Pluralismus‹ ist besser als ein ›theoretischer Monismus‹« (Lakatos 1970a, 150).

Das zentrale empirische Kriterium zur Bewertung eines Forschungsprogramms ist dessen Fähigkeit, neue Tatsachen zu produzieren. Ein Forschungsprogramm ist also erst wirklich dann einem anderen, konkurrierenden Forschungsprogramm überlegen, wenn es den Erfolg des Rivalen erklärt und dessen heuristisches Potenzial überflügelt. Eine alte Theorie kann also erst dann wirklich verworfen werden, wenn die neue erstens einen vergleichsweisen Überschuss an empirischem Gehalt bietet, also neuartige Tatsachen voraussagt, die im Lichte der Vorgängertheorie nicht zu erwarten waren, zweitens den Erfolg der alten Theorie erklärt, sprich ihre nicht falsifizierten Anteile in sich aufbewahrt und drittens ein Teil des Gehaltsüberschusses der neuen Theorie empirisch bewährt ist (Lakatos 1970a). Da sich oft erst nach beträchtlichen Zeitspannen eruieren lässt, ob ein Forschungsprogramm progressiv oder degenerativ ist, empfiehlt sich eine liberale Forschungspolitik nach dem Motto *live and let live*, die vor allem auch jungen Forschungsprogrammen Freiraum gewährt und methodologische Toleranz übt (Lakatos 1970a; 1970b; s.a. Popper 1970). Gut beraten ist, wer sich in Geduld und Bescheidenheit übt, da auch ein zurückgeschlagener Konkurrent ein jähes Comeback erleben kann. Passagere Vorteile oder Nachteile für eines der Forschungsprogramme dürfen somit nie als definitiv angesehen werden. »*Aber die Liste der Erfolge und der Misserfolge der konkurrierenden Programme muss aufgezeichnet und zu allen Zeiten öffentlich vorgelegt werden*« (Lakatos 1970b, 283).

Paul Feyerabend und die anarchistische Erkenntnistheorie:
Paul Feyerabend (1975), dessen Position gerne stark verkürzt als *anything goes* referiert wird und der als Enfant terrible für die orthodoxe Wissenschaft gilt, hat kurante Ideen der neueren Wissenschaftstheorie (Kuhn 1962; 1969; Lakatos 1970a; 1970b) radikal fortgeführt, indem er wissenschaftliche Methodenzwänge geißelt und eine anarchistische Erkenntnis-

theorie propagiert (Breuer 1977; Feyerabend 1975; Kriz et al. 1990; Poser 2001).

Die wissenschaftlichen Ausbildungen vergleicht Feyerabend (1975) mit der Vermittlung eines dogmatischen Systems strenger Regeln, das einen Alleinvertretungsanspruch auf dem jeweiligen Erkenntnisgebiet erhebt und methodisch anderweitig gewonnene Erkenntnisse erst gar nicht zulässt. Diese Form der wissenschaftlichen Ausbildung ist s. E. menschenfeindlich, erstickt sie doch jede Kreativität der Adepten im Keim und presst deren Individualität in ein Prokrustesbett methodologischer Denkzwänge[11].

Feyerabend (1975) konstatiert auch, dass sich die Wissenschaften im Laufe ihrer Geschichte immer weiter von der großen Kreativität jener Personen, die sie in der Vergangenheit betrieben haben, entfernen[12].

Die von monoparadigmatischen Normalwissenschaften vertretene Forderung, neue Hypothesen hätten mit wohl etablierten Theorien logisch verträglich zu sein, firmiert bei Feyerabend (1975; s.a. Charpa 1996) unter dem Begriff der *Konsistenzbedingung*. Die Konsistenzbedingung eliminiert eine Theorie nicht etwa, weil sie den Tatsachen widerspricht, sondern lediglich, weil sie ungewohnt ist und dem unausgesprochenen Recht auf Priorität der älteren Theorie widerspricht. Den Erfolg solcher restriktiven Programme deutet Feyerabend (1975) als eine Art angstgesteuerte Flucht vor dem Chaos in ein-

---

11 Obwohl Feyerabends Ausführungen auf naturwissenschaftliche Ausbildungen abzielen, lassen sich seine Überlegungen auch auf humanwissenschaftliche umlegen. So hat z.B. Thomä (1991a; 1991b) in Bezug auf die psychoanalytische Ausbildung ebenfalls kritische Gedanken geäußert und für Reformen plädiert. Auch Kernberg (1996) äußert sich besorgt über den Zustand des psychoanalytischen Ausbildungswesens, das seiner Auffassung nach dazu angetan ist, die Kreativität der Kandidaten nachhaltig zu zerstören und die Psychoanalyse als Ganzes zu gefährden. Die Realität der psychoanalytischen Ausbildung gleiche demnach mehr einem Amalgam aus religiösem Seminar und technischer Hochschule, während das Ideal aber eine Verbindung von Universitätsinstitut und Kunstakademie sein könnte (Kernberg 1995; zur kritischen Diskussion des Ausbildungssystems siehe noch Cremerius 1993; Kernberg 2001a; Target 2003; Thomä 2004; Wiegand-Grefe 2004).
12 Auch diesbezüglich können Parallelen in der Psychoanalyse gefunden werden. So wurde z.B. die therapeutische Kreativität Freuds, der sich mannigfaltiger Interventionen in der Behandlung seiner Patienten bediente, von seinen emsigsten Jüngern auf einen orthodoxen Freudianismus reduziert, ein Zerrbild der Realität (Cremerius 1981; Momigliano 1987); aber nicht nur mit dem Therapeuten, auch mit dem Wissenschaftler Freud ist man ganz ähnlich verfahren: Obwohl Freud selbst in seiner Theoriebildung noch aus einer Vielzahl möglicher Datenquellen geschöpft, dabei Erfahrungen anderer Wissensbereiche und Disziplinen eingebunden und im Zuge dessen ein Sammelsurium methodischer Prinzipien zum Einsatz gebracht hat (Burian 2002; deMijolla 2004; Giampieri-Deutsch 2002b), wollten manche seiner Nachfolger von einer psychoanalytischen Forschung jenseits psychoanalytischer Therapie und Tiefenhermeneutik, geschweige denn einer Weiterentwicklung psychoanalytischer Theorien, nichts wissen.

fache Regeln und Dogmen, denen man folgen kann, ohne ständig seinen Verstand bemühen zu müssen. Mit Erich Fromm (1941) könnten wir hier auch von einer *Furcht vor der Freiheit* sprechen.

Eine Wissenschaft, die von sich behauptet, über den einzig gangbaren Weg zur Wahrheit zu verfügen, ist nichts als pure Ideologie. »Eine einheitliche Meinung mag das Richtige sein für eine Kirche, für die eingeschüchterten oder gierigen Opfer eines (alten oder neuen) Mythos oder für die schwachen und willfährigen Untertanen eines Tyrannen. Für die objektive Erkenntnis brauchen wir viele verschiedene Ideen« (Feyerabend 1975, 54).

Feyerabend (1975) kann anhand vieler Beispiele aus der Geschichte der Naturwissenschaften demonstrieren, dass Verletzungen sakrosankter wissenschaftlicher Regeln geradezu Bedingung wissenschaftlichen Fortschritts sind. »Wenn wir die Natur verstehen (...) wollen, dann müssen wir *alle* Ideen, *alle* Methoden verwenden, nicht nur einen kleinen Ausschnitt aus ihnen« (Feyerabend 1975, 393). Da die neuen Theorien zu Beginn allerdings fehlerhaft und von inkohärenten Bruchstücken gesäumt sind, brauchen sie Zeit, damit sich der empirische Erfolg wirklich einstellen kann (Feyerabend 1975; s. a. Lakatos 1970a; 1070b). Da es ohnehin keine Theorien gibt, die jeweils mit allen bestehenden Tatsachen auf ihrem Gebiet übereinstimmen, verordnet Feyerabend (1975) den Wissenschaften ein kontrainduktives Vorgehen, bei dem bewusst Hypothesen aufgestellt werden, die wohl etablierten Theorien und gesicherten Erkenntnissen zuwiderlaufen. Mithilfe des durch die *Kontrainduktion* eingeführten Kontrasts kann der empirische Gehalt der Theorien maximiert werden, indem ihre wichtigsten formalen Eigenschaften klarer hervortreten.

Versuch einer zusammenfassenden Darstellung wissenschaftstheoretischer Neuerungen in Form von zwölf Thesen

1. *Wissenschaftliche Arbeit besteht in einem mühsamen Ringen um Erkenntnis, das sich allen simplifizierenden Patentantworten, welche die Besonderheit von Forschungsgegenständen und Forschungsfragen unberücksichtigt lassen, entzieht* (s. a. Bachelard 1938; Feyerabend 1975; Hampe 2004; Toulmin 1961).

Keine reduktionistische Festlegung der Wissenschaften auf die eine und einzig richtige Methode, wie sie z. B. der Szientismus zu bieten vorgibt, kann einer rationalen und logischen Prüfung auf ihre Tauglichkeit als Goldstandard für alle wissenschaftlichen Disziplinen standhalten. Insofern scheint erst die Pluralität der Wissenschaften eine wirksame Prophylaxe gegen ihre ideologische Erstarrung und theoretische Stagnation zu sein.

2. *Wie die Geschichte der Wissenschaften zeigt, ist definitiv gesichertes Wissen nicht zu erlangen. Vielmehr befinden sich alle Wissenschaften in einem kontinuierlichen Wandlungsprozess und alle wissenschaftlichen Theorien haben nur den Status immerwährender Hypothesen* (s. a. Bachelard 1938; Balzer 1997; Breuer 1977; Dreher 1998; Eberhard 1987; Feyerabend 1975; Lakatos 1970a; 1970b; Popper 1934).

Die Verkündung letzter Wahrheiten fällt somit nicht in den Zuständigkeitsbereich der Wissenschaften und kann getrost den Religionen überlassen werden. Diese Erkenntnis hat Wissenschaftler auch behutsamer in ihren Formulierungen werden lassen: statt von Naturgesetzen wird lieber von Regeln und Regelmäßigkeiten, Theorien und Hypothesen gesprochen. Zunehmend seltener trifft man auch auf die rigorose Behauptung, eine Theorie sei durch erhobene Daten verifiziert oder falsifiziert worden; stattdessen zieht man es vor, Modelle durch Daten lediglich als mehr oder weniger gut bestätigt zu betrachten.

3. *Wissenschaft als sprachlich vermitteltes Unternehmen bedarf einer möglichst exakt definierten Terminologie, die eine intersubjektive Kommunizierbarkeit ihrer Inhalte ermöglicht* (s. a. Bachelard 1938; Breuer 1977; Carnap/Stegmüller 1959; Dreher 1998; Kamlah/Lorenzen 1967; Poser 2001).

Da die Begriffe der Alltagssprache für gewöhnlich zu unscharf sind, ist es die Aufgabe der einzelnen Wissenschaften, eine ihrem Erkenntnisbereich adäquate Terminologie möglichst großer Exaktheit auf konsensueller Grundlage zu konstruieren (Carnap/Stegmüller 1959; Dreher 1998; Hampe 2004; Kamlah/Lorenzen 1967).

4. *Die Möglichkeit einer Wissenschaft, nicht nur Erklärungen, sondern vor allem auch Voraussagen über zukünftige Ereignisse zu machen, ist – obwohl von der klassischen Wissenschaftstheorie vehement eingefordert – in hohem Maße problematisch und als Scheidelinie zwischen Wissenschaftlichkeit und Nicht-Wissenschaftlichkeit ungeeignet* (s. a. Balzer 1997; Breuer 1977; Poser 2001; Seiffert 1969a; Toulmin 1961).

Der Glaube an die Möglichkeit, aus dem vergangenen und gegenwärtigen Zustand eines Systems seine Zukunft prognostizieren zu können, darf in Zweifel gezogen werden, da wir es in der Natur zwar mit deterministischen, aber langfristig unvorhersagbaren Systemen zu tun haben. Prinzipiell sind einfachere Voraussagen, die als mehr oder weniger wahrscheinliche Zukunftsszenarios verstanden werden können, aber (auch in der Psychoanalyse) möglich (s. z. B. Thomä/Kächele 1973b; Werthmann 1982).

5. *Wissenschaft kann genau genommen gar keine voraussetzungsfreien Erkenntnisse produzieren und die meisten Wissenschaftler sind sich mittlerweile darin einig, dass alle in die Erkenntnis eingehenden Tatsachen bereits im Lichte bestimmter Vorannahmen gesehen werden* (s. a. Bachelard 1938; Balzer 1997; Breuer 1977; Charpa 1996; Dreher 2004; Feyerabend 1975; Fleck 1935; Hampe 2004; Kriz et al. 1990; Lakatos 1970a; Popper 1934; 1970; Poser 2001; Toulmin 1961).

Charpa (1996) thematisiert diesen Umstand unter dem Titel Datenrelativität und unterstreicht, dass jede Tatsachenbeschreibung bereits mehr als das unmittelbare Wahrnehmungserlebnis enthält und bereits von Interpretation und Theorie durchdrungen ist[13]. Das Verhältnis zwischen empirischen Daten und wissenschaftlichen Theorien ist zudem methodenvermittelt. d. h., die Wahl der Methode entscheidet, welche Merkmale des Forschungsgegenstandes überhaupt feststellbar sind (Breuer 1977).

6. *Auch das Ideal absoluter Objektivität, welches durch die methodische Elimination der Subjektivität des Forschers eingelöst werden soll, erweist sich bei genauerer Betrachtung als Schimäre, die überdies den Wissenschaftler blind macht für solche Personprozesse, die faktisch in seiner Forschungsarbeit eine Rolle spielen* (s. a. Bachelard 1938; Balzer 1997; Breuer 1977; Deneke/Stuhr 1992; Eberhard 1987; Latour 1999; Leuzinger-Bohleber 2002; Poser 2001).

Karin Knorr-Cetina (1981) hat im Zuge ihrer Feldforschungen in wissenschaftlichen Laboratorien ermitteln können, dass wissenschaftliche Erkenntnis nur vermeintlich rationaler Logik gehorcht und die Erkenntnisse realiter weniger durch Beobachtung und Beschreibung der Natur und mehr durch komplexe Konstruktions- und Verhandlungsprozesse zustande kommen, weshalb sie unterschiedliche Objektivitätsgrade in Natur- und Sozialwissenschaften ernstlich in Zweifel zieht. Selbst das bedingungskontrollierte Experiment, welches methodenvermittelte Distanz zwischen Forscher und Beforschtem garantieren sollte, erwies sich als dafür unzulänglich (Devereux 1967; Leuzinger-Bohleber 2002; Mertens 1975). Dass reine Objektivität allen Anstrengungen zum Trotz nicht zu erlangen ist, soll aber nicht heißen, die Wissenschaften müssten in sub-

---

13 »Kein Phänomen hat eine inhärente Bedeutung und ist deshalb weder ein Datum noch eine Information; es ist nur eine potenzielle Datenquelle. Es wird zu einem Datum, indem es einer speziellen Wissenschaft (...) zugeordnet (oder von ihr angeeignet) wird, die aus seinen vielen Aspekten diejenigen selegiert, die sie für relevant erachtet und denen sie in Begriffen ihres charakteristischen Bezugsrahmens eine Bedeutung zuschreiben kann« (Devereux 1967, 329f.).

jektiver Willkür versinken; das geschieht am wahrscheinlichsten dann, wenn die Gesamtheit subjektiver Determinanten unreflektiert bleibt (Bachelard 1938; Devereux 1967; Kriz et al. 1990).

7. *Keine Wissenschaft kann ohne eine Reihe von Voraussetzungen auskommen, die als ontologische, epistemologische und methodologische Leitlinien für die Forschung fungieren* (s. a. Breuer 1977; Eberhard 1987; Feyerabend 1975; Kuhn 1962; Lakatos 1970a; Poser 2001; Toulmin 1961).

   Solche unbezweifelten Vorannahmen, gedankliche Voraussetzungen, werden oft als Kernsätze bezeichnet. Da jedes Forschungsprogramm und jede Epoche horribile dictu gegenüber ihren eigenen Vorannahmen eine gewisse Betriebsblindheit entwickelt, sollten sogar diese apriorischen Festsetzungen langfristig einer Modifikation durch stichhaltige Kritik offen gegenüber stehen.

8. *Die Untersuchungen über die Realität wissenschaftlicher Forschung und die Pluralität der Wissenschaftslandschaft unserer Zeit stellen die Sinnhaftigkeit, ein einheitswissenschaftliches Ideal zu verfolgen und sich einer Leitwissenschaft zu unterwerfen, ernstlich infrage* (s. a. Breuer 1977; Feyerabend 1975; Hampe 2004; Kuhn 1962; Knorr-Cetina 1981; Latour 1999).

   So widerspricht z. B. Karin Knorr-Cetina (1999) aufgrund soziologischer Untersuchungen der Organisationsstrukturen zweier naturwissenschaftlicher Spezialdisziplinen (Molekularbiologie, Hochenergiephysik) der These von der Einheit der Wissenschaft. Vielmehr zeichnet sich sogar hier ein Bild realer Pluralität ab, das jede propagierte Uniformität als Illusion entlarvt (Knorr-Cetina 1999). Bruno Latour (1999), ein weiterer zeitgenössischer Wissenschaftsforscher, vertritt sogar die Auffassung, dass das einheitswissenschaftliche Dogma gar keine Beschreibung des Tuns des Wissenschaftlers ist, sondern nichts als pure Ideologie, die dazu dient, kritische Kontroversen zu ersticken und ihre Gegner mundtot zu machen. Auch Josef Mitterer hat bemerkt, dass die »Abwesenheit von Konflikten« und die »Einheit der Wissenschaft« lediglich dadurch zustande kommen, »dass stark abweichende Auffassungen und Theorien aus dem wissenschaftlichen Diskurs als unwissenschaftlich ausgegrenzt werden« (Mitterer 2001, 73f.).

   Ungeachtet dieser Pluralität der Wissenschaften hinsichtlich *Theorien, Erfahrungen, Erkenntniswerten und Methoden* gibt es dennoch eine Art Tertium Comparationis, das man als Disziplinierung der Erfahrung bezeichnen könnte. Wissenschaftliche Erfahrung zeichnet sich nämlich noch immer durch größere *Genauigkeit, Vollständigkeit, Repräsentativität und Kontrastschärfe* im Vergleich zur Alltagserfahrung aus (Hampe 2000, zit. nach Leuzinger-Bohleber 2002).

9. *Infolge der Bankrotterklärung einheitswissenschaftlicher Dogmen und der Unmöglichkeit einer Wissenschaft, auf Vorannahmen zu verzichten, ist jede einzelne Disziplin aufgerufen, ihre eigenen wissenschaftlichen Grundlagen zu konzipieren* (s. a. Bachelard 1938; Feyerabend 1975; Lakatos 1970a; 1970b; Leuzinger-Bohleber 2002).

Oberste Priorität hat dabei die Angemessenheit der epistemologischen und methodologischen Strategien für Forschungsgegenstand und Forschungsfragen. So bedürfen die Humanwissenschaften anderer methodologischer Prämissen als die Naturwissenschaften, da ihr Gegenstand ein anderer ist. Die Eigengesetzlichkeit des psychischen Binnenraums und mentaler Prozesse als humanwissenschaftlicher Forschungsgegenstand sui generis macht eine Reduktion desselben auf materiell-physische Phänomene unzulänglich (s. a. Bateson 1979; Bem 2001; Buchholz 2004; Freud 1916-17a; Giampieri-Deutsch 2004b; Popper 1968; Seiffert 1969a; Werthmann 1982; Wetz 1995)[14].

10. *Die Hermeneutik, traditionell verstanden als genuin geisteswissenschaftliche Methode der Auslegung von Texten und Situationen, spielt bei genauer Betrachtung in jeder spezialwissenschaftlichen Forschung als »hermeneutische Komponente«* (Eberhard 1987, 81) *eine tragende Rolle bei der Interpretation von Beobachtungen und Messungen* (s. a. Eberhard 1987; Fleck 1935; Seiffert 1969b).

So können selbst »naturwissenschaftliche« Methoden wie Experiment und Statistik nicht umhin, auf die Hermeneutik zu verzichten, da jeder auch noch so streng konzipierten Studie ein hermeneutischer Akt der

---

14 Aufgrund ihrer vielfältigen interdisziplinären Querverbindungen, dem Umstand, dass sie sowohl grundlagen- als auch anwendungsbezogene Forschung betreibt, die sich gegenseitig befruchten – wobei die Praxis aber nicht als direkte, kausale Ableitung aus Theorien missverstanden werden darf (Buchholz 1999; 2004; Leuzinger-Bohleber 2002; Thomä/Kächele 1973a; 1973b) –, der Multiperspektivität ihrer Methodologie (Erikson 1950; Leuzinger-Bohleber et al. 2001; Lorenzer 1986; Rapaport 1960) und der Vielfalt der Forschungsgegenstände und Forschungsfragen (intrapsychische und interpsychische Phänomene, Dyaden, Gruppen, Großgruppen, Affekte, Fantasien, Bewusstes, Vorbewusstes und Unbewusstes, Motive, Sprache, Verhalten, Kunst, Kultur, Gesellschaft usw.) wird es der Psychoanalyse nicht erspart bleiben, sich bei der Konstruktion wissenschaftlicher Vorannahmen immer wieder neu an die jeweils spezifischen Gegenstände und Fragen anzuschmiegen.

Interpretation immanent ist (Kriz et al. 1990). Je nach Wissenschaft und Erkenntnisinteresse variieren freilich die hermeneutischen Herangehensweisen, weshalb die systematische Explikation einer übergreifenden hermeneutischen Methodologie ein uneinlösbares Versprechen bleiben muss. Was hermeneutische Interpretationen anbelangt, besteht der Unterschied zwischen den so genannten *soft sciences* und den so genannten *hard sciences* also nicht darin, dass die Kategorien und Methoden der letzteren nicht Ergebnis eines konstruktiven und ihre Interpretationen nicht Ergebnis eines hermeneutischen Akts wären, sondern lediglich darin, dass diese Tatsachen unreflektiert bleiben.

11. *Nachdem die Hoffnung von der Wissenschaftstheorie eine Methode zu erhalten, die die Probleme aller Spezialdisziplinen zu lösen vermag, bitter enttäuscht wurde, sind die Wissenschaften dazu angehalten, einen Kanon von Methoden zu entwickeln und daraus eine Strategie zu wählen, die der Forschungsfrage adäquat ist* (s. a. Balzer 1997; Deneke/Stuhr 1992; Devereux 1967; Eberhard 1987; Feyerabend 1975; Flick 2002; Kelle/Erzberger 2000; Lakatos 1970a; Mayring 2002; 2003).

Da die Quantifizierung von Daten eine Theorie nicht automatisch wissenschaftlicher und präziser macht und sich qualitative Daten zudem überall in den Wissenschaften finden, ist heute meist das Ineinandergreifen qualitativer und quantitativer Methoden in einer dem Gegenstand angemessenen Form indiziert (s. a. Balzer 1997; Deneke/Stuhr 1992; Devereux 1967; Eberhard 1987; Feyerabend 1975; Flick 2002; Kelle/Erzberger 2000; Kutter 2004; Lakatos 1970a; Mayring 2002; 2003).

12. *Mit der wachsenden Expertise in einer wissenschaftlichen Spezialdisziplin geht meist die Fähigkeit, Widersprüchliches wahrnehmen zu können, verloren, weshalb es sinnvoll ist, eine Haltung zu kultivieren, die Anomalien bewusst Beachtung schenkt. Expect the unexpected!* (s. a. Bachelard 1938; Feyerabend 1975; Freud 1912e; Lakatos 1970a; 1970b; Popper 1934; Steinke 2000; Toulmin 1961).

Solange nämlich alles entsprechend den Erwartungen des Wissenschaftlers abläuft, hat er keine Gelegenheit, seine Theorien zu verbessern; erst wenn er auf Anomalien trifft, die noch unerklärt, aber erklärbar sind, können theoretische Fortschritte erzielt werden (Toulmin 1961). Kurzum, Kontraevidenzen sind für den wissenschaftlichen Fortschritt nicht minder wichtig als Evidenzen, werden aber aufgrund monoparadigmatischer Schulungen weniger leicht entdeckt (s. a. Bachelard 1938; Eberhard 1987; Feyerabend 1975; Kuhn 1962; Lakatos 1970a; Popper 1934; Poser 2001; Steinke 2000; Toulmin 1961).

Fazit für die wissenschaftliche Psychoanalyse – Einige Faustregeln empirischer Forschung

Einer Anekdote nach, die von Morgenstern und Zimmer (2002) berichtet wird, soll Popper zu seinen Studenten einmal gesagt haben, er sei zwar Professor für wissenschaftliche Methode, doch leider gebe es gar keine wissenschaftliche Methode, sondern nur ein paar Faustregeln. Ausgehend von diesem Diktum möchte ich ein paar solcher Faustregeln, die man im Rahmen empirisch-psychoanalytischer Forschungen realisiert finden kann, aufzählen.

Diese Faustregeln sind aus zweierlei Gründen bewusst allgemein gehalten: Zum einen wäre es nur wenig vernünftig, die Psychoanalyse, die eine ganze wissenschaftliche Disziplin umfasst (Theoriengebäude, Forschungsmethoden, Anwendungsgebiete, Scientific community, Profession, Kulturkritik), in ein Prokrustesbett eiserner Regeln zu pressen. Zum anderen gilt es der Vielfalt der von der Psychoanalyse untersuchten Sujets, die jeweils einer gegenstandsadäquaten Spezialisierung von epistemologischen und methodischen Strategien bedürfen, Rechnung zu tragen. Die im Folgenden zur Diskussion gestellten Faustregeln für empirische Forschung in der Psychoanalyse sollen sehr wohl allgemeinen Standards von Wissenschaftlichkeit genügen, ohne aber jedoch die Besonderheiten der Psychoanalyse und die Spezifika ihres Forschungsgegenstandes preiszugeben.

1. Möglichst große Exaktheit psychoanalytischer Konzepte:

Eine wichtige Aufgabe aller Wissenschaften ist es, eine möglichst exakte Terminologie zu konstruieren, die eine verständliche Kommunikation zwischen den Forschern innerhalb einer Wissenschaft und zwischen den Wissenschaften gestattet (s.a. Breuer 1977; Carnap/Stegmüller 1959; Charpa 1996; Dreher 1998; Eberhard 1987; Kamlah/Lorenzen 1967; Kriz et al. 1990; Seiffert 1969a; 1997; Poser 2001; Wetz 1995). Intersubjektive Klarheit über die verwendeten Begriffe ist das A und O jeder Wissenschaft als einem sprachlich vermittelten Unternehmen[15].

Die ausdrückliche Einführung eines Begriffs – anfangs oft durch Beispiele – nennt man *Definition*. Steht erst einmal eine Anzahl von Begriffen zur Verfügung, kann die Definition neuer Termini durch die bereits bestehenden

---

15 Gelegentlich wird die Auffassung vertreten, psychoanalytische Konzepte sollten generell eher weich sein, um sich der Einzigartigkeit jedes Falles anschmiegen zu können. Dass jede Wissenschaft über eine Handvoll solcher forschungsleitenden Prä- bzw. Urideen im Sinne von Ludwik Fleck (1935) verfügt und verfügen darf, steht außer Zweifel; die generelle Ideologisierung von schwammigen Begriffen würde allerdings à la longue zu Kautschukbegriffen (Hartmann 1939) führen, welche die Sachverhalte mehr verschleiern als erhellen, weshalb zunehmende Differenzierung und wachsende Präzision der Terminologie erstrebenswert sind.

vorgenommen werden. Das Ergebnis ist schließlich eine *Terminologie*, ein System von Termini, deren Beziehungen untereinander geregelt sind. Mittel und Wege, so ein Begriffssystem zu konstruieren, sind z.B. die *Logische Propädeutik*[16] von Kamlah und Lorenzen (1967; Seiffert 1969a), die *Begriffsexplikation*[17] von Carnap (Carnap/Stegmüller 1959; Poser 2001) oder die *Psychoanalytische Konzeptforschung* von Dreher (1998; 2004).

Da die Psychoanalyse in ihren ontologischen Prämissen von der Realität mentaler Prozesse ausgeht (Giampieri-Deutsch 2004b; Werthmann 1982) und sich nicht mit der Untersuchung physiologischer Analogien derselben zufrieden gibt – obgleich sie die Relationen zwischen diesen beiden Ebenen der Erforschung würdig erachtet –, sind die Erkenntnisinstrumente bzw. Methoden der (reflektierten) Introspektion (Mertens 2000) und (reflektierten) Empathie (Kohut 1984; Milch 2000) conditio sine qua non der psychoanalytischen Beobachtung bzw. Erfahrung (s. a. Kutter 2004)[18]. Bei diesen Datengenerierungsstrategien handelt es sich um legitime humanwissenschaftliche Methoden, die die herkömmliche Sicht von Außen durch eine ebenbürtige Sicht von Innen ergänzen und eine gegenstandsangemessene Begriffsbildung erleichtern (Breuer 1977; Mayring 2002).

---

16 Die Logische Propädeutik von Kamlah und Lorenzen (1967; s.a. Seiffert 1969a) stellt eine Art Vorschule des richtigen Sprechens für die Wissenschaften dar. Sie versucht uns zu zeigen, wie wir von der Alltagssprache ausgehend in stetem Bezug zur Empirie zu ersten Grundbegriffen kommen, aus denen dann ein vernetztes System von Termini errichtet werden kann: Mithilfe deiktischer Handlungen wird Gegenständen exemplarisch ein Prädikator zu- oder abgesprochen. Die so eingeführten Begriffe führen zu weiterschreitenden Untergliederungen, die sich in einem systematischen Zusammenhang befinden und gemeinsam eine wissenschaftliche Sprache bilden. Die dabei erworbene Disziplin des Denkens und Redens soll – so die Hoffnung der Autoren – behilflich sein, konträre Standpunkte und Aneinandervorbeireden im vernünftigen Gespräch abzubauen (Kamlah/Lorenzen 1967).

17 Ziel der Begriffsexplikation (Carnap/Stegmüller 1959; s. a. Poser 2001) ist es einen unscharfen Begriff, Explikandum genannt, durch einen exakten Begriff, das Explikat, zu ersetzen. Vier Adäquatheitsbedingungen erlauben eine Einschätzung der Explikation: 1. Ähnlichkeit der Verwendung zwischen Explikandum und Explikat. 2. Exaktheit der Regeln für den Gebrauch des Explikats. 3. Fruchtbarkeit des Explikats für die Formulierung genereller Aussagen. 4. Einfachheit des Explikats soweit es die wichtigeren Forderungen 1 bis 3 gestatten.

18 Da (reflektierte) Introspektion und Empathie Erkenntnisinstrumente für mentale Prozesse sind, die die visuelle Zentrierung des Beobachtungsbegriffs transzendieren, könnte (psychoanalytische) Erfahrung in diesem Kontext ein passenderes Wort sein. Sie lässt alle Aspekte menschlichen Verhaltens als Informationsquelle über innere Zustände prinzipiell gelten und gestattet die Reflexion eigener und anderer psychischer Prozesse. Zur Erforschung der Entwicklung dieser humanspezifischen Erkenntniskompetenzen hat Peter Fonagy (Fonagy 1998; 1999c; Fonagy et al. 2002; s.a. Dornes 2004b; Reinke 2003) sehr viel beigetragen.

Um etwaigen Schwierigkeiten bei einer genauen Begriffsbildung und -verwendung zu begegnen, wurde die *Psychoanalytische Konzeptforschung* (Dreher 1998; 2004) aus der Taufe gehoben. Hierbei handelt es sich um jene systematisch wissenschaftlichen Bemühungen in der Psychoanalyse, die an Klärung, Verfeinerung und Präzisierung psychoanalytischer *Konzepte* arbeiten. Zur Konzeptforschung, die eine lange Tradition in der Psychoanalyse hat, zählen unter anderem begriffliche Überlegungen, die in Fachwörterbüchern gerinnen, Panels und Concept-study-groups. Die Konzeptforschung, welche neben der Erweiterung der empirischen Datenbasis mitverantwortlich ist für den Fortschritt der Psychoanalyse als Wissenschaft[19], erschöpft sich weder in einer Begriffsgeschichte, die alle jemals gebräuchlichen Aspekte eines Konzepts auflistet, noch in einer Textexegese, die versucht, aus den freudschen Schriften die richtige Lesart eines Konzepts zu destillieren, sondern verknüpft Analysen des Entstehungskontexts, der Geschichte sowie der aktuellen Verwendungsweise von Konzepten (Dreher 1998; 2004). Innerhalb der psychoanalytischen Konzeptforschung differenziert Dreher (1998) zwischen einem *konzeptverwendenden Diskurs* und einem *konzeptreflektierenden Diskurs*. Das Ziel des *konzeptverwendenden Diskurses* besteht im Definieren von Regeln, nach denen Phänomene unter bereits hinreichend geklärte Konzepte subsumiert werden können, während ein *konzeptreflektierender Diskurs* indiziert ist, wenn Dissens darüber besteht, wie ein Konzept überhaupt zu fassen ist. Dabei geht es dann um Aufklärung verschiedener Bedeutungsaspekte und Vorschläge für einen sinnvollen Gebrauch (Dreher 1998).

Als Resultat eines systematischen und gründlichen Konzeptforschungsprojekts, das sich vielfältiger Methoden (Literaturrecherche und -analyse, Interviews mit erfahrenen Klinikern und Nachbarwissenschaftlern über ihr Verständnis des zu untersuchenden Konzepts, Gruppendiskussionen) bedienen kann, sollen konsensuell akzeptierte Regeln für die Verwendung eines Konzepts expliziert werden. Integrationsversuche, die divergierende Auffassungen aufnehmen können, genießen hierbei freilich besondere Relevanz. Ist es schließlich möglich, Phänomene gemäß festgelegter Regeln unter Konzepte zu subsumieren, sollte auch Operationalisierungen und Messungen nichts mehr im Wege stehen (Dreher 1998).

---

19 Im Gegensatz zu Dreher (1998; 2004), welche die Konzeptforschung von einer empirischen Forschung im engeren Sinne abgegrenzt wissen will, sehr wohl aber für ein dialektisches Verhältnis der beiden plädiert, betrachte ich die Konzeptforschung als Element empirischer Forschung in der Psychoanalyse, da ich darunter nicht nur systematische Datenerhebungen, sondern eine ganze Forschungstradition verstehe, die sich der »Wissenschaftsorientierung« der Psychoanalyse verschrieben hat.

2. Offenheit psychoanalytischer Theorien für Modifikationen:

Theorien verfügen über einen zentralen Rang in jeder Wissenschaft. Die Intention einer Theorie ist es, Aussagen allgemeinerer Natur über einen Untersuchungsgegenstand zu machen, ohne gleich den Anspruch ewiger Gültigkeit zu erheben (s. a. Balzer 1997; Breuer 1977; Charpa 1996; Kamlah/Lorenzen 1967; Kriz et al. 1990; Poser 2001). Das heißt, Veränderungen von Theorien im Laufe der Zeit, welche durch neue empirische Daten oder neuartige Modelle angeregt werden, spiegeln den normalen wissenschaftlichen Fortschritt wider. Es muss nicht eigens erwähnt werden, dass dies auch für die Psychoanalyse und ihre Anwendungen gilt (Hartmann 1959). Freud selbst war Zeit seines Lebens bereit, an seinen Theorien zu feilen und diese zu revidieren, wenn sich ihm neue Erkenntnisse aufgedrängt haben. Auch wenn manche seiner Nachfolger die *Gesammelten Werke* als Katechismus auslegen und Freud mit einem Nimbus der Unfehlbarkeit ausstatten, hat er die Psychoanalyse nie als geschlossenes System, sondern als eine für Modifikationen aller Art offene Wissenschaft verstanden (s. a. Cremerius 1982; deMijolla 2004; Freud 1919a; 1923a; 1927c; 1933a; Grinberg 1986; Thomä 2004).

Ein hehres Ziel von Wissenschaft und zugleich bedeutsames Kriterium zur Einschätzung der Tauglichkeit einer Theorie als Wiedergabe realer Sachverhalte ist das der *Wahrheit*. Unter Wahrheit versteht man salopp formuliert die Wirklichkeit einer behaupteten Aussage, die unabhängig der sprachlichen Formulierung gegeben ist. Dabei ist ein ganzer Reigen so genannter Wahrheitstheorien (so z.B. Korrespondenztheorie, Kohärenztheorie, semantische Theorie, Konsenstheorie, Pragmatiktheorie, Theorie der Praxis als Wahrheitskriterium) bemüht, das Verhältnis zwischen einem Sachverhalt und der Aussage über den Sachverhalt zu thematisieren und zu klären (Breuer 1977; Keller 1982; Skirbekk 1977; Poser 2001). Die konkurrierende Vielfalt der Wahrheitstheorien – von denen alle für ihren Kontext ganz plausibel klingen, keine aber frei von Mankos erscheint – macht schon offenbar, dass es sich bei diesem Problem um eine erkenntnistheoretische Aporie handelt. Zudem muss noch konstatiert werden, dass das Problem der Wahrheitskriterien, also die Frage, auf welche Art und Weise die zwischen Sachverhalt und Aussage postulierte Übereinstimmung ermittelt werden soll, ebenso wenig gelöst ist.

Obwohl keines der vorgeschlagenen Wahrheitskriterien das aufgeworfene Problem, Übereinstimmung zwischen Theorie und Empirie festzumachen, in restlos zufrieden stellender Weise lösen kann und man sich auch von der Idee absoluter Wahrheit zu verabschieden beginnt, können dennoch partikulare

Wahrheiten angestrebt werden[20]. Da die Überprüfung von Theorien auf ihren Wahrheitsgehalt zudem ein charakteristisches Ritual der wissenschaftlichen Kultur ist, ist es am sinnvollsten, die unterschiedlichen Ansätze parallel zu nutzen und »deren jeweilige Verwendung durch *differenzielle methodologische Regeln* anzuleiten« (Breuer 1977, 145). Steinke (2000) kommt im Zuge ihrer Diskussion der klassisch-quantitativen Gütekriterien Objektivität, Reliabilität, Validität und ihrer ungenügenden Utilität für qualitative Forschung zu einem ähnlichen Schluss: Die Vielfalt von Methoden im humanwissenschaftlichen Sektor lässt lediglich die Formulierung eines Katalogs von Kernkriterien zu, welcher »*untersuchungsspezifisch* – d.h. je nach Fragestellung, Gegenstand und verwendeter Methode – konkretisiert, modifiziert und gegebenenfalls durch weitere Kriterien ergänzt werden« (Steinke 2000, 324) kann.

Die Forderung nach flexibler, regelgeleiteter Kombination unterschiedlicher Wahrheitstheorien je nach Kontext und Gegenstand der Untersuchung erfordert ein Modell wissenschaftlicher Theorien, das relativ frei ist vom Diktat irgendeiner wissenschaftstheoretischen Ideologie und offen genug für eine Verwendung in verschiedenen Wissenschaftsgebieten. Nüchterne und für diesen Zweck brauchbare Überlegungen zum Theorienproblem hat m. E. Balzer (1997) von der Warte der strukturalistischen Wissenschaftstheorie vorgelegt: Ihm zufolge besteht eine wissenschaftliche Theorie aus vier Teilen: 1. einer Klasse von *Modellen*, 2. einer Menge *intendierter Systeme*, 3. einer Menge von *Datenstrukturen* sowie 4. einem *Approximationsapparat*.

»Diese vier Teile sind im Entstehungsprozess einer Theorie gut sichtbar. Zuerst lassen sich in der Regel *intendierte Systeme* ausmachen, reale Systeme, die neue und als interessant angesehene Phänomene enthalten. Für deren Modellierung und Erklärung werden zweitens *Modelle* konstruiert. Modelle sind geistige Konstrukte, begriffliche Bilder, die in einem geeigneten Repräsentationsformalismus – meistens der Sprache – Ausdruck finden. Aus den

---

20 »Obwohl wir also vielleicht nicht mehr glauben, dass es eine absolute Wahrheit in Form eines großen letzten Systems aller Wissenschaften gibt, glauben wir weiterhin, dass es einzelne partikulare Unwahrheiten und Wahrheiten gibt, dass Stalin etwa Akten gefälscht und ein amerikanischer Humangenetiker die wissenschaftliche Welt mit seinen frei erfundenen Zwillingsstudien getäuscht hat. Es gibt also weiterhin und zu Recht aufklärerische Entlarvungsinteressen in allen menschlichen Bereichen und es ist ein allgemeines Projekt der aufgeklärten Vernunft, Menschen ein möglichst illusionsfreies Leben zu ermöglichen, in dem sie sich selbst und andere nicht täuschen. Diesem Projekt hat sich auch die Psychoanalyse seit Freud verschrieben, weshalb sie der Einheit eines universalen aufgeklärten Vernunft- und Wahrheitsbegriffs verpflichtet ist« (Hampe 2004, 30f.).

intendierten Systemen werden drittens unter Anleitung der Modelle *Daten*[21] gewonnen und es wird untersucht, wie gut die Modelle die intendierten Systeme ›abbilden‹ oder wie gut die Modelle mit den aus den Systemen gewonnenen Daten zusammenpassen. Da außerhalb der Formalwissenschaften vollkommene Passung praktisch nie vorkommt, muss die Güte der *Passung* zwischen Daten und Modellen angegeben werden. Dazu wird viertens ein geeigneter statistischer oder topologischer *Approximationsformalismus* entwickelt oder ein schon vorhandener benutzt« (Balzer 1997, 52; Hervorh. G.P.).

Da selbst ein Meer von empirischen Beweisen nicht genügt, um eine Theorie bis ans Ende aller Zeiten zu verifizieren und zudem immer irgendwelche stützenden Daten für eine Theorie auffindbar sind (Popper 1934), umgekehrt aber auch stets eine Theorie konterkarierende Daten vorhanden sind und Einzelbeweise grundsätzlich niemals so potent sind, dass sie empirisch gut fundierte Theorien völlig falsifizieren könnten (Feyerabend 1975; Kuhn 1962; Lakatos 1970a; 1970b), empfiehlt es sich für die Psychoanalyse (und wohl auch andere Wissenschaften), ihr theoretisches System sowohl anhand von empirischen *Indizien* (positiven Daten) als auch anhand von empirischen *Kontraindizien* (negativen Daten) immer wieder von Neuem zu evaluieren. Diese Empfehlung versucht dem Problem der Passung bzw. Wahrheit von Theorien einigermaßen konstruktiv zu begegnen, indem als eine Art Kompromiss zwischen der hehren Forderung nach Falsifizierbarkeit und dem Gebot der Verifizierung, die beide in realitas nicht eingelöst werden können, eine prinzipielle *Offenheit psychoanalytischer Theorien für Modifikationen* vorgeschlagen wird. So eine Forderung nach grundsätzlicher Offenheit aller Theorien für Kritik und Veränderung ist m. E. sowohl Poppers Falsifikationismus (Popper 1934), als auch der induktiven Logik der Wahrscheinlichkeit (Carnap/Stegmüller 1959) immanent und ebenso Feyerabends (1974) Kontrainduktion, der Betonung der Wichtigkeit von Irrtümern und Anomalien im Prozess wissenschaftlicher Forschung durch Kuhn (1962) und Bachelard (1938) sowie dem dialektischen Vorgehen von Hegel (Hegel 1807; Gessmann 1999).

---

21 Unter den Daten einer Theorie versteht man atomare oder negierte atomare Sätze, kurz Basissätze, »deren Bestimmung wiederholbar ist und über deren Inhalt und Herkunft aus bestimmten intendierten Systemen sich die Benutzer der Theorie weitgehend einig sind« (Balzer 1997, 140). Der Begriff der Wiederholbarkeit ist hier in einem eher »weichen« Sinn zu verstehen; er bezieht sich nicht nur auf konstruierte Experimente, die beliebig oft wiederholbar sind, sondern auch auf »natürliche« Wiederholungen und Regelmäßigkeiten wie sie z.B. in sozialen Systemen zu finden sind (Balzer 1997).

Die Sammlung und Dokumentation von *Indizien* dient dann der empirischen Fundierung bestehender Theorien, was eine wichtige Aufgabe der Wissenschaften darstellt[22]. Die Sammlung und Dokumentation von *Kontraindizien* hingegen kann dabei behilflich sein, existierende Theorien zu präzisieren, den *Gültigkeitsbereich einer Theorie abzustecken* und neue Theorien für andere *Gültigkeitsbereiche* (intendierte Systeme) zu entwickeln. Zudem können Kontraindizien als Prophylaxe gegen Ideologisierung und Dogmatisierung verwaschener Theorien mit universellem Geltungsanspruch dienen.

3. Reflexion des gesamten Forschungsprozesses in der Psychoanalyse:

In der modernen Wissenschaftstheorie herrscht relative Einigkeit darüber, dass der Vorgang der Beobachtung einen Einfluss auf das Beobachtete ausübt und die Erfahrungen des Beobachters einer mehr oder weniger großen subjektiven Verzerrung unterliegen (s. a. Bachelard 1938; Breuer 1977; Devereux 1967; Eberhard 1987; Kriz et al. 1990; Seiffert 1985). Die Psychoanalyse ist dieser Herausforderung begegnet, indem sie sich Selbstreflexion und Gegenübertragungsanalyse auf die Fahnen geheftet hat. Um einen höheren Grad an Sicherheit der Erkenntnis zu erreichen, wurden die Untersuchungen des Forschungsgegenstandes um die Reflexion der Summe aller subjektiven Reaktionen des Forschers auf das Beforschte – die Gegenübertragungsanalyse – ergänzt und zum inhärenten Prinzip jeglicher psychoanalytischer Forschung erklärt. Da Unreflektiertheit des wissenschaftlichen Vorgehens tatsächlich als ein Risikofaktor wirken und die Güte der Forschung untermi-

---

22 Die Datenquellen, aus denen die Psychoanalyse schöpft, sind so mannigfaltig, dass ich lediglich eine lose Aufzählung ohne Anspruch auf Vollständigkeit und Systematik zu bieten in der Lage bin: Psychoanalytische Therapien; Interdisziplinäre Daten, die sich zwar nicht genuin psychoanalytischer Methoden bedienen, aber Indizien oder Kontraindizien für psychoanalytische Theorien offerieren (z.B. Ergebnisse der experimentalpsychologischen Forschung) oder sich mit diesen legieren lassen (z.B. Neuropsychoanalyse); Daten, die an klinischen oder »Normal«-Stichproben oder auch Einzelfällen mit einer erweiterten psychoanalytischen Methodik gewonnen wurden (Zu letzterer zähle ich auch an der psychoanalytischen Methodologie und Theorie orientierte quantitative und qualitative Methoden); auch die Selbstreflexion des Psychoanalytikers, der gerade Freud sehr viel an Inspiration und Evidenz für seine Theorien verdankt, zählt zu den möglichen psychoanalytischen Datenquellen (deMijolla 2004); weiters psychoanalytische Säuglings- und Kinderbeobachtungen; ethnopsychoanalytische Erhebungen etc. Dass sich die psychoanalytische Wissenschaft auf mehreren Forschungsfeldern betätigen und sich mehrerer Datenquellen bedienen, also verschiedenartige aber gleichwertige Forschungsstrategien in Betrieb haben kann, wird von verschiedenen Autoren geteilt, obgleich diese andere Aufzählungen nennen (Bürgin 2001; Dreher 1998; Fonagy et al. 2001; Giampieri-Deutsch 2004b; Kächele 1990; 1991; Kernberg 2001b; 2004; Kutter 2004; Leuzinger-Bohleber 1995; Leuzinger-Bohleber/Bürgin 2004; Moser 1989; 1991; Perron 2004).

nieren kann[23], ist man auch gut damit beraten, den gesamten Prozess der Forschung, von den paradigmatischen Denkvoraussetzungen und der Auswahl von Designs und Methoden angefangen über die Reaktionen des Forschers auf den Beforschten bis hin zur Interpretation der erhobenen Daten, einer kritischen Reflexion zu unterziehen (s. a. Deneke/Stuhr 1992; Flick 2002; Leuzinger-Bohleber 1997; Steinke 2000; Stuhr 1997). Interessante Überlegungen zu dieser wissenschaftstheoretischen Faustregel, die beinahe als Kardinaltugend psychoanalytischer Forschung bezeichnet werden kann, stammen vom Philosophen Gaston Bachelard und dem Psychoanalytiker Georges Devereux.

Gaston Bachelard (1938) geht von der Existenz so genannter *Erkenntnishindernisse* in der Person des Forschers aus, welche den Prozess der wissenschaftlichen Erkenntnis konterkarieren und sogar zu Nichte machen können, wenn sie nicht aufgedeckt und unschädlich gemacht werden. Mithilfe der *Psychoanalyse* – von Bachelard (1938) als eine Methode zur Aufdeckung subjektiver Verzerrungen in der Erkenntnis objektiver Gegebenheiten rezipiert – soll durch Überwindung von Irrtümern der *wissenschaftliche Geist* konstituiert werden (Lepenies 1978).

Ein erstes Erkenntnishindernis, das zerstört werden muss, um objektivere Erkenntnis erlangen zu können, ist die bloße *Meinung*. Im Gegensatz dazu sollte der wissenschaftliche Geist von *Problembewusstsein* gekennzeichnet sein, das sich nicht auf statische Annahmen verlässt, sondern lieber einer dynamischen Form des Wissens vertraut. Auch die *Leichtfertigkeit vorschneller Verallgemeinerung* hat einer Psychoanalyse der objektiven Erkenntnis unterzogen zu werden, um zu einer »wirklich gesunden und dynamischen Theorie der wissenschaftlichen Abstraktion« (Bachelard 1938, 103) zu gelangen. Ein weiteres Erkenntnishindernis erspäht Bachelard (1938) in Bildern und Metaphern, die aufgrund begrifflicher Unschärfe zu einer universellen Erklärungsschablone hypertrophieren können. Abgesehen

---

23 Wie in einer Reanalyse empirischer Publikationen, von der Kriz et al. (1990) berichten, gezeigt werden konnte, entstehen Forschungsartefakte, also Fehler, die auf Mängel in der Studiendurchführung oder Wahl einer geeigneten Methode beruhen, insbesondere bei jenen Wissenschaftlern, die sich auf »die objektive Methode« verlassen und meinen, sich der kritischen Diskussion über die von ihnen eingenommene Perspektive ersparen zu können. Auch Leuzinger-Bohleber ist der Auffassung, dass die Qualität der Forschung von »Kriterien wie der Reflexionsfähigkeit des Forschers, der Transparenz seines methodischen Vorgehens, der Fähigkeit zur Selbstkritik sowie zum kritischen Dialog (…)« (Leuzinger-Bohleber 1997, 125f.) abhängt. Denn »sowohl in der nomothetischen als auch in der hermeneutisch ausgerichteten psychoanalytischen Forschung finden wir Forscher im aufklärerischen Sinne neben ›Gläubigen‹« (Leuzinger-Bohleber 1995, 449).

davon haben viele wissenschaftliche Autoren die Tendenz, ihrem Gegenstand einen *Wert* beizumessen und auf diese Art den Gegenstand ihres Interesses und ihre Arbeit narzisstisch zu erhöhen (Bachelard 1938). Das ist sicher mit ein Grund warum in der Wissenschaft trotz ihres angeblich durch und durch rationalen Charakters so viele ideologische Grabenkämpfe geführt werden, welche sich in den meisten Fällen dialektisch überwinden ließen.

Den gewichtigsten Beitrag der Psychoanalyse zur Erkenntnistheorie hat *Georges Devereux* (1967) mit *Angst und Methode in den Verhaltenswissenschaften* vorgelegt. Im Gegensatz zum naturwissenschaftlichen Experiment, bei dem die Beobachtung in nur eine Richtung erfolgt, zeichnet sich verhaltenswissenschaftliche Forschung durch aktuelle oder potenzielle Reziprozität zwischen Beobachter und Beobachtetem aus (Devereux 1967; s. a. Mertens 1975).

Das veranlasst Devereux (1967), der artifiziellen Trennung zwischen Subjekt und Objekt der Forschung eine volle Breitseite zu verpassen: »Experimentelle Barrieren und angeblich hinderliche Gegenbeobachtung können keine logisch vertretbare Trennung konstituieren, da sie vom Standpunkt des Objekts aus nachweislich Ausdehnungen des Beobachters sind. Das gilt ebenso für die Einwegscheibe wie für die Tinte, die den Leib des Tintenfisches vor dem Beobachter verbirgt und dadurch seine Gegenwart verrät. In gewissem Sinn ist jedes Mittel, von Tests und Instrumenten über die Einwegscheibe bis hin zur psychoanalytischen Anonymität, eine Information über das an der Person des Beobachters, was er dem Beobachteten vorenthalten möchte und was folglich soviel über ihn verrät wie ein Widerstand oder ein ›Vergessen‹ über einen Patienten in der Psychoanalyse« (Devereux 1967, 309f.).

Diese Reziprozität zwischen Beobachter und Beobachtetem sowie die persönliche Relevanz und der affektive Gehalt der erhobenen Daten in der verhaltenswissenschaftlichen Forschung provozieren Ängste im Wissenschaftler, die danach schreien, bewältigt zu werden (Devereux 1967). Zur Angstbewältigung werden methodologische Abwehr- und Vermeidungsstrategien auf den Plan gerufen, welche die Daten entsprechend entschärfen sollen, als unerwünschte Nebenwirkung aber eine verzerrte Wahrnehmung zeitigen. Prinzipiell kann wissenschaftliche Methodik natürlich behilflich sein, effektive wissenschaftliche Arbeit zu leisten, indem sie angsterregendes Material »entgiftet«. Erfolgt ihr Einsatz hingegen völlig unreflektiert, kann die Verleugnung des affektiven Gehalts und der persönlichen Relevanz verhaltenswissenschaftlicher Daten derart wuchern, dass brauchbare wissenschaftliche Erkenntnis von Vornherein zum Scheitern verurteilt ist und lediglich noch Ergebnisse produziert werden, die für die lebendige Realität irrelevant sind.

Eine vernünftige Wissenschaft lässt sich nicht entwickeln, indem man ihre Schwierigkeiten und ihre fundamentalen Daten ignoriert. Insofern liefert auch nicht die Untersuchung des Objekts allein die zentralen Daten, sondern vor allem auch die Untersuchung des Beobachters. Eine genaue Analyse der Abwehrreaktionen des Forschers kann lohnend sein, da sie die Art der Verzerrung seines Materials ergründen und somit ein realistischeres Verständnis des Forschungsgegenstands ermöglichen können. Ignoriert man die Gegenübertragung, wird sie zu einem Quell unkontrollierter Irrtümer; behandelt man sie hingegen als elementares Datum humanwissenschaftlicher Forschung, wandelt sie sich zu einer die Einsicht fördernden Ressource (Devereux 1967).

Damit die Wissenschaften im wahrsten Sinne des Wortes *sine ira et studio (et angore)* betrieben werden können, darf der Faktor Mensch paradoxerweise nicht hinter einem Deckmäntelchen der Objektivität verborgen, hinter einem weißen Kittel oder einer Einwegscheibe versteckt oder sonst wie tabuisiert werden, sondern sollte konsequent in den Prozess der Forschung eingebunden werden. Eingelöst scheint diese Forderung im methodologischen Prinzip der Gegenübertragungsanalyse, welches die permanente Selbstreflexion zur markantesten Ingredienz des psychoanalytischen Forschungsprozesses macht. Die Selbstreflexion, welche vielen streng naturwissenschaftlich orientierten Forschern geradezu obszön erscheint, könnte bei genauerer Betrachtung als Gütekriterium ersten Ranges für empirische Forschung dienen, da sie wirksam gegen all jene Formen von Unwissenschaftlichkeit zum Einsatz gebracht werden kann, welche durch den Faktor Mensch in den Wissenschaften bedingt werden, seien es nun subjektive Verzerrungen in der Wahrnehmung empirischer Daten oder erbitterte Grabenkämpfe gegen verfeindete Forschungsprogramme. Wie die Geschichte der Wissenschaften mit ihren wechselnden Paradigmen und der Hang nicht weniger wissenschaftlicher Gemeinschaften zur Ideologie nämlich zeigen, kann kein Erkenntnisweg (Eberhard 1987), kein wissenschaftstheoretischer Standpunkt (Poser 2001), keine Methode (Feyerabend 1975) vor der Torheit unkorrigierbarer Dogmen und Exklusion anderer Denkansätze schützen.

4. Bereitschaft zu intra- und interdisziplinärem Dialog:

Im Zusammenhang mit den Ausführungen über Thomas Kuhn (1962) haben wir bereits erfahren, dass ein wissenschaftliches Paradigma nach Erlangung einer Monopolstellung beginnt, jeden kritischen Diskurs im Keim zu ersticken, indem andere Paradigmen ausgegrenzt und Anomalien ignoriert werden. Eine auf diese Art betriebene Wissenschaft mutiert zu einem esoterischen Unternehmen, das kreatives und diskursives Denken en bloc suspendiert. Um solchen Tendenzen vorzubeugen, empfiehlt es sich, sowohl den intra- als auch den interdisziplinären Dialog zu kultivieren.

Unter *intradisziplinärem Dialog* verstehe ich einen offenen, kritischen und um Integration bemühten Diskurs zwischen den konkurrierenden Forschungsprogrammen innerhalb eines wissenschaftlichen Interessensgebiets. So hat die Psychoanalyse z.B. in ihrem hundertjährigen Bestehen eine ganze Palette von *Haupt-Forschungsprogrammen* entwickelt, die meist als *Psychoanalytische Schulen* firmieren (z.B. Objektbeziehungspsychologie, Selbstpsychologie, Ichpsychologie, Bindungstheorie, Trieb- und Strukturpsychologie, Interpersonelle und Intersubjektive Psychoanalyse, Strukturale Psychoanalyse usf.) und zudem noch einen Reigen von *Mini-Forschungsprogrammen* produziert, deren archimedischer Punkt das Werk eines exorbitant talentierten psychoanalytischen Forschers und/oder Therapeuten bildet (z.B. Klein, Winnicott, Lacan, Bion, Ferenczi, Rank, Freud, Adler, Jung etc.)[24]. Zwischen den *Haupt-Forschungsprogrammen* und den *Mini-Forschungsprogrammen* der Psychoanalyse als so etwas wie einem humanwissenschaftlichen *Meta-Forschungsprogramm* gibt es freilich ab ovo Überlappungen, die durch integrative und mehrdimensionale Modelle ausgebaut und arrondiert werden können. So eine Form wissenschaftlicher Forschung, die mehrere Denkansätze parallel verfolgt und die damit verbundenen Ambivalenzen gewillt ist zu tolerieren, habe ich weiter oben in Anlehnung an Kuhn (1962) *polyparadigmatische Wissenschaft* genannt und einer *monoparadigmatischen Wissenschaft*, die lediglich einen Denkansatz tolerieren möchte, gegenübergestellt. Wir erinnern uns, dass auch Lakatos (1970a; 1970b) und Feyerabend (1975) den Wissenschaften die freie Konkurrenz verschiedener Forschungsprogramme nahe gelegt haben, um ideologische Erstarrung und

---

24 Man könnte auch mit Herrmann (1976) Domain-Forschungsprogramme, bei denen ein definiertes Forschungsgebiet mit einer Vielzahl heterogener Mittel beackert wird (Beispiele für psychoanalytische Domain-Forschungsprogramme siehe Fußnote 1) von quasi-paradigmatischen Forschungsprogrammen, bei denen ein Kern indisponibler Erklärungsmuster eingesetzt wird, um eine Vielzahl heterogener Phänomene zu ergründen, abgrenzen. Forschungsprogramme der letzteren Art werden in der Psychoanalyse meist als Schulen bezeichnet.

theoretische Stagnation tunlichst zu vermeiden. In der psychoanalytischen Gemeinschaft lässt sich so ein intradisziplinärer Dialog z. B. durch den interkollegialen Austausch von Fällen im Rahmen von Gruppensupervisionen und dem gemeinschaftlichen Nachdenken von Vertretern unterschiedlicher Schulen forcieren (s. Kächele 1991; Kernberg 2001a; Leuzinger-Bohleber 1995).

Eine empirische Forschungskultur in der Psychoanalyse definiert sich aber nicht nur durch den Dialog zwischen den verschiedenen psychoanalytischen Richtungen, sondern auch durch einen lebendigen Kontakt zu den Nachbardisziplinen, den interdisziplinären Dialog. Der *interdisziplinäre Dialog* dient nicht nur einem für beide Seiten fruchtbaren Austausch von Ideen, sondern auch der besseren empirischen Fundierung und Überprüfung psychoanalytischer Theorien, denn eine sattelfeste wissenschaftliche Theorie zeichnet sich nicht nur durch ihre Nachprüfbarkeit, sondern auch durch ihre interdisziplinäre Kongruenz aus (s. a. Dreher 1998; Emde 1988a; Kutter 2004; Leuzinger-Bohleber 1995; 2002; Leuzinger-Bohleber et al. 2002; Strenger 1991). Obgleich die Validität der Überprüfung von psychoanalytischen Theorien mittels interdisziplinärer Indizien wie z. B. experimenteller Forschung, Ethologie oder Neurowissenschaften zweifelsfrei ihre Grenzen hat, konnten doch nützliche und wichtige Ergebnisse zu Tage gefördert werden, die dem Gros der psychoanalytischen Theorien eine gute empirische Fundierung attestieren (s. z. B. Buchholz 2004; Fonagy 1982; Eagle 1993; Giampieri-Deutsch 2002a; 2004a; Hartmann 1959; Kächele et al. 1991).

Will die Psychoanalyse ihren Rang als »the most coherent and intellectually satisfying view of the mind« – so der Nobelpreisträger Eric Kandel (1999, 505) – nicht verlieren, ist sie gut beraten, ihren Theorienfundus durch empirische Forschung und interdisziplinären Austausch permanent zu erweitern, zu vertiefen und zu erneuern (s. a. Kernberg 2001a; 2001b; Kutter 2000). Ihre bis heute ungebrochene Aktualität verdankt sie nicht zuletzt den vielfältigen interdisziplinären Liaisons mit z. B. Ethologie (Kaufman 1960; Künzler 1967; Tidd 1960), Geschichte (deMause 2000; Krovoza 2003), Ethnologie (Nadig/Reichmayr 2000; Reichmayr 1995), Pädagogik (Kaufhold 2001), um nur einige von vielen Exempeln für gegenseitige Inspirationen aus der Geschichte der Psychoanalyse zu nennen. Momentan gewinnt gerade der Nexus mit den Neurowissenschaften an Relevanz, welche ausgesprochen viel an interdisziplinärer Evidenz für psychoanalytische Theorien liefern (Bauer 2001; Beutel 2002; Henningsen 1998; Kandel 1999; Kaplan-Solms/Solms 2002; Koukkou et al. 1998; Leuzinger-Bohleber et al. 1998; Solms 1996; 1999; Solms/Turnbull 2003; eine erste Orientierung im unwegsamen Dschungel neurowissenschaftlicher Forschung können Kandel et al. [1995], Köhler [2001], Linke [1999] und Rüegg [2001] verschaffen).

Vorbild für polyparadigmatische Forschung und interdisziplinäre Orientierung war – was von manchen eher orthodox gesinnten Analytikern der nachfolgenden Generationen gern vergessen wurde – Sigmund Freud, der mit seinen Schriften stets am wissenschaftlichen Stand seiner Zeit war, ausgiebigen Gebrauch von Ergebnissen der Nachbardisziplinen gemacht hat und im Laufe seines Lebens mehrere Modelle, Aspekte, Paradigmen zur Erklärung menschlichen Verhaltens und menschlicher Psychodynamik inklusive ihrer Verschachtelung mit gesellschaftlichen Prozessen entwickeln konnte (s. a. deMijolla 2004; Freud 1913j; Giampieri-Deutsch 2002b; Henseler 2003; Lorenzer 1986). Insofern scheint es mir für eine empirische Forschung in der Psychoanalyse – um nicht zu sagen für die Zukunft der Psychoanalyse überhaupt – sinnvoll, Respekt und Akzeptanz gegenüber alternativen Forschungsprogrammen sowohl innerhalb als auch außerhalb der eigenen Wissenschaft walten zu lassen. Dazu ist es nötig, die vereinzelt noch immer auffindbaren Widerstände, welche sich in Form von sektiererischer Abschottung manifestieren, abzubauen und sich stattdessen im offenen, integrativen und mehrdimensionalen Denken zu üben.

5. Adäquatheit, Triangulation und Transparenz des methodischen Vorgehens:

Wissenschaftliche Methoden lassen sich verstehen als regelgeleitete Wege, empirisches Rohmaterial in empirische Daten zu transformieren und so für Konzepte und Theorien fruchtbar zu machen. War die orthodoxe Wissenschaftstheorie noch geneigt, die aus den klassischen Naturwissenschaften stammende Methode des bedingungskontrollierten Experiments inklusive ihres Hangs zur Quantifizierung zur einzig wahren wissenschaftlichen Methode zu mystifizieren, wird das Feld heute sowohl innerhalb als auch außerhalb der psychoanalytischen Wissenschaft schon eher von einer *Pluralität der Forschungsdesigns* und Forschungsmethoden beherrscht, die als prinzipiell äquivalent gelten[25]. Allen Schwierigkeiten zum Trotz, psychoanalytische

---

25 Viel zu dieser Entwicklung beigetragen haben die Human- und Sozialwissenschaften, welche die ausschließlich quantitativen Methoden in ihre Schranken verwiesen haben (s. z. B. Bachelard 1938; Eberhard 1987; Fischer/Riedesser 1999; Flick 2002; Flick et al. 2000; Kriz et al. 1990; Mayring 2002; Seiffert 1969a; Poser 2001). Obwohl quantitative Verfahren wohl noch immer von einer Majorität favorisiert werden, laufen jene Wissenschaftler, welche noch ernsthaft behaupten, qualitative seien quantitativen Methoden grundsätzlich unterlegen, Gefahr, Anhänger einer borniertten Minorität zu werden. Allzu strikte Polarisierungen zwischen quantitativen und qualitativen Methoden muten schon aufgrund der fließenden

Konzepte und Theorien zu operationalisieren (Hartmann 1958) und intersubjektiven Konsens herzustellen (Thomä et al. 1976), konnte die psychoanalytische Methodik insbesondere in den letzten Jahrzehnten eine Reihe von Erfolgen in der Schaffung eines Arsenals *regelgeleiteter und kodifizierter* Forschungsmethoden verbuchen (s. a. Giampieri-Deutsch 2004b; Kernberg 2001b; Kutter 2000; Schaumburg et al. 1974; Schors 1993), denen gemeinsam ist, dass sie methodologische Prinzipien der Psychoanalyse in ihr Vorgehen integriert haben oder in ihrem Erkenntnisanspruch von psychoanalytischen Konzepten und Theorien geleitet werden; neben ihrer psychoanalytischen Orientierung verbindet sie eine Regelgeleitetheit und Nachvollziehbarkeit, welche totaler Willkür und fehlender intersubjektiver Kommunizierbarkeit einen Riegel vorschieben[26].

Die im Folgenden von mir diskutierten, recht allgemeinen Faustregeln das methodische Vorgehen betreffend, könnten die Qualität psychoanalytischer Forschung garantieren helfen. Sie überlappen sich zwar teilweise mit

---

Übergänge zwischen den beiden Vorgehensweisen, wie z. B. aggregierte Einzelfallforschung, komparative Kasuistik, quantitativ-statistische Aufbereitung von Einzelfällen oder mixed methodologies demonstrieren (s. z. B. Albani et al. 2001; Dreher 1998; Freud 1919h; Frommer/ Langenbach 1998; Jüttemann 1998; Mayring 2003; Schaumburg et al. 1974), fast ein wenig naiv an. Im Rahmen psychoanalytischer Forschungsprojekte werden methodische Strategien sowohl qualitativer als auch quantitativer Natur oft in kombinierter Weise zum Einsatz gebracht, um höhere Repräsentativität einerseits und hohe »(Durchdringungs) Tiefe« (Breuer 1977, 140) andererseits zu erzielen (s. a. Dreher 1998; Hartmann 1958; Kutter 2004; Leuzinger-Bohleber 1995; Stuhr 1997; 2001). Bedauerlicherweise würde selbst eine sehr magere Einführung in die qualitative und quantitative Forschungsmethodik der Human- und Sozialwissenschaften den Rahmen dieses Berichts sprengen, weshalb ich mir nicht anders zu helfen weiß, als den interessierten Leser nachdrücklich auf die einschlägige Literatur zu verweisen (Atteslander 1995; Bortz/Doering 2002; Flick 2002; Flick et al. 2000; Köhler 2004; Mayring 2002; Schnell et al. 1999).

26 In die Phalanx systematisierter, regelgeleiteter psychoanalytischer Methoden lassen sich heutzutage sowohl solche einreihen, die näher am qualitativen Pol anzusiedeln sind, als auch solche, die näher dem quantitativen Pol liegen. Viele davon sind nicht nur für die Erforschung psychotherapeutischer Prozesse und psychopathologischer Manifestationen tauglich, sondern bereichern auch maßgeblich die human-, kultur- und sozialwissenschaftliche Grundlagenforschung. Vorstellungen einzelner dieser Methoden finden sich bei Albani et al. (1994; 2000), Bassler et al. (1995), Beckmann/Richter (1972), Boothe et al. (1999), Buchheim/Strauß (2002), Cierpka et al. (1995), Daudert (2002), Deneke/Hilgenstock (1989), König (2000), Leichsenring (1997), Leithäuser/Volmerg (1979), Rudolf et al. (2000), Tress et al. (1996), Weinryb et al. (1999). Für Übersichtsarbeiten, in denen jeweils mehrere psychoanalytische Methoden präsentiert werden, siehe Fonagy et al. (2001a), Kernberg (2004), Kutter (2000), Schauenburg/Cierpka (1994). Wieder bleibt mir nichts anderes übrig, als den neugierigen Leser mit diesen spärlichen Literaturempfehlungen abzuspeisen, aber eine vollständige Systematik psychodynamisch orientierter Forschungsverfahren würde mittlerweile mindestens eine eigene psychoanalytische Methodenfibel erfordern.

den aus der qualitativen Sozialforschung stammenden Gütekriterien, entbinden aber nicht von der Notwendigkeit der Befolgung wissenschaftlicher Gütekriterien, wie sie in der einschlägigen Literatur diskutiert werden (Flick 2002; Mayring 2002; Steinke 2000).

Mit der Wahlmöglichkeit von Forschungsdesign und Forschungsmethode wird die erste unter den methodologischen Faustregeln tangiert: die *Adäquatheit der methodischen Strategie*. Lapidar formuliert, fordert dieses Gütekriterium empirischer Forschung, dass der Forschungsgegenstand, genauer genommen die Forschungsfrage über die Wahl der Methode entscheidet und nicht umgekehrt (Flick 2002; Mayring 2002; Steinke 2000; Stuhr 2001).

Da sich die Psychoanalyse mit unterschiedlichen Sujets beschäftigt, ist es auch legitim, dass sie ein breites Spektrum von Forschungsdesigns und Forschungsmethoden in Betrieb hat. Aus dem zur Verfügung stehenden Kanon von psychoanalytischen Forschungsstrategien (der seit den Anfängen der Psychoanalyse beständig erweitert wird) kann dann das für die jeweilige Forschungsfrage und das jeweilige Erkenntnisinteresse brauchbarste Vorgehen selegiert werden. Die Konzeption des Forschungsdesigns und die Wahl der Methoden sollten nämlich idealiter die jeweiligen Spezifika des Forschungsbereichs berücksichtigen (s. a. Freud 1940b; Kächele 1990; Mayring 2002; Stuhr 1997; 2001). So bedarf z. B. die Untersuchung des therapeutischen Prozesses anderer Strategien als die psychoanalytische Säuglingsforschung und diese wiederum anderer als die Ethnopsychoanalyse. Kurzum, »der Gegenstand bestimmt die Methode« (Stuhr 1997, 164). Ich denke, die von Thomä und Kächele (1985) für die psychoanalytische Therapie vorgeschlagene *adaptive Indikation*, welche im Unterschied zur *selektiven Indikation*, bei der aus dem Pool aller Patienten jene auserkoren werden, die sich für die Standardtechnik geeignet erweisen, eine Anpassung des therapeutischen Vorgehens an die pathologischen Besonderheiten des jeweiligen Patienten fordert, mutatis mutandis auch für die psychoanalytische Forschung gilt: Nicht irgendeine puritanische Forschungsmethode, sei sie nun statistisch oder hermeneutisch, entscheidet darüber, welche Fragen überhaupt erlaubt sind, sondern die Fragen entscheiden über Wahl und Entwicklung der Methoden.

Die Pluralität von äquivalenten Forschungsdesigns und Forschungsmethoden, die jeweils Vorteile aber auch Nachteile aufweisen, erlaubt es, ein und dieselbe Forschungsfrage mit unterschiedlichen Methoden zu ergründen und die dabei zu Tage geförderten Ergebnisse miteinander zu vergleichen. Dieses Gütekriterium, »für die Fragestellung unterschiedliche Lösungswege zu finden und die Ergebnisse zu vergleichen« (Mayring 2002, 147), stammt ursprünglich aus der qualitativen Sozialforschung und wird *Triangulation* genannt (Flick 2000; 2002; Mayring 2002; Stuhr 1997; 2001). Hierunter wird im Speziellen eine Kombination verschiedenartiger Zugänge zum die Forschung beschäftigenden Problem verstanden. Gelangen Forscher, welche unterschiedliche Forschungsprogramme vertreten und sich verschiedenartiger Methoden bedienen, zu ähnlichen bis gleichen Ergebnissen, kann dies jedenfalls als Zeichen der Güte einer Theorie gewertet werden.

Die *Transparenz des methodischen Vorgehens* macht die Trias der methodologischen Faustregeln komplett. Hierbei geht es darum, den Prozess der Forschung durch eine möglichst gläserne Explikation der methodischen Strategie transparent zu machen. Dass intersubjektive Nachvollziehbarkeit und Nachprüfbarkeit methodischen Vorgehens und wissenschaftlicher Theorien prinzipiell gegeben zu sein hat, wird wiederholt unterstrichen (Atteslander 1995; Balzer 1997; Breuer 1977; Latour 1999; Leuzinger-Bohleber 1997; Mayring 2002; Steinke 2000; Stuhr 1997; 2001). Eine Forschung transparent für die wissenschaftliche Community zu machen, heißt aber, nicht nur die Wahl von Forschungsdesigns und -methoden ausführlich zu dokumentieren, sondern auch die Interpretation der erhobenen Daten inklusive einer Diskussion alternativer Erklärungsansätze offen darzulegen. Von großer Bedeutung sind in diesem Kontext die Entwicklung von regelgeleiteten und kodifizierten Methoden, welche eine intersubjektive Nachvollziehbarkeit und Nachprüfbarkeit erst ermöglichen (Schauenburg/Cierpka 1994; Schors 1993; Steinke 2000; Thomä et al. 1976).

Einleitung in die Beiträge des Buchs
Den Anfang des *ersten Teils* dieses Buchs, in dem es um *Grundlagen der Debatte rund um die empirische Forschung in der Psychoanalyse* geht, macht *Gerd Rudolf*. In seinem Beitrag legt er ein leidenschaftliches Plädoyer für die Notwendigkeit und Sinnhaftigkeit empirischer Forschung in der Psychoanalyse vor. Dabei lässt er es sich nicht nehmen, auch gegen jene kleine, aber lautstarke Minderheit in der Psychoanalyse anzuschreiben, die von einer Warte des psychoanalytisch-therapeutisch Tätigen jeden Versuch der Psychoanalyse im Konzert der Wissenschaften mitzuspielen, entwertet. Angesichts dieser bedauerlicherweise zum Teil noch immer verhärteten Fronten stellt der Titel seines Aufsatzes die provokative Frage: Psychoanalyse und Forschung: Unüberwindliche Gegensätze?

Der Aufsatz von *Siegfried Zepf* stellt unbequeme Fragen an die methodologischen Voraussetzungen der quantitativen und qualitativen Psychotherapieforschung. Sein Text lässt sich dabei durchaus als Mahnung lesen, keinem simplifizierenden Wissenschaftsverständnis auf den Leim zu gehen, da jede wissenschaftliche Strategie ihre Grenzen hat, und auch Forschungsergebnisse, die das Etikett »empirisch« tragen, mit der gebotenen Vorsicht zu genießen, da jede Wissenschaft mit Unwegsamkeiten der Erkenntnis zu kämpfen hat.

Der *zweite Teil* bietet Beispiele für die Möglichkeit einer *experimentellen Untersuchung psychoanalytischer Konzepte und Theorien*. Obgleich Freud so einem Unternehmen bekanntermaßen ambivalent gegenüberstand, hat doch die genuin psychoanalytische Experimentalforschung eine lange Tradition, deren Wurzeln sich bis zu den Anfängen der Psychoanalyse zurückverfolgen lassen, wie Giampieri-Deutsch (2002b; 2004b; s. a. Hartmann 1959; Kächele et al. 1991) nachgezeichnet hat. Die Überprüfung experimenteller Forschungsergebnisse auf ihre Kongruenz mit psychoanalytischen Theorien hat übrigens ein bisher überwiegend positives Ergebnis gezeitigt.

Dass psychoanalytische Theorien großen allgemeinpsychologischen Wert haben, da sie auch das Verhalten nicht-klinischer Populationen zu erklären vermögen, wird von *Thomas Köhler* in seinem Beitrag unterstrichen. Aus diesem Grund hält er es auch für sinnvoll, außerklinische Forschung zu betreiben. Mit seinen raffinierten experimentalpsychologischen Erhebungen, deren frühe Wurzeln in den Assoziationsstudien von C.G. Jung zu finden sind, kann er die freudschen Theorien von Widerstand und Verdrängung überprüfen und auf voller Länge bestätigt finden.

Ein zweiter Beitrag zur psychoanalytischen Experimentalforschung wird von *Tamara Fischmann und Wolfgang Leuschner* beigesteuert. Die Autorin und der Autor referieren Erkenntnisse der Experimentellen Psychoanalyse zur psychoanalytischen Traumtheorie und führen eigene Studien zu dem Thema an. Dabei können sie zeigen, dass das Gros der psychoanalytischen Traumtheorie durch experimentelle Evidenz gut fundiert ist, Komponenten davon sich aber einer experimentellen Überprüfung entziehen und der klinischen Forschung bedürfen.

Der *dritte Teil* widmet sich Studien zur *psychoanalytischen Entwicklungsforschung*, die eine lange Tradition in der Psychoanalyse hat und mit Namen wie A. Freud, R. Spitz, E.H. Erikson, J. Bowlby, D.W. Winnicott, M. Mahler, D.N. Stern, R.N. Emde und vielen weiteren verbunden ist. Da Erfahrungen aus der psychoanalytischen Therapie erwachsener Personen nur lückenhafte Auskünfte über die frühere Entwicklung des Menschen erteilen, wurden bereits von Freud psychoanalytisch informierte Direktbeobachtungen eingefordert und inauguriert (Freud 1905d; 1920g). Diese können behilflich sein, Hypothesen über die Entwicklung direkt an der Empirie zu testen und im Falle mangelnder Übereinstimmung zu modifizieren (Hartmann 1950).

Eingeleitet wird dieser Teil mit einem Beitrag von *Martin Dornes*, in dem die kontrovers geführte Debatte über Relevanz oder Irrelevanz der Säuglingsforschung für die Psychoanalyse nachgezeichnet wird. Anhand ausgewählter Beispiele gelingt es Dornes, triftige Argumente dafür zu liefern, dass die Psychoanalyse von einer weiter gefassten Definition, welche auch die Möglichkeit direkter Beobachtungen von Kindern im präverbalen Stadium inkludiert, eigentlich nur profitieren kann.

Auch *Kai von Klitzing* gelangt im Zuge seiner Erörterung, ob Psychoanalyse und Kleinkindforschung in einen fruchtbaren Dialog treten können, zu einem durchaus positiven Urteil. Die Psychoanalyse kann aus den Ergebnissen systematischer Untersuchungen an größeren Stichproben Gewinn ziehen, während die Psychoanalyse mit ihrer Ausrichtung auf mentale Prozesse und Umwelteinflüsse eine Entwicklungsforschung, die sich als streng »objektiv« orientiert versteht, wesentlich bereichern kann. Anhand einer Fallbesprechung aus einem eigenen Forschungsprojekt zur Entwicklung der Triangulierung kann von Klitzing demonstrieren, dass sowohl genuin psychoanalytische als auch genuin kognitionswissenschaftliche Aspekte nötig sind, um ein vollständigeres Verständnis kindlicher Entwicklung zu erwerben.

Peter Fonagy und Mary Target gehen in ihrem Beitrag der höchst brisanten Frage nach, wie Modelle der genetischen Disposition und psychosoziale Entwicklungsmodelle der Psychoanalyse miteinander in Einklang gebracht werden können. Sie heben die Bedeutung von Forschungsergebnissen der Psychoanalyse hervor, die als Korrektiv gegen die zunehmend an Dominanz gewinnende Genetik fungieren können. Da die Genexpression von der psychischen Interpretation von Erfahrungen mitbedingt ist, müssen psychische Erkrankungen, auch wenn genetische Dispositionen dafür vorhanden sind, nicht zwangsläufig ausbrechen. Zudem eröffnen psychoanalytische Therapien die Chance, das Missing Link zwischen Umwelterfahrung und Genexpression, welches die Autoren in der subjektiven Erfahrung des Individuums vermuten, zu verstehen und zu beeinflussen.

Der *vierte Teil* des Buchs liefert einen Eindruck von der Vielfalt und Komplexität der *psychoanalytischen Therapieforschung*. In diesem Bereich wird – seitdem die rein quantitativ orientierten Wirksamkeitsforschung an ihre Grenzen gestoßen ist – auf eine differenzierte Integration qualitativ und quantitativ empirischer Methoden gebaut (s. z. B. Brandl et al. 2004; Ermann et al. 2001; Fäh/Fischer 1998; Kächele 1981; 1992; Kernberg 2004; Leuzinger-Bohleber et al. 2002; Stuhr 1997; 2001; Wallerstein 2001b; Wampold 2001). Die *Effektivität psychoanalytischer Therapien* ist mittlerweile durch eine große Zahl von Studien empirisch gut fundiert (s. z. B. Brandl et al. 2004; Ermann et al. 2001; Fonagy et al. 2001a; Hartmann/Zepf 2002; Leichsenring et al. 2004; Leuzinger-Bohleber/Stuhr 1997; Leuzinger-Bohleber et al. 2001; Sandell et al. 2001; Stuhr et al. 2001) und wer nach wie vor die Überlegenheit eines anderen Therapieverfahrens über das psychoanalytische behauptet, muss sich den Vorwurf gefallen lassen, nicht mehr auf dem wissenschaftlichen Stand seiner Zeit zu sein.

Den Beginn macht hier *Falk Leichsenring* mit einem Beitrag über empirische Forschungsergebnisse zur Wirksamkeit von psychoanalytischen Therapien. Darin bietet er eine gründlich recherchierte, nach Störungsbildern geordnete Systematik von Wirksamkeitsstudien zur psychoanalytischen Kurz-Therapie, welche allesamt die hohe Wirksamkeit psychoanalytischer Therapien evident machen. Neben einer scharfsinnigen Rekapitulation der Debatte rund um randomisierte und kontrollierte vs. naturalistische Studien werden in einer Übersicht noch die essenziellen Ergebnisse von neueren Studien zu länger dauernden psychoanalytischen Therapien eingehend gewürdigt.

Im anschließenden Beitrag weist *Ulrich Streeck* darauf hin, dass viele Patienten, darunter insbesondere solche mit schweren Persönlichkeitsstörungen, ihre Probleme nicht verbal kommunizieren können und stattdessen in Form von Verhalten zur Inszenierung bringen. Aus diesem Grund ist es vonnöten, in psychoanalytischen Therapien nicht nur narrativen, sondern auch interaktiven Prozessen einen bedeutenden Stellenwert einzuräumen. Unter Rekurs auf neuere Ergebnisse der psychoanalytischen Säuglingsforschung zu interaktiven Mikroprozessen zwischen Baby und Bezugsperson, mittels derer die inneren Zustände des Kindes reguliert werden, führt Streeck aus, dass flüchtige und bewusst kaum registrierbare Verhaltensweisen weitreichende Auswirkungen auf den Interaktionspartner ausüben und ihn zu einem Verhalten verführen können, das unbewusst erwünscht oder benötigt wird. Mithilfe videographierter Therapiesitzungen können solche mimischen und gestischen Mikroprozesse zwischen Analytiker und Analysand empirisch analysiert und in ihren Funktionen verstanden werden.

Das nächste Kapitel, das die 25-jährige Arbeit der Forschungsgruppe Saarbrücken vorstellt, stammt aus der Feder von *Rainer Krause*. Wie die Erforschung mimischen Affektverhaltens zeigt, legen psychisch kranke Personen ein mikroaffektives Verhalten an den Tag, das durchschnittliche Interaktionspartner dazu verführt, mit einem Verhalten zu reagieren, das ihre unbewussten Annahmen über sich und die Welt bestätigt. Wie diesbezügliche Erforschungen des psychotherapeutischen Prozesses untermauern, gelingt es guten Psychotherapeuten sich solcher mikroaffektiver Verstrickungen zu entziehen, während ihr gehäuftes Auftreten zu einem Scheitern der Therapie führen kann.

Danach liefert *Eva Bänninger-Huber* eine Tour d'Horizon über die Klinische Emotions- und Interaktionsforschung, welche bestrebt ist, emotionale Prozesse anhand von beobachtbaren interaktiven Verhaltenssequenzen zu ergründen. Im Zuge dessen wird erörtert, wie sich zentrale Konzepte psychoanalytischer Therapie (Übertragung, Gegenübertragung, Arbeitsbündnis, Widerstand) mittels beobachtbarer Indikatoren operationalisieren lassen. Illustriert wird die Tauglichkeit dieser Forschungsstrategie durch eine Fallvignette, welche einen kleinen Ausschnitt aus einer videographierten psychoanalytischen Therapie en détail untersucht.

Darauf folgend diskutiert *Brigitte Boothe* die zentrale Relevanz des Phänomens der Erzählung im Alltag und in der Psychotherapie. Durch ihre Erzählungen entfalten Patienten eine narrative Dynamik, die als Ausdruck der Psychodynamik den Therapeuten ins Geschehen involviert. Anhand einer kurzen, aber prägnanten Erzählsequenz aus der psychotherapeutischen Behandlung einer Frau werden Funktion und Struktur von Erzählungen erläutert. Die *Erzählanalyse JAKOB* (www.jakob.unizh.ch), entstanden aus der Verschränkung psychoanalytischer und textanalytischer Perspektiven, gewährt einen methodischen Zugang zur empirischen Untersuchung solcher Erzählungen.

In dem von *Anna Buchheim* verfassten Kapitel geht es schließlich um den fruchtbaren Dialog zwischen Psychoanalyse und Bindungstheorie. Letztere wurde von dem Psychoanalytiker John Bowlby entwickelt und konnte in den letzten Jahrzehnten sowohl innerhalb wie außerhalb der psychoanalytischen Entwicklungsforschung zu einem der einflussreichsten Forschungsprogramme avancieren. Mittlerweile hat die Bindungsforschung sogar klinisches Terrain erobert. Eine Vielzahl von Bindungsmessmethoden, wie z. B. das *Adult Attachment Interview*, erlaubt eine Klassifikation der Bindungsqualität auch erwachsener Personen und kann gewinnbringend im Rahmen psychoanalytischer Therapien zum Einsatz gebracht werden wie Buchheim anhand dreier eindrucksvoller Kasuistiken demonstriert.

Last but not least gibt *Gerhard Schüßler* in seinem Beitrag eine Übersicht über die *OPD (Operationalisierte Psychodynamische Diagnostik)*. Die OPD ist der bisher herausragendste Versuch, das klinische Wissen der Psychoanalyse für eine operationalisierte Diagnostik fruchtbar zu machen. Entstanden ist sie aus der Notwendigkeit, die rein deskriptiven Diagnoseschemata ICD und DSM, welche Reliabilität um den Preis der Validität erkauft haben, um psychoanalytische Aspekte zu bereichern. Die Komplexität der psychoanalytischen Krankheitstheorie hat dabei in ein multiaxiales System (Krankheitserleben und Behandlungsvoraussetzungen; Beziehung; Konflikt; Struktur; Psychische und Psychosomatische Störungen) Eingang gefunden. Demnächst wird die OPD-2 erscheinen, welche stärker als bisher die Relevanz so einer differenzierten Diagnostik für die Planung des psychotherapeutischen Vorgehens fokussiert.

Teil I
Grundpositionen der Debatte

Psychoanalyse und Forschung: Unüberwindliche Gegensätze?

Gerd Rudolf

Forschungsbasierte Praxis: Auch in der Psychoanalyse?
Zum Thema Qualität von Versorgungsleistungen in der Medizin (dazu gehört auch die Psychotherapie) und ihrer wissenschaftlichen Fundierung heißt es im Sozialgesetzbuch V: »Die Leistungserbringer sind zur Sicherung und weiteren Entwicklung der Qualität der von ihnen erbrachten Leistungen verpflichtet. Die Leistungen müssen dem jeweiligen Stand der wissenschaftlichen Erkenntnisse entsprechend und in der fachlich gebotenen Qualität erbracht werden« (§ 135).

Wenn von dem »Stand der wissenschaftlichen Erkenntnisse« die Rede ist, so weist das darauf hin, dass man eine fortschreitende wissenschaftliche Entwicklung annimmt und einen jeweiligen Stand der »fachlich gebotenen Qualität« feststellen kann. Für die wissenschaftliche Weiterentwicklung dürften wohl am ehesten die wissenschaftlichen Fachgesellschaften verantwortlich sein. Zumindest hat der *Sachverständigenrat für die konzertierte Aktion im Gesundheitswesen* für sie unter Verwendung der Definitionen des Wissenschaftsrats (1992) eine Reihe von Aufgaben benannt:

- Förderung von Forschung,
- Wissenschaftstransfer zwischen Forschung und Praxis,
- Förderung des fachwissenschaftlichen Diskurses,
- Verständigung über wissenschaftliche Standards,
- Vertretung der Disziplin in der wissenschaftlichen Öffentlichkeit.

Liest man, darauf bezogen, die Satzung einer wissenschaftlichen Fachgesellschaft, z. B. der *Deutschen Psychoanalytischen Gesellschaft*, so heißt es dort: »Zweck der Gesellschaft ist die Pflege, Weiterbildung und Verbreitung der von Sigmund Freud begründeten psychoanalytischen Wissenschaft (…) die Nachwuchsförderung (…) die Aufnahme und Pflege von wissenschaftlichen Kontakten mit anderen Fachgesellschaften«. Die Fachgesellschaften und psychoanalytischen Organisationen, so heißt es im Editorial zum zwanzigjährigen Bestehens des Forum der Psychoanalyse, verbindet »ein Bewusstsein für die gemeinsame Geschichte, Tradition und Verantwortung« (Ermann et al. 2004, 5). Das bedeutet: Auch in der Psychoanalyse wird die

Notwendigkeit von Weiterentwicklungen benannt, aber sie ist stark eingewoben in die Idee der Wahrung historischer Bezüge und der Pflege einer tradierten Wissenschaft. Der Sachverständigenrat verlangt darüber hinaus von den wissenschaftlichen Fachgesellschaften, dass sie sich mit ihrer eigenen Wissenschaft selbstreflexiv auseinander setzen, ihre eigenen Annahmen wissenschaftlich überprüfen und ihre Ergebnisse in einer wissenschaftlichen Öffentlichkeit diskutieren, um so das Diskutierte und Geprüfte in ihrer Praxis zu verankern.

In der Psychoanalyse gibt es allerdings bezüglich eines solchen Wissenschaftsverständnisses und der Notwendigkeit von Forschung viele Appelle und wenige Überzeugte. In der *Internationalen Psychoanalytischen Vereinigung (IPA)* sind die Debatten zwischen Forschungsbefürwortern und Forschungsgegnern geradezu institutionalisiert. Persönlichkeiten wie Wallerstein, Fonagy, Kernberg oder Stern betonten auf immer neuen Symposien die Notwendigkeit der Forschung; A. Green wird auf den gleichen Symposien als Forschungsgegner ins Feld geschickt und weist unverdrossen nach, dass diese Art von Forschungsaktivität für die Psychoanalyse ohne jede Bedeutung ist. Die Debatte ist nachzulesen bei Sandler et al. (2000). Kernberg dagegen äußert die Überzeugung, dass Psychoanalyse als Wissenschaft nur im Austausch mit anderen Wissenschaften werde bestehen können, alles andere sei selbstmörderisch.

Die psychoanalytischen Gesellschaften sind heute mehr denn je bemüht, Forschungsaktivitäten und Wissenschaftlichkeit auf ihrem Gebiet zu fördern. Die *Deutsche Psychoanalytische Gesellschaft (DPG)* hat auf der zentralen Ebene ihren wissenschaftlichen Beirat neu gestaltet und unterstützt seine Aktivitäten in jeder Hinsicht; auf der regionalen Ebene wurden Institute und Arbeitsgruppen aufgefordert, Forschungsbeauftragte zu benennen; jede Jahrestagung beinhaltet auch ein Forschungsforum; zwischenzeitlich können sich interessierte Mitglieder in Forschungsmethoden schulen und in der Durchführung von Studien beraten lassen.

Allerdings ist der Stand der Forschung bis heute, vor allem was die psychoanalytische Langzeittherapie anbetrifft, sehr bescheiden. Eine Zusammenfassung und Diskussion geben Ermann et al. (2001). Fonagy et al. (2001a) erwähnen in ihrer *Open Door Review* eine Reihe von Gründen für die unbefriedigende Datenlage in den psychoanalytisch fundierten Therapien:

- Fehlende Standardisierung der Diagnostik
- Fehlende Definition der Behandlungsbedürftigkeit

- Fehlende Differenzialindikation für bestimmte Störungen
- Fehlender Umgang mit Therapiezielen
- Schwierigkeiten der Einschätzung des Schweregrads der Störung
- Ungenügendes Wissen über die notwendige Therapiedosis
- Fehlende Spezifizierung des therapeutischen Vorgehens
- Zu wenig geprüfte Theorie der Therapien

Es gibt viele nachvollziehbare Gründe, die es bislang schwierig bis unmöglich gemacht haben, psychoanalytische Langzeitbehandlungen empirisch zu untersuchen:

- Die geforderte experimentelle Psychotherapieforschung mit ihren randomisierten kontrollierten Studien ist den Instituten mit behavioraler Ausrichtung auf den Leib geschneidert, während es schwer bis unmöglich ist, sie unter den Organisationsbedingungen der psychoanalytischen Institutionen durchzuführen.
- Es fehlt jede Form von Finanzierung für Psychotherapieforschung, dies etwa im Gegensatz zur Pharmaforschung, die von den Patienten bzw. Krankenkassen über die Medikamente mitfinanziert wird.
- Die Metapher der Medikamentenprüfung ist für die Psychotherapieforschung völlig ungeeignet: Psychotherapie wird nicht im Labor erfunden wie ein neues Medikament und dann in der Praxis angewendet, sondern eher umgekehrt.
- Psychotherapieforschung, die als experimentelle Laborforschung durchgeführt wird, arbeitet unter praxisfernen Bedingungen an sehr untypischen Patienten und erbringt Ergebnisse, an deren Generalisierbarkeit zu zweifeln ist.
- Manualisierte Therapien mit festgelegten Indikationen und klaren Zeitvorgaben sind im analytischen Bereich nicht möglich, die Ergebnisse analytischer Psychotherapie sind schwer reliabel zu erfassen usw.

Mit diesen guten Gründen ist die fehlende Forschungsaktivität und unbefriedigende Datenlage in der Psychoanalyse zu erklären, aber das Ergebnis ist dennoch eine Katastrophe, denn so schlecht gerüstet müssen Psychoanalytiker in den Dialog mit der Gesellschaft eintreten, z.B. mit den Kostenträgern, und sie zu überzeugen versuchen, dass Psychoanalyse ganz gewiss keine Wahlleistung werden darf, sondern ein unersetzlicher Bestandteil der Pflichtleistungen im Versorgungssystem sein muss. Mittlerweile gibt es eine Reihe von Studien wie z.B. die DPV-Katamnesestudie (Leuzinger-Bohleber et al. 2002), die Sandell-Studie (Sandell 2001a), die Münchener Studie (Huber/Klug 2001) und die Göttinger Studie (Leichsenring/Staats 2003), die von uns durchgeführte Praxisstudie Analytische Langzeittherapie (Rudolf et al. 2004). Einen aktuellen Überblick gibt Leichsenring (2004b).

Ein zentrales Problem solcher Studien ist freilich, dass sie von vielen Psychoanalytikern selbst nicht als angemessene Forschungsergebnisse rezipiert werden, denn – wie es in einer der seltenen psychoanalytischen Habilitationen heißt – »es liegt in der Natur der Sache, nämlich der komplexen und vielschichtigen Innenwelt des Menschen sowie des psychoanalytischen Verstehenskonzeptes, dass sich jene aufgrund ihrer latenten, unbewussten, dynamischen und überdeterminierten prozesshaften Struktur den Messoperationen der quantifizierenden Forschung entzieht« (Gerich 1999). Man beruft sich dabei auf den Positivismusstreit und postuliert, dass die Psychoanalyse als »Wissenschaft zwischen den Wissenschaften« von vornherein keinem szientistischen Erklärungsanspruch folgt, sondern über eine eigene Methodologie und Erkenntnistheorie verfügt, die als Tiefenhermeneutik charakterisiert werden kann. Dieses Entschlüsselungsverfahren für lebensgeschichtliche Sinnzusammenhänge ist freilich nur geeignet, Einzelfälle zu untersuchen und an ihnen Hypothesen zu generieren, die dann wohl mit nichtanalytischen Methoden überprüft werden müssten.

Ein einigermaßen prominenter Psychoanalytiker spricht, bezogen auf den oben beschriebenen Ansatz von einer »Forschung, die sich blind der nomologischen Forschungslogik verschrieben hat« und unterstellt den Forschern, dass sie »in einer Art intellektueller Pollution lediglich Scheinbestätigungen und den Anschein wissenschaftlichen Fortschritts produzieren, wo sich in Wirklichkeit nur sinnlose Zahlen aufhäufen«. »Da sich die Psychotherapie aufgrund der Eigentümlichkeiten ihrer Basisdaten einer nomologischen Überprüfung ihrer Erfolge bzw. Misserfolge prinzipiell entzieht,« sagt dieser Autor, »resultieren die wissenschaftlichen Bemühungen aus einem szientistischen Selbstverständnis« (Zepf/Hartmann 2002).

Deutliche Worte in die entgegengesetzte Richtung findet dagegen die IPV in ihrem Aufruf zu gemeinsamen Forschungsbemühungen aller psychoanalytischen Gesellschaften. Sie fordert zu Projekten auf, »um sich mit den deutlich gewordenen fundamentalen Schwächen der Psychoanalyse auseinander zu setzen, insbesondere mit der mangelhaften Fähigkeit der Psychoanalytiker, untereinander und Nicht-Analytikern gegenüber etwas über die einzelnen Punkte ihren Handelns und deren Wirkungsweise mitzuteilen«. Besondere Aufmerksamkeit widmet sie dem Phänomen, »warum Psychoanalytiker und psychoanalytische Institutionen so sehr an dem Wert zweifeln, sich für Öffentlichkeitsarbeit zu engagieren«. Hier wird also die Unfähigkeit kritisiert, sich selbstkritisch mit den eigenen Modellen und Ergebnissen zu beschäftigen und diese mit Nachbardisziplinen zu diskutieren und sie ihnen verständlich zu machen.

Psychoanalytiker und Forscher: Sozialisation und Berufspraxis
Wie wird jemand Psychoanalytiker oder wie wird er Forscher? Die typische Entwicklung eines Psychoanalytikers erfolgt in der relativ abgeschlossenen Gemeinschaft eines psychoanalytischen Institutes, das zum größten Teil mit Weiterbildung in vergleichsweise engen Lehrer-Schüler-Verhältnissen beschäftigt ist. Theoretische Kenntnisse werden in kleinen Seminargruppen vermittelt, Falldiskussionen und Selbsterfahrung in Zweierbeziehungen und kleinen Gruppen weitergegeben. Viele der Auszubildenden betreiben eine Weiterbildungspraxis in der Nähe eines Instituts und nach Abschluss der Weiterbildung eine niedergelassene Praxis, aus der heraus sie sich zum Teil wieder an der Weiterbildung neuer Ausbildungsteilnehmer beteiligen. Diese Entwicklung hat nicht nur den Charakter einer professionellen Weiterbildung, sondern auch den des Hineinwachsens in eine Gruppe, d.h. den Charakter einer Sozialisation.

Neben diesem Regelfall der psychoanalytischen Sozialisation gibt es einen Sonderfall derart, dass die Weiterzubildenden nicht in einer Praxis, sondern in einer Institution tätig werden und dort ihre psychoanalytische Erfahrung in Anwendungsfelder der Medizin oder Psychologie hineintragen.

Es war nicht immer so, dass der erstbeschriebene Duktus der Sozialisation der Normalfall ist und der zweite der Ausnahmefall. Bis in die 70er Jahre spielten Analytiker aus den Institutionen eine bedeutsame Rolle bei Tagungen der DPG (z.B. Anneliese Heigl-Evers und Franz Heigl, Annemarie Dührssen, Friedrich Beese, Karl König, Wolfgang Zander). Hier wurden von ihnen regelmäßig konzeptuelle Neuerungen und Forschungsergebnisse vorgestellt; dabei ging es um Themen wie analytische Gruppentherapie, Paartherapie, Familientherapie, Kinder- und Jugendlichentherapie, stationäre Psychotherapie und störungsspezifische Probleme von der Anorexie bis zum Schiefhals.

Mit der großen Welle der analytischen Weiterbildung in den 70er Jahren und den Praxisniederlassungen in den 80er Jahren trat die Welt der psychoanalytischen Praxis ganz in den Vordergrund und damit das Thema der Behandlungstechnik in der Langzeiteinzeltherapie. Von nun an ging es bevorzugt um Fragen der einzelanalytischen Behandlungstechnik und Fragen der psychoanalytischen Identität und Geschichte, verbunden mit einer Abwendung von den hiesigen Entwicklungen und einer Hinwendung zu den psychoanalytischen Emigranten. Nach meinem Eindruck erfolgte auf den Tagungen und in den Veröffentlichungen eine Zentrierung auf die methodenspezifischen Themen der Langzeiteinzelpsychoanalyse mit der Konsequenz, dass die Definition von psychoanalytischer Identität an die kontinuierliche Ausübung dieser Therapiepraxis gebunden wurde. Psychoanalytiker ist folglich jemand, der die derzeit gültige Form von Psychoanalyse ausübt oder umgekehrt, Psychoanalyse ist das, was ein Psychoanalytiker aufgrund seiner im jeweiligen Institut gewachsenen psychoanalytischen Identität in seiner Praxis tut.

Es erfolgte dadurch eine Zentrierung auf Themen der psychoanalytischen Identität: »Was ist Psychoanalyse als Praxis und Theorie? Was ist ein Psychoanalytiker? Was sind die spezifischen Merkmale und Kompetenzen? Wodurch unterscheidet er sich in der Anwendung der Psychoanalyse als Therapieverfahren von anderen Therapeuten? Wer darf sich Psychoanalytiker nennen? Woher bekommt er seine Legitimation?«

Der New Yorker Analytiker Arnold Cooper, ehemaliger Präsident der American Psychoanalytic Association und Herausgeber des International Journal of Psychoanalysis, hat eine noch weitaus umfangreichere Fragenliste aufgemacht (Cooper 2001), die von den Grundlagen der Persönlichkeitsstruktur bis zu den Details der Behandlungstechnik rund 45 offene Fragen einschließt. Sein Fazit ist allerdings ein erstaunliches:

> »Aber ich glaube, dass wir uns zur Zeit an einem Wendepunkt befinden. Wenn es uns jetzt nicht gelingt, eine breite Palette psychoanalytischer Forschung zu unterstützen, werden wir die kulturelle Position, die wir noch haben, verlieren. Aber wenn wir uns ernsthaft auf Forschung einlassen wollen, sollten wir das mit offenen Augen tun. Forschung ist gefährlich und manche unserer liebsten Theorien oder geheiligten Techniken könnten sich als falsch beweisen.«

Cooper beklagt den fast völligen Mangel an Ausbildung zum Forscher innerhalb der analytischen Profession:
»Wir sind«, sagt er, »die einzige ernsthafte intellektuelle Disziplin, die eine wissenschaftliche Vollzeitarbeit in ihrem Bereich weder ermöglicht noch unterstützt.« Und weiter: »Wir können als Psychoanalytiker nicht angemessen am intellektuellen Leben teilnehmen, wenn wir außerhalb der entscheidenden intellektuellen Zentren verbleiben. Wir sollten uns auf das Risiko des universitären Lebens einlassen.«

Persönlich habe ich meine Institutsweiterbildung vor 34 Jahren abgeschlossen und bin seither immer in psychotherapeutischen und psychosomatischen Institutionen tätig gewesen. Ich habe immer eine große Chance darin gesehen, meine psychoanalytischen Erfahrungen mit anderen therapeutischen und wissenschaftlichen Ansätzen vergleichen und verknüpfen zu können. Von der Welt eines überwiegend in Langzeiteinzeltherapien engagierten niedergelassenen Kollegen bin ich damit allerdings weit entfernt. Aus seiner Sicht habe ich wahrscheinlich keine im eigentlichen Sinne psychoanalytische Identität.

Praktiker und Forscher: Ihre unterschiedliche Wirklichkeitskonstruktion
Das Charakteristikum eines institutionellen Psychoanalytikers ist, dass das, was er tut, immer von anderen gehört und gesehen wird und dass er umgekehrt beobachten kann, wie andere tätig sind. Er lebt unter der Bedingung der Transparenz und des Austausches mit anderen. Das bringt es mit sich, dass kritische Fragen auch vor dem eigenen wertgeschätzten Gegenstand ›analytische Psychotherapie‹ nicht halt machen. Dann liegt es für ihn nahe zu fragen: »Was leistet meine Therapie, was sind ihre speziellen Chancen, wo liegen ihre Grenzen, wie lässt sie sich modifizieren und wie lässt sie sich auf faire Weise evaluieren?«

Wenn man als institutioneller Psychoanalytiker mit solchen Fragen an Kollegen der Praxis und der Institute tritt, kann es passieren, dass jemand die Besorgnis äußert: Ich bin gar nicht so sicher, ob wir die Antworten auf diese Frage erfahren möchten! Hier sind wir offenbar an einem zentralen Dissens angelangt, den ich, um ihn zu verdeutlichen, noch weiter polarisieren möchte. Wie denken und arbeiten die institutionellen Psychoanalytiker, die als Forscher tätig sind und wie denken und arbeiten die Psychoanalytikerinnen und Psychoanalytiker in der Praxis? Ich nenne 10 Punkte, in denen sie sich deutlich unterscheiden:

1. Umgang mit Zweifel:
Forscher leben im Zweifel an der eigenen Sache; sie wollen wissen, ob etwas wirklich so oder vielleicht ganz anders beschaffen ist und entnehmen daraus ihre Fragen.

Psychoanalytiker scheinen nicht in Zweifeln zu leben, sie betonen die Überzeugtheit von der subjektiven Realität und ihren schwer fassbaren unbewussten Hintergründen.

2. Umgang mit Auseinandersetzung:
Forscher leben im ständigen Wettbewerb um Gelder, Stellen, Kompetenzen und Anerkennung, aber auch um evidente Befunde; das gehört zu ihrer Form des Dialogs, der die Sache für sie allmählich deutlicher werden lässt.

Psychoanalytiker vermeiden solche Auseinandersetzungen, weil sie sich für eine gültige Wahrheit schon entschieden haben. (Dazu Kernberg scherzhaft: »Ein Psychoanalytiker ist, im Gegensatz zu einem Mediziner, jemand, der nicht zeigt, dass er Gott ist.«)

3. Umgang mit Kooperation:
Forscher sind notwendigerweise Teamplayer; man sieht meist nur den Obermann der Pyramide, der aber steht immer auf den Schultern von andern.

Psychoanalytiker sind Einzelwesen oder Teile von Dyaden. Kann man sich eine Pyramide aus Analytikern vorzustellen?

4. Umgang mit Information:
Forscher lesen alles, was dazu und was nicht dazu gehört, um mögliche neue Verknüpfungen zu finden.

Psychoanalytiker lesen inhaltlich bevorzugt das, was sie schon gelesen haben und bestätigen sich darin, dass sie auf dem richtigen Weg sind; notfalls finden sie ihre Bestätigung immer wieder in der Exegese der Schriften der Gründerväter und -mütter.

5. Wahrnehmungskanäle:
Forscher stützen sich auf das Hinschauen. Sie gewinnen aus Bildern Zahlen und formen aus Zahlen wiederum Abbildungen, welche für sie Fakten widerspiegeln.

Psychoanalytiker stützen sich, wie sie sagen, auf das Zuhören, anstatt mit wissenschaftlich gewappnetem Auge hinzusehen.

6. Objekt und Subjekt:
Forscher betreiben aus der Sicht der Psychoanalytiker die weitgehende Ausblendung des Subjekts. Für den Psychoanalytiker tritt das sprechende Subjekt an die erste Stelle. Er sieht sich als Zuhörer, der bereit ist, auf seine Kenntnisse zu verzichten und sich auf die Begegnung mit dem Neuen einzulassen.

7. **Kognition und Emotion:**
Forscher stellen sich unter den Primat der kognitiven Schlussbildung und Beweisführung nach den Regeln einer aristotelischen Logik.
   Psychoanalytiker betonen die Evidenz der Vorstellung, der Fantasie, der Imagination und folgen damit einer emotionalen, unbewussten Logik.

8. **Umgang mit Grenzen:**
Forscher gehen bedingungslos reduktionistisch vereinfachend vor, sie lösen die Dinge aus ihren Kontexten, machen Schnitte, setzen Grenzen und reduzieren sie auf einzelne Punkte, die sie isoliert untersuchen.
   Psychoanalytiker gehen amplifizierend erweiternd vor. Indem sie die Dinge in weitere Kontexte einbinden, eröffnen sie immer neue Bedeutungen, was den Diskurs potenziell unendlich macht.

9. **Stellenwert der Methodik:**
Forscher suchen zu den jeweiligen Problemen methodische Wege.
   Psychoanalytiker sind mit einer Methode – der psychoanalytischen – identifiziert und versuchen, dafür Anwendungsfelder zu eröffnen.

10. **Klinische Anwendung:**
Forscher sind häufig Kliniker, die sich für Symptome, krankheitswertige Störungen und Veränderungsprozesse interessieren und im Blick auf die begrenzten verfügbaren Mittel nach Effektivität und Effizienz schauen.
   Psychoanalytiker äußern sich zuweilen therapeutisch abstinent: »Die psychoanalytische Methode ist einsichts- und erkenntnisgeleitet, nicht kurativ« (Müller-Pozzi 2000). Als Ziel wird beschrieben, »der Wahrheit des Unbewussten begegnen und dadurch strukturelle Veränderungen auslösen«. »Was dabei entschieden keine Rolle spielt, ist das Symptom.«

Was ich mit dieser Auflistung zeigen will, ist die unterschiedliche Wirklichkeitskonstruktion aus den beiden Perspektiven. Man kann sich mit jeder der beiden Seiten identifizieren und sie wertschätzen. Es gibt keinen Grund anzunehmen, dass die eine Seite in stärkeren Maße recht hat oder richtiger ist als die andere. Auch wenn jemand mit den einzelnen Zuschreibungen nicht einverstanden ist, wird er doch im Ganzen vielleicht zugeben, dass Vertreter dieser beiden Positionen es nicht leicht haben, miteinander zu arbeiten. Von Rad und Mitarbeiter (2001) haben das Problem in ihrem Kommentar zu den aktuellen Psychoanalysestudien als Dilemma zwischen dem psychoanalytischen Postulat nach interner Validität dem empirischen Postulat nach externer Validität beschrieben. Welchen Weg man auch einschlägt, man kann nicht beide Idealforderungen erfüllen.

Formen des psychoanalytischen Selbstverständnisses – von außen gesehen
Die Psychoanalyse versteht sich als eine Humanwissenschaft und als solche beansprucht sie, die Natur des Menschen zu erforschen. Sie meint damit aber nicht die biologische Natur der Naturwissenschaften und auch nicht bloß die geistige Natur, wie sie die Geisteswissenschaften untersuchen. So wie Psychoanalyse die Ganzheit des Menschen beschreibt, schreitet sie vom Vernünftigen (dem Denken) zu dem Unvernünftigen (den Bedürfnissen und Emotionen) bis schließlich zum Außervernünftigen (dem Unbewussten als ihrem sehr speziellen Gegenstand) fort. Während die ersten beiden Bereiche mit handwerklich-ingenieursgemäßen Techniken und mit künstlerischer Kreativität verstanden und bearbeitet werden können, erfolgt der psychoanalytische Umgang mit dem letztgenannten Bereich des Außervernünftigen häufig in einer Einstellung, wie er dem Mythos oder anderen Gegenständen des Glaubens gemäß ist, d. h. mit einer gläubig-verehrungsvollen agnostischen Haltung. In der auf Krankenbehandlung zugeschnittenen Psychotherapie lassen sich mit professionellen handwerklichen Maßnahmen erstaunliche und für den Patienten sehr hilfreiche Veränderungen bewirken. Mit den künstlerisch-kreativen Ansätzen vermag Psychoanalyse jenen Menschen, die sich selbst verloren haben oder die sich aufgrund katastrophaler Lebensumstände nie hatten finden können, einen Zugang zu ihrer inneren Wirklichkeit und ihren ungelebten Möglichkeiten zu eröffnen. Beide Vorgehensweisen können mit wissenschaftlichen Mitteln nachgezeichnet und in gewissem Umfang gemessen werden. Bei Behandlungsbeginn formulierte Hypothesen und therapeutische Zielsetzungen lassen sich im Therapieverlauf überprüfen und im anschließenden therapiefreien Raum auf ihre Veränderungsstabilität hin untersuchen. Über diese Themen ist ein wissenschaftlicher Diskurs unter Psychotherapieforschern, auch solchen mit unterschiedlicher Verfahrensorientierung möglich und nützlich.

Das Verständnisproblem stellt sich erst im psychoanalytischen Umgang mit dem erwähnten dritten Bereich des Außervernünftigen, des Unbewussten. Was hier in häufig metaphorischer Begriffsbildung formuliert wird, ist für Außenstehende schwer nachvollziehbar. Das aber stört die Überzeugten nicht; sie wissen sich im Besitz einer besonderen Wahrheit, die eben von den meisten nicht verstanden wird; sie verzichten darauf, diese Wahrheit anderen plausibel machen zu wollen, da das schlechterdings nicht möglich ist; sie postulieren für ihre Gruppe den Status einer besonderen Wissenschaft, die anders ist als alle übrigen Wissenschaften und dennoch von diesen respektiert werden soll. Die Tatsache, dass andere sich zweifelnd oder kritisch-aggressiv über eine solche nicht kommunizierbare Wissenschaft äußern, interpretieren die Überzeugten als Verfolgung um der Wahrheit willen. Damit begeben sie sich in die Außenseiterposition des auserwählten und daher verfolgten Volkes, dem aber dereinst die Zukunft gehören wird, wenn es nämlich nach langem Marsch durch die Wüste das gelobte Land erreicht haben wird, so formuliert es Sloterdijk (1993). Die Wortführer dieser gläubigen Gruppen sind belesen und sprachmächtig, ihre Reden und Schriften beeindrucken. Aber so wie auch in anderen Glaubensgemeinschaften die meisten Mitglieder nicht so überzeugend formulieren wie Thomas von Aquin und nicht so kritisch denken wie Martin Luther, sondern schlichte gläubige Gemüter sind, so finden sich auch in dieser Psychoanalysefraktion wenige große Denker und viele einfache Gläubige, die nachsprechen, was ihnen vorgesagt wurde. Von der aktuellen gesellschaftlichen und politischen Realität lassen sie sich wenig beeindrucken und nicht zum aktiven Handeln animieren, es scheint eher umgekehrt: Je schwieriger die aktuelle Situation wird, umso strikter richtet sich die Aufmerksamkeit auf fundamentale Glaubensfragen, die mit Ausdauer erörtert werden.

Nun wäre es ja schön, wenn ein psychoanalytischer Adept die Wahl hätte, sich der handwerklichen, der künstlerischen oder der theologischen Fraktion zuzuordnen. Das ist leider schwierig, weil der wackere Handwerker und der kreative Künstler nicht in Frieden psychoanalytisch arbeiten kann, ohne dass ihm von der wortmächtigen theologischen Fraktion vorgeworfen wird, er habe das Eigentliche der Psychoanalyse nicht verstanden, er sei gar kein Psychoanalytiker, er verrate die Psychoanalyse, er sei ein Büttel des Systems, er wende Methoden auf die Wissenschaft der Psychoanalyse an, die dafür völlig ungeeignet seien usw. Forschungspsychoanalytiker und auch Berufspolitiker werden verdächtigt, »in vorauseilendem Gehorsam« Anpassungsleistungen zu erbringen, während die Rechtgläubigen sich in einer Art inneren Widerstand zurückziehen und sich dem System verweigern. Das schließt die gelegentlich geäußerte Überzeugung ein, dass die Psychoanalyse außerhalb des gesellschaftlichen Gesundheitssystems und der Kassenfinanzierung nicht nur überleben, sondern zu ihrem eigentlichen Wesen zurückfinden werde. Es versteht sich, dass für Anhänger dieser Überzeugung empirische Forschung weder aus Gründen der Selbstreflexion noch der Legitimation des eigenen Tuns ein Thema ist.

Forschung ist dennoch möglich und notwendig

Nachdem dargelegt wurde, dass ein kleiner, wenngleich wortmächtiger Teil der Psychoanalytiker empirische Forschungsaktivitäten aus den diskutierten Gründen ablehnt, gibt es diese Forschungsaktivitäten dennoch und sie sind von großem Einfluss auf die psychoanalytisch fundierten Behandlungen. Bei diesen Therapien steht nicht »die Psychoanalyse« im Vordergrund, sondern das Interesse der Patienten. Für die Patienten ist psychoanalytische Therapie ein Mittel zum Zweck – zum Zweck der Symptomerleichterung, zum Zweck des vertieften Selbstverständnisses und der Persönlichkeitsentwicklung, zum Zweck der besseren Lebensbewältigung und Lebensqualität. Jene Psychoanalytiker, die nicht in erster Linie daran interessiert sind, ihr Verfahren zu bewahren, sondern ihre Patienten effektiv zu behandeln, verfolgen ihre Zielsetzung auch im wissenschaftlichen Kontakt mit Nachbardisziplinen und anderen Behandlungsverfahren. Im Blick darauf lassen sich eine Reihe von Themen der Grundlagenforschung und der klinischen Forschung unterscheiden, deren Ergebnisse auf die Entwicklung psychoanalytischer Therapien bedeutsamen Einfluss nimmt.

– Die entwicklungspsychologische Forschung an Säuglingen und Kleinkindern wird nicht primär von Psychoanalytikern durchgeführt, sondern von akademischen Psychologen oder Entwicklungspsychologen. Als Ergebnis dieser Bemühungen entstanden nicht nur Konzepte wie z.B. die Bindungstheorie und Untersuchungsinstrumente (Bindungsstil-Interviews), sondern auch ein grundlagenwissenschaftlich vertieftes Verständnis für interaktionelles Verhalten und intrapsychisches Erleben und Verhalten. Die Ergebnisse der Arbeitsgruppe von Fonagy (2002) im Studium der Mentalisierungsprozesse, der selbstreflexiven Funktionen, der Empathie und emotional availability sind von größter Bedeutung für die psychoanalytische Theoriebildung und Behandlungspraxis (Rudolf 2004).
– Die Affektforschung und Interaktionsforschung zeigt methodische Ähnlichkeiten mit der Kleinkindforschung, hat es aber wahrscheinlich noch schwerer, von Psychoanalytikern wahrgenommen zu werden, weil sie noch mehr an methodische und technische (videotechnische, messtechnische) Voraussetzungen geknüpft ist. Ihre Befunde werden auf einer Mikroebene erhoben, z.B. mimische Ausdruckselemente, welche in Sekundenbruchteilen unbemerkt ablaufen und zu mimischen Ausdrucksganzheiten zusammengefügt werden. Untersucht wird z.B. der Einfluss mimischer Signale auf die funktionelle und dysfunktionale

Beziehungsgestaltung sowie ihr Anteil am Gegenübertragungserleben und therapeutischen Verhalten (Krause/Merten 1996).
– Die qualitativ-textanalytische Forschung sieht sich selbst der Psychoanalyse am nächsten, geht es doch hier um die Aushandlung von Bedeutungen in sprachlichen Interaktionen. Sie hat eine sehr spezifische Form der Empirie entwickelt, welche Qualitäten von Aussagen zunächst deskriptiv erfasst und dann zu idealtypischen Gestalten formt (Wilke et al. 2002).
– Die neurobiologische hirnphysiologische Forschung steht noch sehr in ihren Anfängen und verführt unkritische Gemüter dazu, in Gehirnmetaphern zu reden. Dennoch lassen sich auf dieser Ebene die emotionalen und kognitiven Prozesse mehr und mehr verstehen. Nicht zuletzt verweist dieser Ansatz auf die außerordentliche Bedeutung unbewusster Prozesse.
– In der Diagnostikforschung wurde die standardisierte Erfassung interpersoneller Vorgänge und der Rückschluss auf intrapsychische Prozesse vorangetrieben. Das System Operationalisierte Psychodynamische Diagnostik z. B. erlaubt eine standardisierte, d. h. verhaltensnah operationalisierte Erfassung des Verhaltens und Erlebens und gestattet dem Forscher und dem Kliniker die reliable Verwendung psychodynamischer Begriffe (Arbeitskreis OPD 1996). Checklisten für Konflikte und strukturelle Vulnerabilitäten erleichtern die diagnostische Strukturierung und Befundstandardisierung (Rudolf et al. 1998). Auf der Grundlage einer solchen validen Diagnostik kann die Indikationsentscheidung verbessert und die Therapieplanung durch die Formulierung therapeutischer Fokuse präzisiert werden (Grande et al. 2004).
– Therapieergebnisforschung: Die methodischen Voraussetzungen für die Erfassung relevanter therapeutischer Veränderungen wurde außerordentlich verfeinert. Insbesondere gilt es, multiple Perspektiven zu verknüpfen: Die subjektive Sicht des Patienten bezüglich des globalen Behandlungsergebnisses, der Zufriedenheit mit dem Behandlungsverlauf und dem aktuellen Befinden oder im Vergleich der vom Patienten geäußerten Beschwerden vor und nach der Behandlung, insbesondere auch nach einem therapiefreien Intervall. Dieser Patientensicht wird die Einschätzung des Therapeuten gegenübergestellt, der die Veränderungen in einer theoriegeleiteten Expertise beurteilt. Aus einer dritten Sichtweise nehmen unabhängige Beobachter Stellung, indem sie z. B. Videoaufzeichnungen der Patienten aus dem Therapieverlauf oder transkribierte Stundenprotokolle analysieren und auf Veränderungen psychischer Inhalte (emotionaler Ausdruck, Denkfiguren, Überzeugungen, Interaktionsbe-

reitschaften etc.) untersuchen. Eine vierte Sichtweise wird von Außeninstanzen hinzugefügt, so z. B. Krankenkassen, welche das Krankheitsverhalten/Inanspruchnahmeverhalten und Krankheitskosten im Therapieverlauf untersuchen (Rudolf et al. 2001). Das globale multiperspektivische Modell der Ergebnisforschung enthält verfahrensübergreifende Einschätzungen (z. B. bezüglich der Symptomatik), kann aber ebenso psychoanalysespezifische Gegenstände beurteilen und einschätzen.
– Therapieprozessforschung: Die sorgfältige Reflexion therapeutischer Mikroprozesse und therapeutischer Gesamtentwicklungen ist eine psychoanalytische Domäne. Hier kann mit außerordentlich vielfältigen Zugangsweisen vorgegangen werden. Eine von uns entwickelte Skala beschreibt die Umstrukturierung der Persönlichkeit in fokalen Konflikt- und Strukturbereichen während des Behandlungsvorgangs (Rudolf et al. 2000). Der abschließend erreichte Stand der Umstrukturierung ist zugleich ein Outcome-Maß für die Persönlichkeitsumstrukturierung, die in der Therapie erreicht werden konnte (Grande et al. 2000; 2004).

Wenn eines Tages mehr Psychoanalytiker als heute ihre Scheu gegenüber den erwähnten wissenschaftlichen Vorgehensweisen ablegen, werden sie die Erfahrung machen, die heute schon viele Forscher bereichert: Die Einbeziehung von Modellen und Instrumenten, die in anderen Disziplinen entwickelt wurden, erlaubt einen Blick von außen und damit ein vertieftes Verständnis des eigenen Handelns. Dies garantiert eher die Wertschätzung des Eigenen als dass es die Gefahr mit sich brächte, die Grundgedanken des Psychoanalytischen aus den Augen zu verlieren, zu verwässern oder zu verraten. Darüber hinaus lassen Forschungserfahrungen spüren, dass es nicht nur die psychoanalytische Freude am Hypothesenbilden gibt, sondern dass es auch eine große Befriedigung sein kann, seine Hypothesen kritisch geprüft zu haben und nun zu wissen statt zu mutmaßen. Eine Gefahr bedeutet dieses Vorgehen nur für die kleine theologische Psychoanalytikerfraktion, während die Künstler und Handwerker davon außerordentlich profitieren, weil ihnen neue Anregungen, neue Techniken und neue Materialien zur Verfügung gestellt werden können, welche dem Verlauf und Ergebnis ihrer Psychoanalysen und damit ihren Patienten zugute kommen.

Die »empirische« Beforschung der psychoanalytischen Therapie – Einige epistemologische und methodologische Anmerkungen

Siegfried Zepf

Die Versuche, das psychoanalytische Therapieverfahren in nicht-psychoanalytischen Untersuchungsgängen einer empirischen Überprüfung zu unterziehen, standen von Anbeginn in der Kritik. Gleichwohl haben sich diese Versuche heute im Vergleich zu früher vervielfältigt. Wäre man in eine fruchtbare Debatte eingetreten und hätte man die Kritik mit guten Argumenten zurückgewiesen, wäre daran nichts auszusetzen. Allein die Kritik an der nomologisch orientierten Forschung in der Psychoanalyse (z.B. Buchholz 2000; Wampold 2001; Zepf 1994; Zepf/Hartmann 2002; 2003) und an der qualitativen Sozialforschung (z.B. Markard 1991), die inzwischen auch Eingang in die psychoanalytische Therapieforschung gefunden hat und die nicht nur methodischer, sondern vor allem epistemologischer und methodologischer Art war und diese Unternehmungen in Gänze infrage stellte, wurde kaum rezipiert, geschweige denn, dass sie die bestehende empirische Forschungspraxis in irgendeiner Weise affizieren konnte.

Warum also längst gesagte Einwände wiederholen, wenn die Wissenschaftspraxis von ihnen unberührt blieb und kritische Auftritte dem gegenwärtigen empirischen Unwesen noch erlauben, sich als eine diskutable Science zu dünken? Auch wenn sich der kritische Gedanke in dieser Wissenschaftspraxis funktionalisiert, so kann ihm diese Praxis doch nicht so gleichgültig werden, wie ihr die geübte Kritik geblieben ist. Das gleichgültige Schweigen gegenüber einer Kritik, welche diese Unternehmungen grundsätzlich infrage stellt, sollte jene jedenfalls nicht verstummen lassen.

Obwohl die derzeitige psychoanalytische Psychotherapieforschung weder ausschließlich nomologisch-quantitativ noch ausschließlich qualitativ operiert, will ich im Folgenden beide Ansätze getrennt betrachten und zunächst unter methodologischem Gesichtspunkt prüfen, ob mit in den nomologisch angelegten experimentellen Untersuchungen bzw. naturalistischen Feldstudien der Anspruch, die Wirksamkeit des psychoanalytischen Verfahrens objektiv, valide und reliabel nachzuweisen, eingelöst werden kann. Da nach gängigem Verständnis wissenschaftliche Erkenntnisse methodenspezifisch sind und die verwendeten Methoden dem Gegenstand adäquat sein müssen, wenn man zu richtigen und wesentlichen Aussagen über diesen Gegenstand gelangen will (z. B. Kosik 1967, S. 27), gewährt eine Analyse des Untersuchungsdesigns auch Einsicht in das implizite Gegenstandsverständnis, auf dem die vorgeschlagene Verfahrensweise gründet. Dieses Verständnis will ich im nächsten Schritt mit dem psychoanalytischen Gegenstandsverständnis vergleichen. Danach werde ich noch auf die sog. qualitative Psychotherapieforschung eingehen, welche dem psychoanalytischen Gegenstandsverständnis zu entsprechen beansprucht, und zum Schluss ein epistemologisch begründetes Modell vortragen, welches erlaubt, das psychoanalytische Therapieverfahren unter Wahrung seiner differentia specifica in naturalistischen Studien zu untersuchen, die sich nicht auf ein nomologisches Wissenschaftsverständnis verpflichten.

Psychoanalyse und nomologisch orientierte Psychotherapieforschung
In der gegenwärtigen Lage ist es das generelle Ziel der Psychotherapieforschung, den allgemeingültigen Wirkungsanspruch eines bestimmten Therapieverfahrens für bestimmte Störungsbilder zu begründen. Vorrangig wurden (und werden) dazu randomisierte Studien für notwendig erachtet, in denen die Befunde unter Verwendung von Therapiemanualen und im Vergleich mit einer Kontrollbedingung (Warte-, bzw. Placebo-Gruppe oder eine Gruppe von mit einer anderen Therapie behandelten Patienten mit gleichen Störungsbildern) erhoben werden (z. B. Buchkremer/Klingberg 2001; Chambless/Ollendick 2001). Diese Art von Studien werden weltweit als Wirkungsbelege eingefordert (Canadian Task Force on the Periodic Health Examination 1979; Chambless/Ollendick 2001; Clarke/Oxman 2003; Guyatt et al. 1995; Nathan/Gorman 2002; Task Force on Promotion and Dissemination of Psychological Procedures 1995; Wissenschaftlichen Beirat Psychotherapie 1999; 2000a; 2000b).

Obwohl in der Diskussion die Frage, wie die empirischen Wirkungsbelege beschaffen sein müssen, den randomisierten kontrollierten Studien die naturalistischen Studien als qualitativ nachrangig gegenübergestellt werden, wird mit dem Argument, dass in den randomisierten Studien die klinische Praxis nur unzureichend repräsentiert ist (z. B. Fonagy 1999b; Hartmann 2004; Henry 1998; Leichsenring/Rüger 2004; Seligman 1995; Strupp 1996) – dort findet keine randomisierte Zuweisung zu einer Therapie statt, es werden keine Manuale verwendet und es werden nicht isolierte Störungsbilder behandelt – vermehrt zu naturalistischen Studien aufgerufen (z. B. Kächele/Kordy 1992; Krupnick et al. 1996; Leichsenring/Rüger 2004).

Sofern sie bestimmten methodischen Bedingungen genügten, würden auch sie die für einen Wirkungsnachweis notwendigen, kausalen und generalisierenden Schlussfolgerungen erlauben (Leichsenring/Rüger 2004; Shadish et al. 2002). In dieser Form naturalistischer Feldstudien wurden mehrheitlich die Untersuchungen durchgeführt, mit denen im Zuge versorgungspolitischer Fragen bei zunehmend geringer werdenden ökonomischen Ressourcen auch die Psychoanalyse versuchte, einen allgemeingültigen Wirkungsanspruch ihres Therapieverfahrens einzulösen.

Der Anspruch, eine allgemeingültige Wirkung nachzuweisen, situiert sowohl die experimentellen als auch die naturalistischen Studien in einem nomologischen Wissenschaftsverständnis. In diesem Verständnis obliegt es der Wissenschaft, allgemeine, notwendige und wesentliche Zusammenhänge – Gesetze – in ihrem jeweiligen Gegenstandsbereich zu erkunden. Auf der Grundlage dieses Verständnisses will ich zunächst den Konsequenzen nachgehen, die sich daraus für experimentelle und naturalistische Studien ergeben.

Ein zentraler Bestandteil nomologischer Wissenschaftstheorie ist die Unterscheidung zwischen der tentativen Annäherung an diese allgemeinen Zusammenhänge, die in Gestalt von Hypothesen Form gewinnen, und ihrem Verifizieren, d. h. der Prüfung, ob sich die vermuteten allgemeinen Zusammenhänge auch in den von ihnen reklamierten Gegenstandsbereichen finden. Im Falle der Psychotherapieforschung werden die Hypothesen induktiv aus interpretativ aufgeschlüsselten therapeutischen Erfahrungen gewonnen. Die in der Interpretation für *möglich* erachtete Wirksamkeit des psychoanalytischen Therapieverfahrens wird in der Hypothese als eine *notwendige* und *allgemeine* in dem Sinne behauptet, dass ein Ereignis – die Besserung einer Störung – durch die konstituierende Bedingung – die Therapie – vollständig determiniert ist. Notwendig und allgemein heißt, dass die Therapie, gleichgültig, welches ihre konkrete Form sein mag, immer mit einer Besserung einhergeht, unabhängig davon, in welcher Form die Besserung sich bemerkbar macht.

Für die Geltung einer Hypothese wird eine Prüfung an Wirklichkeitsausschnitten gefordert, die sich von jenen unterscheiden, denen sie entnommen wurden. Während der Interpretation in je besonderer Weise durchgeführte Behandlungen bestimmter Patienten mit individuellen Störungsbildern zugrunde liegen, die sich ebenso in individuell besonderen Weisen besserten, ist in der Hypothese – sie könnte lauten: »Wenn menschliche Individuen mit diesen bestimmten Störungsbildern psychoanalytisch behandelt werden, bessern sich die Störungsbilder« – nur noch von »Menschen«, »Psychoanalyse«,

»bestimmte Störungsbilder« und »Besserung« im Allgemeinen die Rede. Gleichgültig auf welcher Abstraktionsebene eine Interpretation in eine Hypothese transferiert wird, mit dieser Umformulierung werden einzelne Psychoanalysen für die Erkenntnis des Allgemeinen in Dienst genommen und damit selbst zu Beispielen für die Geltung eines allgemeinen Zusammenhanges.

Auf den ersten Blick scheint die Prüfung dieser Hypothese, wie Leichsenring/Rüger (2004) sowie Shadish et al. (2002) behaupten, sowohl in experimentellen als auch in naturalistischen Studien gleichermaßen durchführbar zu sein. Da es nicht möglich ist, die allgemeinen, invarianten Bestimmungen von Hypothesen – hier: »Menschliche Individuen«, »Psychoanalyse«, »bestimmte Störung«, »Besserung der Störung« – »rein« zu realisieren, werden in einem experimentellen Design diese allgemeinen Bestimmungen in irgendeiner Weise operationalisiert und in dieser operationalisierten Form geprüft. Entschließt man sich zu einem naturalistischen Design, entfällt eine Operationalisierung und die Prüfung der allgemeinen Hypothese erfolgt anhand der Ergebnisse vielfältiger Einzelbehandlungen.

Das Problem der internen Validität
In beiden Prüfungsversuchen sieht man sich mit dem Problem der externen und dem der internen Validität (Campbell/Stanley 1963)[1] konfrontiert, das ich zunächst betrachten will. Damit nach einer Untersuchung gesagt werden kann, dass es die in experimentellen Untersuchungen aktiv hergestellte und in naturalistischen Studien beobachtete Variation des Wenn-Teils der Hypothese – der unabhängigen Variablen – gewesen ist, welche die Variation des Ereignis-Teils – der abhängigen Variablen – bewirkte, müssen mögliche relevante Störbedingungen kontrolliert werden. Die interne Validität einer Untersuchung ist um so größer, je besser es gelingt, die Bedingungen unter Kontrolle zu bringen, die möglicherweise das Ereignis-Glied in positiver oder negativer Weise mit beeinflussen können.

Gleichgültig, ob es sich um ein experimentelles oder naturalistisches Design handelt, die gesamte nomologische Methodologie ist darauf angelegt, in einer Bedingungsanalyse des Untersuchungsergebnisses eine Entscheidung darüber zu ermöglichen, ob der in einer Hypothese behauptete

---

1 Auch um zu zeigen, dass die ungelösten Probleme, die sich durch die Subsumtion sozialwissenschaftlicher Forschungspraxis wie der Psychotherapieforschung unter das nomologische Wissenschaftsideal ergeben, nicht erst jetzt erkannt wurden, sondern schon seit langem bekannt und methodisch ungelöst geblieben sind, habe ich in meiner Argumentation im Wesentlichen auf die Arbeiten früherer Autoren zurückgegriffen.

Zusammenhang trotz der Wirksamkeit von Störbedingungen aufrechterhalten werden kann. Sie hat zum Ziel, die Wirkung der unabhängigen, variierten Variablen auf die abhängige Variable des Ereignis-Teils einer Hypothese von den Einwirkungen anderer Variablen, den Störbedingungen, zu isolieren.

Der Anspruch auf vollständige Determiniertheit des Ereignis-Teils durch den Wenn-Teil der Hypothese bleibt auch für den Fall erhalten, dass Hypothesen stochastisch formuliert oder um bestimmte Zwischenvariable – im Falle der Untersuchung von Psychoanalysen etwa Dauer, gute Beziehung zum Psychoanalytiker – angereichert werden, für die angenommen wird, dass sie die Wirkung der konstituierenden Bedingung auf das Ereignis moderieren. Stochastisch formulierte Hypothesen beziehen sich auf die Verteilung des Ereignisses innerhalb der zu einer Einheit zusammengefassten Probanden und resultieren aus der Unkenntnis aller Zusammenhänge, die im Einzelfall wirken mögen. Mit der Einführung von Zwischenvariablen wird angenommen, dass durch sie der deterministische Wirkungszusammenhang zwischen konstituierender Bedingung und Ereignis in bestimmter Weise ebenso deterministisch beeinflusst wird. In beiden Fällen gilt unverändert das nomologische Postulat, »dass ein Individuum, sei es nun unter Modifikation durch Zwischenvariablen oder nicht, bei gleichen Ausgangsbedingungen notwendigerweise zu den gleichen Reaktionen kommt (…)« (Holzkamp 1972, S. 53; Kursivierung aufgehoben, S.Z.). So werden in naturalistischen Felduntersuchungen Variablen, die den Ereignis-Teil einer Hypothese konstituieren, in der Praxis aufgesucht, und – bis auf die Kontrolle der Störvariablen durch aktives Eingreifen – werden all die Kontrollmethoden verwendet, die auch in den randomisierten Studien Anwendung finden, etwa interferenzstatistische Maßnahmen, Kovarianz-, Regressions- oder Pfadanalysen.

Wie der methodische Umgang mit Störbedingungen zeigt, wird nicht nur der in der zu prüfenden Hypothese behauptete Zusammenhang, sondern auch die Wirkung möglicher Störvariablen als invariant angesehen. Würde die gegenteilige Annahme gelten, dass die Wirkung der Störvariablen bloß zufällig ist, wäre es auch nicht erforderlich, sie konstant zu halten oder ihre Wirkung zu kontrollieren. Unter der Annahme, dass die Wirkung der Störvariablen bloß zufällig ist, bliebe es auch dem Zufall überlassen, ob sich der in einer Hypothese behauptete Zusammenhang in der Realität durchsetzt.

Die Annahme einer invarianten Beziehung geht mit der Annahme vieler Invarianzen einher. Im nomologischen Verständnis können sich diese Invarianzen überlagern und daher als Invarianzen nicht besonders deutlich hervortreten. Soll die Behauptung einer einzelnen Invarianz überprüft werden, ist damit zu rechnen, dass wegen der Überlagerung der vielen Invarianzen die behauptete Invarianz nicht sichtbar wird, obwohl sie besteht, oder dass eine Invarianz vorzuliegen scheint, wo keine vorliegt. Die Suche nach einer einzelnen Invarianz ist dadurch beeinträchtigt, dass sich ihre Wirkung mit der anderer Invarianzen überschneidet. Sie gelten als störende Bedingungen gegenüber der Invarianz, auf die sich die Suche richtet. Die Methodologie übernimmt es dann zu sagen, wie den Überlagerungen entgegenzuwirken ist, wie trotz der Überlagerungen, die in einer Untersuchung als Störvariablen auftreten, einzelne Verbindungen aufgefunden werden können.

Dem methodischen Vorgehen bei der Untersuchung sozialer Sachverhalte liegt mithin jenes Gegenstandsverständnis zugrunde, das vor über 140 Jahren von Mill (1862) für die Natur entwickelt wurde. Die Natur, so Mill (1862, S. 473f.), stellt »beim ersten Anblick (…) ein Chaos dar«, in dem sehr viele Bedingungen und Ereignisse in wechselnden Formen neben- und nacheinander vorkommen. Zugleich verbirgt sich dahinter eine »Ordnung« in dem Sinn, dass »eine gewisse Thatsache (…) unveränderlich wieder[kehrt], wenn gewisse Ursachen vorhanden sind« (1862, S. 392). Unterhalb des Chaos »beim ersten Anblick« wirken tiefer liegende Gesetzmäßigkeiten, die Mill (1862, S. 396) mit der Metapher eines Netzes fasst, dessen Fäden die einzelnen Bedingungen und Ereignisse zusammenhalten: Die »Regelmäßigkeiten der Natur (…) können nur verstanden werden (…) wenn wir den einzelnen Fäden nachgehen. Zu diesem Ende ist es häufig nöthig, einen Theil des Gewebes aufzulösen und die Fäden voneinander zu sondern«.

Das oberflächliche Chaos erweist sich als das Resultat des Zusammen- und Gegeneinanderwirkens vieler Invarianzen, wobei dann der Methodik die Aufgabe zufällt, »Kunstgriffe für die Zerlegung des Gewebes« (1862, S. 396) zu entwickeln, um einzelne »Fäden« des Netzes – einzelne Invarianzen – voneinander isolieren zu können. Auch die heute noch verwendeten »Kunstgriffe« des Gegeneinandervariierens von konstituierenden und Störbedingungen gründen in ihrer Logik in den Methoden der »Übereinstimmung« und des »Unterschiedes«, welche von Mill (1862, S. 484ff.) entwickelt wurden. In der »Methode der Übereinstimmung« wird vorgeschlagen, die konstituierenden Bedingungen konstant zu halten und die störenden Bedingungen zu variieren; in der »Methode des Unterschiedes« sollen die störenden Bedingungen konstant gehalten und die konstituierenden Bedingungen variiert werden.

Entlang dem nach Mill (1862, S. 392-396) für die Natur geltenden nomologischen Postulat »Alles in der Welt ist gesetzmäßig bedingt, bestimmt oder bewirkt« (Schulz 1970, S. 51), wird das konkrete Individuum aufgefasst als

Schnittpunkt der Wirkung verschiedener invarianter Zusammenhänge, als ein Objekt, an dem sich allgemeine Gesetze mit Notwendigkeit durchsetzen, sofern nur die für sie konstituierenden Bedingungen vorliegen. Ihre Wirkungen überlagern sich, und in diesen Überlagerungen gründet das je individuelle Verhalten.

In beiden Designs hat sich also der Untersucher gleichermaßen mit der Frage auseinander zu setzen, wie er diesen Überlagerungen entgegenwirken kann, wie mögliche Störvariablen kontrolliert werden können. Hier trifft er auf das Problem, dass am Beginn einer Untersuchung noch keine zureichende Kenntnis über alle Störvariablen vorliegen kann, die möglicherweise auf den zu prüfenden behaupteten Zusammenhang einwirken. Er kennt sie nur in ihrer negativen Bestimmung, denn Störvariablen können alle jene Gegebenheiten sein, die in der zu prüfenden Hypothese nicht explizit genannt werden. Da es »eine eindeutige Technik für die Auswahl bedeutender Faktoren aus den zahlreichen Bedingungen (…) nicht (…) gibt« (Siebel 1965, S. 23) und er nicht weiß, welche Faktoren auf den Zusammenhang von psychoanalytischer Behandlung und Störungsbild noch einwirken, wird er in einer experimentellen Studie zur Kontrolle möglicher Störbedingungen eine Zufallsstichprobe herstellen. Für dieses Verfahren der Randomisierung gilt, dass Störbedingungen, ohne dass man sie kennen muss, innerhalb bestimmter, von der untersuchten Stichprobengröße abhängigen Vertrauensgrenzen als neutralisiert betrachtet werden dürfen, sofern die untersuchten Individuen die gleiche Chance hatten, den verschiedenen Untersuchungsbedingungen ausgesetzt zu werden (Fisher 1935, S. 17ff.).

Nach diesem Modus wird der Wissenschaftler in einer experimentellen Untersuchung zwei Stichproben von Therapeuten und Individuen mit bestimmten Störungsbildern rekrutieren, wobei die eine psychoanalytisch und die Kontrollgruppe nicht oder mit einem anderen Verfahren behandelt wird. Ferner wird er sein theoretisches Verständnis der psychoanalytischen Therapie in bestimmter Weise operationalisieren und darauf achten müssen, dass die Behandlungen von den Therapeuten, die an der Untersuchung teilnehmen, auch in derselben operationalisierten Weise durchgeführt werden.

In einer naturalistischen Studie wiederum, welche diese Art der Standardisierung nicht erlaubt, werden die untersuchten Gruppen hinsichtlich bestimmter Variablen, von denen man glaubt, dass sie möglicherweise den Ausgang der Behandlung beeinflussen können, parallelisiert – bspw. hinsichtlich ihrer soziodemographischer Daten – bzw. stratifiziert. Das heißt, es wird Sorge getragen, dass sich die untersuchten Probanden hinsichtlich bestimmter Parameter – etwa hinsichtlich der Art und des Schweregrades ihrer Störung, Therapiemotivation etc. – nicht unterscheiden. Da es in beiden Untersuchungsdesigns notwendig ist, einmütig darüber entscheiden zu können, ob sich die Probanden der psychoanalytisch behandelten und der Kontroll-Gruppe hinsichtlich der Besserung ihrer Störungsbilder unterscheiden, werden Patienten, Therapeuten und/oder unabhängige Rater aufgefordert werden, das Ausmaß der Störungsbilder am Beginn und am Ende der Behandlung auf einer Syndromskala zu quantifizieren.

Zeigt nun nach Auswertung der Daten die psychoanalytisch behandelte Gruppe im Vergleich mit der Kontrollgruppe nach einem definierten Zeitraum in der experimentellen oder der naturalistischen Untersuchung ein besseres Ergebnis, scheint es, als ob dieses Ergebnis die Hypothese bestätigen würde. Der nähere Blick belehrt freilich eines anderen. Zunächst wird es jedenfalls zur Frage, inwieweit in naturalistischen Studien aus den praktizierenden Psychoanalytikern überhaupt eine repräsentative Stichprobe erstellt werden konnte. Anhand welcher Kriterien sollte etwa aus den sich als orthodoxe Freudianer, Jungianer, Adlerianer, Lacanisten, Neo-, Post- zeitgenössische Kleinianer, Ich-Psychologen, Selbstpsychologen verstehenden, oder sich auf diverse Objektbeziehungstheorien, den Intersubjektivismus, Interpersonalismus, bzw. die psychoanalytische Postmoderne mit ihren relationalen, sozialkonstruktivistischen und systemischen Ansätzen verpflichtenden Psychoanalytikern, welche in der behandlungstechnischen Handhabung der jeweiligen Konzepte unterschiedlich erfahren sind und die psychoanalytischen Behandlungen unterschiedlich ausüben, Psychoanalytiker ausfindig gemacht werden, welche die Gesamtheit angemessen repräsentieren?

Da sich ferner im nomologischen Verständnis Gesetze unabhängig vom Bewusstsein der ihnen Unterworfenen durchsetzen, wie sollte es außerdem in der experimentellen oder naturalistischen Untersuchung möglich gewesen sein, das Bewusstsein von Analytikern und Patienten und – damit verbunden – bspw. das in der nomologischen sozialwissenschaftlichen Forschung als »Versuchsleitereffekt« beschriebene Phänomen zu kontrollieren? Auf dieses Phänomen wurde man aufmerksam als man feststellte, dass Versuchspersonen, wenn sie sich hypothesenkonform verhielten, nicht nur auf die eingeführten unabhängigen Variablen, sondern auch auf die Erwartungen reagieren, die der Versuchsleiter über den Ausgang seiner Hypothesenprüfung hat. Dies führte zu der Forderung, den Versuchsleiter in Unkenntnis der zu prüfenden Hypothese zu halten (Rosenthal 1963). In einer Reihe von ingeniösen Untersuchungen zeigte sich jedoch, dass dieses double-blind-setting nicht durchgehalten werden konnte. Weder die Versuchspersonen noch der hypothesenprüfende Versuchsleiter konnten blind gehalten werden. Der Versuchsleitereffekt ist inzwischen gänzlich unstrittig und hat auch Eingang gefunden in verschiedene Lehrbücher der empirischen Psychologie und Sozialforschung. Nicht bedacht wurde freilich, dass dadurch sämtliche empirischen Befunde verdächtigt werden, bloße Artefakte zu sein. Dieser Verdacht ergibt sich daraus, dass der Wissenschaftler seine Hypothese immer auch dem »Risiko des Scheiterns« (Albert 1964, S. 43) auszusetzen hat und bezüglich des Ausgangs der Prüfung seiner Hypothese somit nicht nur eine Übereinstimmung, sondern immer auch eine Nicht-Übereinstimmung erwarten muss. Es kann somit auch nicht ausgeschlossen werden, dass die Versuchspersonen auch dann mit den Erwartungen des Wissenschaftlers übereinstimmen, wenn sie sich nichthypothesenkonform verhalten.

Wie also konnten die Effekte des Bewusstseins kontrolliert werden, wie konnten die untersuchten Psychoanalytiker ihre Behandlungen ohne die Erwartung einer Besserung durchführen und wie konnte ausgeschlossen werden, dass Patienten, wenn sie hypothesenkonform mit einer Besserung ihrer Störungsbilder reagierten, sich nicht entsprechend den Erwartungen der Psychoanalytiker verhielten? Diese Fragen stellen sich um so mehr, als die Übertragung des Patienten, die ihn auch dazu veranlasst, sich die mutativ wirksamen Deutungen des Analytikers (z. B. Strachey 1934) zu eigen zu machen, in psychoanalytischen Therapien an zentraler Stelle steht.

Des Weiteren sind Störungsbilder immer individuell verschieden und werden lediglich durch das Raten auf einer Syndromskala vereinheitlicht. Verwendet man für das Einschätzung der Störungsbilder eine Syndromskala, steht man vor dem Problem, dass eine Übereinstimmung – geprüft etwa mit einem festgelegten bestimmten Wert für das Cohensche λ – der Rater lediglich darüber Auskunft gibt, dass die Rater gemeinsam *glauben*, dass diese Variable in bestimmter Ausprägung vorliegt. Gänzlich offen bleibt jedoch, ob das von ihnen Geglaubte auch wirklich vorhanden ist. Eine bloße Übereinstimmung der Rater kann aber nicht zum alleinigen Kriterium für die Geltung ihres Urteils genommen werden, sodass gänzlich offen bleibt, ob das von ihnen Geglaubte auch wirklich vorhanden ist.

Diese Einwände formulieren Störvariablen, die möglicherweise das Ergebnis beeinflussen. In der Forschungspraxis wird deshalb das Ergebnis einer einzelnen Untersuchung nicht als Beweis für die allgemeine Geltung der Hypothese angesehen. Da eine Hypothese nicht vorschreibt, wie sie zu operationalisieren ist und ihre Operationalisierung dem Wissenschaftler überlässt, legen die Störvariablen auch in experimentellen Untersuchungen den Gedanken nahe, dass eine Störvariable möglicherweise mit der eingeführten konstituierenden Bedingung kontaminiert gewesen war, dass sie in gleicher Weise wie diese variierte und sie möglicherweise die Besserung verursachte, bzw. dass die psychoanalytische Behandlung nur im Zusammenwirken mit einer solchen Variablen die Besserung bewirkte. Ferner wurde die Behandlung in der experimentellen Untersuchung in einer bestimmten Form und in der naturalistischen Studie in bestimmten besonderen Formen realisiert und es ist möglich, dass nur diese Form bzw. diese bestimmten Formen zu einer Besserung führen. In der Untersuchung haben sich die Störungsbilder der Patienten außerdem in einer besonderen Art – nämlich auf Syndromskalen – gebessert. Es kann nun sein, dass eine Behandlung nicht allgemein zur Besserung, sondern – falls überhaupt – nur zu einer Besserung führt, die der Einschätzung auf Syndromskalen vergleichbar ist. Schließlich haben sich die Patienten in der experimentellen Untersuchung unter deren besonderen Bedingungen gebessert, und es kann nicht ausgeschlossen werden, dass nur unter solchen Bedingungen Besserungen auftreten etc.

All die aus möglichen Störvariablen geborenen Einwände fordern zu weiteren Prüfungen der Hypothese auf. Um die Eindeutigkeit, die interne Validität des postulierten Zusammenhanges zu sichern, wird in experimentellen Untersuchungen die Ausgangshypothese unter strikterer Kontrolle möglicher Störvariablen mit den gleichen Operationalisierungen, in naturalistischen Studien mit der gleichen Zusammensetzung verschiedener Einzeltherapien, und um ihren allgemeinen Geltungsanspruch, ihre externe Validität, zu sichern, wird sie mit anderen Operationalisierungen bzw. mit einer Anzahl anderer Einzeltherapien geprüft werden.

Das Problem der externen Validität
Wenn man nun annimmt, dass alle nachfolgenden experimentellen und naturalistischen Untersuchungen zu Gunsten der zu prüfenden Hypothese ausfielen, bleibt jedoch für beide Designs das Problem der externen Validität der Ergebnisse. Die Lösung dieses Problems steht zentral, denn an der Beantwortung der Frage der Generalisierbarkeit der Ergebnisse entscheidet sich, ob der in der Hypothese behauptete *allgemeingültige* Wirkungsanspruch als verifiziert angesehen werden kann. Unstreitig ist, dass eine Generalisierung von Einzelbefunden an die Existenz von Gesetzen gebunden ist, mithin voraussetzt, dass das Millsche Weltbild für soziale Phänomene Gültigkeit hat. Da im nomologischen Wissenschaftsverständnis nur solche Phänomene das Epitheton »wissenschaftlich« für sich beanspruchen können, die empirisch verifiziert sind, die bloße Annahme von Gesetzen also nicht genügen kann,

um Generalisierungen zu lizenzieren, muss für deren wissenschaftliche Begründung zunächst der Nachweis geführt werden, dass das für die Natur entworfene Millsche Weltbild auch die soziale Wirklichkeit korrekt abbildet, dass auch sie Gesetzen unterliegt und die Wirkung von Störvariablen nicht bloß zufällig ist, sondern immer und überall mit Notwendigkeit eintritt.

Weil ein Zusammenhang, der zwischen invarianten Bestimmungsmomenten nachgewiesen ist, auch vorliegen muss, wenn die invarianten Bestimmungen in besonderer Form vorhanden sind, erfordert dieser Nachweis von Gesetzen eine »reine« Realisierung der in einer sozialwissenschaftlichen Hypothese behaupteten Zusammenhänge in der Weise, wie es in den Naturwissenschaften möglich ist. Prüft man etwa das Fallgesetz im Vakuum, gelingt es, die Erdanziehung »rein«, d. h. abstrahiert von allen Störbedingungen, darzustellen. Wie es das Gesetz – $s = {}^g\!/_2\, t^2$ vorschreibt, erfahren Körper von unterschiedlicher Masse unter dieser Bedingung die gleiche Beschleunigung. Dasselbe gilt für das Boyle-Mariottesche und Gay-Lussacsche Gesetz. Das Boyle-Mariottesche Gesetz beschreibt die wechselseitige Abhängigkeit von Gasvolumen und Druck. Bei konstanter Temperatur und unter entsprechender Verdünnung erweist sich das Produkt aus Druck und Volumen einer bestimmten Gasmenge als eine konstante Größe insofern, als sich der Druck des durch die Verdünnung hergestellten »idealen« Gases, welches in der Wirklichkeit so nicht oder nur näherungsweise vorkommt[2], sozusagen von realen Gasen real abstrahiert wird, umgekehrt proportional zu seinem Volumen ändert. Der Einfluss der Temperatur auf Volumen und Druck eines idealen Gases unterliegt dem Gay-Lussacschen Gesetz. Nach diesem Gesetz, welches unter den Bedingungen konstantes Volumen bzw. konstantem Druck untersucht werden kann, verändert sich bei konstantem Volumen der Druck einer Gasmenge und bei gleich bleibendem Druck das Volumen proportional zur absoluten Temperatur.

Dieses Beispiel zeigt auch, wie in den Naturwissenschaften sich überschneidende Abhängigkeiten, welche für das chaotische Bild der Erscheinungen verantwortlich sind, durch Realabstraktion von Störbedingungen zerlegt, allgemeingültige Gesetze ermittelt werden und auch der Einfluss

---

2 Ideale Gase sind hochverdünnte Gase, bei denen die Moleküle bzw. Atome im Vergleich zu ihrem mittleren Abstand eine verschwindend kleine Ausdehnung besitzen und nur durch elastische Stöße aufeinander einwirken. Da Ausdehnung der Moleküle und zwischenmolekular wirkenden Kräfte für jedes Gas verschieden sind, ist in der Realität eine Korrektur an der idealen Gasgleichung $PV = RT$ vorzunehmen. Besonders geeignet und gut bekannt ist die van-der-Waals-Gleichung $(P + {}^a\!/_{v^2})(V - b) = RT$, wobei P = Druck, V = Volumen, R die allgemeine ideale Gaskonstante, T = Temperatur, und a sowie b die materialspezifische Größen sind, die durch Messungen eines jeweiligen Gas bestimmt werden können.

von Störvariablen in Gesetzen gefasst werden kann. So werden bspw. die Einflüsse der Störvariablen »Temperatur«, »Ausdehnung der Moleküle« und »zwischenmolekular wirkende Kräfte«, die auf das im Boyle-Mariotteschen Gesetz gefassten Produkt von Volumen und Druck einwirken, durch das Gay-Lussacsche Gesetz bzw. die van-der-Waals-Gleichung als allgemeingültig ausgewiesen.

Eine derartige »reine« Realisierung, welche notwendig ist, um allgemeingültige Gesetze und den gesetzesmäßigen Einfluss von Störvariablen empirisch nachzuweisen, ist aber bei der Prüfung einer sozialwissenschaftlichen Hypothese nicht möglich. In den experimentellen Untersuchungsdesigns wurde die Hypothese, dass Psychoanalyse wirksam ist, nicht in allgemeiner, sondern unter Kontrolle besonderer Störbedingungen in besonderen operationalisierten Formen, und in naturalistischen Untersuchungen wurde sie ebenso unter Kontrolle besonderer Störbedingungen an den Ergebnissen von unterschiedlichen Einzeltherapien geprüft. In den experimentellen Untersuchungen beziehen sich die Ergebnisse mithin nicht auf die allgemeine Hypothese, sondern nur auf ihre operationalisierten Formen, und in den naturalistischen Untersuchungen wurden nicht unterschiedliche Einzeltherapien auf ihre abstrakt-identischen Momente hin, sondern nur deren Ergebnisse verallgemeinert. Das heißt, in beiden Designs sind die Ergebnisse spezifisch für die Bedingungen, unter denen die Hypothesenprüfungen erfolgten, und nicht spezifisch für die allgemeine Hypothese, dass psychoanalytische Therapie – welches auch immer ihre Form sei – wirksam ist. Da diese Hypothese nicht anhand aller möglichen Operationalisierungen bzw. aller möglichen Einzeltherapien geprüft wurde, könnte bei einem positiven Ausgang der Prüfungen der allgemeine Wirkungsanspruch von Psychoanalyse nur als bewiesen angesehen werden, wenn man die von der Nomologie längst und zurecht verworfene Induktion als Prinzip zur Geltungsbegründung von Allgemeinaussagen zugrunde legen würde[3].

Das Problem der externen Validität der Ergebnisse, die in einzelnen Untersuchungen gewonnen werden, lässt sich auch mit der Durchführung von Metaanalysen verschiedener experimenteller bzw. naturalistischer Wirksamkeitsstudien nicht lösen. Unter Auswertung der statistischen Kennwerte

---

3 Als Geltungsbegründung für allgemeine Aussagen behauptet das Induktionsprinzip, dass auf der Basis von beobachteten Fällen die Geltung einer Allgemeinaussage auch für nichtbeobachtete Fälle gewährleistet ist. Für diese Behauptung lässt sich aber keine widerspruchsfreie Begründung geben. Schon Dingler (1926, S. 54) wies darauf hin, dass man bspw. mit dem Argument, die Induktion habe sich bewährt, »eine Begründung der Induktion durch sich selbst« gibt.

der Ergebnisse einzelner Untersuchungen werden in diesen Metaanalysen die in verschiedenen experimentellen Studien untersuchten unterschiedlichen Operationalisierungen des Verfahrens bzw. die in verschiedenen naturalistischen Studien untersuchten Einzeltherapien lediglich hinsichtlich ihrer Effektstärken verallgemeinert. Die inhaltlichen Momente, hinsichtlich der die unterschiedlichen Operationalisierungen bzw. Einzeltherapien abstrakt identisch waren, bleiben diesen Analyseverfahren gänzlich gleichgültig, sodass der Anspruch auf allgemeine Gültigkeit des behaupteten Zusammenhanges von Therapie und Besserung damit auch nicht verifiziert werden kann.

Innerhalb des nomologischen Wissenschaftsverständnisses legitimieren jedenfalls weder die Ergebnisse experimenteller noch die naturalistischer Untersuchung selbst dann nicht, den allgemeinen Geltungsanspruch einer Hypothese als bewiesen anzusehen, wenn das Repräsentanz-, Bewusstseins-, Versuchsleiter- und Raterproblem gelöst worden wäre und man sicher sein könnte, dass eine Einwirkung sämtlicher Störvariablen ausgeschlossen war – eine Sicherheit freilich, die im Urteil von Greenwood (1945, S. 76) nur ein »mere dream« ist. Sie könnte nur dann als bewiesen gelten, wenn es in der Untersuchung gelungen wäre, den in der Hypothese behaupteten Zusammenhang zwischen ihren invarianten Bestimmungsmomenten – »menschliche Individuen mit bestimmten Störungsbildern«, »Psychoanalyse«, »Besserung« – »rein« zu realisieren.

Da das nomologische Verfahren nicht erlaubt, sozialwissenschaftliche Hypothesen als allgemeingültige Gesetze empirisch zu verifizieren, ist es natürlich auch nicht möglich, in diesem Verfahren die Wirkungen von Störvariablen als allgemeingültige auszuweisen. Um etwa zu prüfen, welche Faktoren hier den Ereignis-Teil einer Hypothese noch beeinflussen, müssten entsprechend dem methodologischen Selbstverständnis diese Einflüsse bereits formuliert und unter Kontrolle anderer Einflüsse als allgemeingültige verifiziert worden sein. Der Nachweis anderer relevanter Einflüsse auf den Ereignis-Teil einer Hypothese setzt zwingend das Ergebnis der zu prüfenden Hypothese als ein allgemeingültiges voraus, deren Prüfung aber nur beim Vorliegen allgemeingültiger Ergebnisse anderer Hypothesenprüfungen methodisch korrekt durchgeführt werden könnte.

Als Voraussetzung einer Verallgemeinerung der gewonnenen Befunde können in der Sozialforschung allgemeingültige Gesetze empirisch nicht nachgewiesen werden, sodass – wie in den Sozialwissenschaften überhaupt – auch in der Psychotherapieforschung Generalisierungen nur gemacht werden können »*by assuming* one knows the relevant laws« (Campbell/Stanley

1963, S. 187), obgleich sie sich in Wirklichkeit nicht nachweisen lassen und möglicherweise gar nicht vorhanden sind.

Fasst man die Probleme der internen und externen Validität zusammen und fragt nach ihren Gründen, zeigt sich, »that they are not logically solvable in any neat, conclusive way« (ibid.), weil es bei der Prüfung sozialwissenschaftlicher Hypothesen nicht gelingen kann, behauptete allgemeine Zusammenhänge »rein« zu realisieren. Aufgrund dieser erkenntnislogischen Implikation, welche dem nomologisch strukturierten Untersuchungsverfahren sozialwissenschaftlicher Hypothesen prinzipiell innewohnt, lässt sich das Weltbild, auf dem in der Psychotherapieforschung die ganze nomologische Methodologie ruht, empirisch nicht begründen. Da in nomologischer Sicht nur das als wissenschaftliche Erkenntnis gelten kann, was empirisch bestätigt wurde, ist dies innerhalb ihres Selbstverständnisses eine Annahme, der kein wissenschaftlicher, sondern ein spekulativer Status zukommt. Daraus folgt, dass in nomologischer Sicht die Befunde, welche bei der Prüfung sozialwissenschaftlicher Hypothesen ermittelt werden, nur spekulativ generalisiert werden können. In Wirklichkeit bleiben sie aber eingesperrt in den Grenzen der Untersuchungen, in denen sie erhoben wurden. Weder experimentelle noch naturalistische Studien können in dieser Sicht einen allgemeingültigen Wirkungsanspruch des untersuchten Psychotherapieverfahrens beweisen, und wenn beide nichts beweisen können, kann natürlich auch mit einer Kombination beider, welche bspw. Guthrie (2000) sowie Leichsenring/Rüger (2004) fordern, nichts bewiesen werden. Auch zeigt sich, dass die qualitative Differenz beider nicht, wie angenommen wird, von der Art ist, dass naturalistische gegenüber randomisierten kontrollierten Studien qualitativ nachrangig sind. Die behauptete qualitative Differenz ist vielmehr mit umgekehrtem Vorzeichen zu lesen. Sie besteht darin, dass der Erkenntniswert der experimentell ermittelten Befunde noch hinter dem der Ergebnisse zurückbleibt, die in naturalistischen Untersuchungen erhoben werden. Während in experimentellen Untersuchungen psychoanalytische Behandlungen in Formen geprüft werden, die in der klinischen Praxis gar nicht vorkommen, die gewonnenen Befunde somit für die therapeutische Praxis selbst dann gänzlich irrelevant blieben, wenn sie unter der nicht einzulösenden Bedingung ermittelt würden, dass sich der in der Untersuchung Greenwoods (1945, S. 76) »mere dream« verwirklichte[4], können die positiven Ergebnisse nomologisch angeleg-

---

4 Nach Meinung von Bungard (1980, S. 16) bedeutet die Realisierung dieses Traums das Ende der Prüfung sozialwissenschaftlicher Hypothesen in experimentell angelegten Untersuchungsgängen: »Die totale Ausschaltung der unerwünschten ... als ›Störvariablen‹ bezeichneten Faktoren, würde ... in letzter Konsequenz zur Aufhebung der Interaktionssituation als solcher führen müssen, sodass ein Laborexperiment im herkömmlichen Sinne nicht mehr möglich wäre«.

ter naturalistischer Studien noch als empirische Begründung für die Vermutung genommen werden, dass psychoanalytische Behandlungen, wie sie in der Praxis stattfinden, wirksam sind. Wie ich im letzten Abschnitt zeigen werde, erlauben naturalistische Studien darüber hinaus noch eine über die Grenze der jeweiligen Studie hinausgehende Verallgemeinerung dann, wenn sie in bestimmter Weise angelegt und ihre Ergebnisse nicht im Rahmen eines nomologischen Wissenschaftsverständnisses betrachtet werden.

Das psychoanalytische und das nomologische Gegenstandsverständnis

Ein weiteres Problem nomologischer Forschung besteht darin, dass das Menschenbild, das ihr zugrunde liegt, ein gänzlich anderes ist als das psychoanalytische. In den unbewiesenen und unbeweisbaren Vorannahmen des nomologischen Wissenschaftsverständnisses finden sich Menschen als bloßer Spielball allgemeiner, sich ohne ihr Wissen zwangsläufig durchsetzender Gesetze wieder. Havemann (1964) und Holzkamp (1972) bringen das Gegenstandsverständnis auf den Begriff. In dieser Auffassung, urteilt Havemann (1964, S. 30), in der »keine Möglichkeit« besteht, »auch nur zum kleinsten Teil sich anders zu verhalten, als es durch die Gesetze vorbestimmt wurde«, in der »nichts (…) geschehen [kann], was nicht geschehen muss, und alles, was geschehen muss (…) auch geschehen« wird, sind die Menschen »nur passiver Bestandteil der Welt«. Die Subjekte sind, wie Holzkamp (1972, S. 54) schreibt, auf bloße »Organismen« reduziert, »die keine ›Geschichte‹ haben, die auf bestimmte Stimuli lediglich mit festgelegten begrenzten Verhaltensweisen reagieren können«. Lediglich als bewusstlose Wesen, als Tiere können sie noch beforscht werden.

Aus Sicht der Psychoanalyse dagegen ist der einzelne Mensch kein Schnittpunkt der Wirkung verschiedener invarianter Zusammenhänge, die ihn in seiner Besonderheit konstituieren und sich an ihm zwangsläufig durchsetzen. Ihm wird nicht der Status eines bewusstlosen, passiven Objekts, sondern der eines hergestellten, aktiven und bewussten Bestandteils der Welt zugeschrieben. Im Zuge seiner Entwicklung gewinnt er den Status eines Subjekts, das reflektierend seine Umwelt gestalten kann, für dessen Handlungsweise es immer mehr oder weniger große Spielräume gibt, das sich nach jeweiliger Einschätzung in ähnlichen Lagen verschieden und in verschiedenen Situationen ähnlich verhalten, aus seiner Geschichte lernen und sich – zumindest der Möglichkeit nach – seiner Geschichte bemächtigen und zum verantwortlichen Autor seiner Geschichte werden kann.

Während also nomologische Wissenschaft ihr Erkenntnisinteresse im Einzelnen auf das Allgemeine, auf das Auffinden und Anwenden allgemeiner

Gesetze richtet, die sie freilich nicht finden kann, sucht die Psychoanalyse in ihrem Verfahren nicht nach Gesetzen, sondern versucht, die vorfindliche Form des Erlebens des einzelnen Subjekts als Produkt seiner einmaligen Geschichte zu enträtseln.

Die in dieser Geschichte stattfindende Subjektivierung des Menschen, auf welche die Psychoanalyse fokussiert, kann scheitern. Die Psychoanalyse fasst dieses Resultat unter den Begriffen »Unbewusst« und »Wiederholungszwang«. Unbewusst gewordene Bestrebungen sind als »szenische Muster (…) nicht abnützbar und nicht reversibel«, sind durch eine »[d]urchgängige Determination (und fehlende Reflektionsfähigkeit)« ausgezeichnet und »mit (…) strenger Folgerichtigkeit an einen szenischen Auslösereiz gebunden« (Lorenzer 1970, S. 81f.), sodass die der Abwehr verfallenen Triebwünsche auf ein Reiz-Reaktions-Schema gerinnen, das sich in unterschiedlichen Bewusstseinsformen quasi naturhaft hinter dem Rücken des Subjekts durchsetzt, sofern ein ihm entsprechendes szenisches Arrangement als Auslösereiz vorliegt. Dieser Sachverhalt macht die Parallele zum Verhalten subhumaner Lebensformen, die etwa im Zuge einer Trieb-Dressur-Verschränkung Auslöseschemata erwerben, unmittelbar evident.

Mit der Annahme, dass menschliches Verhalten Gesetzen unterliegt, sitzt die nomologische Überprüfung des psychoanalytischen Therapieverfahrens genau jenem objektiven Schein des Naturhaften auf, der neurotischem Verhalten anhaftet. In dem Struktur und Dynamik des Seelenlebens als naturgesetzlich hypostasiert werden, präsentiert uns die Nomologie die Erscheinung von Verdrängung und Neurose als dessen Wesen. In psychoanalytischen Therapien jedoch geht es genau darum, Unbewusstes bewusst zu machen, die Individuen dadurch dem quasi naturgesetzlich sich bewusstlos durchsetzenden Widerholungszwang zu entwinden und sie wieder zu Subjekten werden zu lassen, die sich mit ihrer Geschichte ihrer selbst bemächtigen. Angesichts dieser Sachlage dürfte es abermals einsichtig werden, dass in Untersuchungsgängen, die sich mit der Annahme von Gesetzen legitimieren, die Effizienz des psychoanalytischen Verfahrens nicht geprüft werden kann, bemisst sich dessen Effizienz doch gerade daran, dass Gesetze außer Kraft gesetzt werden.

Psychoanalyse und qualitative Psychotherapieforschung [5]
Auf den ersten Blick scheint sich die sog. qualitative Psychotherapieforschung nicht auf den objektiv naturhaften Schein des psychoanalytischen Gegen-

---

5 Gemeinsam mit Achilles, P., Institut für Psychoanalyse, Psychotherapie und Psychosomatische Medizin, Universitätskliniken des Saarlandes.

standsverständnis zu verpflichten. Sie ist ein Fall der qualitativen Sozialforschung, von der gegen die Vorherrschaft des nomologischen Wissenschaftsmodells in den Sozialwissenschaften kritisch eingewandt wurde, dass mit der Subsumtion des Besonderen unter allgemeingültige Gesetze die Methode über den Gegenstand gestellt würde, und mit dem Primat der Methode der sog. »context of justification«, die Hypothesenprüfung, im Forschungsprozess eine ungleich größere Bedeutung gewinne als der sog. »context of discovery«[6], die Generierung von Hypothesen. In der qualitativen Forschung hingegen soll die Entwicklung sog. gegenstandsangemessenen Methoden den Primat des Gegenstandes vor der Methode verwirklichen und Hypothesengenerierung und Hypothesenprüfung sollen in einem Prozess erfolgen.

Die Methoden, mit denen die qualitative Psychotherapieforschung diesem Anspruch genügen will, wurden der Soziologie und Psychologie entnommen (vgl. Jüttemann 1985; s.a. Flick 2002, S. 20ff.; Mayring 1990, S. 1ff.; Vidich/Lyman 1994). Angetrieben vom Bestreben, dem psychotherapeutischen Prozess gerecht zu werden, durch seine wissenschaftliche Aufklärung den Anschluss an die »scientific community« zu sichern und die Wirksamkeit der je eigenen Psychotherapiemethode nachzuweisen, hat ihre Anwendung dort in den letzten fünfundzwanzig Jahren zu einer Fülle von Ergebnissen in einem kaum mehr überschaubaren Schrifttum geführt (vgl. Faller/Frommer 1994). Die Frage, ob dieses Vorhaben gelungen ist, kann allerdings nicht mit einem Verweis auf Ergebnisse der Forschung beantwortet werden. Denn die Gültigkeit dieser Ergebnisse hängt allein davon ab, ob die Methoden, mit denen sie gewonnen wurden, epistemologisch begründet sind, d.h. einer Forschungslogik genügen, die im Gegenstand der Forschung verankert ist. Da, wie Markard (1991, S. 120ff.) zurecht feststellt, eine »methodologieimmanente[.] Methodenexplikation« unmöglich ist, bleiben das Verhältnis von Theorie, Methode und Gegenstand, die Gestaltung der Forschungssituation, des »context of discovery«, die Geltung der Ergebnisse, ihre Verallgemeinerung und die Gütekriterien der Forschung, der »context of justification«, solange ins Belieben gestellt, wie die Frage nach dem epistemologischen Hintergrund des methodischen Vorgehens nicht geklärt ist.

Und genau hier liegt eine Leerstelle. Zwar werden die Forschungspraxis der qualitativen Sozialforschung und ihre Probleme dargestellt (bes. Flick 1990; 1991; 2002) und es gibt mehr oder weniger ausgearbeitete methodologische

---

6 Die Unterscheidung von »context of discovery« und »context of justification« geht auf Reichenbach (1938) zurück, der damit die Zuständigkeitsbereiche von Psychologie und Erkenntnistheorie trennen wollte.

Überlegungen zu spezifischen Methoden und Forschungsprojekten und aus dieser Vielfalt abstrahierte Aussagen über die qualitative Orientierung methodologischen Denkens (vgl. z. B. Mayring 1990; Lamnek 1988, S. 21ff., S. 201ff.; Steinke 1999, S. 15ff.). An der Stelle einer für den ganzen Komplex qualitativer Methoden gültige systematische und gegenstandsbezogene Ausarbeitung ihrer methodologischen Grundlagen findet man jedoch eine kaum mehr überschaubare Menge unterschiedlicher Konzepte und methodischer Verfahrensweisen.

Dieser Mangel ist folgenschwer und ich will wenigstens auf einige dieser Folgen hinweisen[7]. Das Grundproblem qualitativer Forschung sieht Flick (1990, S. 1) zurecht in der »Dialektik von Authentizität und Strukturierung des Gegenstandes«. Nach seiner Ansicht führt diese Dialektik zur Forderung, das Problem der Gegenstandsangemessenheit methodologisch zu lösen. Die »Authentizität« des Gegenstandes in der Phase des Zuganges zu ihm zu bewahren bedeute, »dass der Forscher den Forschungsgegenstand möglichst weitgehend in dessen eigenen Strukturen, in dessen Einzigartigkeit und Besonderheit versteht und erfasst«, und »Strukturierung« bezeichne im gleichen Stadium des Forschungsprozesses das Verstehen des Gegenstandes »unter einer theoretischen, d. h. auch vergleichenden, verallgemeinernden und damit abstrahierenden Perspektive« (ibid.). Dieser Prozess beinhalte einerseits, unaufgeklärte hypothetische Implikationen der angewandten Forschungsmethoden hinsichtlich der Strukturierung des Gegenstandes zu erkennen und diese womöglich durch die Verwendung angemessenerer Methoden zu modifizieren, und andererseits eine Offenheit der Theoriebildung. Um beides zu gewährleisten, empfiehlt Flick in Übereinstimmung mit anderen Autoren im Wesentlichen zwei methodische Wege: die sog. sensibilisierenden Konzepte[8], und die Theorien- bzw. Methodentriangulation.

Die sensibilisierenden Konzepte, die nach Flick (1990, S. 4) im Sinne »einer theoretischen Hintergrundsorientierung« angewandt werden[9], sollen dafür sorgen, dass bei der Anwendung bestimmter Methoden »die inkaufge-

---

7 Auf die Probleme, die sich aus einer konstruktivistischen Fassung der qualitativen Psychotherapieforschung ergeben [insbesondere bei Steinke (1999)], will ich hier nicht gesondert eingehen. Ich habe mich an anderer Stelle mit der epistemologischen Absurdität des Konstruktivismus auseinander gesetzt (Zepf/Hartmann 2004).
8 Der Begriff der »sensitizing concepts« stammt von Blumer. Er verwendete ihn allerdings nur in seinen frühen Arbeiten (1954, S. 7), während er später von »analytischen Elementen« (1981, 126) spricht (s. Kelle 1994, S. 232ff.).
9 Vgl. die Definition bei Kelle (1994, S. 312, Kursivierung aufgehoben, S. Z.): »Theoretische Sensibilität bedeutet die Verfügbarkeit brauchbarer heuristischer Konzepte, die die Identifizierung theoretisch relevanter Kategorien im Datenmaterial und die Herstellung von Zusammenhängen zwischen diese Kategorien, d. h. von Hypothesen ermöglicht«.

nommene Ausgrenzung von Aspekten und damit der Verlust an Authentizität begrenzt und vertretbar bleibt« (1990, S. 5). Wie es freilich gelingen soll, das qualitative Problem einer negativen Strukturierung des Forschungsgegenstandes – die explizite oder implizite Ausklammerung von ihm wesentliche Eigenschaften aus dem Untersuchungsprozess – durch eine größere Quantität von Gegenstandsentwürfen auszugleichen, bleibt ebenso unbeantwortet wie die Frage, warum die verschiedenen Aspekte, die aus der Anwendung der sensibilisierenden Konzepte resultieren, sich zu einem vollständigeren Bild des Gegenstandes ergänzen und unterschiedliche Strukturierungen des Gegenstandes zu einer größeren Authentizität führen.

Der gleiche Gedanke wird im Konzept der sog. Triangulation vorgetragen. Der Zugang zum Forschungsgegenstand mithilfe einer Kombination mehrerer Theorien bzw. Methoden soll den Forschungsgegenstand im Ergebnis authentischer erscheinen lassen, als es mit der Anwendung nur einer spezifischen Herangehensweise der Fall wäre. Warum das so sein soll, bleibt ebenfalls offen. Statt einer Antwort auf diese Frage findet man einen pragmatistischen Methoden- bzw. Theorienmix. Denn die »Triangulation«, sagt Markard (1991, S. 200), »verlagert letztlich, sofern sie auf die Beantwortung der – auf kategorialer Ebene zu klärenden (...) Fragen der *methodologischen und theoretischen Kompatibilität der verwendeten Konzepte und Methoden* verzichtet, die theoretische Ungeklärtheit widersprüchlicher Befunde zwischen unterschiedlichen Untersuchungen in *ein und dieselbe* Untersuchung«.

Nachdem man auch in der qualitativen Sozialforschung erkannte, dass eine »Suspendierung des theoretischen Vor-wissens« (Flick 1990, S. 3) nicht möglich ist und das Induktionsprinzip nicht erlaubt, Gesetze zu formulieren, neue Erkenntnisse also nur aus bereits vorhandenen Theorien entstehen können (vgl. Kelle 1994, S. 25), entsann man sich – um den Erwerb von neuem Wissen zu begründen – des auf Ch. Peirce (1931-58) zurückgehenden Konzepts der Abduktion. Während man bei der Deduktion nach einem Gesetz unter der Vorgabe eines bestimmten Falles auf das Resultat schließt, wird bei der Abduktion von einem Resultat, welches der Ausgangshypothese widerspricht, auf eine neue Hypothese geschlossen, mit welcher dieser Fall erklärt werden kann. »Der Abduktionsprozess«, sagt Peirce (1931-58, S. 171), »ist der Entstehungsprozess einer erklärenden Hypothese«. Im Unterschied zur hypothesengenerierenden Induktion und erklärenden Deduktion konnte so mittels des abduktiven Vorgehens neues Wissen erzeugt werden, sodass dieses Vorgehen geeignet schien, gegenüber dem Vorwissen abweichende, unbekannte Zusammenhänge zum Ausgangspunkt für die Fortentwicklung einer Theorie zu nehmen, die in neue Gesetze integriert wieder als Vorwissen fungieren konnten. Da das Abduktionsprinzip auch die Offenheit der Theoriebildung in der qualitativen Forschung zu gewährleisten schien, wurde es als »Entdeckungsalgorithmus« (Reichertz 1991, S. 4f.), bzw. als »logische[r] Kern qualitativer und verstehender Methoden in der Sozialforschung« (Kelle 1994, S. 166) insofern angesehen, als dadurch der hermeneutische »Zirkel des Verstehens aufgebrochen werden« und man zu »Handlungserklärungen« (1994, S. 167) kommen könne.

So schlüssig dieses Prinzip auf den ersten Blick scheint, so problematisch wird es auf den zweiten. Schon Ch. Peirce (1931-58, S. 113) war der Ansicht, dass eine »abductive suggestion (…) is an act (…) of extremely fallible insight«. Diese Erkenntnisunsicherheit ergibt sich nicht zuletzt daraus, dass sich die empirisch gefundene Anomalie nicht nur mit einer, sondern immer mit verschiedenen Regeln erklären lässt und nicht entschieden werden kann, welcher Teil des bisherigen Wissens zu verändern ist. Nach Peirce werden in der Abduktion vorhandenes Wissen und eine neue Erfahrung zusammengebracht. Dieses Wissen liegt aber nicht in Gestalt von Tatsachen vor, die in einzelne Begriffe gefasst sind [10]. Vielmehr existiert das Wissen in Theorien, in miteinander vernetzten Begriffen und Aussagen der Empirie kann nicht entnommen werden, welcher Bestandteil des theoretischen Netzwerkes zu modifizieren ist, um die Anomalie zu erklären. Im Gegenteil, »[a]ny statement can be held true (…) if we make drastic enough adjustments elsewhere in the system« (Quine 1953, S. 43).

Dieses sog. Duhem-Quine Problem sowie die daraus folgende Notwendigkeit einer Geltungsbegründung abduktiv gewonnener Einsichten wird auch von Kelle gesehen. Kelle (1994, S. 183) sucht diese Begründung mithilfe des evolutionären Theorieverständnisses der wissenschaftshistorischen Schule zu entwickeln, welches eine progressive Theorieentwicklung vorsieht. Aus deren Theorie des »rationalen Theoriewandels« (1994, S. 25) entnimmt er als Geltungskriterien für eine über Abduktionsprozesse voranschreitende wissenschaftliche Theorieentwicklung: zunehmender empirischer Gehalt, wachsende innere Konsistenz der generierten Theorien und zunehmende Anschlussfähigkeit an andere theoretische Konzepte (1994, S. 234, 263). Entlang dieser Kriterien entstünde durch diesen »Prozess der Anpassung der entstehenden Theorie an widersprechende Evidenz im Datenmaterial (…) im Idealfall eine zunehmend *progressive Theorienreihe*, wobei aus dem anfäng-

---

10 Um mit Poincaré (1906, S. 143) zu sprechen: Man hätte dann lediglich einen »Steinhaufen«, aber noch kein »Haus«. Denn: »[M]an stellt die Wissenschaft aus Tatsachen her, wie man ein Haus aus Steinen baut; aber eine Anhäufung von Tatsachen ist so wenig Wissenschaft, wie ein Steinhaufen ein Haus ist«.

lich lockeren Netzwerk wenig integrierter sensibilisierender Konzepte ein festes Netz logisch miteinander verbundener definitiver Konzepte geknüpft wird« (1994, S. 371).

Abgesehen davon, dass das abduktive Schließen wieder in die Nomologie führt – »Die eigentümliche Leistung der Abduktion besteht im Auffinden und Erfinden einer gesetzesgeeigneten Hypothese, die diesen Schluss von Resultat und Gesetz auf den Fall erlaubt« (Habermas 1968, S. 147) –, zentrales Problem der postulierten Geltungskriterien ist, dass es praktisch auf keinem Gebiet der Humanwissenschaften ein gesichertes Wissen gibt. Nicht nur in der Psychoanalyse, sondern auch auf anderen Gebieten – etwa auf dem Gebiet der neuronalen Bewusstseinsforschung – konkurrieren divergierende Modelle, die gleichermaßen einen empirischen Gehalt und eine innere Konsistenz aufweisen. An welche dieser Konzepte sich die zu entwickelnde Theorie anschließen muss, um Geltung zu gewinnen, ist völlig offen. Des Weiteren wohnt auch den Fahrten nach Lourdes oder den Tanzritualien indianischer Medizinmänner ein empirischer Gehalt inne, auch die sie begründenden Konzepte weisen eine innere Konsistenz auf, sind an andere (Glaubens)konzepte angeschlossen, wurden weiterentwickelt und zeigen »ein festes Netz logisch miteinander verbundener definitiver Konzepte«. Wie ferner die Geschichte zeigt, ist der Erkenntnisfortschritt oft gerade dadurch gekennzeichnet, dass – man denke nur an Galilei – die neuen Theorien den bestehenden widersprechen und sowohl die alten wie auch die neuen »ein festes Netz logisch miteinander verbundener definitiver Konzepte« aufweisen können. Ob eine Theorie mit bestehenden Theorien konsistent oder nicht konsistent ist, sagt mithin nichts über ihre objektive Gültigkeit aus. Wissenschaftliche Theorie wären sie dann, wenn ihre – relative – Wahrheit, die gegenwärtig mögliche Übereinstimmung des in ihnen begrifflich Reproduzierten mit dem Reproduzierten, aufgewiesen wäre[11]. Da Kelle jedoch für die Geltung einer Theorie das Wahrheitskriterium suspendiert, bleibt völlig offen, wann und inwieweit »ein festes Netz logisch miteinander verbundener definitiver Konzepte« dem Gegenstand qualitativer Forschung, den Subjekten und ihrer wirklichen Lebenswelt gerecht geworden ist.

Von anderer Seite wurden »methodenangemessene Kriterien« zur Geltungsbegründung vorgeschlagen (Flick 1987; 2002, S. 330ff.). Dazu gehören u. a. peer debriefing, member checks im Sinne der kommunikativen Validierung

---

11 Aristoteles stellte diesen Wahrheitsbegriff in einer einfachen Aussage dar: »Nicht darum (…) weil unsere Meinung, du seiest weiß, wahr ist, bist du weiß, sondern darum, weil du weiß bist, sagen wir die Wahrheit, wenn wir das behaupten« (zit. n. Metaphysik, Ausg. 1994, S. 250).

sowie die schon als Triangulation benannte Methodenkombination in ihren verschiedenen Varianten. Dabei soll allerdings die Geltungsbegründung nicht direkt »in der Überprüfung von Resultaten, sondern in der systematischen Erweiterung und Vervollständigung von Erkenntnismöglichkeiten« liegen (2002, S. 332). Konsensuelle Meinungen können jedoch nichts zur Glaubwürdigkeit von Untersuchungsverfahren beitragen, und eine Reduplikation der hinsichtlich ihrer Geltung zu überprüfenden Forschung unter jeweils anderen Bedingungen bedarf selbst einer Geltungsbegründung, sodass sie deren Geltung weder begründen noch zu einer »systematische[n] Erweiterung und Vervollständigung der Erkenntnismöglichkeiten« führen kann.

Des Weiteren wird die analytische Induktion angeführt, die Flick in der Version von Bühler-Niederberger (1985) angewandt wissen will. Analog der Peirceschen qualitativen Induktion soll in diesem Verfahren zunächst versucht werden, einen Fall unter eine bekannte Hypothese zu subsumieren. Gelingt dies nicht, sollen »so lange Fälle studiert, das Phänomen umdefiniert und die Hypothesen umformuliert, bis eine universelle Beziehung etabliert« werden kann (1985, S. 478). Aber auch in dieser analytischen Induktion bleibt das Duhem-Quine Problem ungelöst und es bleibt offen, wie ausgeschlossen werden kann, dass ein Fall nicht unter eine falsche Hypothese subsumiert wird. Kaschiert im Gewande von Umformulierungen erscheint darin ferner eine Wiedergeburt des längst abgewiesenen, sich als Geltungsbegründung von Gesetzen selbst begründenden Induktionsprinzips des naiven Empirismus (Holzkamp 1970, S. 80f.). Ohne nomologische Prüfung soll mit ihm jene Endgültigkeit des Erkennens hergestellt werden, welche das nomologische Prüfverfahren für sich als Ziel beansprucht[12] (vgl. Flick, 2002, S. 332f.).

Mit den angeführten Verfahren kann jedenfalls die Geltung von Methoden als Mittel der Erkenntnisgewinnung nicht begründet werden. Auch die Versuche, die klassischen Gütekriterien sozialempirischer Forschung – Objektivität, Reliabilität, interne und externe Validität – in der qualitativen Forschung anzuwenden, scheiterten. Sie werden ebenfalls umdefiniert, teilweise ins Gegenteil verkehrt und mehrheitlich auf die Methoden bezogen. Für Lamnek (1988, S. 170; s.a. S. 173) bspw., der in diesem Zusammenhang Kleining (1982, S. 246) zitiert, emergiert Objektivität aus der fortschreitenden intersubjektiven Analyse des Forschungsgegenstandes, wobei es durch die damit verbundene Variation der Perspektiven »zu einer Verdichtung der

---

12 Wenn die »eigentümliche Leistung der Abduktion im Auffinden und Erfinden einer gesetzesgeeigneten Hypothese [besteht], die diesen Schluss von Resultat und Gesetz auf den Fall erlaubt« (Habermas 1968, S. 147), die Hypothese mithin ohne empirische Prüfung den Status eines Gesetzes gewinnen kann, wird auch hier die Geltung dieses Gesetzes mit dem Induktionsprinzip begründet.

Interpretation [kommt], die Intersubjektivität verbürgt«, und die insofern die Sicht des Einzelsubjektes überschreite. Die intersubjektiv gültige Sicht garantiere Objektivität, womit der herkömmliche Begriff der subjektunabhängigen Objektivität ins Gegenteil verkehrt wird. Und in den verschiedenen Versuchen, das Konzept der internen Validität zu reformulieren, sieht Flick (2002, S. 329) als eine gemeinsame Tendenz »die Verlagerung von Validität zur Validierung (...) von der Beurteilung des einzelnen Schrittes oder Bestandteils der Forschung zur Herstellung von Transparenz über den Forschungsprozess (...)«. Reliabilität wiederum meint nicht »die beliebig häufige Wiederholbarkeit von Erhebungen mit denselben Daten und Resultaten«, sondern u. a. Explikation des »Vorgehen[s] im Feld bzw. Interview und mit dem Text in Schulungen und Überprüfungen« und »reflexive Dokumentation« des gesamten Prozesses (2002, S. 322). Da sich die interne Validität in der bloßen Darstellung des Untersuchungsprozesses erschöpft und die Schulung von Interviewern eine Einübung der Gegenstandstrukturierung und die reflexive Dokumentation des Forschungsprozesses lediglich eine Überprüfung des jeweiligen Verstehenszirkels bedeutet, ist klar, dass diese Reformulierungen der Reliabilität und internen Validität nichts zur Geltungsbegründung qualitativer Forschung beitragen können.

Um dem Gesetzesbegriff der nomologischen Forschung zu entgehen, suchte man dem Problem der externen Validität mit den Begriffen der Regel bzw. des Typus argumentativ zu begegnen. So soll bspw. nach Mayring (1990, S. 14) der Regelbegriff an die Stelle eines »starren Gesetzesbegriffes« treten. Der Regelbegriff wird aber nicht genau definiert, sondern lediglich über die Möglichkeit der Ausnahme – quasi nach dem Satz »Ausnahmen bestätigen die Regel« – und die Kontextgebundenheit näher bestimmt. Daraus aber erwächst zum einen die ungeklärte Frage, wie viel Abweichung eine Regel verträgt, um noch als Regel gelten zu können, und zum anderen ein ungeklärter Widerspruch zur abduktiven Gewinnung neuer Regeln. Und auch wenn man die Regel durch einen abweichenden Fall noch nicht widerlegt sieht, in der Anwendung auf den Einzelfall wird sie zunächst wie ein Gesetz gehandhabt.

In analoger Weise wird mit dem Begriff des Typus (z. B. Gerhardt 1986) verfahren. »[T]he various uses of type concepts in psychology and in social sciences«, stellte Hempel (1952, S. 171) schon vor über 50 Jahren fest, »prove to be of basically the same character as the methods of classification, ordering, measuring, empirical correlation, and theory formation used in natural sciences«. Dies betrifft auch die Variante des »Typischen« im Sinne kollektiv geteilter Sichtweisen, Deutungs- und Handlungstypen: »Was die für das

Kollektiv als typisch bezeichneten Phänomene, deren Rekonstruktion das Ergebnis des qualitativen Interpretationsprozesses ist, allerdings von jenen statistisch repräsentativen Resultaten der quantitativen Sozialforschung substanziell unterscheiden soll, bleibt unklar«, stellt Lamnek (1988, S. 175) zu Recht fest, und fährt fort: »Das Typische der qualitativen Sozialforschung repräsentiert das kollektiv Geteilte (…) So wird einerseits der Generalisierungsanspruch herkömmlicher Sozialforschung von qualitativer Seite zurückgewiesen, an seine Stelle aber etwas fast Identisches gesetzt« (1988, S. 176).

Im Einvernehmen mit dem nomologischen Verständnis von Allgemeinheit werden sowohl im Begriff der Regel als auch des Typus die Besonderheiten des Einzelnen in ein Allgemeines aufgelöst und zum Verschwinden gebracht. Anstatt einer theoretischen Begründung eines für qualitative Forschung spezifischen Verständnisses der Verallgemeinerung von Forschungsergebnissen findet man in Form einer Quasi-Nomologie eine Anpassung an deren einheitswissenschaftlichen Standard.

Nach dem Dargestellten kann es nicht verwundern, wenn Flick (2002, S. 342) zusammenfassend selbstkritisch feststellt, dass sowohl die Anwendung der klassischen wie die Entwicklung neuer Kriterien bisher keine »wirklich befriedigende Antwort« auf die Frage der Geltungsbegründung in der qualitativen Forschung und der Generalisierung ihrer Ergebnisse geben konnte. Im Urteil von Lincoln/Guba (1985, S. 110) wird es auf diese Frage auch keine befriedigende Antwort geben. Denn: »The only generalization is: There is no generalization«. Angesichts der ebenso wenig generalisierungsfähigen Ergebnisse nomologisch-experimenteller und -naturalistischer Untersuchungen ist höchstens die Ansicht von Fischer/Riedesser (1998, S. 162) verwunderlich, nämlich dass man nur dann, »wenn die Ergebnisse aus mindestens drei heterogenen Methodentypen – aus experimentellen Studien, naturalistischen Feldstudien und qualitativen (vergleichenden) Einzelfallstudien – *konvergieren* … von einem empirisch gesicherten Ergebnis in Psychologie und Sozialwissenschaften sprechen [kann]«.

Obwohl zwischen qualitativen und den aus dieser Sicht reduktionistischen quantitativen Forschungsmethoden eine unvereinbare »Polarität« besteht (Markard 1991, S. 111), wird dennoch die implizite Einebnung dieses prinzipiellen Gegensatzes in der Forschungspraxis inzwischen auch explizit für unvermeidbar gehalten. Faller (1994, S. 30) meint etwa, dass »[q]ualitative und quantitative Datengewinnung (…) nicht a priori erkenntnistheoretisch unterschiedlichen Forschungslogiken« folgen. Da »[i]n beiden Zugangswegen qualitative und quantitative Elemente enthalten sind«, so Faller (ibid.), kann

»die Unterscheidung (…) keine prinzipielle sein«. Seiner Ansicht nach erlaubt dieses Argument, innerhalb qualitativer Verfahren Daten quantitativ zu verarbeiten (z. B. in Form von Sequenzanalysen) und quantifizierende Verfahren zur Absicherung qualitativer Verfahren zu nutzen.

Auch Frommer (1998) macht sich diesen methodischen Pluralismus zu eigen. Im Unterschied zu der projektspezifischen Methodentriangulation Flicks empfiehlt er, grundsätzlich vier unterschiedliche Methodologien als gleichberechtigte Zugänge zum Gegenstandsbereich heranzuziehen. Er ist der Ansicht, »dass eine gegenstandsangemessene Erforschung psychosomatischer Erkrankungen und psychotherapeutischer Prozesse nur möglich ist, wenn unterschiedliche epistemologische Ansätze berücksichtigt werden« (1998, S. 82f.).

So soll im Falle der Psychosomatik mit der Einbeziehung von hermeneutisch-erfahrungswissenschaftlichen und nomologisch-realwissenschaftlichen Ansätzen sowohl die cartesianische Dichotomisierung, die die Psychosomatik in »letztlich unverbundene Bereiche« aufspaltet, wie die im Neukantianismus wurzelnde Dichotomie von kausalem Erklären und intentionalem Verstehen überwunden werden (1998, S. 73, 83). Der »Erfahrungswissenschaft« werden dabei das »hermeneutische Verstehen subjektiver Sinnorientierung« (qualitative Forschung) und das »ganzheitliche Verstehen leib-seelischer Zusammenhänge« (systemtheoretische Forschung) zugeordnet, während zur »Realwissenschaft« das »kausalanalytische Erklären psychischer Gesetzmäßigkeiten« (quantitative Forschung) wie das »Beschreiben und Erklären biologischer Prozesse und Strukturen« (naturwissenschaftliche Forschung) gehören (1998, S. 73).

In seiner Argumentation übersieht Faller allerdings den Unterschied zwischen einer quantitativen Ausprägung qualitativer Daten und ihrer quantitativen, hypothesenprüfenden Auswertung. Diese folgt einer anderen Logik als jener, welche einer qualitativen Datenauswertung zugrunde liegt. Natürlich ist es möglich, in der Forschungspraxis methodische Versatzstücke aus beiden Forschungsbereichen miteinander zu kombinieren, ohne die jeweils zugrunde liegenden Forschungslogiken und die ihnen entsprechenden Auffassungen des Forschungsgegenstandes zu berücksichtigen. Solange aber nomologische Empirie und qualitative Datenauswertung nicht vom Forschungsgegenstand her vermittelt sind, ist das Resultat dieser Forschungspraxis fatal. Handelt es sich um qualitative Einsichten, sind sie nicht allgemeingültig, handelt es sich dem Anspruch nach um allgemeingültige Zusammenhänge, betreffen sie nicht Subjekte. Sind sie beides, wird der »Gegenstand in für bestimmte Methoden zugängliche, in ihrem Zusammenhang aber in theoretisch potenziell unbegriffene Aspekte zerfasert« (Markard 1991, S. 118).

Dies gilt auch für Frommers methodisch-methodologischen Vorschlag. Erkenntnisse sind nicht in einzelnen Begriffen, sondern in den je bereichseigenen Theorien seelischer und körperlicher Prozesse enthalten. Um sie in ein Gesamtbild zu integrieren, bedarf es mithin metatheoretischer Überlegungen, welche den Transfer begrifflicher Inhalte von dem einen in das andere begriffliche System unverkürzt erlauben. Da aber diese metatheoretischen Überlegungen, die ein »integratives« Methoden- und damit auch integratives Gegenstandsverständnis erst ermöglichen könnten, in Gänze fehlen, kann nicht erkennbar werden, inwiefern der Versuch, die Gegenstandsangemessenheit dadurch zu sichern, dass jedes mit qualitativer Methodik gewonnene Datum mit Bezug auf den gleichen Gegenstand in den Kontext von epistemologisch anders begründeten Daten gestellt wird, zu mehr Authentizität des Gegenstandes führen soll. Nicht nur, dass dieses Konzept den Zusammenhang der verschiedenen Seiten des Gegenstandes so unbegriffen lässt, wie er es vordem schon war. Vor dem Hintergrund der gleichberechtigten Parallelisierung aller verfügbaren Epistemologien erlaubt das von Frommer geforderte Forschungsdesign darüber hinaus noch jede beliebige Mixtur von Methoden und Theorien.

Qualitative Forschungsprozesse beginnen mit einer »Theorielosigkeit in Form der Theorienvielfalt« (Markard 1991, S. 14) und enden in einer Theorienvielfalt als Ausdruck von Theorielosigkeit. Statt eine grundlegende kategoriale Bestimmung des Subjekts vorzunehmen, welche den methodischen Zugang definieren würde[13], wird das Subjekt durch die Methode bestimmt. Viele unübersichtliche, teils auch schwer zu erkennende Möglichkeiten der Modellierung des Forschungsgegenstandes liegen vor, wobei sich in der Regel unter der Hand eine unbemerkte Modellierung des Gegenstandes nach der Maßgabe des Forschers durchsetzt, sodass die von Flick formulierte Dialektik von Authentizität und Strukturierung des Forschungsgegenstandes unter dem Schein der Gegenstandsangemessenheit in Richtung einer Vorherrschaft des Subjektiven aufgelöst wird. Die Annahme, dass gültige Theorien allein durch die richtige Anwendung der Methode emergieren

---

13 Das Vorwissen über den Gegenstand wird bestimmt von Kategorien, »[m]it denen in einer empirischen Wissenschaft oder in übergreifenden Arbeitsrichtungen dieser Wissenschaft (ob implizit oder bewusst) ihr *Gegenstand*, seine Abgrenzung nach außen, sein Wesen, seine innere Struktur, bestimmt sind (...) Solche Kategorien schließen immer bestimmte methodologische Vorstellungen darüber ein, wie man wissenschaftlich vorzugehen hat, um den Gegenstand adäquat zu erfassen« (Holzkamp 1983, S. 27f.).

könnten, erweist sich als eine verschleierte Wiederkehr eines, dem naiven Empirismus nahestehenden Induktivismus, womit die postulierte Einheit von Hypothesengenerierung und Hypothesenprüfung zerbricht. Die Versuche, methodologische Probleme durch Methodenoptimierung zu lösen, vervielfältigen ungelöste Probleme, die Abduktionslogik als Mittel, jenseits des Vorwissens zu neuen Erkenntnissen zu gelangen, mündet in eine Variante des nomologischen Denkens, und der methodische Pluralismus, der verschiedene Epistemologien kombiniert, um einseitige Erkenntnis zu vermeiden, endet in einem unbegriffenen Nebeneinander verschiedener Erkenntnisresultate.

Auch die Anstrengungen, Geltungsbegründungen und Gütekriterien der qualitativen Forschung zu entwickeln, scheiterten. Die Reformulierungen der klassischen Gütekriterien der Forschung erlauben zwar den Nachweis der Kohärenz des jeweiligen Forschungszirkels, geben aber keine Geltungsbegründung, die außerhalb dieses Zirkels Bestand hätte, und die Versuche, zwischen der jeweiligen Einmaligkeit des Untersuchungsgegenstandes und nomologischer Allgemeingültigkeit ein gemäßigtes Verständnis von Allgemeinheit zu finden, führen de facto dazu, dass sich ein nomologisches oder statistisch-numerisches Verständnis der Allgemeinheit durchsetzt.

Abschließende Bemerkungen
Anstatt die Psychotherapieforschung auf eine einheitswissenschaftliche nomologische Methodologie zu verpflichten, wären die Forscher gut beraten, wenn sie das Verhältnis von Theorie, Behandlungsmethode und -gegenstand einzelner Verfahren prüfen und daraus verfahrensspezifische Kriterien für die Durchführung empirischer Untersuchungen und die Evaluation der Ergebnisse entwickeln würden. Dann könnte sich ihnen auch erschließen, dass sich diese Behandlungen einer nomologischen Überprüfung schon aufgrund ihrer Besonderheit prinzipiell entziehen.

Weil die qualitativen Forschungsansätze ohne epistemologische Selbstaufklärung geblieben sind und sich deshalb allesamt im Verhältnis von Gegenstand, Methode und Theorie verheddern, entzieht sich auch ihnen diese Besonderheit des psychoanalytischen Verfahrens. Statt dieser Besonderheit Rechnung zu tragen, findet sich eine Mixtur aus kritischem Rationalismus, computergestützten Konstrukten und Nomologie (z.B. Kächele 1986) oder aus cognitive science, Tiefenhermeneutik, und Nomologie (z.B. Leuzinger-Bohleber et al. 2001; 2002), bzw. kognitiver Linguistik (z.B. Buchholz 1990; 1996), Normalformrekonstruktion und Idealtypologie (z.B. Wilke 1992; 1994), die allesamt nichts beweisen können. In diesen Überprüfungen psychoanalytischer Therapie in nomologischen und qualitativen Forschungsansätzen geschieht in Wirklichkeit dasselbe, was Lakatos (1970a, S. 174) am naiven Falsifikationismus der empirischen Forschungspraxis kritisierte, nämlich dass lediglich »Scheinbestätigungen und de[r] Anschein wissenschaftlichen Fortschritts an Stellen produziert [werden], wo sich in Wirklichkeit nur sinnlose Zahlen anhäufen«[14].

Ehe ich der Frage nachgehe, wie Psychoanalysen empirisch untersucht werden können und in welcher Form sich ihre Ergebnisse generalisieren lassen, will ich zunächst an die Eigenart des psychoanalytischen Behandlungsverfahren erinnern. Dessen Besonderheit ergibt sich aus der psychoanalytischen Grundauffassung, dass Menschen in ihrer Entwicklung zu je konkret einmaligen Subjekten werden[15]. Unter systematischer Abstraktion von dem Einfluss, den die Gesellschaft ausübt, soll in diesem Verfahren die je besondere Entwicklung ihres Innenlebens rekonstruiert werden. Da diese Entwicklung ihren bewussten Erscheinungsformen nicht unmittelbar entnommen werden kann, setzt das psychoanalytische Behandlungs- und Erkenntnisverfahren an diesen Erscheinungsformen mit dem Ziel an, in der Behandlung zu den unbewussten Inhalten vorzudringen, die in ihrer Entwicklung entstanden sind und sich in diese Erscheinungsformen entwickelten.

Die Begrifflichkeit dieses Verfahrens gliedert sich in methodische Anweisungen, die an den Analytiker – gleichschwebende Aufmerksamkeit, Auswertung der Gegenübertragung, Empathie, Abstinenz, Neutralität, Durcharbeiten, Klarifikation, Konfrontation, Deuten, Parameter – bzw. wie das freie Assoziieren an den Patienten adressiert sind. Ferner gibt es Kategorien, welche Phänomene beschreiben, die unter dem Einsatz dieser Methoden in der analytischen Situation auftreten – Übertragung, Übertragungsneurose, Gegenübertragung, Agieren, Widerstand. Im Lichte des theoretisch begründeten Zusammenspiels dieser methodischen Anweisungen und Phänomene, welches aus vielfältigen Behandlungen abstrahiert wurde, sucht der Psychoanalytiker das, was in den bewussten Erscheinungsformen des Unbewussten eines Patienten verborgen ist, als Resultat seiner besonderen Entwicklung zu enträtseln und wieder in dessen Bewusstsein zu heben.

---

14 Die Kritik von Lakatos wurde von Freud 1906 in seiner Beurteilung von Semons Buch *Mneme als erhaltendes Prinzip im Wechsel des organischen Geschehens* vorweg genommen: »Das Buch sei bezeichnend für jene Pseudo-Wissenschaftler, die Exaktheit imitieren und meinen, schon etwas geleistet zu haben, wenn sie mit Zahlen und Begriffen operieren« (Nunberg/Federn 1962, S. 48).

15 Für eine genauere erkenntnistheoretische Begründung dieses Verfahrens s. Zepf/Hartmann (1989).

Es dürfte unmittelbar einsichtig sein, dass das Zusammenspiel der methodischen Anweisungen in einer Behandlung nicht in der allgemeinen, in der Behandlungstheorie abstrahierten Form realisiert werden kann. Die Entwicklung des Innenlebens eines Patienten ist eine einmalige und das Ziel der Behandlung besteht in deren bewusster Rekonstruktion, sodass dieses Zusammenspiel an die für einen Patienten spezifische Entwicklung anzupassen ist. Ansonsten könnte eine Behandlung nicht erfolgreich sein. Aus dieser Sachlage ergibt sich der besondere epistemologische Status der psychoanalytischen Behandlungstheorie. Die behandlungstheoretischen Konzepte sagen nicht, wie einzelne Behandlungen im Allgemeinen verlaufen, sondern sie sagen allgemein, *wie einzelne Behandlungen erfolgreich verlaufen können*. Geleitet von der Aufgabe, die je spezifische Entwicklung der einzelnen Patienten zu rekonstruieren, weisen ihre Kategorien zwar in allgemeiner Form darauf hin, was in einzelnen Behandlungen zu beachten und wonach in ihren Verläufen zu suchen ist. Sie informieren den Psychoanalytiker jedoch nicht darüber, wie die methodischen Anweisungen in seinen Behandlungen genau zu realisieren sind und wie eine einzelne Behandlung verlaufen wird.

Behandlungen verlaufen mithin so einmalig wie es die Patienten sind. Würde man darin das wesentliche Bestimmungsmoment erfolgreicher psychoanalytischer Therapien sehen, könnten, wie etwa A. Green (1996) ausdrücklich betont, einzelne Behandlungen empirisch ebenso wenig verallgemeinert werden wie positive Ergebnisse empirischer Untersuchungen von psychoanalytischen Behandlungen einen allgemeingültigen, über die Untersuchung hinausgehenden Wirkungsanspruch von Psychoanalyse begründen können. Weder lässt sich aus den Ergebnissen mit Bestimmtheit schließen, dass andere, nicht untersuchte Behandlungen ebenso erfolgreich verlaufen sind noch dass sie künftig mit Gewissheit erfolgreich verlaufen werden.

Allerdings ist diese Position nur haltbar, wenn man die im psychoanalytischen Verfahren aus methodischen Gründen notwendige systematische Abstraktion von den gesellschaftlichen Verhältnissen als eine reale Unabhängigkeit verkennt und zugleich glaubt, mit diesem Verfahren auch die Realgenese neurotischer Bildungsprozesse entfalten zu können. Dann erscheinen die Einmaligkeit eines Subjekts und damit auch die Einmaligkeit einer Behandlung in der Tat als deren wesentliche Bestimmungsmomente, und wenn das Wesentliche im Einzelnen liegt, kann es auch nicht verallgemeinert werden.

Gegen diese Position spricht aber, dass die Realgenese einer Neurose nicht beim Erleben der Eltern bzw. der Familie endet, auf das sie in einer psychoanalytischen Perspektive, die ausschließlich auf das Innenleben fokussiert, nur zurückgeführt werden kann. Vielmehr erweist sich die Familie insofern als »psychologische Agentur der Gesellschaft« (Fromm 1932, S. 17), als sich die Gesellschaft über sie in die Individuen hinein fortsetzt. Da das »neugeborene Kind (...) zunächst nicht mehr als der Entwurf eines Menschen«, ein Mensch der Möglichkeit nach, ist (Elias 1939, S. 41f.), die differentia specifica seiner Entwicklung mithin nicht in ihm selbst, sondern ihm außermittig in den gesellschaftlichen Verhältnissen liegt, in denen er aufwächst und lebt, sind Neurosen nicht bloße Einzelschicksale, sondern ein gesellschaftlich bedingtes, allgemeines Phänomen, das in den Individuen in je besonderer Weise erscheint[16].

Um diese Perspektive vervollständigt, wandeln sich die konkreten Besonderheiten individueller, unbewusst gewordener Konflikte von einem für die persönlichen Neurosen wesentlichen Bestimmungsmoment in je besondere Erscheinungsformen des für ihre Entstehung wesentlichen Allgemeinen. Das heißt, die inhaltlich in je besonderer Weise ausgestalteten Konflikte der Einzelnen sind als individualspezifische Erscheinungsformen überindividueller Konflikt*strukturen*[17] aufzufassen, in denen sich die Gesellschaft in den Subjekten psychologisch abbildet. Für die Behandlungen heißt dies, dass ihre wesentlichen Bestimmungsmomente nicht in ihren patientenspezifischen Besonderheiten, sondern in den in der Behandlungstheorie verallgemeinerten Verlaufsformen liegen und sie als deren Erscheinungsformen anzusehen sind.

In wissenschaftlichen Erkundungen sind nun nicht Erscheinungsformen, sondern deren wesentliche Bestimmungsmomente zu erfassen. Daraus folgt wiederum, dass sich in wissenschaftlich-empirischen Untersuchungen nicht psychoanalytische Therapien prüfen lassen, sondern dass mit den praktischen Verlaufsformen die psychoanalytische Behandlungstheorie einer Prüfung unterzogen wird. Diese praktischen Verlaufsformen finden sich in naturalistischen Untersuchungen. Zeigen hier die Verläufe untersuchter Behandlungen bspw. gemeinsam, dass sie bei einem erfolgreichen Ausgang an der Besonderheit der Patienten und bei einem erfolglosen Ausgang nicht an deren Besonderheit orientiert waren, bestätigen die Ergebnisse die Behandlungstheorie und können dahingehend verallgemeinert werden, dass dies

---

16 Nach einem bemerkenswert Wort Ferenczis (1908, S. 22) ist die Neurose eine »gesellschaftliche Krankheit«.
17 Die Kategorie »Ödipus-Konflikt« bezeichnet eine derartige Konfliktstruktur, in der die konflikthaft aufeinander bezogenen Objektbeziehungen eines Einzelsubjekts ihre individuell-konkrete Besonderheit verloren haben (vgl. dazu Zepf 2000, S. 477f.).

eine notwendige Bedingung für erfolgreiche Therapieverläufe war. Unter Absehung von patientenspezifischen Inhalten können ferner die Ablaufsstrukturen erfolgreicher und erfolgloser Therapien mit denen der Behandlungstheorie verglichen werden, diese bestätigen oder und zu einer Veränderung der darin vorgesehenen Verlaufsformen führen. Dieser Vergleich kann bspw. dazu führen, dass die in der Behandlungstheorie für erfolgreiche Behandlungen behaupteten Sequenzen – etwa Abwehr vor dem Abgewehrten, die Form vor dem Inhalt zu deuten oder dass unbewusste Inhalte erst in der Gestalt einer Übertragungsneurose auf den Psychoanalytiker zu zentrieren sind, ehe sie wirksam gedeutet werden können – in ihrer Allgemeinheit nicht bestätigt werden und zu spezifizieren sind.

In dieser Art der Verallgemeinerung geht die Einmaligkeit psychoanalytischer Behandlungen nicht verloren. Indem die gefundenen Zusammenhänge behandlungstheoretischer Begriffe mit der Methode des permanenten Vergleichs mit Einzelfällen konfrontiert werden, diese bestätigen, spezifizieren und verändern können, findet sich sowohl die Einmaligkeit psychoanalytischer Behandlungen wie auch deren Effizienz in allgemeiner Form in der psychoanalytischen Behandlungstheorie wieder.

Dass dieses dialektische Zusammenspiel von Allgemeinem und Einzelnem, von Behandlungstheorie und Behandlungen voraussetzungsvoll ist, dürfte auch ohne weitere Erörterung einsichtig sein. Es kann jedenfalls solange nicht funktionieren, wie die behandlungstheoretischen Konzepte in verschiedenen Schulen in wesentlichen Punkten verschieden und – wie z.B. Hamilton (1996) zeigt – noch innerhalb verschiedener Schulen ausgefranst sind in eine Pluralität privatistischer Meinungen. Es ist vielmehr zwingend an ein gemeinsames Verständnis der behandlungstheoretischen Begriffe unter den Psychoanalytikern, an einen »consensual common ground« (Wallerstein 1998, S. 1041) gebunden.

Davon ist die Psychoanalyse allerdings noch weit entfernt. Beispielsweise steht das Konzept des »psychoanalytischen Prozesses« sowohl in der psychoanalytischen Literatur als auch in den klinischen Diskussionen in zentraler Position, und ob eine Psychoanalyse wirklich stattfand, entscheidet sich nach Arlow/Brenner (1990; s.a. Vaughan/Rosse 1995) daran, ob sich dieser Prozess entwickelt hat. Aber weder in der Literatur (Vaughan/Rosse 1995) noch in der »COPE study group«, zu der u.a. Abend, Abrams, Boesky, Compton und Weinshel gehörten und die von der American Psychoanalytic Association eingerichtet wurde, ihre Auffassungen des psychoanalytischen Prozesses mit dem Ziel einer konsensfähigen Definition miteinander zu diskutieren, konnte eine konsensfähige Definition gefunden werden (Frank

1998). Des Weiteren berichten Vaughan et al. (1997), dass selbst zehn erfahrene Psychoanalytiker desselben Instituts (Columbia Center for Psychoanalytic Training and Research) bei der Beurteilung von fünf Stundenprotokollen keinen Konsens darüber herstellen konnten, ob ein psychoanalytischer Prozess vor- oder nicht vorliegt. »How can we investigate psychoanalytic process«, fragt Gray (2002, S. 13) unter diesen Umständen zurecht, »if we cannot define it«? Ohne eine solche konsensuelle Definition[18] lässt sich der Ausgang psychoanalytischer Therapien nur noch formal – etwa dass die Patienten drei- oder viermal wöchentlich auf der Couch lagen – aber nicht mehr inhaltlich auf durchgeführte Psychoanalysen zurückführen. Dieses methodische Vorgehen entspricht dann einer Untersuchung, in welcher der Effekt eines Medikaments unter der Bedingung geprüft wird, dass es den Patienten zwar verschrieben wurde, aber nicht sicher gestellt war, dass sie es eingenommen haben.

Die Generalisierung, welche die psychoanalytische Gegenstandsbestimmung und die darauf basierende Besonderheit des psychoanalytischen Verfahrens erlauben, ist mithin keine empirische, sondern eine Verallgemeinerung einzelner erfolgreicher Behandlungsverläufe in der Behandlungstheorie. Anders ausgedrückt: Die allgemeine Bestimmung psychoanalytischer Behandlungen als notwendig einmalige findet sich in der Allgemeinheit der psychoanalytischen Behandlungsmethode wieder, einer Methode, welche allgemein erlaubt, die historische Bestimmtheit der Subjekte, in der ihre Einmaligkeit gründet, durch die Aufdeckung ihrer Entwicklung zu begreifen.

In den wesentlich Zügen ist diese Verallgemeinerung empirischer Ergebnisse identisch mit derjenigen, die Markard (1991, S. 169ff.) »Struktur-Verallgemeinerung« nennt. Sie meint hier die Verallgemeinerung des Zusammenhanges von Kategorien in der Behandlungstheorie, der in den einzelnen Behandlungen gefunden wird. In diesem »Verallgemeinerungskonzept«, schreibt Markard (1991, S. 173), werden »unterschiedliche Bereiche« – hier unterschiedliche psychoanalytische Behandlungen – »auf strukturelle Gemeinsamkeiten, auf

---

18 Die Suche nach diesem konzeptuellen »consensual common ground« in den theoretischen und behandlungstechnischen psychoanalytischen Konzepten kann nicht, wie Altmeyer (2004b) in einer blinden, einem naiven Empirismus verpflichteten Empiriegläubigkeit meint, der Empirie überantwortet werden. Dort alleine lässt er sich jedenfalls nicht finden. Vielmehr setzen adäquate empirische Untersuchungen des psychoanalytischen Verfahrens einen konzeptuellen »consensual common ground« voraus, der in eben diesen Untersuchungen überprüft werden kann. »If there is no consensual definition«, stellen Vaughan et al. (1997, S. 965) zurecht fest, »the process of research is impeded because in the absence of a clinical standard, a scale may come to define the concept itself. Although this may allow research to ›progress‹, the value of the research is diminished«.

die die theoretische Aussage zutrifft, hin analysiert [Dieses] Verallgemeinerungskonzept beruht weder auf einer von realer Verbreitung unabhängigen Gesetzesgeltung noch auf einer stichprobengegründeten Schätzung der Verbreitetheit der betreffenden Sachverhalte, sondern auf der Herausarbeitung von *raumzeitlichen, historisch-konkreten Strukturen (…)*«.

Da man nicht weiß, wie die nicht untersuchten Behandlungen verlaufen sind und nicht wissen kann, wie künftige Behandlungen verlaufen werden, gilt auch für die naturalistischen Untersuchungen psychoanalytischer Therapien die Einschränkung, die Marquard (1991, S. 173) für diese Art der Verallgemeinerung trifft: Nämlich dass »über die Verbreitetheit« dieser »raumzeitlichen, historisch-konkreten Strukturen (…) nichts gesagt werden kann«. Unter der Bedingung, dass die Behandlungstheorie im Wesentlichen unverändert bleibt, können jedoch die Ergebnisse solcher Untersuchungen die Prognose empirisch begründen, dass psychoanalytische Behandlungen erfolgreich sein werden, wenn in ihnen die in der Behandlungstheorie strukturell verallgemeinerten Verläufe entsprechend den Besonderheiten der Patienten in den Therapien realisiert werden. Nicht mehr, aber auch nicht weniger kann mit empirischen Untersuchungen psychoanalytischer Behandlungen erreicht werden, und das auch nur dann, wenn sie naturalistisch und nicht experimentell angelegt sind.

Anstatt diese Überlegungen, die aus methodologischen Gründen zwingend notwendig wären, systematisch weiter voranzutreiben und sie in ein methodisches, gegenstandsadäquates Vorgehen einmünden zu lassen, wird jedoch in der bisherigen Manier einfach weiter gearbeitet. Offensichtlich zum Nutzen aller, auch der Psychoanalyse. Zwar ist es kaum vorstellbar, dass bei derart divergierenden methodischen Ansätzen und theoretischen Konzepten in der qualitativen Psychotherapieforschung die Ergebnisse immer zu Gunsten des untersuchten Verfahrens ausfallen. Vielmehr ist die Annahme naheliegend, dass es sich angesichts der unübersehbaren, durch den Anspruch auf Theorieoffenheit lizenzierten Möglichkeiten, den Untersuchungsgegenstand konzeptuell und methodisch zu strukturieren, um konzeptuell und/oder methodisch bedingte Artefakte handelt[19]. Gleichwohl werden die Ergebnisse als wissenschaftliche Begründungen der jeweiligen Verfahren angesehen. So sah die »psychoanalytic community« auf dem diesjährigen 43. Internationalen Kongress der IPA in New Orleans in den aus ganz unterschiedlichen Mixturen

---

19 Dies gilt natürlich auch für die von Brandl et al. (2004) zusammengestellten Untersuchungen zum Wirksamkeitsnachweis psychoanalytischer Psychotherapien. Obwohl ganz unterschiedliche Methoden verwendet wurden, führten sie allesamt zu einem für die Psychoanalyse günstigen Ergebnis.

von nomologisch-quantitativen und qualitativen Verfahren bestehenden Psychotherapiestudien von Kächele und Leuzinger-Bohleber den Weg vorgezeichnet, auf dem sich die Psychoanalyse von ihrer heterogenen Meinungsvielfalt emanzipieren und sich empirisch Verwissenschaftlichen könnte. Auf diesem Wege, schloss Altmeyer (2004b) seinen Kongressbericht, bleibt »die oft schon totgesagte Psychoanalyse (...) am Leben«.

Die Gleichgültigkeit gegenüber epistemologischer Selbstreflexion und die Hinwendung zu dieser Art von Empirie kann jedoch nur auf den ersten Blick verwundern. Denn in einem postmodernen Wissenschaftsbetrieb gilt, wie Rauschenberger (zit. n. Leuzinger-Bohleber 1996, S. 217) in einem kennzeichnenden Slogan bemerkt, »everything goes and nothing really matters«. Ich befürchte, dass in diesem Betrieb der Gebrauchswert erwirtschafteter Forschungsresultate nur noch in ihrem Tauschwert liegt, d.h. darin, die publizierten Befunde gegen Renommee, impact factors, Drittmittel etc. eintauschen zu können. Gewiss, die Psychoanalyse wird auch unter diesen Umständen am Leben bleiben, dem Namen nach. Denn »when anything goes, nothing goes anywhere« (Holt 1981, S. 135).

Teil II
Psychoanalytische Experimentalforschung

Experimentelle Studien zur freudschen Lehre von Widerstand und Verdrängung

Thomas Köhler

Einleitung
»Die Verdrängungslehre ist nun der Grundpfeiler, auf dem das Gebäude der Psychoanalyse ruht, so recht das wesentlichste Stück derselben und selbst nichts anderes als der theoretische Ausdruck einer Erfahrung, die sich beliebig oft wiederholen lässt, wenn man ohne Zuhilfenahme der Hypnose an die Analyse eines Neurotikers geht«, schreibt Freud in *Zur Geschichte der psychoanalytischen Bewegung* (Freud 1914d, 54). Er fährt fort:
»Man bekommt dann einen Widerstand zu spüren, welcher sich der analytischen Arbeit widersetzt und einen Erinnerungsausfall vorschiebt, um sie zu vereiteln (...) Die theoretische Würdigung des Umstandes, dass dieser Widerstand mit einer Amnesie zusammentrifft, führt dann unvermeidlich zu jener Auffassung der unbewussten Seelentätigkeit, welche der Psychoanalyse eigentümlich ist und sich von den philosophischen Spekulationen über das Unbewusste immerhin merklich unterscheidet« (Freud 1914d, 54).

Angesichts der zentralen Bedeutung, welche die Lehren von Widerstand und Verdrängung im psychoanalytischen Theorienkomplex haben (s. Köhler 2000) und der Tatsache, dass es sich dabei um allgemein-psychologische Aussagen handelt, die prinzipiell auch zur Beschreibung außerhalb der analytischen Sitzung und ebenso für Nicht-Patienten gelten, ist es erstaunlich, wie wenig man sich bis jetzt um eine auch experimentelle Absicherung dieser Grundannahmen bemüht hat.
In der Tat steht es generell eher schlecht um das Bemühen, die allgemein-psychologischen Aussagen der Psychoanalyse extern zu validieren. Zu konstatieren ist, dass leider auch Freud selbst solchen Versuchen zu seinen Lebzeiten vergleichsweise skeptisch gegenüberstand. Gewissen traurigen Ruhm hat jener kurze Brief Freuds an Saul Rosenzweig aus dem Jahre 1934 erlangt: »Ich habe Ihre experimentellen Arbeiten zur Prüfung psychoanalytischer Behauptungen mit Interesse zur Kenntnis genommen. Sehr hoch kann ich diese Bestätigungen nicht einschätzen, denn die Fülle sicherer Beobachtungen, auf denen jene Behauptungen ruhen, macht sie von der experimentellen Prüfung unabhängig. Immerhin, sie kann nicht schaden« (zit. nach Eysenck 1985, 161).

Mittlerweile ist aber eine andere Haltung zur Empirie, auch auf dem Gebiet der Psychotherapie und ihrer Evaluation, in den Sozialwissenschaften so selbstverständlich, dass man nur noch über Psychoanalytiker den Kopf schütteln kann, die einen solchen Zugang kategorisch ablehnen.

Experimentelle Überprüfungen der Lehre von Widerstand und Verdrängung

Als sehr rühmliche Ausnahme ist hier jedoch die viel zitierte Studie von Levinger und Clark (1961) anzuführen, deren Design wir unter gewissen Modifikationen auch für unsere eigenen Studien übernommen haben. Die Untersucher lasen – in Anlehnung an die berühmten Jungschen Assoziationsstudien – ihren Versuchspersonen eine Liste mit Reizwörtern vor; diese bestand aus insgesamt 60 Stimuluswörtern, von denen 30 a priori als neutral und 30 als emotional eingestuft worden waren; im Wesentlichen handelte es sich dabei um Substantive und Adjektive (Beispiele für neutrale Stimuli: frog, month, old; Beispiele für emotionale: despise, love, bad). Die Untersucher forderten dabei die Probanden auf, möglichst rasch die ihnen dazu unmittelbar in den Sinn kommende Assoziation auszusprechen. Einige Minuten später wurde die Liste erneut vorgelegt und die Probanden sollten sich dabei an die zuvor produzierte Assoziation erinnern; unter anderem wurde dabei die Änderung der elektrischen Hautleitfähigkeit gemessen (früher als GSR = galvanic skin response, heute allgemein als SCR = skin conductance reaction bezeichnet). Dabei ergab sich – durchaus nicht im Widerspruch zur freudschen Theorie, aber auch nur bedingt sie wirklich bestätigend (siehe unten) –, dass Assoziationen, die vergessen wurden, bei ihrer Produktion von höherer Hautleitfähigkeitsreaktion (als Zeichen emotionaler Beteiligung) begleitet waren; weiter waren, um nur eines der vielen Ergebnisse zu nennen, Assoziationen, die von den Versuchspersonen als hoch emotional eingestuft worden waren, signifikant häufiger vergessen worden. Gewisse Eigenheiten der Stimulusworte wurden dabei kontrolliert, sodass Vergessen tatsächlich auf die genannten Einflüsse zurückgeführt werden konnte.

Diese Studie, die häufig als Beleg für die Gültigkeit der Verdrängungslehre angeführt wurde, etwa bei Kline (1972, 164), hat aber auch deutlich Kritik erfahren. So wiesen Eysenck und Wilson (1972) darauf hin, dass hier nicht eigentlich Vergessen gezeigt wurde, sondern eine Störung der Reproduktion während des gleichzeitigen Konsolidierungsvorganges, die trivialerweise stärker bei emotionalen Worten auftreten müsse. Sie verwiesen dabei auf die »Aktionsverminderungstheorie« von Walker (1958), nach der psychische Inhalte, welche unter großer Erregung zustande kämen, zunächst schlechter, dann aber besonders gut reproduziert werden könnten. Beiläufig sei angemerkt, dass in der Literatur die Aktionsverminderungstheorie keineswegs allzu intensiv experimentell untersucht wurde und ihre Einschätzung eher kontrovers ist: während sie verschiedene Autorengruppen (Parkin et al. 1982; Bradley/Baddeley 1990; Kleinsmith/Kaplan 1963) bestätigen konnten, gab es zumindest in einer Untersuchung keinen Anhalt für ihre Gültigkeit (Schürer-Necker 1990).

Wichtiger ist die Feststellung, dass die Studie von Levinger und Clark (1961) nur indirekt psychoanalytische Hypothesen testet; dies betrifft zum einen hier nicht diskutierte Einzelheiten der Auswertung (s. dazu ausführlicher Köhler/Wilke 1999), insbesondere aber die Tatsache, dass die Autoren generell *Emotionalität* von *Stimuluswörtern* in Beziehung zum Vergessen gesetzt haben. Die psychoanalytische Theorie der Verdrängung geht aber davon aus, dass der Unlustcharakter von Vorstellungen wichtige Determinante ihres Vergessens ist; da nicht das Vergessen der Stimuluswörter getestet wurde, sondern das der dazu erfolgenden *Assoziationen*, wäre sinnvollerweise deren *Negativcharakter* mit ihrer gestörten Reproduktion in Beziehung zu setzen.

In mehreren Studien unserer eigenen Arbeitsgruppe haben wir versucht, diesen Einwänden Rechnung zu tragen und Schwächen der von Levinger und Clark (1961) entwickelten Versuchsanordnung korrigiert. In der zuerst durchgeführten, jedoch erst später zur Publikation kommenden Studie von Köhler und Wilke (1999) wurde in einer ersten Sitzung den Probanden eine modifizierte deutsche Version der von Levinger und Clark benutzten Wortliste präsentiert, mit der Instruktion, zu jedem Stimuluswort möglichst rasch eine Assoziation zu bilden und diese sofort auszusprechen. Dabei wurde die Reaktionszeit, d. h. die Zeit vom Aussprechen des Stimuluswortes bis zum Vorbringen der Assoziation, gemessen und zugleich die begleitende Änderung der elektrischen Hautleitfähigkeit bestimmt (Variable SCR = skin conductance reaction als physiologisches Maß der Erregung). Unmittelbar danach wurde die Stimulusliste noch einmal vorgelesen, und die Versuchspersonen sollten sich dabei an die dazu zuvor geäußerten Assoziationen erinnern; die Antworten wurden protokolliert und mit den tatsächlichen Assoziationen verglichen. Ein Wort, das vollständig korrekt erinnert wurde, erhielt eine 0, unvollständig erinnerte Worte 0.5 und vollständig vergessene Assoziationen 1 (Variable Kurzzeitvergessen). Dieser Gedächtnistest wurde eine Woche später noch einmal wiederholt (Variable Langzeitvergessen). Bei dieser Gelegenheit mussten die Versuchspersonen auch die Wörter der Stimulusliste hinsichtlich (globaler) Emotionalität beurteilen.

Um den Eysenckschen Einwänden Rechnung zu tragen, dass Vergessen klar von Störungen der Konsolidierung abzugrenzen sei, überprüften wir also – anders als Levinger und Clark (1961) – die Reproduktion der Assoziationen nicht nur unmittelbar im Anschluss an ihr Hervorbringen, sondern auch nach gewissem zeitlichen Abstand; dann sollte die Konsolidierungsphase auf jeden Fall abgeschlossen sein. Zudem werteten wir die Daten auf Individualniveau aus und überprüften damit sehr viel strenger die eigentlichen freudschen Aussagen. Diese konnten – soweit dies mit dem Design der Levinger-Clark-Studie nach dem oben Gesagten möglich ist – klar bestätigt werden: Assoziationen, die bei Bildung von größerer SCR begleitet waren und länger brauchten (Indikatoren des Widerstandes) wurden sowohl kurz- wie langfristig schlechter behalten (Verdrängung). Zudem fanden wir vermehrtes Vergessen (und zwar sowohl bei unmittelbarer als auch zeitversetzter Überprüfung) von Assoziationen zu stark emotional eingeschätzten Stimuluswörtern, konnten also keinen Anhalt für die von Eysenck und Wilson (1973) ins Feld geführte, auf Walkers Aktionsverminderungstheorie basierende Alternativhypothese finden.

Diese – wie gesagt: erste einschlägige Untersuchung unserer Arbeitsgruppe – hatte jedoch, ebenso wie die Studie von Levinger und Clark (1961), die Schwäche, dass wir lediglich die globale Emotionalität der Reizwörter, nicht aber die der Assoziationen erfassten, ebenso wenig den Charakter des Unangenehmen, welcher Freuds Theorie nach ja eigentlich den Verdrängungsprozess reguliert. Es wurde daher entschieden, in allen weiteren Versuchen v. a. die negative Emotionalität der Assoziationen (ihr Unlustcharakter, wie es Freud wohl nennen würde) als abhängige Variable zu betrachten.

In der Studie von Köhler und Thöns (1998) wurde – zunächst noch an einer sehr kleinen Stichprobe – überprüft, ob Assoziationen zu Worten, die als unangenehm betrachtet werden, selbst wieder als unangenehm empfunden werden, eine längere Zeit bis zum Aussprechen benötigen (höhere Reaktionszeit aufwiesen) und zudem von stärkerer physiologischer Erregung (operationalisiert über die bereits mehrfach erwähnte SCR) begleitet sind, also unter größerem Widerstand (im Sinne der Psychoanalyse) produziert werden. Weiter sollte im Sinne der Verdrängungslehre untersucht werden, ob solche unangenehm empfundenen Wortvorstellungen leichter vergessen werden, und zwar sowohl unmittelbar nach ihrer Produktion als auch einige Tage später.

Der Versuchsaufbau war im Wesentlichen derselbe wie der in der geschilderten Untersuchung von Köhler und Wilke (1999), wobei wir allerdings die Wortliste aus technischen Gründen etwas abänderten (u. a. um einer Ermüdung vorzubeugen, sie etwas verkürzten). Bei der zweiten Sitzung mussten die Versuchspersonen in dieser Studie aber die Wörter der Stimulusliste nicht unspezifisch hinsichtlich des Grades von Emotionalität beurteilen, sondern nach positiver und negativer Emotionalität einstufen. Dies geschah auf einer 7-Punkte-Skala, die von sehr positiv (3) über neutral (0) nach sehr negativ (-3) reichte; dieselbe Beurteilung – und das ist für die hier dargestellten Ergebnisse von größerer Bedeutung – sollten die Versuchspersonen auch für die von ihnen vorgebrachten Assoziationswörter vornehmen.

Für Einzelheiten des Versuchsaufbaus, der Auswertung sowie der Ergebnisse muss auf die genannte Publikation (Köhler/Thöns 1998) verwiesen werden. Als wichtige Ergebnisse sind hervorzuheben: Unangenehmere Stimulusworte führen, nicht überraschend, zu subjektiv unangenehmeren Assoziationen; letztere werden – ganz im Sinne der freudschen Lehre vom Widerstand – langsamer und unter stärkerer physiologischer Aktivierung gebildet; die so produzierten Assoziationen lassen sich auch schlechter reproduzieren und zwar sowohl unmittelbar nach der Assoziationsbildung wie eine Woche später. Diese Ergebnisse waren trotz der sehr geringen Stichprobenumfänge signifikant, können also nicht mehr als zufälliger Stichprobenbefund erklärt werden; Ausnahme bildeten lediglich die Befunde zur Hautleitfähigkeit (dem unspezifischen Indikator emotionaler Erregung). Hierbei unterschieden sich negativ und positiv eingeschätzte Assoziationen nicht signifikant voneinander. Das ist nicht weiter verwunderlich und hat auch keinen Bezug zur freudschen Theorie; es ist weitgehend trivial, dass sowohl stark negativ wie stark positiv empfundene Assoziationen sich in physiologischer Erregung niederschlagen; die der ersten Gruppe tun dies vielleicht etwas mehr (s. dazu die oben dargestellten Ergebnisse der Studie von Köhler/Wilke 1999), aber das dürfte stark von der Auswahl der Reizwörter abhängen.

In der folgenden Studie (Köhler et al. 2002) waren die Stichprobenumfänge deutlich größer; zudem wurde an zwei gesonderten Stichproben das kurzfristige und das langfristige Vergessen getestet; dies sollte dem möglichen Einwand Rechnung tragen, dass die unmittelbare Reproduktion der Assoziationen wesentlich ihr späteres Erinnern beeinflussen könnte. Beide Gruppen mit jeweils 21 TeilnehmerInnen führten den ersten Teil des Versuches durch, in dem wiederum zunächst Assoziationen zu den Stimuli der Wortliste produziert werden sollten; bei der einen Stichprobe wurde sofort das Erinnern der gebildeten Assoziationen geprüft (jedoch nicht das langfristige Behalten); die andere Gruppe wurde nach Bildung der Assoziationen entlassen, aber nach einer Woche zur (ersten und einzigen) Erfassung des Erinnerns einbestellt. Jeweils eine Woche nach dem ersten Durchgang wurden beide Gruppen aufgefordert, die Reizworte und die von ihnen gegebenen Assoziationen auf der beschriebenen Emotionalitätsskala einzuschätzen; bei Personen der zweiten Gruppe geschah dies unmittelbar nach dem Test des längerfristigen Behaltens, für die der ersten Gruppe wurde dazu ein gesonderter Termin vereinbart.

Die Ergebnisse standen wiederum mit der freudschen Theorie von Widerstand und Verdrängung in Einklang: Assoziationen, die eher als aversiv eingestuft wurden, zeigten bei ihrer Produktion eine längere Latenz (Indikator des Widerstands); hingegen unterschieden sie sich hinsichtlich der begleitenden physiologischen Erregung (SCR) im Mittel nicht von neutral oder positiv eingeschätzten Assoziationen. Wie schon oben angemerkt, ist dies aber nicht zu erwarten und ist als Befund für Freuds Theorie des Widerstands irrelevant. Weiter ergab sich, dass als negativ eingeschätzte Assoziationen leichter vergessen wurden; das war sowohl in der Gruppe der Fall, die zur unmittelbaren Reproduktion der Assoziationen aufgefordert wurde als auch in der anderen Gruppe, deren Erinnern erst nach einer Woche überprüft wurde. Diese Befunde wären auch nicht mit Walkers Aktionsverminderungs-Theorie zu erklären.

In einer weiteren Studie (Köhler/Thöns, eingereicht zur Publikation) partialisierten wir bei prinzipiell gleichem Design einige Eigenschaften der Stimuluswörter und Assoziationen aus (z. B. ihre Häufigkeit im Sprachgebrauch), erhielten aber bezüglich der Konzepte von Widerstand und Verdrängung sehr ähnliche Ergebnisse. Zudem testeten wir in dieser letzten Untersuchung die »action decrement«-Theorie von Walker (1958) und konnten keinen Anhalt für ihre Gültigkeit finden. Wie weiter oben bereits angemerkt, ist diese Theorie auch keineswegs als unzweifelhaft gesichert anzusehen, wäre also schon deshalb nicht als die naheliegende Alternativhypothese zu betrachten. Erwähnt sei, dass weitere und bis dato unveröffentlichte einschlägige Experimente unserer Arbeitsgruppe im Wesentlichen noch einmal die Ergebnisse bestätigen konnten.

Zusammenfassung und Schlussfolgerungen

Das indirekt auf die Jungschen Assoziationsstudien zurückgehende Design der Studie von Levinger und Clark (1961) eignet sich also prinzipiell dazu, die Lehre von Widerstand und Verdrängung experimentell zu überprüfen. Allerdings ist es wenig sinnvoll, das Nichtbehalten produzierter Assoziationen in Beziehung zur globalen Emotionalität der Stimuluswörter und zur die Bildung der Assoziationen begleitenden physiologischen Erregung zu setzen

– wie es die Autoren getan haben; insofern sind die Bezüge dieser Studie zur psychoanalytischen Theorie geringer als in der Literatur angenommen (s. dazu die bereits erwähnte Arbeit von Kline 1972). Vielmehr ist im psychoanalytischen Kontext vor allem der Aversivcharakter der produzierten Assoziation (in freudscher Terminologie: die dabei empfundene Unlust) von Bedeutung. Im Einklang mit der Lehre vom Widerstand stellt man dabei fest, dass solche als unangenehm empfundenen Assoziationen zur ihrer Bildung längere Zeit erfordern; wie mehrfach betont, ist hingegen die Beziehung zwischen Unlustcharakter der Assoziationen und begleitender physiologischer Erregung, typischerweise gemessen mittels SCR, recht inkonstant. (Man würde dabei eher eine zweigipflige Verteilung erwarten, indem sowohl emotional stark positiv wie stark negativ besetzte Worte bei ihrem Aussprechen von erhöhter SCR begleitet sind).

Wie von der Verdrängungslehre vorhergesagt, werden solche aversiv empfundenen und mit größerer Latenz produzierten Assoziationen schlechter behalten; dies gilt sowohl, wenn bereits wenige Minuten später das Erinnern getestet wird wie auch bei Überprüfung erst einige Tage später. Es gibt also keine Hinweise dafür, dass eventuell begleitende Erregungsvorgänge die unmittelbare Reproduktion stören, längerfristiges Erinnern aber begünstigen (wie es die erwähnte Alternativhypothese behauptet). Eine weitere, hier nur kurz erwähnte Studie unserer Arbeitsgruppe (Köhler/Thöns, eingereicht zur Publikation) zeigt noch einmal explizit, dass die zur Alternativerklärung herangezogene Walkersche Aktionsverminderungs-Theorie nicht zur Erklärung herangezogen werden kann.

Die Ergebnisse unserer Experimente mit deutlichem Hinweis auf die Gültigkeit psychoanalytischer Hypothesen ist um so bemerkenswerter, als es sich um ein relativ künstliches Setting handelte, in dem die Phänomene von Widerstand und Verdrängung bestenfalls andeutungsweise, gewissermaßen als Oberflächenphänomene, an sicher nicht immer maximal motivierten studentischen Versuchspersonen getestet werden können. Anzumerken ist auch, dass die Ergebnisse in den mittlerweile recht zahlreichen Studien unserer Arbeitsgruppe sich durchgehend replizieren ließen und auch bei Kontrolle zahlreicher Störvariablen erhalten blieben. Möglicherweise gibt es Alternativtheorien, die unsere Befunde ebenso erklären könnten – bekannt ist uns dazu keine. In jedem Fall können wir aber sagen, dass unsere Befunde im besten Einklang mit der freudschen Lehre von Widerstand und Verdrängung stehen.

Kann die psychoanalytische Traumtheorie experimentell gestützt werden?

Tamara Fischmann und Wolfgang Leuschner

Zur Geschichte der psychoanalytischen Traumexperimente

Es gibt gute Gründe, warum die Psychoanalyse experimentelle Nachweise ihrer Theorie mit Skepsis betrachtet. Das gilt auch für Freud selbst, der lange Zeit überzeugt war, dass sich die Erforschung des Unbewussten einer experimentellen Prüfung entziehen muss. Mayer (2002) hat in seiner Untersuchung über die Geburt der Psychoanalyse im Hypnose-Labor dargestellt, was ihn zwingend zu dieser Einschätzung bringen musste. Im Verlauf der Entwicklung seiner Methode hatte Freud sich von der Möglichkeit einer Experimentalisierung des Seelischen verabschieden müssen, obwohl er zumindest in der Frühzeit seiner Beschäftigung mit der Hypnose Charcots Techniken dafür hatte nutzen wollen. Charcot war davon ausgegangen, dass der Hysterie, den Neurosen überhaupt, ursächlich patho-physiologische Veränderungen des Nervensystems zugrunde liegen. Erzählungen der Patienten, also ihre Biographie, hielt er für völlig irrelevant. Zur Begründung einer Methode reiner Forschung, die es den Ärzten ermöglichen sollte, wie Mayer schreibt, »sich von der Szene des Experiments«, ja von der Beziehung zum Patienten generell zurückzuziehen, nutzte Charcot daher elektrische Apparate, Magnete, Metalle, Demonstrationsobjekte. Am Ende sollten allein die Aufzeichnungen der Maschinen zur Darstellung der wahren und objektiven Natur psychischer Phänomene genutzt werden. Der Kliniker sollte dabei zum bloßen Beobachter von Vorgängen werden, die an sich nicht beobachtbar seien. Zunehmend zur Theorie und Praxis Bernheims[1] neigend, band der einstige »Elektrotherapeut« Freud dagegen die therapeutische Methode immer mehr an die Narration und die intime Beziehungserfahrung zweier Personen. Nachdem er seine Technik zur Erkenntnis unbewusster Prozesse im psychoanalytischen Verfahren vollends in der Redekur hatte aufgehen lassen, wurde »Laboratorium« zur Negativ-Metapher eines Ich-Spaltungsvorganges, der im analytischen Traumdeutungsverfahren ein vorrangig innerseelisches Geschehen bezeichnete. In diesem innerseelischen Spaltungsvorgang ist der »Experimentator« gleichzeitig der Träumer, erster

---

1 Bernheim verstand die hypnotisch erzeugten Phänomene als Resultat allein der Suggestion, aus der Übertragungsliebe stammend.

Beobachter und Berichterstatter der eigenen nächtlichen Inszenierungen und zugleich ist der Träumer selber »Versuchsperson«, in der sich die Träume ereignen[2].

Experimentelle Traumforschung hatte lange vor der Ära der Psychoanalyse begonnen. Als ihr Begründer kann nach Strümpell (1874) Alfred Maury gelten, der Mitte des 19. Jahrhunderts bei sich selbst die ersten systematischen Traumstimulationsexperimente unternahm. Freud näherte sich dieser Vorgehensweise dann doch, als Schrötter 1912 erste, explizit auf psychoanalytische Traumtheorie zielende Experimente durchführte. Er versetzte Versuchspersonen in einen hypnotischen Schlafzustand und suggerierte ihnen sexuelle Trauminhalte, deren symbolisch verwandelte Wiederkehr er in nachfolgenden Träumen beobachten konnte, was Freud in späteren Ausgaben der Traumdeutung auch lobend erwähnt. In einem Brief an Jung schrieb er dazu außerdem: »Damit fängt ein neuer Zweig der experimentellen Psychologie an« (Freud/Jung 1974, 538).

Von heute aus betrachtet sind es aber vor allem die Untersuchungen Otto Pötzls von 1917, die für die weitere Geschichte der experimentell orientierten Psychoanalyse wegweisend waren. In einer 1919 eingefügten Fußnote der Traumdeutung schreibt Freud dazu: »Die Anregungen der Pötzlschen Untersuchung gehen weit über die Absichten einer Traumdeutung, wie sie in diesem Buche versucht wird, hinaus. Es sei noch mit einem Wort darauf hingewiesen, wie weit diese neue Art, die Traumbildung experimentell zu studieren, von der früheren groben Technik absteht, die darin bestand, schlafstörende Reize in den Trauminhalt einzuführen« (Freud 1900a, 188). Freud formulierte damit allerdings nur ungefähr, warum Pötzls Unternehmungen wegweisend wurden. Unsere Erklärung dieser Wirkung ist, dass sie nicht dem, wie zu zeigen sein wird, vergeblichen Bemühen anhingen, die Wunscherfüllungstheorie zu beweisen. Pötzl nutzte (anders als Schrötter mit seinen Hypnoseexperimenten) eine besser systematisierbare und kontrollierbare Methode und seine Untersuchungen zentrierten das Experiment auf *alle* Übersetzungsvorgänge jener Wünsche, also um die Traumarbeit und das Schicksal der Tagesreste insgesamt und nicht, wie Schrötter, lediglich um die Frage der Traumsymbolik. Es ist also die Beschäftigung mit der »seelischen Mechanik«, die die Verbindung zwischen Psychoanalyse und experimenteller

---

2 Rosenzweigs (1986) Vermutung, dass Freuds kritische Haltung gegenüber dem Experiment auf das Konto des Zerwürfnisses mit Jung geht, der wegen seiner bereits 1905 durchgeführten Assoziationsexperimente mit einem gewissen Recht als der eigentliche Begründer einer psychoanalytischen Laborforschung bezeichnet werden könnte, scheint uns nicht überzeugend.

Psychologie ermöglicht hat. Nach anfänglichem Abgrenzungsbedürfnis der europäischen Psychoanalyse war dies in den USA später auch ein eher willkommenes Versprechen, Psychoanalyse mit der »objektiven« Psychologie zusammenbringen zu können.

Von Anfang an muss Freud eigentlich klar gewesen sein, dass die Mechanismen der Traumarbeit per se autonomer Natur sind, d.h. nicht bloß Instrumente der Zensur oder die Zensur selber, sondern nur von Abwehrmotiven genutzt, »in den Dienst genommen« werden. Freud degradierte sie jedoch auf ihre motivationalen Abwehrleistungen – auch dadurch, dass er sie hinsichtlich ihrer Entstehungsgeschichte unmittelbar aus sozialen Vorgängen der Flucht hervorgehen ließ. Ihre weitere Erforschung brach er nach seinen Arbeiten über den Witz auch völlig ab. Im Zusammenhang mit der Rekonzeptualisierung des psychischen Apparates formulierte Heinz Hartmann in den 20er Jahren ihren primär autonomen Charakter, beschrieb sie als Prozesse, die unabhängig von Zensurinteressen psychisches Leben gestalten. Es ist bis heute nicht wirklich anerkannt worden, dass er damit die theoretische Grundlage für das psychoanalytische Experiment schuf und nachträglich jene frühen Experimente von Psychoanalytikern (und seine eigenen [Betlheim/Hartmann 1924]) auch theoretisch legitimierte, die sich um die experimentelle Stützung psychoanalytischer Postulate bemüht hatten.

Pötzl gelang die Beeinflussung von Trauminhalten, indem er Versuchspersonen Diabilder ultrakurz, für ca. 10 Millisekunden, »tachistoskopisch« präsentierte, die so unterhalb einer subjektiven, psychologisch definierten Erkennungsschwelle wahrgenommen und im Traum wiederauftauchen konnten[3]. Die Reproduktion gelingt auch dann erst, wenn man, sich an die Vorgehensweise der Psychoanalyse haltend, die Probanden auffordert, den Traum zuerst zu erzählen und dann frei zu assoziieren, (dies bezeichnet vielleicht am besten die Verbindung klassisch psychologischer und psychoanalytischer Methodik), darüber hinaus schließlich von den Traumerinnerungen und Einfällen Zeichnungen anzufertigen. Die Wiederbringeleistung von Stimulusinhalten erfolgt naturgemäß immer unwillkürlich, die Träumer zeichnen automatisch und machen ihre Hände zum »Verräter«. Wenn man ihnen den Stimulus zur langen Nachbetrachtung vorführt, weigern sie sich interessanterweise nicht selten, selbst ganz offensichtliche und jedem Dritten

---

3   Die Diskussion um objektive und subjektive Erkennungsschwellen und deren Bedeutung für die unbewusste Wahrnehmung findet heute vor allem im Zusammenhang mit der Signal-Entdeckungs-Theorie statt. Allgemein anerkannt ist, dass ein Unterschreiten der subjektiven Identifizierungsschwelle (SIT) ausreicht, um von ubw Prozessen zu sprechen (Snodgrass et al. 2004, 855f.).

einleuchtende Ähnlichkeiten anzuerkennen. Die inkorporierten Stimulusinhalte kehren in den Darstellungen auch höchst selten fotografisch getreu wieder, der ganze Stimulus sogar niemals (Fischmann 2002). Vielmehr weisen seine Bestandteile bei ihrer Wiederdarstellung eben jene vielfältigen Entstellungen auf, die sich bei genauerer Betrachtung als Werk der Traumarbeitsmechanismen erweisen, Folge der Einwirkung von Verschiebungen, Verdichtungen, Sequenzialisierungen, Rotationen, Fragmentierungen, Symbolisierungen (siehe dazu Abbildungen 1-3). Hau (2004) konnte kürzlich nachweisen, dass sie auch einer regressiven Entstellung unterzogen werden.

Die Entdeckung des REM-Schlafes Anfang der 50er Jahre setzte eine breite, von der Psychoanalyse in vielerlei Hinsicht unabhängige empirisch-physiologisch orientierte Traumforschung in Bewegung, die unser Verständnis des Traumgeschehens enorm bereicherte. Ihre Befunde und Methoden sind vielerorts ausführlich dargestellt worden (Leuschner et al. 1998). Daran beteiligten sich von Anfang an auch namhafte Psychoanalytiker und gerade diese arbeiteten häufig weiter mit der Pötzl-Methode. Zu nennen sind G. Klein, H. Shevrin, L. Luborsky, H. Fiss, F. Pine, D. P. Spence und vor allem Ch. Fisher. Zugleich klinisch tätig, pendelten sie zwischen Experimental-Labor und analytisch-therapeutischer Praxis hin und her. Ihre auch als »Non-Junktim«-Forschung zu bezeichnenden Studien unternahmen sie nicht aus defensiven Gründen. Vielmehr war klar, dass durch jene empirische Forschungsbewegung dem Traum seine alte heuristische Bedeutung wiedergegeben wird, ihn zur via regia macht, wenn auch zunächst »nur« zum vertiefenden Verständnis des Manifesten und unbewusster Kognitionen. Gleichermaßen konnte damit der reiche Bestand analytischen Wissens vom Traum mit den neuen Befunden in Beziehung gehalten werden.

Einige experimentelle Befunde,
die die psychoanalytische Traumtheorie bestätigen
Das Schicksal von Tagesresten und deren Bedeutung für den Traum untersuchten Greenberg und Pearlman (1975) bei Therapiepatienten mit traumatischen Kriegsneurosen. Unter anderem fanden sie, dass der Druck zu träumen zunahm, je größer die Hinwendung zum therapeutisch zuvor geweckten Konfliktmaterial war. Indikator für diesen höheren Traumdruck war eine Verkürzung der Zeit zwischen Einschlafen und Beginn der ersten REM-Phase (REM-Latenz). Allein anhand der REM-Latenz konnten sie den psychologischen Zustand des Subjektes vor dem Schlaf bestimmen. Bei der Untersuchung von Analysepatienten fanden die Autoren, dass der manifeste Gehalt der Laborträume sehr viele bedeutungsvolle Residuen aus vorange-

gangenen analytischen Stunden enthielt. Diese »Sitzungsresiduen« enthielten regelmäßig mehr emotional bedeutungsvolle Gehalte als andere Tagesreste und erbrachten wichtige Hinweise darauf, welche Fragen den Patienten aktuell besonders beschäftigten. Die Autoren konnten damit zeigen, dass der Traum, wie Freud annahm, rezentes und bedeutsames Material nutzt (hier: Sitzungsresiduen) und direkt darstellt. Den Ergebnissen der o. e. Untersuchung zufolge müssen Tagesreste hinsichtlich ihres emotionalen Gehaltes differenziert betrachtet werden. Die emotional gehaltvolleren erzeugen einen größeren Traumdruck. Die Autoren meinten, dass sie am Traum ablesen konnten wie erfolgreich der Patient war, das irritierende Material aus den Analysestunden zu beherrschen und interpretierten den Traum als Adaptationsvorgang.

Einer ähnlichen Fragestellung ging E. Hartmann (1998) in seinen Studien der Generierung und Funktion von posttraumatischen Träumen nach. Nach Hartmann prägen die Traumen auf eindrucksvolle Weise das gesamte Erscheinungsbild des manifesten Traumes. Für die klinische Traumtheorie waren die Befunde Hartmanns von besonderem Wert, weil sie eine autotherapeutische Funktion des Traumes belegten, der bis dahin psychoanalytischerseits immer nur vermutet worden war, denn der Autor konnte zeigen, dass die Leistung des Traumes darin besteht, unerledigte Affekte so zu »kontextualisieren«, dass ihm eine das Traumaerleben mildernde Funktion zukommt. Damit fügte er Freuds Auffassung von 1933(a), dass bei den traumatischen Träumen die Leistung der Traumarbeit versagt, einen Aspekt hinzu. Im Lauf der Zeit gelingt es der Traumarbeit, das Traumaerlebnis so in Kontexte einzubinden, dass sie in abgemilderter Form geträumt und erlebt werden können.

Der Frage, wie sich das Traumdenken in das Wachdenken und damit tendenziell in die analytische Situation hinein fortsetzt, gingen Fiss und Mitarbeiter (1966) nach. Sie konnten zeigen, dass erhobene, frei erfundene Kurzgeschichten (vergleichbar Freien Assoziationen) typische narrative Strukturen der vorherigen Traumtypen (Non-REM- bzw. REM-typisch) aufwiesen. Sie erklärten dies mit einem »carry over« der Traum-»mentation« in den nachfolgenden Bewusstseinszustand. Damit zeigten sie experimentell das dynamische Zusammenspiel von vbw und bw, von Primär- und Sekundärprozess.

Die erfolgreiche Weiterführung der tachistoskopischen Traumstimulationsmethode Pötzls im Schlaflabor war zunächst v. a. Fisher (1954; 1957; 1960; 1988) zu verdanken. Im Weiteren systematisierte er Freuds Erkenntnisse zur Unterscheidung von vorbewusster und dynamisch unbewusster Wahrnehmung. Fisher erkannte, dass die primärprozesshafte Bearbeitung der Stimulusperzepte schon unmittelbar nach der Stimulation beginnt und dabei mit präexistierenden Gedächtnisschemen (1960) in Beziehung tritt. Er zeigte, dass sich das tachistoskopische Verfahren durch die länger dauernde Präsentation von Vexierbildern wirksam ergänzen lässt, weil das Prozessieren, also das Verarbeiten von nicht erkannten, aber supraliminal (oberhalb der subjektiven Wahrnehmungsschwelle) präsentierten Bildinhalten demjenigen subliminal präsentierter Bildinhalte entspricht. Damit war erstmals gesichert, dass das vorbewusste Verarbeiten von Stimulusmaterial kein Erzeugnis nur der ultrakurzen Darbietung von Bildern, also der Tachistoskopie ist, sondern auch Resultat einer »perception without awareness«. Anhand ausführlich dokumentierter Fälle belegte Fisher (1988) den Einfluss von traumatischen Erfahrungen, von unbewussten Wünschen und Abwehrtendenzen und von Übertragungsvorgängen in der Versuchsleiter-Proband-Beziehung und deren Einfluss auf das »retrieval« von Stimlusmaterial.

Weitere Studien vertieften diese Erkenntnisse hinsichtlich gerade unbewusster oder nicht beachteter Wahrnehmungen und deren Bedeutung für die alltägliche Traumbildung, für Übertragungs-Gegenübertragungsvorgänge in der Therapie und für die Traumanalyse. Es ging dabei also gar nicht mehr darum, dass experimentelle psychoanalytische Forschung im Labor die Theorien lediglich stützt, sondern immer auch weiter voranbringt und die Methode immer besser zu verstehen hilft. Sie lenkte die analytische Aufmerksamkeit auf Vorgänge, die ihr bisher entgangen waren, so wenn Fisher entdeckte, dass in jeder REM-Phase regelmäßig Peniserektionen stattfinden oder wenn festgestellt wurde, dass Bettnässen in REM gerade nicht oder Reden im Schlaf hier nicht notwendigerweise stattfindet, sondern auch in Non-REM.

Shevrin (1986) untersuchte und beschrieb dann zusammen mit Luborsky (1958), dass auch Freie Assoziationen über Wiederbringefähigkeiten von Stimulusinhalten verfügen, ein Befund, der schon von Urbantschitsch (1918) beschrieben worden war. Sie bewiesen damit das von Freud entdeckte und oft infrage gestellte Zurückhol-Vermögen der freien Assoziationen empirisch. Die subliminale Traumforschungsmethode wurde so zugleich Methode zur Erforschung der freien Assoziation. Anhand der Bearbeitung eines speziellen (»pen«- und »knee«-) Stimulus zeigten Shevrin und Fisher (1967), dass die Traumarbeit eine intelligente »Bebrütung« speziell von Wortaspekten vornimmt. Freuds radikale These, dass Traumarbeit exakte Analyse und sinnvolle Neuverknüpfung von Inhaltsfragmenten beinhaltet, wie beim Lösen von Rebusbildern, aber eben im Schlaf und unbewusst, wurde damit besser als jemals zuvor extern erfasst und belegt.

In gleicher Weise subliminal wirksam erwiesen sich neben den optischen auch akustische Reize. Pine (1961) untersuchte die Wirkungen von beiläufig gesprochenen (»incidental«) und als irrelevant erlebten Wortbeschreibungen mit phallisch-aggressiven und oral-passiven Konnotationen auf nachfolgend erzählte Geschichten. Er verglich die Effekte mit gerichteten, als relevant erlebten (»focal«) Informationen und fand, dass die beiläufig gesprochenen Wörter eher primärprozesshaft verwandelt wiederauftauchten, während die gerichtete Stimulusinformation eher direkt, in einen sekundärprozesshaften Zusammenhang eingebaut wurde. In einem weiteren Versuch mit dieser Methode führten symbolisch dargestellte Stimulusinhalte zu deutlicheren Effekten, als solche, in denen die triebhaften Inhalte direkt dargestellt waren (Pine a. a.O.).

Auch durch ein von uns entwickeltes »tachyakustisches« Verfahren (Leuschner 1986) gelang es, dem Pötzl-Phänomen vergleichbare Effekte in Traum und freier Assoziation hervorzubringen. Die Wirkungsweise der Tachyakusie kann mit einer Zentrifuge verglichen werden: abhängig vom Beschleunigungsgrad der vorgespielten Texte dissoziiert das Gehörte entlang von »Sollbruchstellen«. Bei ca. doppelter Abspielgeschwindigkeit wird der Text noch verstanden, jedoch misslingt das bewusste Behalten, bei 2,5-facher Abspielgeschwindigkeit wird das bewusste Verstehen unmöglich. In einer Studie (Leuschner et al. 2000) präsentierten wir Inhalte von Kurzgeschichten, die mit 2 1/2-facher Geschwindigkeit beschleunigt dargeboten und dadurch komplett unverständlich wurden. Stimulusinhalte kehrten in Traumberichten und freien Imaginationen der Probanden direkt erkennbar und statistisch signifikant häufiger wieder. Solche Texte werden also vorbewusst wahrgenommen und verstanden und sinngemäß, z. T. aber auch höchst detailgetreu, wiedergebracht. Stimuluseffekte sind hier mindestens drei Tage lang nach Stimulation in Träumen und Freien Imaginationen nachweisbar. Auch bei diesem Verfahren war zu erkennen, dass die Auftretenshäufigkeiten und Verteilungen in Abhängigkeit von spezifischen Stimulusinhalten wechseln. Die Wiederkehr von Inhalten kann zudem durch semantisch sinnlose Stimuli behindert werden, während sich zwei sinnvolle Stimuli dagegen wechselseitig nicht behindern. Weiterhin zeigte sich, dass dieses Verfahren geeignet ist, latente Affekte so zu verstärken (»boostern«), dass sie im Traumbericht deutlicher hervortreten (Hau et al. 2004).

Die Subliminalitätsstudien lassen gut verstehen, warum gerade das laute Berichten des Traumes, das Aussprechen so wichtig ist. Analog zu dem, was Mahl (1977) in Bezug auf unwillkürliche Handlungen in der analytischen Sitzung behauptete, ist die laute Rede weitaus mehr als ein Informationsakt, sie ist zugleich eine ergänzende Selbstinformation des Träumers, also rückwirkender Natur. Der laute, einer anderen Person hingesprochene

Bericht macht – weitergehender als das stille Sich-in-Erinnerung rufen – Aspekte und Bezüge sichtbar, wie ein fremder Stimulus primär Nichterkanntes dem Traumberichter selbst vor Augen stellt und nun wahrgenommen werden kann.

Die Wunscherfüllungstheorie lässt sich experimentell nicht beweisen
Vonseiten der empirischen Traumforschung wurde immer wieder versucht, Freuds Wunscherfüllungstheorie zu beweisen. Empirische Daten scheinen diese Möglichkeit – trotz der Vorbehalte Freuds – auch nahe zu legen. So, wenn wir in einer kleinen Untersuchung z. B. feststellen, dass querschnittsgelähmte Patienten (nach einem gewissen zeitlichen Abstand vom traumatischen Ereignis) in ihren Träumen regelmäßig gehen, schnell laufen oder anderweitig motorisch sehr aktiv sind. Ganz zweifellos sind hier Wünsche als erfüllt dargestellt, sogar im manifesten Traum. Solche Befunde veranlassten Fiss (1980), die Laborträume von Alkoholikern im Entzug eingehender zu untersuchen. Scheinbar passend dazu stellte er fest, dass die hochgradig Süchtigen weitaus häufiger vom Trinken träumten als die weniger »Begierigen«. Fiss sah darin jedoch keine Bestätigung einer »reinen Wunscherfüllung«, denn zu erkennen war, dass die Träume der hochgradig Süchtigen zusätzlich unbefriedigende, konflikthaltige Inhalte aufwiesen, also weitaus mehr von Abwehrtendenzen geprägt waren, als die Träume von weniger Begierigen einer Vergleichsgruppe. Fiss verlangte daher nachdrücklich, genauer darauf zu achten, »wie« das triebabgeleitete Material im manifesten Traum erscheint und nicht nur, »ob« Wunscherfüllungen inszeniert werden (Fiss 1986). Auch eine »Durst«-Studie von Bokert (1968) stellte die Möglichkeit einer empirischen Bestätigung der Wunscherfüllungsthese infrage. Bokert entzog dabei Versuchspersonen Essen und Flüssigkeiten und gab ihnen dann vor dem Schlaf noch als weiteren Stimulus ein versalzenes Essen. Einer Kontrollgruppe gab er vor den REM-Weckungen nachts zusätzlich einen verbalen Stimulus zu hören, in dem von einem »cool delicious drink of water« die Rede war. Bei der Auswertung der Trauminhalte fand Bokert eine signifikante Zunahme »durstbezogener« Gehalte in beiden Gruppen, mehr jedoch in der zweiten, was der These Freuds widerspräche. Die Auswertung seiner Befunde ergab zudem den bemerkenswerten Tatbestand, dass jene Probanden, die von Durst oder den Hunger befriedigenden Szenen geträumt hatten, am nächsten Tag weniger tranken und sich auch als weniger durstig empfanden, als solche, die keine entsprechend befriedigende Trauminhalte aufwiesen. Die Träume stellten die Wünsche also nicht halluzinatorisch erfüllt dar, sondern beruhigten sie anscheinend weitergehend real.

So gut also gelegentlich in experimentell erzeugten oder empirisch gesammelten Träumen die Erfüllung induzierter Wünsche wiedergefunden werden kann, die genannten Studien zeigen allesamt, dass es sich dabei niemals um jene Wünsche infantil-sexueller Natur handelt, die Freud der Hervorbringung der Träume zugrunde legte. Sie handeln von Wünschen, die den »Tagesgedanken oder Tagesabsichten gleichzustellen (sind), denen es gelungen ist sich nächtlicherweise eine Verstärkung aus dem vom Ich abgedrängten Verdrängten zu holen« und damit das erzeugen, was Freud die »Träume von oben« nannte (Freud 1923c, 303). Das führt zu der Feststellung, dass wir bei dem praktischen Versuch, die Träume unserer Patienten wirklich auf das zurückzuführen, was Freud weit abliegend an ihren Quellen entdeckt hat, unweigerlich auf die klassische psychoanalytische Methode angewiesen bleiben. Die Labormethoden versagen hier, weil sie die eigentlichen traumbildenden Wunschinhalte der im Labor untersuchten Individuen nicht erfassen können.

Wunschinhalte werden aufs Absurdeste verhüllt, also unkenntlich gemacht, indem sie entlang Assoziationsketten verschoben, in Bruchstücke aus dem Tagesleben und in szenisches Agieren eingekleidet werden. Freuds Traumwunsch verhüllt sich so in höchst subjektiven Vorerfahrungen, die aus Biographie und Rezentem, aus Erlebnissen stammen, die einzig der Träumer weiß. Durch eine im Labor vorgenommene Untersuchung können sie prinzipiell nicht bestimmt werden. Der Traumwunsch erweist sich als ein Schloss, das allein mit dem Schlüssel der psychoanalytischen Kur geöffnet werden kann. Das macht alle Versuche, den Traumwunsch »extern zu validieren«, zu einem vergeblichen Unterfangen.

Der Träumer scheint insofern der einzige Traumdeutungsexperte zu sein, weil er allein die entstellenden Assoziationen und die höchst privaten historischen Bezüge bestimmen kann, die er zuvor zur Kodierung der Traumquellen verwendet hat. Wie alle klinische und eigene Erfahrung zeigt, gelingt ihm allein deren exakte Bestimmung jedoch höchst selten, in der Regel nur durch Mithilfe einer Hebamme. Man möchte sagen, das was Freud den Traumwunsch genannt hat, zwingt jedes Unternehmen zu seiner Aufdeckung ins analytische Kabinett. Dadurch wird die Aufschlüsselung aber zugleich kompliziert. Sie braucht einen Analytiker. Dieser bleibt dabei nun aber keinesfalls bloß Hebamme oder Lehrer oder Detektiv. Gerade auch durch »perception without awareness«, durch subliminale und telepathische »Belehrungen« durch den Analysanden (Leuschner 2004) wird er in ein zirkuläres Geschehen verwickelt, seine Person und sein Handeln, Beziehungen mit ihm werden auf komplexe Weise Bestandteil der Traumbildung und des Trauminhaltes. Der Deuter ist Bild und Adressat des Traumes. Analytisches

Arrangement und Übertragungen ziehen ihn zudem in die Arbeitsweise seines eigenen und des Analysanden Primärprozess, aktivieren seine Neurosen u. a. m., sie machen ihm das Leben schwer. Der Erheller des Traumgeschehens wird zum Mitträumer. Aber genau in diesem Bezug muss der scheinbar aus dem nächtlichen »off« des Träumers stammende Traum verstanden werden. Das verschafft dem Analytiker auch das Recht, die Trauminhalte einer anderen Person zu ordnen, zu bewerten und Deutungsmöglichkeiten anzubieten.

Ob also Freud im Falle eines x-beliebigen Traumes mit seiner Wunscherfüllungstheorie Recht hat oder nicht, das entscheidet ein von Außen kaum einsehbares Verfahren und letztlich die Selbstbeobachtung von zwei Personen[4]. Weil das alles so ist, kann – anders als das Spiel der Traumentstellungsmechanismen, von Verschiebung, Verdichtung usw. am Material der Tagesreste – die latente sexuelle Bedeutung eines einzelnen Traumes nicht experimentell objektiviert werden. Sinnfindung und Objektivierbarkeit kommen nicht zusammen.

Was macht das Experiment?
Um zu verstehen, wie die Experimente trotzdem Theorie-Elemente zu stützen vermögen oder inwieweit sie z. B. Artefakte erzeugten, ist deren spezifische Produktionsweise von Erkenntnissen immer auch genau zu betrachten und in Rechnung zu stellen. Bei Versuchen, die wir im Frankfurter Freud-Institut seit vielen Jahren mit der Pötzl-Methode durchführten, nutzten wir u. a. einen speziellen Collage-Stimulus, bei dem alle Objekte einer komplexen Szene (Landschaft am Meer) in dreieckiger Form gehalten waren, siehe Abb. 1. Durch diese Modifikation gelang es weitaus effektiver als früher, die evidente Wiederkehr von Stimulusmaterial, differenziert nach Formen und Konzepten (Inhalten), separat und in ihrem zeitlichen Verlauf zu erfassen. Die formale Umgestaltung aller Objektumrisse in Dreiecksform auf dem Stimulusbild führte darüber hinaus automatisch zu einer generellen Vermehrung der Zahl der Dreiecke und Konzepte in den nach Stimulation angefertigten Zeichnungen

---

4 Man muss annehmen, dass dies der Grund war, warum Freud in seinem Werk auf die detaillierte Ausführung gerade der Wunscherfüllungsthese verzichtet hatte. Es geschah in erster Linie nicht, wie vermutet worden ist, aus Diskretionsgründen. Weil die Ableitungen eben nicht wie im Falle experimenteller Befunde einer anderen Person zwingend »bewiesen« werden können, machte er etwas viel Klügeres: er verzichtete weitgehend auf Ausführungen zur infantil-sexuellen Genese zugunsten einer Darstellung dessen, was ihn selbst zur Gewißheit gebracht hatte. Das war die Methode der Selbstexploration. Die Traumdeutung ist unseres Erachtens deshalb nicht mehr und nicht weniger als die Hinführung zur Selbstdeutung der Träume, sie ist das angeblich immer vermisste Traumdeutungstechnikbuch, von dem es heißt, dass es Freud niemals geschrieben hätte.

von Träumen und Freien Imaginationen, die in einer Doppel-Blind-Auswertung (»Blindrating«) bestimmt werden konnten. Von subjektiver Evidenz und Erfahrung unabhängig, wurden Stimuluseffekte nachweisbar und konnten über einen längeren zeitlichen Abrufzeitraum hinweg erstmals quantitativ gemessen werden. Wie schon Shevrin und Luborsky (1958) nachwiesen, konnten wir bestätigen, dass auch freie Assoziationen und nicht nur die Träume das Stimulusmaterial gut wiederbringen[5]. Damit wurde bestätigt, dass die subliminale Stimulation auch in anderen Bewusstseinszuständen und nicht nur im Schlaf gute Effekte hervorbringt. Dies ermöglicht, verschiedene zustandsabhängige Ich-Leistungen und Bearbeitungsprozesse miteinander zu vergleichen und hinsichtlich ihrer jeweiligen Zustandsabhängigkeit präziser als bisher zu bestimmen.

Zwei Fallbeispiele

Abb. 1: »Dreieck-Stimulus«: Schwarz/weiß-Kopie, Ausschnitt einer Kollage einer Strandszene. Die Figur links unten trägt im Original einen dreieckigen weißen Hut.

---

5   Wir fanden, dass sie das – anders als früher angenommen – quantitativ besser und qualitativ anders als Träume tun (vgl. Leuschner et al. 1998).

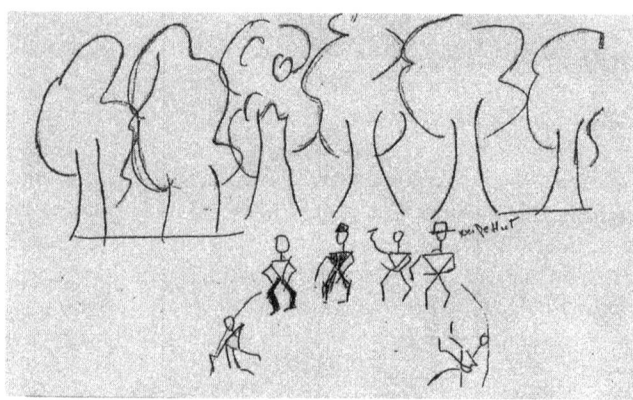

Abb. 2: Bei der Stimulation für 8 Millisekunden mit Stimulus von Abb. 1 wurden keine Stimulusinhalte erkannt. Morgentraumzeichnung. Der Proband hatte von »einer Menschengruppe am Rande des Urwaldes, Guerilleros« geträumt. Er erläutert dazu: »Der Chef war ganz in grün. Mein Bruder hatte einen weißen Hut«.

Interpretation: Wiederkehr von Menschen mit dreieckigen Oberkörpern die sich vor Bäumen befinden. Anordnung der Gruppe vor Bäumen ähnlich dem Stimulusbild. Die weiße Farbe des einen Hutes bleibt bewahrt (ausdrücklich genannt und beschriftet), seine Form jedoch wird »verrealisiert« (bewahrtes Konzept, veränderte Form). Bäume und Menschen sind vervielfacht.

Abb. 3: REM-Traumzeichnung nach abendlicher Stimulation für 8 Millisekunden. Es wurde kein Inhalt erkannt. Traumthema: »Ich sitze auf einer Bank, zwei Männer kommen raus, der eine hat eine strenge (!) Brille.«

Interpretation: Auf stimulusfremde Objekte verschobene Dreiecksform, die Form bleibt bewahrt, wird aber durch einen neuen Gegenstand zurückgeholt.

Zur Klärung der Frage, was das Experiment psychologisch macht, welche Schicksale die Wahrnehmungsinhalte dabei »erleiden«, ist es nun sinnvoll, solche Beispiele hinsichtlich der Veränderungen, die die originalen Stimulusobjekte dabei erfahren haben, immer wieder und gerade auch im Einzelfall genau zu betrachten. Deutlich sind die erwähnten typischen Verwandlungsvorgänge zu erkennen. Wieder stößt man, wie die Abbildungen belegen,
- auf eine Fragmentbildung (Stimulusinhalte kehren niemals komplett stimulusidentisch, vollständige szenisch-kohärent und thematisch unverändert wieder);
- findet sich eine Wiederkehr von isolierten stimulusidentischen Bildausschnitten und stimulusidentischen Einzelobjekten (dreieckige Körperformen der Menschen in Abb. 2);
- eine Wiederkehr der Stimulusobjekte mit veränderter Form, ohne Änderung des Konzeptes. Der ausdrücklich vom Probanden erwähnte »weiße Hut« wurde »verrealisiert«, das heißt die ungewöhnliche Dreiecksform wurde zugunsten der natürlicheren viereckigen Form aufgegeben;
- eine Wiederkehr bloß von Stimulus-Formen, die aber auf neue Objekte »übertragen« werden (»bewahrte Form – neue Konzepte«), siehe Abb. 3; und schließlich Multiplikationen von Stimulusobjekten, siehe Abb. 2.

Bei solchen Befunden stellt sich immer auch die Frage, ob es sich dabei nicht lediglich um Kunstprodukte handelt und damit dann um Muster ohne Wert. Dass dies bei den hier aufgeführten Befunden nicht der Fall ist, erkennt man daran, dass das so produzierte Geschehen genauso im Falle natürlicher Wahrnehmungen und ihrer Schicksale anzutreffen ist, denn natürliche Wahrnehmungen werden in gleicher Weise prozessiert und reproduziert wie experimentell erzeugte. Das heißt, die hier bei der Überführung in den Traum zu beobachtenden Zerfalls- und Rekonstruktionsvorgänge lassen sich ebenso gut anhand von natürlich entstandenen Träumen belegen, wie folgende Beispiele aus der Traumdeutung Freuds (1900a) deutlich machen.

Im Falle seines berühmten »Irma-Traums« z. B. berichtete Freud von einer traumrelevanten Episode vom Vorabend des Traumes. Ein Likör roch nach Fusel. Dieser »Fusel« tauchte im Traum der folgenden Nacht als Fragment in neuem Kontext wieder auf. Allerdings nicht direkt, nicht wörtlich, sondern entstellt als »Trimethylamin«, ein Spiel mit Inhaltsfragmenten. Im Fall des Traums »vom Grafen Thun« (ebd., 221) träumte Freud u. a. von »braunvioletten Möbeln und einem violettbraunen Veilchen in seinem Knopfloch«. Bei der Traumanalyse stellte er dann fest, dass diese Farbe von der Farbe eines kurz zuvor tatsächlich gekauften braunvioletten Koffers abstammt, dessen Farbe dann auf zwei verschiedenartige Traumobjekte verschoben worden war, also ein Spiel mit isolierten Farben. Das Spiel mit Wortklangfragmenten findet man in einem Traum einer Patientin Freuds (ebd., 302). Sie träumte das unsinnige Wort »Maistollmütz«. Freud entdeckte: »Die Analyse zerlegt das Wort in Mais – toll – mannstoll – Olmütz, welche Reste sich sämtlich als Rest einer Konversation bei Tisch mit ihren Verwandten erkennen lassen«. Im Traum eines anderen Patienten tauchte das merkwürdige Wort »tutelrein« auf. Die Analyse erwies es als Neubildung aus »drei Richtungen und zielt damit auf drei der in den Traumgedanken vertretenen Materien: ›Tutel‹ = Kuratel bedeutet Vormundschaft; Tutel (vielleicht ›Tuttel‹) ist eine vulgäre Bezeichnung der weiblichen Brust, der Bestandteil ›rein‹ habe schließlich mit einem früheren Erlebnis des Patienten zu tun und klinge überdies »an einen in der Familie des Träumers vertretenen Namen an«. Dieses Spiel mit Wortfragmenten bezeichnete Freud als »eine wahre Silbenchemie« (ebd., 303).

Die experimentell erzeugten Befunde sind also keine Artefakte, kein Erzeugnis des Experimentes, der tachistoskopischen Präsentation. Das Experiment macht sichtbar, was auch ohne Experiment stattfindet. Mit Greenberg und Pearlman (1975) ist sogar zu behaupten, dass die Laboratoriumsmethoden hier eine bessere, weil detailliertere Untersuchung von Traummaterial ermöglichen, als es in der klinischen Situation allein möglich ist. Solche Experimente lassen Teilvorgänge und Einzelfaktoren sichtbar werden, wie Mikroskop, Zeitlupe oder Nebelkammer. Besonders gut provozieren die Subliminalisierungsverfahren dieses Aufbrechen von natürlich Zusammenhängendem, weil es im Falle der Traumarbeit bei nicht-stimulierten Träumen eher wieder geglättet und somit unkenntlicher gemacht wird.

Schon die dargestellten Beispiele zeigen, dass die auf diese Weise sichtbar gewordenen Elemente unterschiedlich groß sind, zum Teil finden wir sogar »Elementarteilchen«, die wir als Radikale bezeichnet haben (Leuschner et al. 1998). Sie sind viel kleiner als jene Bruchstücke, in die wir mit Freud den Traumtext in der Analyse zerlegen und den Analysanden als Angelhaken für ihre Assoziationen anbieten. Wie hier nicht ausführlich dargestellt werden kann, erfolgt der Zerfall weder zufällig, noch an beliebiger Stelle, sondern an vorhandenen Sollbruchstellen, z.B. an jenen, die Freud beim Sach-Wort-Vorstellungskomplex beschrieben hat. Damit ist zugleich angegeben, dass der topische Ort dieses Geschehens das Vorbewusste oder deskriptiv Unbewusste ist (Fischmann 2002).

Die Bruchstücke haben logischerweise einen weniger komplexen Organisationsgrad als die von ihnen gebildeten Aggregate, sie behalten jedoch unverändert ihren psychologischen Status. Es ist allerdings zu vermuten, dass die Fährte der kleinsten »Elementarteilchen« auch zu einem physikalischen Anteil führt. Dann böte die psychoanalytische Laborforschung den Neurophysiologen genau das, was deren vergeblicher Scharfsinn heute im Hirn zu finden hofft. Für die Wahrnehmung haben speziell die Radikale kein Wirklichkeitszeichen, sind ihr so fremd wie dem Betrachter die Gegenstände auf den Leinwänden der Surrealisten.

Wie an anderer Stelle dargestellt (Leuschner et al. a.a.O.), zeigt das Experiment, das die Traumbildung auf eigene Weise erklären will, auch klarer, dass die Zerfallsvorgänge durch weitere Prozesse ergänzt werden. Wie sich zeigt, gehören zu allen Zerfallsprodukten gleichzeitig Baupläne, syntaktisch wirksames Wissen oder Kohärenz-Faktoren, die auf verschiedenen Niveaus die Elemente wieder in alte oder neue Zusammenhänge bringen, Assoziationen oder Reassoziationen stiften. Mehr noch als die Radikale verdienen in Zukunft diese syntaktischen Faktoren unser experimentelles Interesse. Die mehr oder weniger gelungenen Reassoziationen sind gut beobachtbar, wenn man das »Stimulusretrieval« durch den Traum qualitativ und quantitativ mit den Wiederbringevermögen der Freien Assoziationen kontrastiert. Im Traum sind Stimulusteile assoziativ weitergehend fragmentiert, verschoben und sequenzialisiert, also gewissermaßen verdünnt.

Bei genauer Analyse dieses Verknüpfungsgeschehens kommt man nicht umhin, anzunehmen, dass Reassoziationen von zwei voneinander zu unterscheidenden Wirkfaktoren herbeigeführt werden. Das erste Wirkprinzip a) stammt aus den subliminalen Stimulusobjekten selbst, aus einer ihnen innewohnenden inneren oder kohäsiven Bindungstendenz. Das zweite Wirkprinzip b) ist ein äußeres, einer übergeordneten Matrix entstammendes, in die das Ausgangsmaterial gemäß einer »Syntax« eingeordnet und dann miteinander in Beziehung gebracht wird. Beide zusammen erzeugen Reassoziierung und tragen dazu bei, die heterogenen Elemente zu einem manifesten Traum oder einer Freien Assoziation zusammenzufassen. Unter den aufgeführten Einzelfällen findet man Beispiele für ein starkes inneres Bindungsvermögen der Fragmente. Denn wo immer der Gesamtzusammenhang des Stimulusbildes gut wieder zu finden ist, etwa im Beispiel des Falles von Abbildung 1 spricht dies für eine innere Anziehung. Für eine schwache innere Bindung bei starker äußerer Verknüpfungstendenz sprechen all jene Fälle, in denen nur ein kleines Fragment in völlig neuen Kontexten wiederkehrt.

Für diese Wiedereinbindung von Fragmenten in neue Traum- oder Assoziationszusammenhänge finden wir experimentell bisher keine direkten Belege, sondern müssen die Hinweise aus der klinischen Beobachtung beziehen, denn am Ende braucht das Experiment immer auch die klinischen Befunde. Für die Wiedereinbindung hatte Freud geradezu ihr Paradigma beschrieben, indem er den diskutierten Traumwunsch zum Schöpfer des zusammenhängenden Traumes machte. An dessen syntaktischer Leistung kann man wohl am besten ablesen, über welche Eigenschaften reassoziative Faktoren verfügen müssen, um neue Kohärenzen zu erzeugen. Was den Traumwunsch so erfolgreich macht, erwächst offenbar aus mehreren Faktoren. Zunächst verfügt er über eine besondere Gestaltungskraft, die er von libidinösen Regungen her bezieht. Außerdem ist er aber auch ein gedankliches Konstrukt und damit ein Ordnungssystem, das sich die Tagesreste passend zu seiner Erzähl-Logik und passend zu seiner Grammatik herauszusuchen und passend zu arrangieren vermag. »Verdichtung«, »Dramatisierung« und vor allem die »sekundäre Bearbeitung« sind weitere, sicher weniger energiereiche syntaktische Operationen, die Traumelemente zusammenfügen. Bekanntlich bedient sich der Träumer dabei aus dem Wachleben stammender Phantasien, um sie – »zur Glättung der Traumfassade« (Freud 1900a) – mit den bis dahin erzeugten manifesten Traumgebilden zu verknüpfen. Über eine entsprechende Fähigkeit verfügen auch die Affekte (Fischmann 1999). Zunächst selber fragmentiert, werden sie zu Triebkräften der Traumbildung, indem sie Wünsche aktivieren, die der Traum erfüllen soll. Dabei »arbeiten sie das Material, an dem sie haften, solange um, bis es zum Ausdruck der Wunscherfüllung verwendbar wird« (Freud 1900a, 491). Auch nicht-psychoanalytisch orientierte Traumforscher haben diese Verbindungstendenz beschrieben, etwa Foulkes (1985), wenn er von einem »narrative sequencing« spricht, das heterogene Traumelemente zu einer Traumerzählung zusammenfügt[6]. Experimentelle Beobachtungen von Reassoziierungsleistungen unter unterschiedlichen Zustandsbedingungen werden hier weitere Aufschlüsse erbringen können.

Es gibt Gründe, die dargestellte Vorgehensweise nicht mehr als psychoanalytische zu bezeichnen, sondern allenfalls als psychoanalytisch-orientiert

---

6 Wie wir an anderer Stelle ausgeführt haben (Leuschner et al. 1998), erscheint das Dissoziierungs-Reassoziierungsgeschehen heute als ein umfassendes seelisches Prinzip, das das Vorbewusste zu einem zweiten, relativ unabhängigen Operationssystem macht, zu einem »Para-Bewusstsein«, einem Nebenbewusstsein. Das schläft nachweislich niemals, nimmt vielmehr ständig wahr, denkt auf eigene Weise und handelt automatisch und spielt dabei mit dem Bewusstsein ständig zusammen. Das Vorbewusste ist also weit mehr als ein bloßer Sach-Wortvorstellungs-Verknüpfungsapparat.

und dergleichen. Tatsächlich gibt es im Labor keine Patienten mehr, keine Behandlung, kein Hier-und-Jetzt gemeinsamer Erkenntnis, keine Hermeneutik. Übertragungsprozesse gelten scheinbar nichts. Die Arbeit erfolgt im Kollektiv, Kooperation gleicht den Herstellungsbedingungen des Films. Eine Maschinerie inkorporiert unbekannte Inhalte ins psychische »Gewebe« und setzt damit nicht wahrnehmbare Bearbeitungsmechanismen in Gang. Das Erlebte reproduzieren die Versuchspersonen nur entstellt, bruchstückweise und unwissentlich, sie können nur »Agieren«. Allein die Versuchsleiter wissen, was real war und sich dann im Traum darstellt. Das ist nicht mehr Psychoanalyse, das sieht geradezu wie ihre radikale Umkehrung aus. Dagegen ist aber festzuhalten: Der Untersuchungsgegenstand auch der experimentellen Psychoanalyse bleibt das dynamisch Unbewusste. Experimentelle Psychoanalyse hat zum Ziel, jene unbewussten Prozesse zu erforschen, die sich vorrangig erst im Jenseits der Couch darstellen und doch essenzieller Bestandteil des psychoanalytischen Gebäudes sind. Ihre Methoden verschaffen systematische Beobachtungsmöglichkeiten unbewusster Kognitionen. Sie bringen »künstliche« Inhaltsaspekte hervor, die oftmals aber besser als »natürliche« Vorgänge, primärprozesshafte Bearbeitungen und Einflussnahmen von trieb- und abwehrgeprägten Erinnerungen sichtbar machen können. Die Erfassung unbewusster Kognitionen und Inhalte erfolgt mithilfe klassisch psychoanalytischer Darstellungsmittel: der Freien Assoziation und dem Traum.

Wenn Pötzl, Fisher, Shevrin u. a. ein explizit psychoanalytisches Experimentallabor gründeten, so beinhaltete dies also nur scheinbar eine Rückkehr zu den von Charcot begonnenen Versuchen der Experimentalisierung des Unbewussten, von denen Freud sich abgewandt hatte. Zum Zwecke des Erkenntnisfortschrittes musste Freud die Klinik zunächst einseitig bevorzugen. Dies hat sich erübrigt, weil das psychoanalytische Mikroskop fertig konstruiert ist. Seither gehören Psychoanalyse und Experiment zusammen.

Das Experiment als Urszene
Nicht ohne Grund haben experimentierende Psychoanalytiker (verständlicherweise kaum andere Experimentatoren) immer wieder auf die bedeutende Rolle der Beförderung der Effekte durch Übertragungsvorgänge hingewiesen. Whitman et al. (1963) untersuchten vergleichend die Träume von Patienten im Labor, die gleichzeitig in psychoanalytischer Behandlung waren. Es erwies sich, dass die Versuchspersonen im Labor und solche in Analyse jeweils andere Träume berichteten, was Whitman et al. mit eben jenen jeweils unterschiedlichen Übertragungsbeziehungen erklärten. Bei eigenen Unter-

suchungen fanden wir dafür immer wieder eindrucksvolle Belege. So verwandelte eine etwas ältere verheiratete Probandin, die ein besonders herzliches Verhältnis zum Versuchsleiter entwickelte, die Inhalte eines Stimulusbildes, auf dem drei Kinder zu sehen waren, in ihrem nachfolgenden Traum in das Bild eines »Herzmännchens«, das aus einem geplatzten Luftballon heraus auf eine Gartenbank sank. Nach Beendigung des Experimentes rief sie immer wieder mal an, erkundigte sich nach den Ergebnissen und erklärte ihre Bereitschaft zu einer Mitarbeit bei weiteren Versuchen. Mehrere Monate später teilte sie bei einem solchen Kontakt mit, dass sie kürzlich schwanger geworden sei, was sie sich immer gewünscht hatte und bisher nicht in Erfüllung gegangen war. Die gynäkologische Untersuchung habe ergeben, dass es ein Junge sei. Als der Versuchsleiter ihr (wörtlich) zu dem »Herzmännchen« gratulierte, lachte sie lange und ausgiebig, weil sie verstanden hatte, bedankte sich und rief von nun an nur noch einmal an.

Entsprechende Aktivierungen von Phantasien und Übertragungen, Liebesbedürfnissen und Aggressionen findet man selbstverständlich auch in anderen Untersuchungssituationen, mit Sicherheit in jedem Kernspin-Labor, in jedem Krankenhauszimmer. Im Falle des psychologischen Experiments sind solche Reaktionen jedoch immer relevant, weil sie den Arbeits- oder Untersuchungsgegenstand, die Art und Weise des Auftretens untersuchter Effekte entscheidend mitgestalten. Fisher und Shevrin (1986) behaupteten daher völlig zu Recht, dass im Falle der Traumbeeinflussung experimentell präsentierte Stimuluselemente im Traum auftauchen, weil sie »Teil von Angst erweckenden, trieborganisierten Erinnerungen und Wünschen werden« (S. 389). Was die akademische Psychologie als Störfaktor betrachtet und durch kontrollierte Einschränkungen zu eliminieren trachtet, gehört unausweichlich zum Wesen jedes psychologischen Experiments hinzu. Solche »Störfaktoren« erzeugen die Befunde mit und das gibt ihnen und den sie erforschenden Disziplinen einen grundlegend anderen epistemologischen Status als den klassischen Naturwissenschaften.

Wie irrig die Interpretation der hier vorgestellten Experimentalsituation als Ort der naturwissenschaftlichen Purifikation und kontrollierten Analyse ist, lehrt auch das konkrete Prozedere im Labor. Schlaflaborversuche, wie sie z.B. in unserem Hause durchgeführt werden, schaffen selbst hinter den befolgten naturwissenschaftlich definierten Standards Verhältnisse, die in geradezu aufrührerischer Weise geeignet sind, bei allen Beteiligten sexuelle und aggressive Phantasien und Spannungszustände zu erregen, zugleich aber auch zu widerlegen. Wie das Labor zu einem »Turbolader« von Vorstellungen und Affekten werden kann, mag folgende Beschreibung des Ablaufs der

Kann die psychoanalytische Traumtheorie experimentell gestützt werden?

Versuchsdurchführung in unserem Labor deutlich machen: Die meist jugendlichen Versuchspersonen werden in ein psychoanalytisches Therapie- und Forschungsinstitut gebeten. Hier wird ihnen Geld dafür angeboten, dass sie an einem mehrere Nächte andauernden Projekt zur Erkundung von Wahrnehmungsgeheimnissen teilnehmen. Über das Ziel der Untersuchung und viele Details der Durchführung werden sie im Unklaren gelassen. Sie kommen abends in Kellerräume in das zu dieser Zeit völlig leere große Bürogebäude. Hier sind sie allein mit einem oder einer ihnen zunächst unbekannten Versuchleiter/in. Sie ziehen sich zum Schlafen aus und um, werden mit Elektroden am Kopf beklebt, »verkabelt« und an einen ihnen nicht sichtbaren Polygrafen, der in einem benachbarten unbekannten Beobachtungsraum des Versuchsleiters steht, angeschlossen. Vor den Probanden ist eine Leinwand angebracht, an der Decke sind Mikrophone, Lautsprecher und Videokameras installiert. Zur Präsentation des Stimulus stellt sich der Versuchsleiter hinter die Versuchsperson, macht das Zimmer dunkel, (Licht aus), schaltet einen laut summenden Projektor an und wirft dann blitzlichtartig kurz ein Diabild auf die Leinwand, das der Proband bewusst nicht oder höchstens unvollkommen erkennen kann. Das Licht wird kurz angeschaltet. Der Proband wird ans Bett geführt, legt sich mit seinem Kabelzopf, der seine Beweglichkeit erheblich einschränkt, in ein frisch bezogenes Bett des Untersuchungsraumes. Das Licht geht wieder aus, der Proband soll einschlafen. Mehrmals in der Nacht wird er von dem nebenan wachenden und den Probanden und den Polygrafen beobachtenden Untersucher aus dem Schlaf geholt, damit dieser – noch schlaftrunken – seine möglicherweise geträumten Träume berichtet und zeichnet.

Diese Darstellung der Versuchssituation und die »Herzmännchengeschichte« belegen sicher recht gut, wie das Experiment »Übertragungsreaktionen« zu provozieren vermag, die sich aber noch genauer analysieren lassen, denn unübersehbar erzeugt die Untersuchung eine Argelandersche Szene. Es ist eine Szene, die im Labor allerdings nicht gedeutet wird und von daher eine bis heute unverstandene Wirksamkeit besitzt. Das Experiment erregt und dramatisiert ein vielschichtiges sexuelles Geschehen. Vorgegeben ist dabei zunächst ein asymmetrisches (Unterwerfungs-)Verhältnis, zwischen einer eher mächtigen wissenden und einer infantilisierten ahnungslos neugierigen Person. Die Situation und ihre Anforderungen produzieren dann bei allen Beteiligten eine zunächst akzeptable Regression, insofern die Versuchspersonen schlafen und träumen und dazu mit mütterlichem Gestus wie ein Kind ins Bett gebracht werden. Beide produzieren darüber hinaus ein aus dieser Regression hervorgehendes tiefer reichendes unbewusstes regressives

Erleben, das infantile Phantasien über Verführung, Triebspannung, Kontrollverlust, Verletzungen von sexuellen Tabus, Trieb- und Straf-Angst auszulösen geeignet ist. Zeitlich am Anfang und vom Ziel her im Zentrum steht die Vorführung eines geheimnisvollen Bildes. Die technische Vorführung ist ein der Versuchsperson aufgezwungenes gewissermaßen externalisiertes Blinzeln, ein »coup d'oeil«, der ein bewusstes erkennendes Beobachten des Gegenstandes verhindert und zeitlich verzögert nur ein bloßes Erraten (durch Erträumen und Assoziieren) zulässt. Der Ort der Untersuchung und die ultrakurze Präsentation zwingen den Probanden zu der Vermutung, dass er zu einer willen- und bewusstlosen Hervorbringung beunruhigender Phantasien, d. h. zur öffentlichen Preisgabe von Geheimnissen gezwungen werden könnte. Seine Ich-Kontrolle und Abwehr wird auch gewollt und faktisch unterlaufen. So wird der Blick auf die Leinwand schließlich zum Blick auf die Urszenensituation. Jedes subliminal präsentierte Bild ist in den erzeugten Kontexten nun die erschreckende Darstellung des vereinigten Elternpaares. Die Versuchsperson wird zum ausgeschlossenen Dritten, zum beschämten Beobachter. Der hinter der Versuchsperson postierte Versuchsleiter mag zeitweise verstanden werden als »Schutzengel«, als Hilfs-Ich oder beteiligtes Geschwister. Im weiteren Verlauf oder möglicherweise auch schon von Anfang an wird er zum Verführten und Verführer. Er wird zum Verführten, insofern die Versuchsperson sich als jemanden sieht, dem es durch die Reformulierung der Versuchssituation gelungen ist, einen Elternteil aus dem inneren Bild (der Aufladung des Bildes zu einem Paar) zu sich herauszuholen, das Elternpaar zu seinem Gewinn erfolgreich zu spalten. Dass dies erfolgreich ist, bestätigt dann jede nächtliche Weckung, in der der Versuchsleiter kommt und keine Ruhe gibt, weil er etwas gesagt bekommen will, das mehr ist als ein beliebiger Traum, nämlich das Geständnis eines Begehrens, das ihn ebenfalls erfasst hat. Beide in der Versuchsnacht Anwesenden kehren sich endgültig einander zu, werden ein Laborpaar, gestehen sich das Geheimnis ihrer Zuneigung. Der Versuchsleiter ist nun auch der Verführer. Die Situation drängt zu einem Tabubruch, zur Zeugung eines »Herzmännchens« nicht nur in effigie.

Schließlich aber geschieht dies alles unter den Augen der öffentlichen (Kameras und Mikrophone) und der versteckten naturwissenschaftlichen Beobachtung (Polygrafische Registrierung der Hirnströme). Versuchsperson und Versuchsleiter werden nun ihrerseits zu Objekten einer von Außen betrachteten Urszenenvariante. Alle Objektivierungsmaßnahmen (Technik und Untersuchungsziel) rufen eine Angst vor der Aufdeckung frevlerischer Absichten hervor; die Maschinen repräsentieren den vom Laborpaar ausgeschlossenen und verratenen Dritten, der droht, die (phantasierten) Geheimnisse öffentlich zu machen, zu verraten und Verfolgung und Strafmaßnahmen folgen zu lassen und selber zum Verfolger zu werden. Der »Segen der Technik« besteht darin, dass sie den Weg einer Erlösung anbietet. So ermöglicht sie es, dass der Versuchsleiter lauthals den schwelenden Verführungsphantasien widerspricht, indem er wie unwissend – an den Wünschen vorbei – nach irgendwelchen inneren Traumbildern fragt, anstatt nach den traumhaften Triebimpulsen. Die Versuchsperson darf unwillig erwachen und widerwillig Träume preisgeben, unschuldig, als ob nichts gewesen sei. Das Verdrängen der Phantasien, die nüchterne Durchführung der Arbeitsvorgaben und die Beachtung der Abstinenzregeln erretten nun von Inzestwünschen und den daraus folgenden Strafen[7].

Wir haben somit eine geheime aber dramatische Dynamik des Labors vor uns, die sich konzentrisch um das Experiment herum aufbaut und in vielerlei Hinsicht jenem Geschehen ähnelt, das Niedecken (2001) als triadische Interaktionsfigur im Falle okkulter Phänomene eindrucksvoll herausgearbeitet hat. Die okkulte Trias organisiert sich auch hier um eine sich entwickelnde Triebspannung, die eine Angst vor Frevel und Tabuüberschreitung und schließlich eine Strafphantasie mit folgendem Erlösungsgedanken nach sich zieht. »Diese triadische Struktur entspricht der von Es-Überich-Ich und gemahnt auch an deren Herkunft aus dem ödipalen Dreieck« (a. a. O., 71). Es ist dies, was energetische Auflagung der Stimuli durch Übertragung und damit ihr »retrieval« befördert. Wie der »Traum in der Analyse« ein »Geschenk« für den Analytiker ist, so ist auch das Wiederbringen von Stimulusgehalten im Labor am Ende ein Geschenk, hier für den Experimentator. Oder besser: es ist ein aus der Erlösung hervorgehendes Dankesopfer. Auch mit dieser Erkenntnis kann das psychoanalytische Experiment die psychoanalytische Traumtheorie stützen.

---

7 Dies alles mag die Emphase erklären, mit der die Naturwissenschaften auf der Reinheit und Objektivität ihrer Methoden bestehen.

Teil III
Psychoanalytische Entwicklungsforschung

Ist die Kleinkindforschung irrelevant für die Psychoanalyse?

Anmerkungen zu einer Kontroverse und zur psychoanalytischen Epistemologie[1]

Martin Dornes

Einleitung

Die Psychoanalyse hat wieder einmal einen schweren Stand. Von vielen Seiten ist sie der Kritik ausgesetzt. Die meisten Einwände laufen darauf hinaus, zu zeigen oder zu behaupten, sie enthalte bestenfalls interessante Spekulationen, die aber wissenschaftlicher Überprüfung nicht standhielten – oder, zurückhaltender ausgedrückt, wissenschaftlich überprüft werden sollten. Dieser Standpunkt ist so alt wie die Psychoanalyse selbst. Auch die Reaktionen darauf haben sich nicht geändert. Im Grunde werden immer zwei Optionen geltend gemacht. Die eine ist, die Behauptung selbst zu widerlegen und den Beweis der wissenschaftlichen Reputierlichkeit der Psychoanalyse anzutreten. Die andere ist, den Vorwurf der Unwissenschaftlichkeit zu umgehen, indem man darauf hinweist, dass die Psychoanalyse gar keine Wissenschaft im herkömmlichen Sinne sei (oder, seltener, überhaupt keine Wissenschaft). Deshalb könnten an die Gültigkeit ihrer Aussagen auch nicht die in anderen Disziplinen – insbesondere den Naturwissenschaften – akzeptierten Kriterien zur Überprüfung von Aussagen angelegt werden.

Beide Versuche haben nicht allgemein überzeugt, weder die Kritiker der Psychoanalyse noch die Psychoanalytiker selbst. Auch unter letzteren wird die Frage, ob die Psychoanalyse eine Wissenschaft ist bzw. sein soll oder nicht (und wenn ja, welche), nach wie vor kontrovers diskutiert. Manche sehen die einzige Antwort auf die Kritik in verschärfter Verwissenschaftlichung, andere in der Abkoppelung vom Wissenschaftsbetrieb[2]. Die Alternative scheint also entweder, die Forschungsbemühungen zu verstärken, unter Inkaufnahme des Risikos, das Spezifische der Psychoanalyse dabei aus den

---

1 Erstmals erschienen in: *Psyche – Z Psychoanal* 56 (2002), 888–921. Mit herzlichem Dank an die Redaktion und den Klett-Cotta Verlag für die Wiederabdruckerlaubnis. Die vorliegende Fassung ist leicht redigiert.
2 In der Regel arbeiten die ersten in wissenschaftlichen Institutionen, die zweiten in der Praxis. Das Sein bestimmt das Bewusstsein. Die Besonderheiten der verschiedenen Tätigkeitsfelder lassen die dort Tätigen unterschiedliche Dinge als relevant einschätzen.

Augen zu verlieren; oder aber das Spezifische der Psychoanalyse zu bewahren unter Inkaufnahme des Risikos, vom Wissenschaftsbetrieb »abgehängt« zu werden und das zu werden, wofür andere die Psychoanalyse schon lange halten – eine Sekte.

Beides sind keine guten Aussichten. Kann man diese Alternativen vermeiden und sowohl an Wissenschaftlichkeit gewinnen als auch das Spezifische der Psychoanalyse bewahren? Die Debatte um die Relevanz oder Irrelevanz der Kleinkindforschung für die Psychoanalyse hat u. a. genau diese Frage zum Gegenstand. Deshalb soll über sie hier ausführlicher berichtet werden. Sie ist paradigmatisch für den möglichen Stellenwert bzw. die Entbehrlichkeit von Forschung für die Psychoanalyse und hätte auch an anderen Gegenständen abgehandelt werden können: Ist die experimentelle Traumforschung relevant für die Psychoanalyse? Ist die Gehirnforschung relevant für die Psychoanalyse? Ist die Psychotherapieforschung relevant für die Psychoanalyse? Auch diese Fragen werden kontrovers diskutiert. Ich beschränke mich auf die Kleinkindforschung.

Historisch betrachtet ist diese Debatte nichts Neues. Ihre Wurzeln reichen zurück bis ins Jahr 1925, als Bernfeld die erste Monographie über Psychoanalyse und Säuglingsforschung schrieb. Auch in den Freud-Klein-Kontroversen der Britischen Psychoanalytischen Gesellschaft in den 40er Jahren (King/Steiner 1991), wurde ebenso heftig wie heute um die Bedeutung von Direktbeobachtungen an kleinen Kindern und die Schlussfolgerungen, die man daraus für die Psychoanalyse ziehen oder nicht ziehen soll, gestritten. Zwei zeitgenössische Debatten nehmen diesen Faden wieder auf: Zum einen die um Peter Wolffs Artikel, der 1996 unter dem programmatischen Titel *The irrelevance of infant observations for psychoanalysis* erschienen ist[3]. Zum zweiten die Debatte zwischen André Green und Daniel Stern, die 1997 in London stattfand und nun, nebst Kommentaren anderer Psychoanalytiker, in Buchform vorliegt (Sandler et al. 2000)[4]. Sie ist der Hauptgegenstand meiner Überlegungen.

---

3 Wolff (1996), mit Kommentaren von Tyson, Barrat, Fonagy, Osofsky, Seligman, Shapiro, Wilson und einer Antwort von Wolff. Zwei Jahre später gab es eine kürzere Fortsetzung (s. Silverman 1998, Nahum 1998 und Wolff 1998).

4 Die Teile des Buchs, die sich mit der Kleinkindforschung befassen, sind mittlerweile ins Deutsche übersetzt (s. *Zeitschrift für psychoanalytische Theorie und Praxis*, Heft 4/2000 und Heft 1/2001). Der erste Teil des Buchs enthält die im *Newsletter* der International Psychoanalytic Association 1996 abgedruckte Diskussion zwischen Wallerstein und Green über die (Ir)Relevanz der Psychotherapieforschung für die Psychoanalyse und einen einleitenden Essay von Riccardo Steiner.

Green über Kleinkindforschung

Zunächst einige persönliche Eindrücke. Als Joseph Sandler die Tagung eröffnete, lag eine erwartungsvolle Spannung in der Luft. Viele waren gekommen, um dem Kampf der Titanen beizuwohnen. Es war bekannt, dass beide schon andernorts kontrovers diskutiert hatten und man erwartete den finalen »show-down«. André Green, der das erste Wort hatte, ließ sich nicht lumpen und erfüllte alle Erwartungen, die man an eine kriegerische Auseinandersetzung haben kann. In kompromissloser Weise fegte er die Säuglingsforschung vom Tisch. Ein zentrales Argument war: Die Psychoanalyse ist keine Wissenschaft und wenn sie versucht, eine zu werden, verrät sie das Beste was sie hat, ihre Spezifität, nämlich die Erforschung der Subtilitäten des »Austauschs von Worten« (Freud 1916-17a, S. 9) zwischen Analytiker und Patient, die empirisch nicht erforscht werden können, ohne sie bis zur Unkenntlichkeit zu entstellen, zu banalisieren und zu trivialisieren. Die Säuglingsforschung hat für die Psychoanalyse deshalb keine Bedeutung, weil der spezifische Gegenstand der Psychoanalyse nicht der Säugling ist, sondern das Unbewusste (Green 2000a, S. 447), *und zwar das Unbewusste wie es in der analytischen Situation erscheint* (ebd., S. 460f.). Was sie interessiert, ist nicht das Infantile, sondern das Infantile im Erwachsenen (ebd., S. 453) und dazu hat die Säuglingsforschung per definitionem nichts beizutragen. Das war Klartext.

Ein zweites Argument lautete: Die Säuglingsforschung erfüllt nicht die von ihr selbst hochgehaltenen Kriterien von Wissenschaftlichkeit. Sie ist pseudowissenschaftlich, keine »science«, sondern »science fiction« und genauso spekulativ wie die wildesten Theorien von Melanie Klein (nur nicht so interessant). Das ist pikant und nicht schlecht eingefädelt. Green versucht, den Gegner mit seinen eigenen Waffen zu schlagen. Die Behauptung ist nicht, dass die Säuglingsforschung zu behavioristisch ist, sondern zu spekulativ. Dazu gleich mehr.

Green über die Besonderheit der Psychoanalyse

Trotz der heftigen Polemik ging von Greens Vortrag eine erhebliche Faszination aus, und zwar deshalb, weil man, bei allen Schwierigkeiten, die man mit Greens zuweilen grobem Ton haben kann, anerkennen muss, dass er ein brillanter Geist ist. Er ist nicht nur ein großer Denker, sondern auch ein großer Redner, der alle Register zu ziehen versteht, aber er ist auch direkt und polemisch bis zur Unhöflichkeit und leidenschaftlich von der Richtigkeit seiner Auffassungen überzeugt. Selbstzweifel kennt er nicht, oder gibt sie zumindest nicht zu erkennen. Dass das Leben und die Theorien darüber Kompromisse sind – nicht mit ihm! Kompromisslos machte er klar, dass mit ihm keine

Kompromisse zu machen sind. »Ein Krieger und Verteidiger von Freuds Werk, wie er es versteht« (Steiner 2000, S. 5) war zu betrachten, zu bewundern und zu fürchten.

Der zweite nachhaltige Eindruck von Greens Vortrag war, dass er sich ernste Sorgen um die Zukunft der Psychoanalyse macht. Er befürchtet den Verlust eines geliebten Objekts – weniger persönlich ausgedrückt: er befürchtet, dass die Psychoanalyse als eine wertvolle kulturelle Errungenschaft und als eine einzigartige Weise, über das unbewusste Funktionieren des menschlichen Geistes nachzudenken, verloren geht oder unter die Räder einer diese Einzigartigkeit nivellierende oder ignorierende Forschung gerät. Er sieht also die Bedrohung dort, wo andere die Rettung sehen. Denn auch die Forscher machen sich Sorgen um die Zukunft der Psychoanalyse und versuchen, sie gegen ihre Kritiker zu verteidigen, indem sie (berechtigten) Einwänden Rechnung tragen, die Theorie modifizieren, weiterentwickeln etc. Sie sehen das nicht als eine Bedrohung der Psychoanalyse, sondern als den Versuch ihrer Rettung. Sie können das so sehen, weil sie Greens Auffassung nicht teilen, dass damit das Spezifische und Einzigartige der Psychoanalyse verraten werde. Sie sind der Meinung, dass Greens Auffassung von Spezifität zu eng ist und dass man die Psychoanalyse *nicht* auf das psychoanalytische Setting festlegen bzw. einengen sollte. So betrachtet, verraten sie tatsächlich, was Green für das Einzigartige hält, und plädieren implizit oder explizit für eine »Amalgamierung« der Psychoanalyse mit anderen Wissenschaften.

Und genau das ist Greens Albtraum. Amalgamierung bedeutet für ihn Auslöschung des Einzigartigen, Spezifischen – Missachtung dessen, was nur die Psychoanalyse im klinischen Setting zum Wissen über den Menschen beitragen kann. Die Vorgehensweise der Forschung – auch die der Psychotherapieforschung an erwachsenen Patienten – ist inadäquat, »weil sie nicht dem Typus mentalen Funktionierens des Patienten in der Sitzung und dem korrespondierenden Geisteszustand des Analytikers (...) gerecht werden« kann (Green 2000a, S. 460). In anderen Worten: Jede Überprüfung psychoanalytischer Aussagen ist *grundsätzlich* unangemessen, da sie nicht erfasst, was für Greens Psychoanalyseverständnis wichtig ist. Vielmehr schafft der Versuch der Überprüfung – durch die mit dem Prozess der Aufzeichnung und/oder Operationalisierung einhergehenden Transformation von Daten und Begriffen – nach Green *unvermeidlich* Artefakte. Das läuft darauf hinaus zu behaupten, dass psychoanalytische Daten grundsätzlich nicht in andere »Frameworks« zu übersetzen sind, ohne ihre Substanz zu verlieren. Wäre dies wirklich unausweichlich, so könnte die Psychoanalyse epistemisch selbstgenügsam und autark werden, was Greens Anliegen zu sein scheint. Sie würde dann nämlich in ihrem und durch ihr Setting Phänomene beobachten und/oder produzieren, die sie ausschließlich in diesem Setting auch »überprüfen« könnte. Zur Überprüfung kämen wiederum nur Methoden infrage, die der Entstehung eines »bestimmten Typus mentalen Funktionierens« angemessen sind – also wahrscheinlich nur das Nachdenken, die freie Assoziation und die kollegiale Diskussion. Green (2000a, S. 458) betrachtet nämlich die »so genannte wissenschaftliche Methode« als irrelevant für den Gegenstand der Psychoanalyse. Wie dann eine Überprüfung von im klinischen Setting gewonnenen Aussagen (etwa über Symptomentstehung und -veränderung, oder über die Veränderung von Persönlichkeitsstrukuren, oder über kurative Faktoren und Prozesse) möglich sein soll – und zwar in einer Weise, die systematisch, kontrolliert und auch für außerhalb der psychoanalytischen Situation befindliche Forscher nachvollziehbar ist –, ist unklar. Vielmehr entsteht der Eindruck, dass Green mit Begriffen wie »Spezifität der Psychoanalyse« (ebd., 445, S. 460f.), »psychoanalytische Erfahrung« (ebd., S. 455, 461), »psychoanalytischer Geisteszustand« (ebd., S. 442, 456, 460, 463) oder »Standpunkt des psychoanalytischen Denkens« (ebd., S. 440) eine Art konzeptueller Apartheid vertritt, in der sich psychoanalytisches und wissenschaftliches Wissen wie Feinde, oder, in der Formulierung Greens (ebd.), wie »Fremde« in der multikulturellen Gemeinschaft der Psychoanalytiker gegenüberstehen.

Man sieht, es geht auch um Identitätsfragen und darum, ob man die eigene Identität durch Aus-/Abgrenzung oder durch Grenzaufweichung retten oder bereichern kann. Green ist für Abgrenzung. Er berücksichtigt damit nicht hinreichend die gut belegte Tatsache, dass »bahnbrechende Neuerungen in einer Disziplin oft von Personen eingeführt (werden), die enge Kontakte zu einer anderen Disziplin unterhalten« (Balzer 1997, S. 25) und dass »die meisten der wirklich innovativen intellektuellen Arbeiten heutzutage interdisziplinär (sind), und zwar sowohl was die Fragen angeht als auch im Hinblick auf die verwendeten Methoden« (Tomasello 1999a, S. 10). Aber er wirft damit eine interessante Frage auf, nämlich: Was ist *die Essenz der Psychoanalyse*? Green lässt keinen Zweifel daran, dass er es weiß und die anderen sich täuschen. Wenn diejenigen, die Forschung betreiben, darauf hinweisen, dass sie ja schließlich auch Psychoanalytiker seien und eine psychoanalytische Ausbildung genossen hätten, findet er das unzureichend. Die anderen haben nur eine »Deckausbildung« absolviert, wie Green in Anlehnung an Freuds Konzept der Deckerinnerung (1899a; 1901b, Kap. 4) sagt. Eine Ausbildung also, die etwas wesentliches maskiert, dass nämlich die Betreffenden nicht verstanden haben, was Psychoanalyse ist[5]. Mit einer gewissen Verwunderung fragt man sich, woher Green die Gewissheit nimmt, dass *sein* Verständnis von Psychoanalyse das einzig richtige ist – wo doch schon Freud zu Lebzeiten vierzehn sich zum Teil widersprechende Definitionen dessen gegeben hat, was Psychoanalyse ist (zusammengestellt bei Kutter 1989, S. 84f.).

Green bedient sich bei der Festlegung dessen, was er für die Substanz der Psychoanalyse hält, einer bestimmten Strategie. Er zitiert Freud dort zustimmend, wo er mit ihm übereinstimmt und kritisiert ihn dort, wo er nicht mit ihm übereinstimmt. Weisen die Vertreter der Psychoanalyse als Wissenschaft darauf hin, dass Freud selbst die Psychoanalyse als Wissenschaft bezeichnet habe, macht er geltend, dass Freud sich hier getäuscht habe, denn eine Wissenschaft der Psychoanalyse existiere nicht (Green 2000a, S. 440). Weisen die Vertreter der Amalgamierung von Psychoanalyse und Psychologie darauf hin, dass Freud selbst die Psychoanalyse als eine allgemeine (Persönlichkeits)psychologie verstanden habe, meint Green, obwohl Freud diesen Eindruck manchmal erweckt habe, beruhe diese Auffassung letztlich auf einer oberflächlichen Interpretation seiner Schriften (2000d, S. 249) und sei ein irriges Projekt gewesen, das spätestens seit Hartmann als gescheitert betrachtet werden müsste (2000a, S. 444f.). Weisen sie darauf hin, dass Hartmanns Begriff der neutralen Ich-Energie, der dem Ich eine von den Trieben unabhängige Kraftquelle zusprechen sollte (und in manchen psychoanalytischen Kreisen als anti-freudianische Ursünde der Ich-Psychologie gilt), auch bei Freud zu finden sei[6], so antwortet er, Freud habe diesen Gedanken nur einmal geäußert, mit ihm gewissermaßen herumgespielt und die Tatsache, dass er ihn nicht mehr aufgenommen habe, belege, dass er ihn verworfen habe (Green 2000c, S. 108). Und so geht es fort.

Green gelingt es damit, den Rechtfertigungsdruck von der Psychoanalyse (wie er sie versteht) zu nehmen und den anderen aufzubürden. Nicht die Psychoanalyse muss sich vor der Forschung rechtfertigen, sondern die Forscher vor der Psychoanalyse. Das Ergebnis seiner Überprüfung ist, dass ihnen die Rechtfertigung nicht gelingt und nicht gelingen kann, weil sie nicht verstanden haben, was Psychoanalyse ist. Das ist gut eingefädelt, denn es erzeugt – manche würden sagen: endlich – bei *den anderen* einen erheblichen Über-Ich-Druck. Wer lässt sich schon gerne sagen (sofern er Psychoanalytiker ist oder der Psychoanalyse nahe steht), dass er nicht verstanden hat, was Psychoanalyse ist. Sehr hübsch passt hier ein Kommentar Greens zu Bowlby.

---

5 In der deutschen Übersetzung ist aus der »Deckausbildung« etwas freundlicher ein »Grundkurs in Psychoanalyse« geworden (S. 443).
6 Freud spricht von indifferenter Energie (1923b, S. 272f.).

Ist die Kleinkindforschung irrelevant für die Psychoanalyse?

Dieser wird mit der Äußerung zitiert, Anna Freud und andere hätten keine Ahnung gehabt, was Wissenschaft sei (Green 2000b, S. 98). Greens Antwort ist, dass Bowlbys Ansichten über die Bindungstheorie »vollkommen irrelevant« seien (ebd.), weil er keinen Beitrag zur »psychoanalytischen Erfahrung« geleistet habe (2000a, S. 461). Green rechtfertigt sich also nicht dafür, dass die Psychoanalytiker keine Ahnung von wissenschaftlichen Methoden haben, sondern klagt die Wissenschaftler an, dass sie keine Ahnung von Psychoanalyse haben (Emde, Fonagy, Peterfreund, Cooper und Olds sind weitere Ahnungslose). Angriff ist die beste Verteidigung, und Green ist ein Meister des Angriffs. Wenn es ihm geraten erscheint, wechselt er allerdings die Strategie. Dann klagt er die Wissenschaftler an, sie würden ihren eigenen Ansprüchen nicht gerecht und betrieben Pseudowissenschaft, so z.B. die Säuglingsforschung und insbesondere Daniel Stern, dessen Theorien er ausführlich kritisiert[7].

7 Erkenntnistheoretisch ist Green erkennbar von Bion beeinflusst.»Forschungsrelevant sind für Bion nur die in der Sitzung mit psychoanalytischen Mitteln beobachteten Phänomene, alle anderen Mittel (z.B. Tonbandaufzeichnungen) lehnt er ebenso ab wie die Auswertung außerklinischer Phänomene, etwa mithilfe statistischer Erhebungen« (Engel 2000, S. 19; ähnlich S. 13f., 18). Man kann nun versuchen, die in einer solchen Festlegung implizit enthaltene Auffassung von der Unübersetzbarkeit bestimmter Daten in andere »Frameworks« und die daraus resultierende Selbstbezüglichkeit der Überprüfung resp. Unmöglichkeit oder Unnötigkeit einer externen Überprüfung wissenschaftstheoretisch durch Rekurs auf den sog.»Theorieholismus« von Duhem, Quine und Davidson zu rechtfertigen. Ich habe mich andernorts mit diesem Problem ausführlicher befasst (Dornes 2001) und dort meiner Skepsis Ausdruck gegeben, ob dies eine wirklich durchzuhaltende Strategie ist. Wissenschafts*politisch* halte ich sie derzeit für fatal, wissenschafts*theoretisch* wäre sie legitim, wenn sich ein wahrheitstheoretischer Kohärentismus widerspruchsfrei begründen ließe. Nach meinem Eindruck kommt die Philosophie Donald Davidsons dem nahe. Sie ist allerdings in letzter Zeit erheblich unter argumentativen Druck geraten (s. z.B. McDowell 1996; Schantz 2001; Wingert 2001, mit weiterer Literatur). Die damit verbundenen komplexen erkenntnistheoretischen Probleme können hier nicht diskutiert werden. Für Leser, die mehr an Psychoanalyse als an Philosophie interessiert sind, verweise ich auf eine ebenso umfangreiche wie vorzügliche Arbeit von Raguse (1998), in der differenziert dargestellt wird, was »Spezifität der Psychoanalyse« heißen kann. Raguse vertritt m.E. eine Konzeption von Psychoanalyse, die der von Green stellenweise ähnelt, ist allerdings an einem entscheidenden Punkt etwas zurückhaltender. Er räumt nämlich ein, dass es »möglich sein (dürfte), Erkenntnisse der analytischen Situation so zu transformieren, dass sie naturwissenschaftlich untersucht und verstanden werden können. Damit solche Untersuchungen Relevanz haben, ist allerdings zu fordern, dass die Transformationen so geschehen, dass die spezifisch analytische Erkenntnis nicht zerstört wird« (ebd., S. 690). Ob und wie das möglich ist, bleibt ein offenes Problem. Laplanche (z.B. 1987, S. 54ff.) diskutiert ebenfalls das Problem der Spezifität der Psychoanalyse. Er teilt mit Green das Bestreben, eine solche nachzuweisen, steht allerdings der (Entwicklungs)Psychologie wesentlich aufgeschlossener gegenüber als Green. Wer auf die Bewahrung der Spezifität der Psychoanalyse Wert legt und dennoch keine chinesische Mauer zwischen ihr und den Nachbardisziplinen errichten will, kann bei Laplanche gute Argumente finden. Eine ausführliche Darstellung seiner Position bleibt eine Aufgabe für die Zukunft. Lesenswerte Ansätze dazu finden sich z.B. bei Aichhorn (2001) und Hübner (2001).

Stern über Psychoanalyse und Kleinkindforschung

Was machte Stern daraus? Zunächst auch hier ein Eindruck. Stern ist ebenfalls eine charismatische Figur, aber sein Charisma ist von anderer Art. Es kommt gewissermaßen auf leisen Sohlen und ist von einer liebenswürdigen, einladenden, nicht überwältigenden Natur. Er schien mir deshalb von der Heftigkeit des Angriffs zunächst ein wenig überrumpelt. Aber wo wirkliches Charisma ist, entfaltet es sich auch unter widrigen Umständen. Der gedruckte Text allein kann die suggestive Kraft seines Auftretens – ähnlich wie bei Green – nur unzulänglich vermitteln, wie Steiner (2000, S. 6) richtig bemerkt. Seine Stimme, ihre Modulation, seine Körpersprache, alles Nonverbale an ihm ist von einer beeindruckenden Musikalität. Wenn er vom Säugling spricht, erhält man für Momente eine Ahnung davon, wie dieser sich fühlen könnte, wenn er die Welt erlebt. Stern ist einer der wenigen Redner – vielleicht sogar der einzige, den ich kenne – dem es gelingt, in Sprache zu fassen, was sich in Sprache letztlich nicht vollständig fassen lässt: vorsprachliches Erleben. So weit zu den Eindrücken, nun zu den Argumenten.

Die beiden zentralen Argumente von Stern sind spiegelbildlich zu denen von Green und besagen, dass die Kleinkindforschung erstens nicht unwissenschaftlich ist und zweitens, dass sie relevant ist für die Psychoanalyse, wenn auch nicht in einem direkten so doch in einem indirekten Sinn. Zunächst zum ersten Punkt.

Kleinkindforschung und Direktbeobachtung

In Diskussionen über Säuglings- und Kleinkindforschung ist häufig zu hören, dass diese nur Verhalten beobachte, die Psychoanalyse aber auf das intrapsychische Erleben abziele. Sandler (2000, S. 105) hat dieses Missverständnis richtig gestellt. Er weist darauf hin, dass die Säuglingsforscher ja nicht nur zählen, ob und wann sich der Säugling an der Nase kratzt, sondern dass sie von Verhaltensbeobachtungen *Schlussfolgerungen* auf das Erleben ziehen und *Modelle* entwickeln über das, was in der Psyche des Säuglings vor sich gehen könnte. Infrage steht also nicht, ob die Säuglingsforschung behavioristisch ist – das ist sie nicht, auch wenn ihr *Ausgangspunkt* das beobachtbare Verhalten ist. Infrage steht allenfalls, ob ihre Schlussfolgerungen zu wissenschaftlicheren Aussagen über das Erleben des Säuglings führen als die Schlussfolgerungen aus anderen Datenquellen – und genau das bestreitet Green (2000a, S. 449ff.). Betrachten wir das Problem genauer.

Theorie und Beobachtung I: Narration

Sterns Theorie der protonarrativen Hüllen (Stern 1995a, Kap. 5) wird von Green besonders attackiert. Er hält diese Theorie für »pure Spekulation«, und für »wissenschaftlich keineswegs bewiesen« (Green 2000a, S. 451). Er tadelt Stern und die Säuglingsforschung nicht für ihren Fokus auf das beobachtbare Verhalten, sondern dafür, dass *ihre Schlussfolgerungen* aus den mit korrekter Methodologie erhobenen Fakten Fiktionen sind, für die sie *unbegründet* einen höheren Grad an Wissenschaftlichkeit in Anspruch nehmen als z. B. Melanie Klein für ihre Überlegungen. Die Kritik bezieht sich also nicht auf die Wissenschaftlichkeit der Funde, sondern auf die Ideen oder Theorien, die daraus abgeleitet bzw. damit belegt werden (ebd., S. 449). »Die Kluft zwischen den Fakten und den Ideen ist nicht kleiner als in Melanie Kleins phantastischsten Spekulationen« (ebd., S. 453).

Man könnte diese Debatte schnell beenden und zwar mit folgendem Argument. Ja, die Säuglingsforschung ist genauso spekulativ wie die Theorie von Melanie Klein. Sie ist eine alternative Spekulation, nicht besser oder schlechter begründet als jene. Den Wissenschaftsanspruch sollte sie sich abschminken und nur in Anspruch nehmen, einen interessanten neuen Diskurs über das Säuglingserleben anregen zu wollen – und das ist ihr in der Tat gelungen. Wenn man jedoch einräumt, dass die Säuglingsforschung nur eine alternative, das Denken anregende, mehr oder weniger gut begründete Spekulation ist, so kann man andere Theorien nicht mehr als unwissenschaftlich zurückweisen, sondern höchstens als weniger anregend.

Das wäre auch eine Möglichkeit, aber Stern hält am Wissenschaftsanspruch fest und verteidigt seine Theorie der protonarrativen Hüllen als *begründete* Schlussfolgerung.

»Die sich einstellenden Beobachtungen und ihre Interpretationen unterliegen den Beschränkungen, die vom gegenwärtigen Stand des akzeptierten, angesammelten wissenschaftlichen Wissens über Babys ausgehen und müssen diesen respektieren. (…) Daher sind meine Schlussfolgerungen, obwohl spekulativ, doch nicht pure Erfindung, denn sie sind tief durchdrungen von einem etablierten Kontext (des wissenschaftlichen Wissens; M.D.) und durch diesen auch beschränkt« (Stern 2000a, S. 472f.).

Was kann man davon halten?

Ich halte Sterns Theorie der protonarrativen Hüllen (ausführlich dargestellt bei Dornes 1997, Kap. 4) weder für besonders handlich noch für klinisch besonders relevant, aber darum geht es hier nicht. Es geht darum, ob sie »bewiesen« werden kann. Green findet sie »keineswegs bewiesen«. Stern hält sie für bewiesen, nämlich indirekt, weil sie »durchdrungen« ist vom Kontext des wissenschaftlichen Wissens. Er unterscheidet zwischen plausiblen Hypothesen und überprüftem Wissen (Stern 2000a, S. 472f.). Eine Hypothese ist dann plausibel und *keine* pure Spekulation, wenn sie sich in Übereinstimmung mit dem übrigen Weltwissen befindet. Sie ist dann allerdings noch nicht bewiesen oder direkt überprüft. Stern geht es gar nicht so sehr um die Überprüfung, als vielmehr um die Erzeugung von Hypothesen. Deshalb geht Greens Kritik an ihm vorbei. Green fragt: Wo sind die (direkten) Beweise für die Richtigkeit deiner Hypothesen? Stern antwortet: Ich will gar nicht (direkt) beweisen, dass meine Theorie der protonarrativen Hüllen wahr ist im Sinne einer überprüften Hypothese, sondern nur, dass es eine *plausible* Hypothese ist. Um plausibel zu sein, genügt es, wenn sie »tief durchdrungen« ist vom Kontext des übrigen wissenschaftlichen Wissens. Green und Stern argumentieren also auf unterschiedlichen Ebenen. Green will *direkte* Beweise und betrachtet deren Fehlen als Indiz für Unwissenschaftlichkeit. Stern bringt *indirekte* Beweise bei und betrachtet dies als ausreichenden Beleg für die Wissenschaftlichkeit seiner Theorien.

Gibt es noch andere, direktere Formen des Beweises, die Greens Forderung eher entsprechen würden? Ein Aspekt von Sterns Theorie, an dem sich das »Beweisproblem« gut demonstrieren lässt, ist in der Diskussion zu kurz gekommen. Das Konzept der protonarrativen Hüllen besagt u. a., dass der Säugling Interaktionen in Gestalten erlebt, die dynamisch wie eine Erzählung strukturiert sind. Interaktionserleben hat einen Anfang, einen Höhepunkt und einen Schluss, in dem die Spannung aufgelöst wird. Welche »direkten« Belege gibt es dafür, dass der Säugling an einer Interaktionssequenz eine dynamische Kontur von Anfang, Höhepunkt und Schluss überhaupt wahrnimmt, was die Voraussetzung dafür ist, dass er sie als »protonarrativ« erlebt? Zum Zeitpunkt der Kontroverse gab es keinen, mittlerweile gibt es welche.

Rochat/Striano (1999, S. 21f.; Rochat 2001, S. 148ff.) haben folgendes Experiment gemacht. Sie haben Säuglinge zunächst mit einem Interaktionsspiel konfrontiert, das eine normale Struktur hat. Der Versuchsleiter nähert sich dem Säugling, nimmt Augenkontakt auf und sagt zu ihm: »Schau, schau« (das ist die Annäherungsphase der Interaktion). Dann beugt er sich nach vorn, bedeckt sein Gesicht mit den Händen, lässt nach kurzer Zeit die Hände fallen und sagt: »Guck, guck« (das ist die Erregungsphase). Dann lehnt sich er sich langsam zurück und artikuliert ein langgezogenes »Yeah« (das ist die Entspannungsphase). Rochat/Striano haben nun die Struktur dieses

Spiels so verändert, dass die crescendo-decrescendo-Kontur verschwand, z.B. indem sie mit dem zweiten Teil anfingen und dann den ersten folgen ließen. Ein Ergebnis war, dass Säuglinge ab dem Alter von drei bis vier Monaten das normale Interaktionsspiel gegenüber dem veränderten bevorzugten. Dies bedeutet erstens, dass Säuglinge den Unterschied wahrnehmen; zweitens, dass sie eine zeitliche Abfolge wahrnehmen und drittens, dass sie eine bestimmte zeitliche Abfolge bevorzugen, nämlich diejenige, die in ihrer Dynamik eine an- und abschwellende Kontur hat. Trevarthen (2003, S. 61) hat in der vokalen Interaktion zwischen sechs Wochen (!) alten Säuglingen und ihren Müttern ebenfalls eine narrative Struktur entdeckt. Die in der Regel 30 Sekunden langen vokalen Austausche sind dynamisch in die vier klassischen Phasen des Narrativs gegliedert: Einleitung, Entwicklung, Höhepunkt und Schluss. Diese Befunde kann man zumindest als Beleg (wenn auch nicht als Beweis) für die Theorie eines narrationsähnlich strukturierten Interaktionserlebens betrachten. Man kann aber auch geltend machen, dass ein oder zwei Belege noch nicht ausreichen. Dem würde ich zustimmen. Aber man kann nicht behaupten, dass es sich hier um eine bloße Spekulation handelt. Man kann diese Belege für unzureichend halten; man kann geltend machen, dass die Befunde nur belegen, dass der Säugling Interaktionskonturen *wahrnimmt*, was noch nicht impliziert, dass er auch Interaktionskonturen *erlebt* (in Trevarthens Beispiel werden diese Konturen allerdings vom Kind praktiziert und nicht nur, wie bei Rochat, in der Außenwelt wahrgenommen); man kann Befunde suchen, die dazu *nicht* passen, aber man kann nicht behaupten, es gäbe keine. Zumindest stellt sich diese Theorie der Anforderung, Belege beizubringen, was man von bloßen Spekulationen nicht sagen kann. Zusammen mit der indirekten Form des Beweises durch Bezug auf den etablierten Kontext wissenschaftlichen Wissens ist diese Theorie deshalb besser belegt, als Green glauben (machen) will[8].

Theorie und Beobachtung II: Konditionierung/Projektion
Ich werde nun ein Beispiel diskutieren, das den Unterschied zwischen einer »unbelegten« Vermutung und einer im obigen Sinne »belegten« – oder sich der Zumutung einer Belegforderung stellenden – Vermutung deutlich machen soll. Brenman Pick hat in ihrem Kommentar zur Green-Stern-

---

8 Dieser Punkt ist auch Gegenstand der Debatte um Wolffs (1996) Artikel gewesen. Wolff (ebd., S. 374) wirft der Säuglingsforschung »enumerativen Induktivismus« vor. Darunter versteht er, dass sie selektiv einzelne Belege anführt und darauf (zu) weitreichende Schlussfolgerungen aufbaut. Dies mag in einzelnen Fällen zutreffen, ist aber, wie Seligman (1996, S. 432f.) in seiner Antwort auf Wolff darstellt, für den gesamten Theoriekorpus der Säuglingsforschung nicht zutreffend.

Kontroverse folgendes Beispiel von Stern (1985, S. 140ff.) aufgegriffen. Ein sechs Wochen alter Säugling, dem beim Stillen einmal die Nase von der Brust verstopft wurde, entwickelte daraufhin eine Brustvermeidung. Brenman Pick meint zutreffend, dass man dies als aversive Konditionierung beschreiben könne. Sie möchte es anders beschreiben, nämlich in der Terminologie der kleinianischen Theorie. »Ich selbst würde – Melanie Kleine folgend – sagen, dass er [eine frühere Erfahrung in die gegenwärtige Erfahrungsrealität projiziert und] tatsächlich von der Erinnerung an diese frühere Erfahrung so beherrscht ist, dass er sich auf die gegenwärtige Wirklichkeit nicht einstellen kann« (Brenman Pick 2000, S. 85). Ich habe den Teil des Satzes in Klammern gesetzt, den ich für begründungsbedürftig halte. Beschreibt man den Vorgang als aversive Konditionierung, so muss das natürlich ebenfalls begründet werden, denn lange Zeit galt die Auffassung, dass man sehr kleine Säugling *nicht* konditionieren kann. Seit 1970 gibt es nun aber eine Fülle von Experimente, die zeigen, dass man Säuglinge durchaus sowohl klassisch als auch operant konditionieren kann. Das genügt indes noch nicht, denn im obigen Fall hat sich die Brustvermeidung nach einem *einmaligen* Verstopfungsereignis eingestellt und *nicht* nach mehreren solcher Erfahrungen. Man muss deshalb weiter zeigen, dass es aversive Konditionierungen gibt, die nicht mehrere Konditionierungsdurchgänge erfordern, und weiter, dass es dieses so genannte »one-trial-conditioning« auch schon bei Säuglingen gibt. Auch dafür gibt es Belege. *Nur deshalb* kann man die Brustvermeidung *begründet* als aversive Konditionierung beschreiben.

Wo aber sind nun die Belege dafür, dass ein sechs Wochen alter Säugling projizieren kann? (kritische Diskussion bei Dornes 1997, S. 69ff.). Das war ja Brenman Picks Vorschlag. Man könnte die Sache zu den Akten legen und sagen: Es handelt sich einfach um unterschiedliche Theoriesprachen oder »Vokabulare«. Was die einen aversive Konditionierung *nennen*, nennen die anderen Projektion früherer schlechter Erfahrung auf/in gegenwärtige und so erklären beide die Brustvermeidung auf unterschiedliche Weise. Obwohl ich für diese liberale Lesart offen bin, finde ich es wünschenswert, dass irgendwelche Belege dafür beigebracht werden, dass ein sechs Wochen alter Säugling projiziert. Weshalb sonst sollte man sich *mit nachprüfbaren Gründen* dieser Lesart anschließen?

Theorie und Beobachtung III: Intentionalität
Nehmen wir der Einfachheit halber an, man kann für diese Behauptung Belege beibringen. Dann hätte man die Projektionsthese begründet. Brenman Pick geht aber noch weiter. Weil der Säugling so unreif ist, erlebt er ihrer

Ansicht nach die Verstopfung der Nase als bedrohlich. Das finde ich auch ohne weitere Belege plausibel. Aber dann heißt es in einem nächsten Schritt: »Wenn der Säugling – wie flüchtig, unklar oder dunkel auch immer – seiner Mutter die Absicht zuschreibt, ihn zu ersticken (!), warum sollte er das nicht (…) mit seinem eigenen Wunsch (…) vermischen, die Mutter zu ersticken (!), z.B. mit seinen Forderungen nach totaler und exklusiver Aufmerksamkeit?« (ebd., S. 86; Übers. leicht verändert). Das ist schon weitreichender. Meines Erachtens genügt es zur Stützung dieser interessanten Vermutung nicht, darauf zu verweisen, dass ältere Kinder oder Erwachsene solche Wünsche/Absichten haben oder anderen zuschreiben. Man müsste Belege dafür beibringen, dass schon sechs Wochen alte Säuglinge dazu in der Lage sind.

Brenman Pick führt keine Belege an. Sie referiert, m.E. zirkulär, als Begründung auf die Theorie Melanie Kleins (»I, following Melanie Klein…«). Die Kleinianer sind häufig – aus mir unklaren Gründen – nicht gewillt, solche Belege beizubringen. Ich habe mich deshalb an ihrer Stelle bemüht und die Literatur zur Intentionswahrnehmung bzw. Intentionszuschreibung im Säuglingsalter durchgesehen. Um eine lange Recherche kurz zu machen: Es gibt mittlerweile einige Untersuchungen zu diesem Thema, das zugegebenermaßen mit empirischen Mitteln nicht einfach zu untersuchen ist. Aus Platz- und Zeitgründen will ich nicht die Details der Experimente schildern, sondern nur ihre Resultate. Je nach Beschaffenheit des Experiments werden unterschiedlich schwierige Erkennungsleistungen abgefragt. Die Ergebnisse lauten, dass Säuglinge ab fünf Monaten (Woodward 1998; Woodward et al. 2001; Wellman/ Lagattuta 2000, S. 35), zwischen sieben und neun Monaten (Rochat/Striano 1999, S. 27), zwischen neun und zwölf Monaten (Tomasello 1995; 1999b; Gergely et al. 1995; Csibra et al. 1999; Wellman/Philips 2001, S. 140ff.) oder zwischen vierzehn und achtzehn Monaten (Carpenter et al. 1998; Meltzoff 1995; 2002; Meltzoff/Brooks 2001; Repacholi/Gopnik 1997) anfangen, Bewegungen oder Handlungen von Objekten/Personen als intentional wahrzunehmen bzw. ihnen Intentionen zuzuschreiben. Bezogen auf die obige Frage, ab wann kleine Kinder ihrer Mutter (böse) Absichten auf einem mentalistischen Niveau zuschreiben (können), ist diesen Forschungsergebnissen und den informativen Überlegungen Gergelys (2000, S. 827ff.; 2002) und Carpenter et al. (2002) zufolge das Alter von 18 bzw. 21 Monaten beim derzeitigen Forschungsstand das wahrscheinlichste (s.a. Dornes 2004a; 2004b)[9].

---

9 Gergely unterscheidet noch zwischen Wahrnehmung von Zielgerichtetheit/Teleologie (ab 9 Monate) und Wahrnehmung von Absichtlichkeit/Intentionalität (ab 18 Monate). Diese subtile Unterscheidung kann hier nicht weiter gewürdigt werden (für Details s. Dornes 2004).

Man kann sich die ganze Sache jedoch auch einfacher machen und die Behauptung von Brenman Pick so modifizieren, dass sie nicht mehr besagt, dass der Säugling der Mutter *die Intention zuschreibt*, ihn zu ersticken, sondern dass er die Mutter *so erlebt*, wie wenn sie ihn ersticken *würde (nicht: wolle)*. In dieser Lesart nimmt der Säugling zunächst keine Intentionszuschreibung vor, erlebt aber dennoch eine Bedrohung. Auch das wäre noch eine Schlussfolgerung, aber eine begründete, insofern man aus der Brustvermeidung ablesen kann, dass die Situation vom Säugling zumindest als unangenehm und irgendwie bedrohlich erlebt wird. Die weitergehende Schlussfolgerung, dass hier eine Intentionszuschreibung (»Mutter *will* mich ersticken«) vorliegt, scheint mir derzeit von keinen »Daten« gedeckt zu sein. Es ist allerdings nicht auszuschließen, dass in Zukunft Untersuchungen gemacht werden, die Belege dafür beibringen, dass auch sehr kleine Säuglinge Intentionszuschreibungen vornehmen. Gegenwärtig sieht es nicht so aus, und ich würde mich dieser Theorie deshalb *nicht* anschließen.

Der dritte Teil von Brenman Picks Behauptung, dass der Säugling auch *sich selbst* (und nicht nur der Mutter) Erstickungsabsichten zuschreibt ist ebenfalls bisher nur durch die Theorie Melanie Kleins gedeckt. Zu untersuchen wäre die Frage, ab wann der Säugling nicht nur bei anderen Absichten wahrnimmt, sondern auch bei sich selbst (welche hat)[10]. Es gibt einige Indizien dafür, dass der Säugling sich und andere irgendwann zwischen neun und achtzehn Monaten als intentionale Subjekte erlebt (Tomasello 1995; 1999a; Dornes 1997, S. 73ff.; allgemeiner Überblick: Gopnik et al. 1999, S. 73ff., 217f.; Poulin-Dubois 1999; Zelazzo et al. 1999; Malle et al. 2001; Gergely 2002).

Damit ist die Debatte um die Anfänge der Intentionalität aber noch nicht beendet, denn es könnte sein, dass der Säugling intentional *handelt*, bevor er sich als intentionales Subjekt *erlebt*. Meltzoff/Moore (1999) haben dargestellt, dass schon wenige Stunden alte Neugeborene bestimmte menschliche Gesichtsausdrücke, wie z.B. das Herausstrecken der Zunge, nachahmen. Diese Nachahmung ist kein Reflex, denn sie erfolgt mit Verzögerung auf die

---

10 Eine umfassende Diskussion dieses Problems würde weit über das hinausgehen, was hier geleistet werden kann. Es gibt nämlich Unterschiede zwischen a) sich selbst oder anderen Intentionen als mentale Gebilde zuschreiben und sich dieser Zuschreibung auch bewusst sein (wahrscheinlich ab 4 Jahre); b) sich selbst oder anderen Intentionen als mentale Gebilde ohne explizites Bewusstsein zuschreiben (strittig ob ab 9 Monaten oder ab 1 1/2 Jahren; eher letzteres); c) sich selbst oder andere als intentionale Subjekte erleben (wahrscheinlich ab 9 Monaten); d) intentional kommunizieren (wahrscheinlich ab 9 Monaten, evtl. früher); e) intentional handeln (wahrscheinlich ab Geburt). Ich gebe im folgenden eine unterkomplexe, rein intuitive Darstellung.

Darbietung des Vorbildes; sie ist auch kein einmaliger Akt, sondern häufig ein sich dem Ziel langsam annähernder Prozess; das Neugeborene versucht, seinen Gesichtsausdruck in mehreren Durchgängen dem Original anzugleichen. Meltzoff/Moore sind deshalb der Auffassung, dass es sich bei der Neugeborenenimitation um einen zielgerichteten und absichtsvollen Vorgang handelt. Die Absicht existiert allerdings nur auf einem subsymbolischen Niveau. Insofern kann man eher vom »Haben« einer Absicht sprechen, als von der (Selbst-)Zuschreibung einer solchen[11].

Diese Form von Intentionalität entspricht dem, was der Philosoph Searle (1983) »intention-in-action« genannt hat. Wenn ein Autofahrer einem überraschend auf die Straße rollenden Gegenstand jäh ausweicht, so manifestiert sich im Herumreißen des Steuers eine Absicht des Ausweichens, die aber nicht als von der Handlung getrennte mentale Entität existiert, sondern nur in der Handlung selbst. Anders verhält es sich mit reiferen Formen der Intentionalität, in denen wir eine Absicht, etwa die des Einkaufens, *als Vorstellung* haben können, ohne zugleich die entsprechende Handlung auszuführen. Lichtenberg (1983) unterscheidet ebenfalls verschiedene Niveaus von Intentionalität. Die Kleinianer sollten sich solche Differenzierungen m. E. zu eigen machen, weil sie dann nicht den Eindruck erwecken würden, den Säugling mit kognitiven/symbolischen Fähigkeiten auszustatten, die er noch nicht hat. Genau dieser Punkt war schon in den Freud-Klein-Kontroversen (King/Steiner 1991) ein ständiger Stein des Anstoßes und ist es bis heute geblieben, weil die Rede von den Absichten, die der Säugling »wie flüchtig, unklar oder dunkel auch immer« hat oder anderen zuschreibt, einfach zu unpräzise ist, um bestätigt oder widerlegt werden zu können[12].

Theorie und Beobachtung IV: Resümee
Wenn man jedoch die Sache integrativ betrachtet und wohlwollend über einige Unebenheiten hinwegsieht, so könnte man auch zu dem Ergebnis kommen, dass es sich bei den dargestellten Differenzen insgesamt eher um Fragen des Grades als um grundsätzliche Unterschiede handelt. Das diesbezügliche vorläufige Fazit würde dann lauten: Aussagen über das Erleben von Neugeborenen oder Säuglingen sind *immer* Schlussfolgerungen. Was strittig

---

11 Die offene Frage ist, ob dieses Haben einer Intention für den Säugling schon damit einhergeht, sich als intentionales Subjekt zu erleben.
12 Es bleibt ein weiterer Vorbehalt: Ob der Säugling – selbst wenn er Absichten auf irgendeinem rudimentären Niveau und in irgendeiner rudimentären Gestalt hat – auch (unbewusste?) *Erstickungs- oder Zerstörungsabsichten* hat, scheint mir letztlich eine mit empirischen Mitteln nicht mehr klärbare Frage (s. Dornes 1997, S. 257ff.).

ist, ist das Ausmaß, in dem diese Schlussfolgerungen durch anderweitige Untersuchungen als begründet ausgewiesen werden können. Diese anderweitigen Untersuchungen können aus dem in Nachbardisziplinen etablierten und akzeptierten »Kontext des Wissens« stammen oder aus direkteren Überprüfungen von Hypothesen. Säuglingsforscher wie Stern unterscheiden sich daher von Kleinianern nicht dadurch, dass sie nicht schlussfolgern und auch nicht dadurch, dass sie nicht spekulieren – darin hat Green durchaus recht. Sie unterscheiden sich vor allem dadurch, dass sie sagen: Wir wollen versuchen, für unsere Hypothesen oder Spekulationen Belege beizubringen, *die möglichst allgemein akzeptierbar sind* und nicht nur für die Anhänger eines Theoriesystems[13]. An der Forderung nach möglichst allgemeiner Akzeptanz scheiden sich die Geister. Wer sie befürwortet, wird den Kontakt zu anderen Wissenschaften suchen und deren Ergebnisse für »irgendwie« relevant für die eigene Theoriebildung halten, z. B. die oben erwähnte Forschung und Literatur zur Intentionalität. Wer auf möglichst allgemeine Akzeptierbarkeit verzichtet, kann auch auf den Kontakt zu anderen Disziplinen verzichten[14].

Damit sind wir beim zweiten Thema angelangt, der Frage der Relevanz der Säuglingsforschung für die Psychoanalyse. Greens Position wurde schon skizziert. Nun zu Sterns Auffassung. Er unterscheidet – in Anlehnung an die Unterscheidung zwischen indirekten und direkten Belegen – zwischen direkter und indirekter Relevanz der Kleinkindforschung für die Psychoanalyse.

Direkte oder indirekte Relevanz der Kleinkindforschung?
Die direkte Relevanz bestünde darin, dass die Kleinkindforschung bestimmte psychoanalytische Aussagen oder Lehrsätze falsifizieren kann. Stern (2000a, S. 467ff.) glaubt *nicht*, dass sie das kann, weil er grundsätzliche erkenntnistheoretische Differenzen zwischen der Psychoanalyse und der Kleinkindforschung sieht. Ich habe diese Auffassung an anderer Stelle ausführlicher gewürdigt (Dornes 2001) und gebe deshalb hier nur eine kurze

---

13 In diesem Sinne unterscheidet Zima (2000, S. 389) zwischen intersubjektiver und interkollektiver Überprüfung. Die entscheidende Frage lautet: »Welche Theoreme, die *intersubjektiv* innerhalb einer Wissenschaftlergruppe überprüft wurden, gelten auch interkollektiv, d. h. *zwischen* heterogenen Wissenschaftlergruppen?« Darauf gibt es keine eindeutige Antwort, aber an der Anstrengung der Interkollektivität sollte, wie Zima zeigt (ebd., 397ff.), festgehalten werden. Eine ausführliche Behandlung dieses Problems mit umfassenden Kommentaren findet sich bei Zima (1999).

14 Ein Rezensent kleinianischer Literatur hat unlängst trocken bemerkt, dass die Kleinianer nicht an empirische Untersuchungen glauben und nicht daran interessiert sind (Fink 2000, S. 1183). Das ist im Großen und Ganzen richtig. Es gibt allerdings Ausnahmen. Ich komme weiter unten darauf zurück.

Zusammenfassung. Stern meint, dass wissenschaftliche Wahrheit auf der einen Seite und die »Kohärenz der Metapsychologie oder die klinischer Rekonstruktionen« auf der anderen Seite auf unterschiedlichen begrifflichen Ebenen liegen und deshalb nicht direkt miteinander verglichen werden können. Er spricht davon, dass die Lehrsätze (tenets) der Psychoanalyse »epistemisch geschützt« sind vor wissenschaftlichen Wahrheiten, auch wenn sie nicht geschützt sind vor Zweifeln; aber diese Zweifel sind nicht das Ergebnis einer direkten Widerlegung. Die Säuglingsforschung hat die Existenz einer autistischen Phase *nicht* direkt widerlegt, sondern sie unplausibel gemacht, in dem Sinne, dass dieser »Lehrsatz« nicht mehr mit dem übrigen Weltwissen übereinstimmt. Deshalb ist seine Akzeptanz »prekär« geworden. In anderen Worten: Es gibt auf Grund epistemischer Differenzen zwischen der Psychoanalyse und anderen Wissenschaften keine direkte Widerlegung ihrer Lehrsätze. Aber es gibt ein übriges Weltwissen außerhalb der Psychoanalyse. Die Plausibilität von Sätzen oder Theorien ergibt sich nicht allein aus ihrer internen Kohärenz, sondern aus ihrer Übereinstimmung mit diesem übrigen externen Weltwissen (ähnlich Tress 1987 und Strenger 1991).

Wie wichtig muss man die indirekte Form der Widerlegung nehmen? Green meint, wir können sie ignorieren. Es mögen interessante Theorien sein, aber sie sind nicht relevant für die Psychoanalyse, weil sie sich nicht auf das analytische Setting – mit dem ihm entsprechenden besonderen »Geisteszustand« von Analytiker und Patient – beziehen lassen. Das ist sein zentrales Relevanzkriterium (Green 2000a, S. 460f., 463). Stern kommentiert: »Green möchte sehr genau eingrenzen, wer ein Psychoanalytiker ist und was Psychoanalyse ist. Er argumentiert, dass Beiträge zu den psychoanalytischen Vorstellungen der Metapsychologie oder der Entwicklung aus der klinischen Situation heraus und unter Verwendung der psychoanalytischen Technik entstehen müssen, um wahrhaft psychoanalytisch zu sein. Um klinische Psychoanalyse *auszuüben*, ist dies in der Tat notwendig. Aber ist die klinische Situation notwendig, wenn man über die Psychoanalyse, ihre Metapsychologie und Entwicklungstheorie *nachdenkt*? Ich würde sagen, nein« (2000a, S. 482). Deshalb kommt er zu dem Ergebnis, dass wir die Befunde der Nachbardisziplinen und eine dadurch eventuell gegebene indirekte Widerlegung *nicht* ignorieren sollten, denn wenn wir unplausible bzw. indirekt widerlegte Konzepte nicht aufgeben, verlieren wir den Anschluss an das übrige Weltwissen und werden irrelevant. Das ist eine gute Pointe. Es wird jetzt nämlich nicht mehr gefragt, ob die Säuglingsforschung relevant für die Psychoanalyse ist, sondern ob die Psychoanalyse, wenn sie die Ergebnisse der Säuglingsforschung ignoriert[15], noch relevant ist für die Welt. Sterns Antwort auf diese Frage ist: Nein. Wenn Aussagen der Psychoanalyse in (indirektem) Widerspruch zum übrigen Weltwissen stehen, sollten sie revidiert werden. Wenn sich die Psychoanalyse von der übrigen (Wissenschafts)Welt und dem, was in ihr vorgeht und gefunden wird, abkoppelt, ist die vorhersehbare Konsequenz, dass sie nicht relevant bleibt. »Ein breites intellektuelles Interesse an der Psychoanalyse beruht letztlich auf dieser Säule ihrer Verbindung und Entsprechung mit dem Rest unseres geläufigen Wissens über die Welt. Wenn diese Bezogenheit zerbricht oder zu schwach wird, hört der psychoanalytische Diskurs auf, interessant zu sein und gerät ins Hintertreffen. Nicht etwa, weil er falsch oder richtig wäre, sondern weil er den Kontakt mit und die Bedeutung für die restliche intellektuelle Kultur verloren hat« (Stern 2000a, S. 469).

Das kann einem gleichgültig sein und man kann die Psychoanalyse so *definieren*, dass sie von solchen Überlegungen nicht bzw. wenig tangiert wird. Auch indirekt widerlegte Theorien können beibehalten werden. Hier gibt es mindestens drei Möglichkeiten. Erstens: Man schränkt den Geltungsbereich der Theorie ein und behauptet z.B. für die Theorie des primären Narzissmus, dass sie nur für das schlafende Neugeborene gilt oder für Zustände, in denen es allein ist (Green 1995, S. 1197). Oder man argumentiert, dass die Theorie des primären Narzissmus keine Hypothese ist, deren Folgerungen überprüft werden können, sondern eine produktive Art des Denkens; eher ein System von Axiomen, die das Denken ermöglichen, als ein System von Hypothesen, die überprüft werden können (Dahl 2001; ausführlich zu beiden Positionen Dornes 2001).

Zweitens: Man kann, wie Green (2000a, S. 446) die Psychoanalyse als eine »Disziplin« verstehen. Dann ist sie keine Wissenschaft, die (extern) überprüfbare Hypothesen formuliert, sondern eher die Theoretisierung einer Lebensform oder einer Berufs-/Lebenspraxis, eine bestimmte Art, mit sich selbst, seinen Gedanken und Gefühlen umzugehen (und denen des Patienten) – und dann kann man die Ergebnisse der Wissenschaft als irrelevant betrachten. In dieser Optik ist die Psychoanalyse eine systematisch trainierte Weise der Erzeugung und Deutung psychischer Phänomene, die nur in einem bestimmten Setting erscheinen und dementsprechend auch nur dort überprüft werden können. Jede Art von »Messverfahren« zum Zwecke der Überprüfung ist jedoch ungeeignet, weil es die betreffenden Phänomene in ihrer Eigenart zerstört.

Drittens: Man *kann* wie Wolff (1996, S. 377) die Psychoanalyse im Sinne der Hermeneutik definieren. Ihre Aufgabe ist es dann nicht, Theorien über

---

15 Säuglingsforschung steht hier stellvertretend für das übrige Weltwissen.

das menschliche Erleben aufzustellen, die auf verallgemeinerbare und überprüfbare (Gesetzes)aussagen oder wenigstens Regelmäßigkeiten abzielen, sondern ihre Aufgabe ist die Entzifferung verborgener individueller unbewusster Bedeutungen. Wolff kommt daher konsequenterweise zu dem Schluss, dass alles, was für die Psychoanalyse relevant ist, von der Couch kommen muss, denn nur dort ließen sich die idiosynkratischen individuellen Bedeutungen erhellen (1996, S. 473). Seine Kritiker (z.B. Osofsky 1996, S. 422f.) finden das eine zu enge Definition von Psychoanalyse und schlagen andere vor, z.B., dass die Psychoanalyse eine Theorie über die Entstehung und Entwicklung der Persönlichkeit unter besonderer Berücksichtigung unbewusster Persönlichkeitsanteile sei. Wolff (1998, S. 276f.) antwortet darauf, nicht seine Definition sei zu eng, sondern die der anderen zu weit, und Green vertritt eine ähnliche Auffassung. Die Psychoanalyse müsse die Psyche vom »Scheitelpunkt des Unbewussten« aus betrachten (Green 2000a, S. 445), nicht von dem des Ich und auch nicht von dem unbewusster Ichanteile (2000c, S. 251). Außerdem dürften Konzepte nur »dem psychoanalytischen Setting entsprechend (...) und nicht nur vom Studium der Entwicklung her« geändert werden (2000a, S. 446). Darauf kann man eigentlich nur sagen: Wer sich dafür *entscheidet*, den Gegenstandsbereich der psychoanalytischen Theorie und Forschung so einzuengen – oder neutraler ausgedrückt: so festzulegen – und wer sich dafür *entscheidet*, den Anspruch auf externe Kohärenz aufzugeben, schneidet die Psychoanalyse zumindest ein Stück weit vom Rest der Welt ab und das könnte dazu beitragen, dass sie irrelevant wird[16].

Und genau das ist die Sorge der Wissenschaftler unter den Psychoanalytikern. Auch sie machen sich Sorgen um die Zukunft der Psychoanalyse, aber ihre Sorgen sind andere. Nicht die, dass die Psychoanalyse ihre Spezifität verliert, sondern dass sie, wenn sie (zu sehr) auf ihr besteht, den Kontakt zur übrigen *Wissenschaftswelt* verliert und damit ihre Relevanz *für diese*. Diese Befürchtung ist m.E. gut begründet, aber die Sorge des Spezifitätsverlustes bei forcierter Verwissenschaftlichung ebenfalls. Wer wüsste nicht von Projekten zur Überprüfung psychoanalytischer Hypothesen zu berichten, in denen das Psychoanalytische auf dem Wege der Operationalisierung bis zur Unkenntlichkeit entstellt ist. Das kann, muss aber nicht so sein. Das

---

16 Buchholz (1997; 1999) hat dieses Entweder-Oder vermieden. Er beschreibt die klinische Psychoanalyse als eine Profession, die in der Berufspraxis erworbenes professionelles Wissen verwendet, das sich von wissenschaftlichem Wissen strukturell unterscheidet. Allerdings findet im Umfeld der Profession Wissenschaft statt, die nicht ignoriert werden sollte, auch wenn man ihre Ergebnisse nicht direkt auf den Patienten »anwenden« kann. Das kommt Sterns Position ziemlich nahe.

Dilemma ist letztlich, dass beide Seiten gute Gründe für ihre Befürchtungen angeben können. Verwissenschaftlichung kann zum Substanz- oder Spezifitätsverlust führen, fehlende Verwissenschaftlichung zur Irrelevanz. Deshalb wird die Diskussion nicht enden. Mir persönlich scheint derzeit die Gefahr des Relevanzverlustes größer zu sein als die der übermäßigen Verwissenschaftlichung. Eine nur noch für (manche) Psychoanalytiker relevante Psychoanalyse, die auf ihrer Spezifität beharrt – sei es mittels des Green-Wolffschen Arguments vom spezifischen Gegenstand der Psychoanalyse, sei es in der Version von Theorien als nicht-explanatorischen, nur heuristisch fruchtbaren Gebilden, die kohärente und interessante Diskurse erzeugen sollen, ohne überprüfbaren Wahrheitsansprüchen unterworfen zu sein (s. Dornes 2001) – ist der Tendenz nach selbstreferenziell und damit in akuter Lebensgefahr. Aus der dynamischen Systemtheorie wissen wir, dass geschlossene Systeme sterben. Nur offene Systeme, die sich im Austausch mit ihrer Umwelt befinden, überleben und entwickeln sich weiter (Nahum 1998, S. 273). Wem das zu wissenschaftlich klingt, der sei an ein Bonmot des Philosophen Odo Marquard erinnert: Eine Philosophie, die nur noch für Philosophen interessant ist, gleicht einer Zunft von Sockenherstellern, die Socken nur noch für Sockenhersteller herstellt. Wollen Psychoanalytiker das werden?

Aber auch hier bieten sich noch zwei Alternativen. Die eine ist, dass man sagt, wir geben zwar den Bezug zu einer *bestimmten* wissenschaftlichen Umwelt auf und werden für diese irrelevant, aber das heißt nicht, dass wir uns nur noch mit uns selbst unterhalten. Wir suchen den Kontakt zu Kunstgeschichtlern, Historikern, Literaturwissenschaftlern, Anthropologen, Ethnologen, Theologen, Philosophen etc. Das ist eine Möglichkeit[17]. Dort wird man allerdings auf dieselben Probleme stoßen. In der Philosophie beispielsweise auf die so genannten kontinentalen Richtungen wie Phänomenologie, Hermeneutik, Existenzphilosophie, Strukturalismus und Kritische Theorie auf der einen Seite, deren Wissenschaftlichkeit häufig infrage gestellt wird. Auf der anderen Seite den Kritischen Rationalismus, die Wissenschaftstheorie und die Analytische Philosophie, die – in Teilen – am Projekt der Verwissenschaftlichung der Philosophie durch interdisziplinären Kontakt/externe Kohärenz festhalten. Außerdem gibt es alle möglichen Zwischenpositionen. Für wen also soll man sich entscheiden, wenn man sich mit anderen Disziplinen ins Gespräch begibt? Die haben dieselben Probleme und dieselben Schismen[18].

---

17 Stern zieht sie durchaus in Betracht (2000a, S. 469), kommt aber hinsichtlich des Wissens über kleine Kinder zu dem Schluss, dass in diesem Fall die Entwicklungspsychologie die relevanteste externe Disziplin ist.
18 Die Geschichtswissenschaft ebenso (s. z. B. Evans 1997).

Eine zweite Option – außer der, sich den »weichen« Wissenschaften als Referenzfeld zuzuwenden und so die Gefahr des disziplinären Autismus zu vermeiden – ist es, die Stichhaltigkeit der These von der externen Kohärenz zu überprüfen, denn diese hat, selbst wenn man sie nur auf einen bestimmten Typus von (harter) Wissenschaft bezieht, ihre Tücken.

Probleme der indirekten Relevanzthese
Die diesbezügliche Hauptthese war, dass die Psychoanalyse sich in ihren Aussagen nicht im Gegensatz zum übrigen (wissenschaftlichen) Weltwissen befinden sollte, weil sie sonst irrelevant wird. Was aber ist das übrige wissenschaftliche Weltwissen? Theorien sind gerade dann neu, wenn sie dem bisherigen Weltwissen widersprechen. Kopernikus Idee, dass die Erde nicht Mittelpunkt des Universums ist, widersprach dem bis dahin seit vielen Jahrhunderten geltenden geozentrischen, ptolemäischen Weltbild. Kopernikus konnte mit seiner neuen Theorie die Bewegung der Planeten nicht genauer erklären als die Ptolemäer und seine Theorie wurde auch nicht nur aus religiösen Gründen abgelehnt. Tycho Brahe formulierte damals den *auf Beobachtungen* fußenden zentralen Einwand (Andersson 1988, S. 167): Wenn die Erde um die Sonne kreist, so müssen wir die Fixsterne im Abstand von 1/2 Jahr aus zwei weit entfernten Stellungen und damit etwas gegeneinander verschoben sehen. Diese sog. Parallaxe konnte jedoch wegen der großen Entfernung der Fixsterne erst 1839 gemessen werden – also mehr als 300 Jahre nach Kopernikus. Zu seiner Zeit waren die Fernrohre noch zu ungenau, man fand keine Fixsternparallaxe und hielt deshalb *das heliozentrische Weltbild für widerlegt!* Auch Galileis Beobachtungen wurden angezweifelt. Ebenso stieß Keplers Beschreibung der Planetenbahnen auf Ablehnung bei den Fachgelehrten, und Newtons Auffassung, dass Gewicht nichts anderes ist als eine allgemeine Massenanziehung, erntete lange Zeit Widerspruch und Spott. Huyghens hielt sie für »absurd«, Leibniz für »okkult« (Lakatos 1970a, S. 180, Fn. 366). Ähnlich verhielt es sich mit Darwins Evolutionstheorie und Freuds Auffassung über die Psychosexualität bei Kindern. Alle diese Einsichten sind irgendwann einmal mehr oder weniger akzeptiert worden, waren aber zum Zeitpunkt ihrer Entdeckung in hohem Maße kontrovers. Dabei mischten sich oft religiöse, kulturelle, wissenschaftliche und wissenschaftspolitische Gründe für die Ablehnung in unterschiedlichem Ausmaß. Fragt man nun bei jeder neuen Theorie sogleich nach ihrer externen Kohärenz, so wird man davon eher wenig finden, denn neue Theorien sind zunächst einmal weniger extern kohärent als alte. Man sollte deshalb das vorfindbare Maß an externer Kohärenz in seiner Bedeutung für die Wahrheit von Theorien nicht über-

schätzen, weil bisher nicht kohärente Theorien das in Zukunft noch werden können.

Ein gutes Beispiel dafür gibt Strenger (1991, S. 189f.). Er ist der Meinung, dass Melanie Kleins Theorie der paranoid-schizoiden Position nur Sinn macht, wenn man davon ausgeht, dass der Säugling Selbst und Objekt als getrennt wahrnimmt, denn die Idee eines verfolgenden Objekts setze eine rudimentäre Trennungserfahrung zwischen Subjekt und Objekt voraus. Genau diese Auffassung sei unvereinbar mit dem übrigen Weltwissen, insbesondere Piagets Theorie eines ursprünglichen Adualismus. Deshalb müsse man sich in irgendeiner Form mit diesem Widerspruch zwischen beiden Theorien befassen, beispielsweise indem man entweder die paranoid-schizoide Position in ein späteres Alter verlegt, oder die Gültigkeit von Piagets Theorie anzweifelt. Letzteres hat die Säuglingsforschung getan und mittlerweile gezeigt, dass es gute Gründe für die Annahme gibt, dass der Säugling von Anfang an sich selbst und die ihn umgebenden Objekte als voneinander getrennt wahrnimmt (Stern 1985; Dornes 1993, Kap. 4), Piagets diesbezügliche Theorie also wahrscheinlich falsch ist. Lange Zeit war die Kleinianische Theorie mit dem übrigen Weltwissen inkohärent. Sie ist in diesem Punkt kohärenter geworden, aber nicht, weil sie sich geändert hat, sondern weil sich das übrige Weltwissen veränderte!

Ein zweites Problem ist, dass oft nicht klar ist, was als übriges gesichertes Weltwissen gelten kann. Die Befunde und Theorien sind oft sehr heterogen und in keiner Weise so eindeutig, dass man von einem allgemein akzeptierten Weltwissen sprechen könnte.

»Einige Wissenschaftler – und viele Nichtwissenschaftler – meinen, Forscher wüssten alles und die Wissenschaft sei der einzige Weg zur wahren und gesicherten Erkenntnis. Und doch wird jeder praktizierende Wissenschaftler einräumen, dass wir dieses sichere Wissen nicht besitzen. Wir sammeln Daten, wir formulieren Modelle, wir überarbeiten unsere Modelle, (...) sammeln noch mehr Daten, stellen fest, dass sie nicht ganz passen. Auf diese Weise kämpfen wir ständig darum, unser Wissen zu vervollkommnen. Wir können nur jeden Tag hoffen, dass wir uns der Wahrheit nähern« (Coyne 2000, S. 118).

Das Zitat stammt von einem Naturwissenschaftler. Ein Sozialwissenschaftler sieht die Lage ähnlich: »Wissenschaftliche Erkenntnisse sind meist schlechter als ihr Ruf. Sie sind oft strittiger Natur. Trotz seines hohen Ansehens ist wissenschaftliches Wissen fast immer anfechtbar« (Stehr 2000, S. 16). Bei so viel Vorläufigkeit von Wissen scheint die Rede vom restlichen Weltwissen, mit dem das der Psychoanalyse nicht im Widerspruch stehen soll, eher eine regulative Idee als ein durchführbares Programm. Seidler (2001, S. 58f.), der sich jüngst ebenfalls mit dem Problem der Vereinbarkeit klinisch psychoanalytischer Modelle mit denen aus nachbarwissenschaftlichen Disziplinen befasst hat, schreibt:

»Um diesem Kriterium (dem der externen Kohärenz; M.D.) zu genügen, erscheint es notwendig, Modelle in Psychosomatik, Psychotherapeutischer Medizin und Psychoanalyse auch an Ergebnissen etwa der biologischen Psychologie, der Psychiatrie, der Inneren Medizin, aber auch der Philosophie und Ethnologie oder der Neurowissenschaften zu validieren. (…) Eine derartig breit angelegte Fundierung dürfte als notwendige, wenngleich nicht hinreichende Bedingung dafür anzusehen sein, (…) das Feld der Psychoanalyse im Kanon der anderen medizinischen Disziplinen und der anderen Humanwissenschaften erstens eigenständig und zweitens mit ihnen verbunden zu halten«.

Dem stimme ich zu, auch wenn es schwierig ist, sich vorzustellen, wie die Psychoanalyse mit dem Wissen all dieser anderen Disziplinen übereinstimmen soll, wo doch das Wissen in jeder dieser Disziplinen noch nicht einmal mit sich selbst übereinstimmt. Die Gehirnforschung etwa hat mittlerweile viele divergierende Modelle zur Erklärung des Phänomens des Bewusstseins hervorgebracht, die sich untereinander zum Teil erheblich widersprechen und eine Einigung ist nicht in Sicht, noch nicht einmal, wenn man sich auf die drei aussichtsreichsten Kandidaten, die Theorien von Crick (1994), Damasio (1994; 1999) und Edelman (1992), beschränkt. Selbst wenn eine Einigung möglich wäre, müsste man sich fragen, wie viel davon eine Folge von Macht, Konvention, Zeitgeist auf der einen und wie viel eine Folge von Wahrheit auf der anderen Seite ist. Alle diese Faktoren spielen – wie die Untersuchungen zur Wissenschaftsgeschichte z.B. von Fleck, Hanson, Toulmin, Kuhn, Lakatos und Feyerabend gezeigt haben – eine erhebliche Rolle bei der Durchsetzung von Theorien[19].

Warum trotzdem an der indirekten Relevanzthese festhalten?
Dennoch scheint mir die Idee einer erstrebenswerten externen Kohärenz unverzichtbar, auch wenn dieser Bezugspunkt ständig im Fluss ist. Die

---

19 Orientierende Sekundärliteratur: Diederich (1974), Bernstein (1983), Stegmüller (1987), Andersson (1988), Bohman (1991), Schneider (1991), Balzer (1997, Kap. 1), Döring (1998), Hacking (1999) und Fuller (2000).

grundlegende Intuition, die der Forderung nach externer Kohärenz zu Grunde liegt, ist die, dass der Bezug auf externes (wissenschaftliches) Wissen eine begründete, wenn auch manchmal nur vorläufige Entscheidung zwischen konkurrierenden Theorien erlaubt, insofern dieses externe Wissen »constraints« festlegt für das, was noch als plausible Theorie gelten kann (ausführlich dazu Strenger 1991, S. 186ff.). Freuds Urhordentheorie (1912-13a) wäre aufzugeben, weil sie sich auf einen Lamarckismus stützt, den in der Biologie niemand mehr vertritt. Auch für die Todestriebtheorie (Freud 1920g) gibt es in keiner Nachbardisziplin Unterstützung. Bezogen auf die verschiedenen Theorien über den Säugling müssten derzeit alle Theorien, die sich auf einen primären Narzissmus/Autismus oder auf eine primäre Asozialität des Säuglings stützen als unplausibel aufgegeben werden. Genau das hat z. B. die von den Theorien Bions inspirierte Kinderanalytikerin Frances Tustin (1991; 1994) in zwei lesenswerten Aufsätzen getan. Diese Arbeiten sind in Ton, Stil und Inhalt vorbildlich für eine unaufgeregte Kenntnisnahme wissenschaftlicher Ergebnisse durch Psychoanalytiker. Tustin, die ein Leben lang autistische Kinder psychotherapeutisch behandelt hat, revidiert hier unter dem Eindruck der Ergebnisse der Säuglingsforschung die auch von ihr lange Zeit vertretene Auffassung, dass die Erkrankung des frühkindlichen Autismus eine Regression auf ein normales autistisches Stadium sei und zeigt, wie überholt und entbehrlich diese Annahme ist[20]. Letztlich ist es aber auch hier wieder eine Frage der Entscheidung, ob man die Forderung nach externer Kohärenz akzeptiert – was Tustin tut – oder nicht. Man kann sie auch zurückweisen und am Konstrukt des primären Narzissmus/ Autismus oder des Todestriebes als einer das Denken anregenden Idee festhalten. *Als solche* muss sie gar nicht extern kohärent sein.

Aber auch eine solche Konzeption der Psychoanalyse, in der bestimmte, von einem wissenschaftlichen Standpunkt aus strittige Konzepte »nur« als heuristisch fruchtbare Metaphern betrachtet werden, die ein Verständnis des Patienten erleichtern und/oder eine wirksame Neuerzählung seiner Lebensgeschichte ermöglichen, können m. E. auf einen externen Bezugspunkt nicht vollständig verzichten. Ricoeur (1977, S. 869) fasst diesen Sachverhalt unter dem Begriff der »narrativen Intelligibilität«. Diese impliziert mehr als die subjektive Akzeptierbarkeit der eigenen Lebensgeschichte, denn die subjektive Erzählung muss, um überhaupt subjektiv akzeptierbar zu sein, den *allgemeinen* Kriterien genügen, die sich in der Kultur, die das Analytiker-Patient-Paar umgibt, als akzeptierte Kriterien für glaubwürdige Geschichten heraus-

---

20 Eine gute Einführung in die Entwicklung von Tustins Denken gibt Spensley (1995).

gebildet haben. Analytiker und Patient arbeiten oder »erzählen« ja nicht in einem Vakuum. Wir können nämlich nicht einfach beschließen, dass etwas bedeutungsvoll oder wahr ist, weil die uns umgebenden wissenschaftlichen und kulturellen Überzeugungen Grenzen dafür setzen, was vernünftigerweise als eine glaubwürdige Geschichte gelten kann. Weil wir heute über einen bestimmten Wissensschatz bezüglich der Entstehung von Krankheiten verfügen, sind z. B. Geschichten über Krankheitsverursachung durch Dämonen oder Hexen, die lange Zeit »gute« Geschichten waren, heute keine mehr. Sie befinden sich nicht mehr in Übereinstimmung mit dem übrigen Weltwissen. Aber oft nicht deshalb, weil sie in einem strengen Sinne *falsifiziert* worden wären, sondern, weil sie ihre *Plausibilität* verloren haben.

Strenger (1991, S. 190f.) weist darauf hin, dass die Theorie der Entstehung von Symptomen durch Dämonen nicht definitiv falsifiziert, sondern einfach inkonsistent mit wissenschaftlichem Wissen geworden ist. Feyerabend ist derselben Auffassung mit Bezug auf die Hölle und das Fegefeuer: »Man hat ja, z. B. bezüglich des Fegefeuers und anderer empirisch überprüfbarer Theorien, die Idee der Hölle nicht *untersucht* und dann gefunden, dass es sie nicht gibt, man hat diese Idee einfach verloren, weil sie im Laufe der Zeit ihre Plausibilität eingebüßt hat« (zit. nach Döring 1998, S. 113). Der Physiker Barrow (1988, S. 49ff.) beschreibt sehr amüsant einen fiktiven Dialog zwischen einem Anhänger der Theorie, dass ein rollender Ball durch Reibung gehemmt wird und einem, der behauptet, der Ball würde in Wirklichkeit durch eine Horde listiger Teufelchen aufgehalten. Die Teufelchentheorie ist nie widerlegt, sondern einfach unplausibel geworden. Taylor (1991, S. 45f.) gibt ein weiteres Beispiel: Wenn zwei Personen sich z. B. darauf einigen, es sei von besonderer Wichtigkeit, genau 3.732 Haare auf dem Kopf zu haben, so entsteht durch diese Einigung keine Wahrheit, auch keine existenzielle, sondern beide sind ein bisschen verrückt – es sei denn, die Zahl 3.732 ist in der Gesellschaft, in der sie leben, etwas Heiliges! Dann können auch andere dieser Auffassung zustimmen, zumindest aber kann dann über den Geltungsanspruch dieser Behauptung sinnvoll diskutiert werden. Jeder Beschluss und jede Entscheidung, etwas als eine existenzielle Wahrheit zu betrachten, muss deshalb in irgendeiner Form von der ihn umgebenden Gesellschaft anerkannt werden, ansonsten ist er in Gefahr, eine voluntaristische Trivialität oder Sektiererei zu werden. »Das Kriterium der externen Kohärenz verlangt, dass das psychoanalytische Narrativ mit allgemeinen Erkenntnissen über die Psyche des Menschen und mit Erkenntnissen über andere, ähnlich gelagerte Fälle zur Deckung zu bringen sein müsse« (Möller 1978, S. 160). Da aber die Kategorie der »allgemeinen Erkenntnisse über die Psyche des Menschen«

oder die Erkenntnis dessen, was »allgemein und verlässlich über ein Syndrom bekannt ist (...) und was man über die menschliche Natur weiß« (Eagle 1984, S. 216), oder was nach Ricoeur und Taylor kulturell allgemein anerkannt ist, nur in Grenzen trennscharf ist, wird es letztlich immer ein gewisses, aber kein beliebig großes Spektrum an Auffassungen darüber geben, was glaubwürdige Geschichten und plausible Theorien sind.

Alvarez über Psychoanalyse und Kleinkindforschung
Überzeugender als grundsätzliche Überlegungen zur Notwendigkeit oder Entbehrlichkeit externer Kohärenz sind oft Beispiele für die »Produktivität« der Einbeziehung von Befunden aus anderen Disziplinen. Eines der besten in der Green-Stern-Kontroverse stammt von Anne Alvarez, einer Londoner Kleinianerin, die keinerlei Berührungsängste in Bezug auf Forschung hat. »(...) ich liebe die Psychoanalyse und ich liebe auch die Säuglingsbeobachtung und die Säuglingsforschung, und ich glaube, dass beide Arten von Ergebnissen, die aus diesen Disziplinen stammen – zusammen mit ihren Theorien und Metatheorien – uns ins Blut gehen können (...)« (Alvarez 2000, S. 74). So einfach kann die Welt sein, wenn man liebt. Aber Alvarez ist nicht nur verliebt, sondern verfügt auch über einen klaren Verstand und Kenntnis der Nachbardisziplinen. Ausgehend von Arbeiten des Kognitionspsychologen Jerome Bruner zeigt sie, wie einige seiner Befunde ihr Wissen erweitert haben. Die Darstellung ist sehr knapp (ebd., S. 77f.). Andernorts (Alvarez 1992, S. 130ff.) hat sie eine ausführlichere gegeben, auf die ich mich im Folgenden beziehe.

Bruner (1968) hat beobachtet, dass Säuglinge nach der Geburt zunächst nur eine Aktivität ausführen können, die sie vollständig absorbiert. Sie können entweder *saugen* oder *schauen*. Deshalb schließen sie beim Saugen meistens die Augen und konzentrieren sich vollständig auf das Saugen. Ab drei bis fünf Wochen sind sie in der Lage, mit offenen Augen zu saugen, aber ohne fokale Aufmerksamkeit. Sie blicken gewissermaßen ins Leere, müssen aber potenzielle Ablenkungsquellen aus dem peripheren Sehfeld nicht mehr vollständig ausschließen, ohne sich indessen auf sie konzentrieren zu können. Wenn sie anfangen, gezielt zu Schauen und einen Gegenstand zu fixieren, hört das Saugen auf. Sie können also noch immer nur eine Aktivität ausführen. Im darauf folgenden zweiten Stadium zwischen 9-13 Wochen wird abwechselndes Saugen und Blicken möglich. Der Säugling saugt eine Weile, hört dann auf, blickt etwas eine Weile an und fängt dann wieder an zu saugen. Die *Unterdrückung* des Saugens durch das Blicken wird abgelöst durch ein abwechselndes *Nacheinander* zwischen beidem. In dritten Stadium (ab dem vierten Monat) ist der Säugling nicht nur in der Lage, beide Aktivitäten abwechselnd zu vollziehen, sondern ein zusätzliches Phänomen tritt auf: *Das Saugen wird unterbrochen, ohne dass der Säugling es dabei aus den Augen verliert.* Er hört auf zu saugen, aber er nuckelt weiter! Das Nuckeln wird zum »Platzhalter« für das Saugen während des Herumschauens. Es ist, wie wenn ein Erwachsener ein Buch liest, dann den Finger auf die Zeile legt während er herumschaut, und nach einer Weile wieder mit der unterbrochenen Aktivität fortfährt. An Bruners Beispiel kann man buchstäblich »sehen«, wie sich die Fähigkeit zur Koordination zweier Verhaltensweisen in kleinen Schritten entwickelt[21].

Alvarez verbindet diese Beobachtungen zur wachsenden *Koordination* verschiedener *Verhaltensweisen* mit psychoanalytischen Konzepten zur *Integration seelischer Vorgänge.* Sie erwähnt Bion, der davon spricht, dass man lernen muss, in Parenthese zu denken. Bruners Beispiel macht die verhaltensmäßigen Vorläufer eines solchen »zweispurigen« Denkens deutlich. Der Säugling verhält sich zunächst »einspurig« und saugt nur, kann aber ab dem vierten Monat das Saugen unterbrechen, ohne es zu vergessen. Er klammert es gewissermaßen ein, indem er es als Nuckeln fortführt, während er die zweite Spur des Blickens aufnimmt.

Alvarez ist nun weiter der Auffassung, dass Bruners Darstellung veranschaulicht, wie der Mensch lernt, sich verschiedene Erfahrungsbereiche nicht nur zu erschließen, sondern auch, sie zu integrieren. Sie beschreibt Episoden aus der Behandlung eines psychotischen Jungen, die mithilfe von Bruners Überlegungen neu verstanden werden konnten. Der Junge (Robbie) geriet leicht in Zustände unkontrollierbarer Erregung, wenn er jemandem in die Augen schaute. Eine seiner Lösungen für dieses Problem war, dass er dann die Augen schloss – wie Bruners Säuglinge, die zunächst nur saugen können. Alvarez hat dieses Phänomen lange Zeit als Abwehr gegen den von den Augen ausgehenden Sog in eine symbiotische Verschmelzung gedeutet. Sie meint, sie habe damit eine vorzeitige Integration angepeilt, für die das Kind noch nicht reif war. Es war reif für »Einspurigkeit« und was ihrer Meinung nach gefördert werden muss, ist zunächst einmal diese Einspurigkeit – die Anerkennung des Schließens der Augen als eines Versuchs, eine normale Kommunikation in Gang zu bringen und dabei störende oder überwältigende Ablenkungen auszuschließen. Deutungen sind zunächst fehl am Platz, weil sie Zweispurigkeit anzielen. Die Deutung, Robbie schließe seine Augen, um sich gegen eine überwältigende Verschmelzung zu schützen, verschlechterte die Situation oft

---

21 Eine ähnliche Sequenz findet sich auch in der Entwicklung des Greifens (Alvarez 1992).

dramatisch, weil »die bloße Erwähnung des Verschmelzens ausreiche, um ihn eben dorthin zurückzuschicken (...) Wenn ich zu sehr auf das Bezug nahm, wogegen der Kampf sich richtete, erlebte er es so, als würde ich mit dem machtvollen Sog (...) gemeinsame Sache machen« (Alvarez 1992, S. 136). Die Erwähnung dessen, wogegen er sich schützt (»Verschmelzung«), wird als Kollusion des Erwachsenen mit diesem Sog erfahren – vor allem deshalb, weil das Kind in seinem Erleben so gefangen ist wie Bruners Säuglinge im Saugen. Solche Kinder »können selbst ganz einfache Deutungen, die etwa eine Erklärung darstellen [du schließt die Augen, um dich gegen Verschmelzung zu schützen] nicht verstehen, weil es bedeuten würde, zwei Gedanken gleichzeitig im Sinn zu behalten« (ebd.). Sie können die Erklärung (»weil du dich schützen musst«) nicht gleichzeitig mit der Benennung dessen, wogegen sie sich schützen müssen (»Verschmelzung«) verarbeiten, sondern nur einen Gedanken auf einmal fassen. Das Kind weigert sich nicht, zwei Gedanken zu denken oder aufzunehmen – weder bewusst noch unbewusst – es kann das nicht. »Gedanken bleiben unverbunden, nicht weil die Verbindung angegriffen, sondern vor allem, weil die Verbindung noch nie geschaffen wurde« (Alvarez 1992, S. 132).

Alvarez behandelt das damit angesprochene Problem von Konflikt versus Defizit ausführlich (ebd., S. 129ff.). Manche Psychoanalytiker sind ihrer Meinung nach gelegentlich zu schnell bereit, aus einem »kann nicht« ein »will nicht« zu machen. Kohut wird als einer derjenigen genannt, die diesen Unterschied wieder zu Ehren gebracht haben. Ein solches Lob ist unter Kleinianern, die Kohut üblicherweise als einen supportiven, konfliktscheuen »Softy« betrachten, der sich Illusionen über die unausweichliche Konflikthaftigkeit der menschlichen Natur gemacht habe, eine Seltenheit und verdient deshalb besondere Erwähnung. Überhaupt ist Alvarez' Beitrag von einer erfrischenden Unorthodoxie, auch und gerade der eigenen Richtung gegenüber. Während Brenman Pick (2000, S. 85, 87) etwas schwerblütig den bekannten Einwand gegen Stern und die Säuglingsforschung erhebt, sie berücksichtigten zu wenig die pathologische Entwicklung – ein Einwand, dem Stern teilweise recht gibt (2000b, S. 94) – stört Alvarez das nicht:

> »Wenn also Colwyn Trevarthen es vorzieht nur glückliche Babys zu studieren, Daniel Stern die Sexualität der Babys nicht beachtet hat und Bruner die Kognition erforscht ohne die Emotion miteinzubeziehen, warum sollte uns das stören (...)? Nimm, was Dir erhellend erscheint und verzeihe, dass es nur eine Teilwahrheit ist« (Alvarez 2000, S. 75).

Ich möchte diesen Abschnitt mit dem Bekenntnis schließen, dass, wenn dies die zeitgenössische Form des Kleinianismus ist, ich sofort bereit bin, bei dieser Richtung zu unterschreiben.

Schluss
Dies also war mein Plädoyer für den interdisziplinären Dialog. In meinem Bild ist die Säuglingsforschung nicht irrelevant für die Psychoanalyse und sie ist auch nicht unpsychoanalytisch (s. Dornes 2002). Sie ist meine Passion. Bekanntlich werden jedoch – wie der amerikanische Ideenhistoriker Anthony Grafton einmal treffend bemerkt hat – die Passionen einer Generation zu Dissertationen der nächsten. Mit der Zeit wird deshalb der Zauber auch dieser – und anderer – Forschungsrichtungen nachlassen, denn »überhaupt hat der Fortschritt das an sich, dass er viel größer ausschaut, als er wirklich ist« (Nestroy). Was bleibt ist Unsicherheit – oder Offenheit: »Für jeden Philosophen ist es dann und wann schmerzlich, zu erfahren, dass es neben ihm alle anderen möglichen Philosophen gibt, die alles ganz anders machen. Nicht, dass sie andere Meinungen haben ist das Ärgerliche, denn das ließe sich ja früher oder später beheben; *diese Menschen betreiben eine ganz andere Philosophie*« (Seel 2000). Ersetzt man in diesem Zitat das Wort Philosophie durch Psychoanalyse, so ist damit die heute vorfindbare Situation ziemlich genau beschrieben. Auch die Schlussfolgerung ist einleuchtend: »Da alle Produktivität Begrenzung bedeutet, kann es keine Philosophie (lies: Psychoanalyse; M.D.) geben, die alle produktiven Hinsichten in sich vereinigen könnte. Jede einzelne kann nicht anders als aspekthaft und damit einseitig sein. Die Philosophie (Psychoanalyse; M.D.), so scheint es, muss mit einer ebenso ernüchternden wie erleichternden Einsicht leben: Das höchste Erkennen liegt im Erkennen der Einseitigkeit auch des höchsten Erkennens« (ebd.).

Psychoanalyse und Entwicklungsforschung
Sind Psychoanalyse und Kleinkindforschung füreinander relevant?

Kai von Klitzing

Die Verbindung zwischen Psychoanalyse und Entwicklungspsychologie bzw. Entwicklungsforschung ist bi-direktional. Einerseits hat das psychoanalytische Denkgebäude immer einen großen Einfluss auf die Theorien und die Forschung über die psychische Entwicklung von Kindern gehabt. So hat beispielsweise Freuds Betonung der infantilen Sexualität eine fast revolutionäre Herausforderung für die Entwicklungstheorien seiner Zeit bedeutet. Die meisten Entwicklungstheorien, sogar auch sehr kognitions- und verhaltensorientierte, werden von psychoanalytischen Konzepten und Klassifikationssystemen beeinflusst. Andererseits haben Erkenntnisse aus der Entwicklungsforschung die klinische Theorie der Psychoanalyse stark beeinflusst. Viele psychoanalytische Beschreibungen typischer Übertragungs- und Gegenübertragungskonstellationen werden mit normalen Phänomenen der frühen psychischen Entwicklung verknüpft, so z.B. narzisstische Übertragungen mit Spiegelungsphänomenen in der frühen Mutter-Kind-Beziehung, Borderline-Übertragungen mit Spaltungsphänomenen in der frühen Beziehungsentwicklung und hysterische Übertragung mit triadischen Konflikten des ödipalen Kindes.

Jedoch werden die Psychoanalyse und die Entwicklungswissenschaften von völlig unterschiedlichen Forschungsmethoden geprägt. Die Psychoanalyse ist im Wesentlichen eine rekonstruktive Wissenschaft. Sie fokussiert auf die Rekonstruktion der Innenwelt von Patienten und benutzt dabei die aktuelle Übertragungsbeziehung als ein Forschungs- und Arbeitsinstrument. Außerdem ist die Psychoanalyse stark individuumsorientiert, leitet sie doch aus der Darstellung von Einzelfällen ihre wichtigsten theoretischen und klinischen Ergebnisse ab. Im Gegensatz dazu richtet sich das Interesse der Entwicklungswissenschaften meist auf die Beobachtung von Entwicklungsphänomenen in der Gegenwart, d.h. in dem Moment, wenn diese Phänomene aktuell sichtbar sind. Sofern Entwicklungsforschung mittels prospektiver, longitudinaler Studiendesigns durchgeführt wird – und das ist heutzutage der Goldstandard für hochwertige Entwicklungsstudien – kann man sie sogar als konstruktiv bezeichnen. Sie beobachtet Entwicklung oder Teile der Entwicklung, während sie konstruiert werden. Außerdem ist die

»empirische« Entwicklungsforschung im Wesentlichen gruppenorientiert, d.h. es werden mehr oder weniger repräsentative Stichproben mittels standardisierter Methoden untersucht, Mittelwerte von beobachteten Phänomenen in diesen Samples errechnet oder Gruppierungs-Cluster gebildet. Es werden also nicht Einzelfälle sondern typische Kollektive in ihren Entwicklungsdimensionen beschrieben und die Ergebnisse dieser Beschreibungen diskutiert. Der klassischen entwicklungspsychologischen Forschung mit ihrer Beschränkung auf das beobachtbare Verhalten fehlt aber häufig die Dimension des subjektiven, zumal des unbewussten Erlebens. Wenn man nun den Gegensatz zwischen Rekonstruktion und Beobachtung/Konstruktion in Rechnung stellt, so verläuft die Psychoanalyse von Kindern in einem Übergangsraum zwischen diesen beiden Polen. In der Analyse vor allem von jungen Kindern erfassen wir sowohl die Rekonstruktion der vergangenen als auch die Konstruktion der gegenwärtig stattfindenden Entwicklung. Der Therapeut spielt für die Entwicklung des Kindes als Übertragungsobjekt aber auch als reale Beziehungsperson eine große Rolle. Er wird also zum aktiven Beobachter der Entwicklung, wobei er selbst Teil des Prozesses wird, den er beobachtet. Diese Position scheint dem zuwider zu laufen, was empirische Puristen unter objektiver, wissenschaftlicher Forschung verstehen, obwohl wir seit Heisenberg wissen, dass der Beobachter immer auch das Objekt seiner Beobachtung beeinflusst.

»Objektive« Entwicklungsforschung ist meist auf das Verhalten des Kindes ausgerichtet, welches auf mikroskopische wie auch auf makroskopische Weise analysiert werden kann. Auch die Eltern-Kind-Interaktion kann mit »objektiven«/reliablen Beobachtungsinstrumenten erfasst werden. Trotzdem gehe ich davon aus, dass diese Beobachtungsinstrumente – so reliabel sie auch sein mögen – immer auch einen Einfluss auf das Objekt der Beobachtung haben. Wenn ich z.B. Interaktionen von Müttern mit ihren Kindern beobachte und dieses Interaktionsverhalten mit einem Beobachtungsinstrument erfasse, welches aus der theoretischen Sicht der Bindungstheorie entwickelt wurde, werde ich selbstverständlich vor allem Bindungsverhalten beobachten. Trotzdem und auch entgegen der Meinung vieler Psychoanalytiker ist die systematische und standardisierte Beobachtung des kindlichen Verhaltens und der Eltern-Kind-Interaktion auch für die psychoanalytische Theorie und Praxis von Nutzen. Die standardisierten Beobachtungen einer großen Zahl von Kindern (und Eltern) werden untereinander vergleichbar, was in der auf den Einzelfall gerichteten, psychoanalytischen Beobachtung nicht immer der Fall ist.

Diese empirische Entwicklungsforschung ist vorwiegend auf Verhalten, wie es von außen beobachtet werden kann, ausgerichtet. Andererseits ist auch die innere, subjektive Welt der Kinder sowohl klinisch als auch wissenschaftlich von großem Interesse. Die Erfassung von früh sich im Kind entwickelnden inneren Vorstellungen und Repräsentationen kann zu einem besseren Verständnis von Entwicklungsmotiven führen. Für diesen relevanten Forschungsgegenstand ist die Psychoanalyse eine angemessene Methode. Die Stärke der psychoanalytischen Forschung besteht darin, dass sie nicht den Einfluss des Forschers auf das Objekt der Forschung verleugnet. Im Gegenteil: Die Psychoanalyse hat mit ihren Konzepten von Übertragungs- und Gegenübertragungsphänomenen theoretische Instrumente entwickelt, mit deren Hilfe man diese subjektiven Einflüsse erfassen und konzeptualisieren kann.

In den vergangenen Jahrzehnten war die Entwicklungspsychologie hauptsächlich auf die Kognitionswissenschaften ausgerichtet und schon allein daher nicht sehr stark an psychoanalytischen Konzepten interessiert. Zuletzt haben sich die Forschungserkenntnisse über die »Architektur der Kognition« und ihre Verbindung mit der Neurobiologie stark revolutioniert. Die Psychoanalyse mit ihrer Tendenz zur Isolation hat teilweise den Kontakt zu dieser wichtigen Bewegung verloren. Auf der anderen Seite haben die Kognitionswissenschaften mentale Prozesse so beschrieben, wie man Computer beschreibt, und deshalb den Kontakt zur Psychoanalyse und ihrem Gedankengut über die irrationalen Aspekte des menschlichen Geistes verloren.

Bucci (1995; 1997), eine fundierte Kennerin sowohl der Kognitionswissenschaften als auch der Psychoanalyse, zeichnet neuere Erkenntnisse nach, die den Zusammenhang zwischen dem menschlichen Informations-Verarbeitungssystem und der Emotionalität analysieren. Bucci unterscheidet zwischen dem symbolischen und subsymbolischen System der Kognition:

»Der klassische Ansatz beschreibt intelligente Wesen als symbolische Systeme, die Repräsentationen im Format symbolischer Codierungen verarbeiten. In diesem Konzept sind die wichtigsten Klassen intelligenter Wesen Menschen und Computer. (...) Symbole sind Einheiten, die sich auf andere Einheiten beziehen und die Fähigkeit haben, in geregelter Weise miteinander kombiniert zu werden, sodass eine unendliche Anzahl bedeutungsvoller Einheiten aus einem endlichen Set von Elementen generiert werden kann. Symbole können Bilder oder Wörter sein. Das symbolische System beruht also auf einer kategorialen Organisation« (Bucci 1997, 77).

Auf der anderen Seite gibt es eine große Bandbreite systematischer menschlicher Informationsverarbeitung, für welche symbolische Prozessmodelle keinen adäquaten Hintergrund darstellen. »Diese beinhalten Repräsentationen und Prozesse, in welchen die Elemente nicht diskret sind, die Organisation nicht kategorial ist, Prozessabläufe simultan in verschiedenen parallelen Kanälen ablaufen, höhere Ebenen nicht von diskreten Elementen generiert werden und auch keine expliziten Prozessregeln identifiziert werden können« (S. 88). Komplexe, nicht symbolische Verarbeitungsprozesse dieser Art werden als »Parallel Distributed Processing« (PDP) bezeichnet. Sie sind die Basis für kreatives Problemlösen, flüssiges linguistisches Verhalten, alle Arten von differenzierten Fähigkeiten in Tieren wie auch in Menschen sowie vielen Arten intuitiver und impliziter Prozessabläufe.

Beispiel: Ein kleines Kind klettert von einem Tisch herunter. Wenn das Kind wie ein Computer funktionieren, nämlich sich nur auf Entweder-Oder-Kategorien verlassen würde, würde es nie den Boden erreichen. Im Vergleich zu Computern sind Neurone viel zu langsam, als dass sie nur auf dieser Ebene arbeiten könnten. Statt dessen streckt das Kind seinen Fuß ein bisschen voran, während es gleichzeitig den Abstand zwischen seinem Fuß und dem Boden visuell zu erfassen versucht. Zur gleichen Zeit schaut es zur Mutter oder zum Vater und hört auf deren/dessen Stimme, versucht also, den emotionalen Zustand seiner Eltern zu entziffern, um seinen eigenen emotionalen Zustand zu regulieren (Social Referencing). Das Kind wird den Sprung auf den Boden nicht wagen, bevor nicht die visuell erfasste Distanz zum Boden und seine Wahrnehmung des elterlichen emotionalen Zustandes zu seinem inneren Schema von einem sicheren Sprung passen, welches es in seinem bisherigen Leben konstruiert und gespeichert hat. Das PDP-System basiert mehr auf statistischen und Wahrscheinlichkeitsprozessen als auf Alles-oder-Nichts-Kategorien logischer Abläufe. Es konstituiert sich aus einem Zusammentreffen verschiedener Systeme und Knoten, welche Informationen zur gleichen Zeit verarbeiten. Das Erregungsniveau jedes Knotens hängt zu jeder Zeit von den Erregungsniveaus aller anderen Knoten in der vorangegangenen Zeit ab. Ein integratives Architekturmodell kognitiver Prozesse ist erforderlich, das sowohl subsymbolische als auch symbolische Strukturen integriert, welche die Grundlage für unterschiedliche Funktionen sind.

Für eine psychisch gesunde Entwicklung des Subjekts ist es sehr wichtig, dass das subsymbolische und das symbolische System mentaler Funktionen während der Entwicklung integriert werden. Hierbei geht man davon aus, dass Affekte und Emotionen eine integrierende Funktion für den Entwicklungsprozess haben und deshalb eine zentrale Rolle in der Entwicklung spielen. In diesem Zusammenhang stellt die Psychoanalyse einen wichtigen wissenschaftlichen Ansatz dar, welcher einen Beitrag zur Konzeptualisierung und zum Verständnis des subjektiven emotionalen Erlebens des Individuums leistet und dabei insbesondere die irrationalen und unbewussten Aspekte integriert. Deshalb sollte die Verbindung zwischen Entwicklungsforschung und Psychoanalyse bi-direktional sein: Die Psychoanalyse sollte die immer weiter wachsenden Erkenntnisse über den psychischen Entwicklungsprozess, welche von den verschiedensten wissenschaftlichen Ansätzen kommen, in ihre theoretischen und klinischen Konzepte integrieren. Andererseits sollten Entwicklungsforscher verschiedenster Couleur Ergebnisse psychoanalytischer Erfahrungen und psychoanalytischen Denkens in ihre Forschungsaktivitäten integrieren.

Dabei sind die psychoanalytischen Affekt- und Emotionskonzepte innerhalb der Psychoanalyse durchaus kontrovers. Wie wir wissen, definierte Freud Affekte als Abkömmlinge der Triebe. »Nach Freud wird jeder Trieb auf den beiden Ebenen Affekt und Vorstellung ausgedrückt. Der Affekt ist die qualitative Äußerungsform der Quantität an Triebenergie und ihrer Variationen« (Laplanche/Pontalis 1967, 37). Einige Theoretiker bezweifeln allerdings, dass Triebenergien eine wichtige Rolle im mentalen Leben des Individuums spielen. Sie versuchen, die Psychoanalyse im Wissenschaftsbetrieb gesellschaftsfähiger zu machen, indem sie die zentrale Rolle des Energiekonzepts aufgeben. In diesem Zusammenhang werden Emotionen und Affekte als im Wesentlichen adaptive, primär motivationale Mechanismen beschrieben, welche mit anderen Aspekten der Kognition interagieren. »Emotionale Schemata« werden im Individuum von Anfang an entwickelt. »Emotionale Schemata« konstituieren unsere Selbst-Konstruktion und unsere Kenntnis der interpersonalen Welt. Sie werden als prototypische Repräsentationen des Selbst in der Beziehung zu Anderen definiert, welche aus wiederholt stattfindenden interaktiven Episoden mit gemeinsam geteilten affektiven Zuständen entstehen. Die affektiven Zustände entstehen aus einem Cluster sensorischer, viszeraler und motorischer Elemente, die im Wesentlichen subsymbolisch sind und die innerhalb oder außerhalb des Bewusstseins auftreten können« (Bucci 1997, 195).

Um André Green zu paraphrasieren, könnte man nun fragen: Was haben Affekte und Emotionen mit Sexualität zu tun? Ich fühle mich nicht in der Lage, diese Kontroverse von einem theoretischen oder empirischen Standpunkt her zu entscheiden. Ich ziehe lieber vor, eine Fallvignette zu präsentieren, was Psychoanalytiker meistens tun, wenn sie mit solch einer schwierigen Frage konfrontiert sind. Der Fall stammt nicht aus meiner klinischen Arbeit, sondern aus unserem Forschungsprojekt über frühe Kindesentwicklung und triadische Familienbeziehungen. Diese Studie setzt bereits während der Schwangerschaft ein und erstreckt sich dann in einem longitudinalen Design bis zum fünften Lebensjahr des Kindes (Perren et al. 2002; von Klitzing/ Bürgin 2005; von Klitzing et al. 1999). Das Ziel der Studie ist, die Beziehungsprozesse der frühen Kindheit besser zu verstehen, indem man die Konzepte der Triadifikation und Triangulation verwendet. Zwei prospektive Longitudinalstudien wurden mit insgesamt mehr als 120 Eltern und ihren erstgeborenen Kindern durchgeführt. Die subjektiven Einstellungen der Eltern zu ihrer Elternschaft und dem ungeborenen Kind wurden während der Schwangerschaft in tiefenpsychologischen Interviews analysiert, wobei vor allem die Repräsentationen ihrer eigenen Kindheitserfahrungen, ihre Partnerschaft und ihre Beziehung zu ihrem Kind erfasst wurden. Diese Dimensionen wurden mit der Qualität dyadischer und triadischer Eltern-Kind-Interaktionen verglichen, welche wir beobachteten, nachdem das Kind geboren wurde. Im fünften Lebensjahr wandten wir dann die MacArthur-Story-Stem-Completion-Untersuchung an (vgl. von Klitzing et al. 2005), um etwas über die repräsentationale Innenwelt der Kinder zu erfahren.

Tommys Eltern wurden neun Wochen vor seiner Geburt interviewt. Zu dieser Zeit freuten sie sich sehr, zum ersten Mal Eltern zu werden. Sie beschrieben ihre eigene Kindheitserfahrungen und ihre Partnerschaft als sehr positiv. Das einzige Problem bestand darin, dass sie in ihrer eigenen Kindheit die Tendenz ihrer eigenen Eltern erlebt hatten, jeglichen Konflikten aus dem Weg zu gehen, sodass sie sich nun sehr unsicher fühlten, wie man mit Konflikten und Streitigkeiten in der eigenen Partnerschaft umgehen könnte. Im Gegensatz zu den Erwartungen der Mutter war die Geburt von Tommy dann sehr schmerzvoll und dauerte sehr lang. Am Ende musste der Junge mithilfe der Geburtszange geboren werden. Im zweiten Interview, einen Monat nach der Geburt, schilderte die Mutter, dass sie das Gefühl gehabt hatte, dass alles aus ihr herausgerissen worden sei. Ausgehend von diesem Erlebnis fühlte sie sich während der ersten postnatalen Wochen sehr depressiv und verlor übermäßig an Gewicht.

Im Alter von vier Monaten des Kindes ging es der Mutter wieder sehr viel besser und beide Eltern waren mit dem gesunden Jungen sehr glücklich. Zu diesem Zeitpunkt führten wir das »Lausanner Spiel zu Dritt« mit beiden

Eltern und dem Säugling durch. Dabei handelt es sich um eine experimentale Methode für die standardisierte Beobachtung früher triadischer Interaktionen. Dieses Forschungsinstrument wurde von E. Fivaz und A. Corboz (Corboz-Warney et al. 1993; Fivaz-Depeursinge/Corboz-Warney 1999) entwickelt. Die Eltern sitzen in der Versuchsanordnung ihrem Kind gegenüber, welches sich in einem Kindersitz befindet. Erst soll jeder Elternteil alleine und dann sollen beide Eltern zusammen mit dem Kind spielen. Die Eltern selber können bestimmen, wie lang das Spiel geht, wer anfängt und wie der Übergang zwischen den verschiedenen Phasen geregelt werden soll. Der Säugling und die Eltern werden mit zwei Kameras gefilmt. Tommys Mutter, die sich entschieden hatte, mit dem Spiel zu beginnen, versuchte sehr intensiv in Kontakt mit Tommy zu kommen. Aber der Junge vermied konstant und aktiv jeglichen Augenkontakt mit seiner Mutter. Nach einer Weile lehnte sie sich resignierend zurück und der Vater kam an die Reihe. Anfangs war er auch nicht sehr erfolgreich dabei, Tommys Aufmerksamkeit zu gewinnen. Aber nach einer Weile entwickelte sich eine gemeinsame Vokalisierung »aoh«. Für den Beobachter war nicht klar, wer wirklich mit diesem vokalen Spiel begonnen hatte. Tommy aber wurde immer interessierter daran, das Aoh seines Vaters nachzuahmen und sein Vater versuchte seinerseits Tommys Laute zu imitieren. Als dann schließlich beide jedes Mal die Tonlage dieser Vokalisation leicht veränderten, entstand eine interessante Sequenz von Tönen und Geräuschen. »Aoh«, »Ooh«, »Ouh«. Nun war Tommy auch visuell mehr interessiert und schaute mehr und mehr zu seinem Vater. Ein Dialog im Sinne von Spitz entwickelte sich. In diesem Moment war es für die Mutter leicht, in das Spiel aktiv einzugreifen und an ihm teilzunehmen. Sie begann, ebenfalls solche lustige Vokalisationen von sich zu geben und erregte dadurch langsam ihrerseits die Aufmerksamkeit des Säuglings. Tommy wurde nun sehr erregt, schaute zur Mutter, dann wieder zum Vater, und zurück zur Mutter usw. Alle drei intonierten nun gemeinsam mit großer Freude und Aufmerksamkeit ein Stück von Eltern-Säuglingsmusik. Ausgehend von Spitz' Konzept vom Dialog (Spitz 1963) nennen wir diese Art von Vater-Kind-Austausch »Trilog«. Der Trilog ist ein dynamischer, kommunikativer Austausch zwischen Mutter, Vater und Säugling, welche sich aufeinander beziehen und niemanden ausschließen. Der Austausch ist aufeinander abgestimmt und schließt wie beim Dialog verschiedene Modalitäten ein. Im Falle von Tommys Familie hatte der Vater die affektive Kommunikation mit dem Jungen eröffnet und dann die Mutter in diesen Prozess eingeführt, sodass sich ein Trilog entwickelte.

Die longitudinale Studie wurde fortgeführt bis ins fünfte Jahr von Tommys Leben. Zu dieser Zeit war er ein gesunder Junge, der scheu und manchmal auch etwas ängstlich war. Er wurde nun selbst interviewt. Dabei wurde die MacArthur-Story-Stem-Battery (MSSB) angewendet. Die MSSB ist von der Forschungsgruppe um Robert Emde als eine standardisierte, entwicklungsadäquate Methode entwickelt worden, welche Spielnarrative anwendet, um Zugang zur inneren Welt von jungen Kindern zu erhalten (Emde et al. 1997; von Klitzing et al. 2000; Warren et al. 1996). Der Geschichtenstamm oder -anfang wird dem Kind bis zum Höhepunkt einer bestimmten Konfliktsituation erzählt, und dann wird das Kind aufgefordert: »Zeig und erzähl mir, wie die Geschichte weitergeht!« In einer der zwölf Geschichtenstämme erzählt die Untersucherin folgende Geschichte: Ein Junge kommt ins Wohnzimmer und sieht, wie sich Mami und Papi böse anschauen. Mami sagt ärgerlich: »Du hast meine Schlüssel verloren!« Papi antwortet: »Ich habe das nicht getan!« Mami: »Doch, du hast es getan, du verlierst immer die Schlüssel!« Papi sagt: »Ich habe sie dieses Mal nicht verloren.« Die Untersucherin fragt nun: »Zeig und erzähl mir, was weiter geschieht!« Tommy erzählt: »Papi geht aus dem Haus heraus und geht zur Armee, um im Krieg zu kämpfen. Der Junge geht zur Mutter und tanzt mit ihr. Aber dummerweise ist der Junge viel zu klein für den Tanz mit der Mutter.« Dass diese Geschichte Ausdruck von Tommys Phantasien und nicht von real Erlebtem war, konnte man allein schon daran sehen, dass Tommys Vater nie bei der Armee gewesen war, seit der Junge auf der Welt war.

Weniger als ein Jahr später, nachdem die Studie bereits beendet war, baten mich die Eltern um eine klinische Konsultation, weil Tommy Ängste entwickelt hatte. Der Junge konnte sich nicht einmal für einen kurzen Moment von seiner Mutter trennen und verweigerte den Schulbesuch. Er versuchte die Mutter zu kontrollieren und akzeptierte die Betreuung durch den Vater nicht, wenn die Mutter das Haus einmal pro Woche verlassen wollte, um Freunde zu treffen.

Die Frage ist: Warum hat der Junge diesen problematischen emotionalen Zustand entwickelt? Welches sind die emotionalen Schemata, die hinter seiner Angst lagen? Eine Antwort könnte darin bestehen, dass der Junge die Depression der Mutter in seinem frühen Leben erfahren hatte und vielleicht auch einige Male in den folgenden Jahren. Das könnte u. U. seine Angst hervorgerufen haben, seine Mutter zu verlieren, so wie er sie ja früher auch während der depressiven Phasen schon verloren hatte. In der Sprache der Bindungstheorie könnte man das so formulieren: Er hatte ein ängstlich/

überinvolviertes Arbeitsmodell von Bindungsbeziehungen entwickelt, welches ihn daran hinderte, in seiner Entwicklung fortzuschreiten. Aber was war mit seinem Vater? Ist dessen Rolle als eine frühe Beziehungsperson und Eröffner der triadischen Austauschprozesse nicht wichtig genug gewesen, um den Jungen vor solch schwierigen Angstsymptomen zu schützen? Ich denke, dass wir Tommy und seine Entwicklung nicht verstehen können, ohne die sexuellen Wünsche des Jungen gegenüber seiner Mutter zu berücksichtigen. Die Entwicklung des Triebes und der Phallizität führte zu dem Konflikt. Er hatte den Wunsch, den Vater auszuschließen, ihn zur Armee zu schicken, wo er kämpfen und sterben kann, um die Mutter für sich selber zu haben. Aber er wusste, dass er zu klein war, um wirklich wie ein erwachsener Mann mit der Mutter tanzen zu können. Und aus seiner Erfahrung wusste er auch, dass er seinen Vater brauchte, um mit der Mutter in Kontakt kommen und in den Beziehungskontakt eines gesunden Trilogs gelangen zu können. Seine Angst mag nicht nur durch seine Gefühle von Schuld und die Furcht vor Rache und Kastration angesichts seiner Todeswünsche gegenüber dem Vater verursacht worden sein. Sie basierte wohl auch auf seiner Erfahrung, dass eine gut ausbalancierte Beziehung zu seiner Mutter nur mit der Hilfe einer wichtigen dritten Person, des Vaters, möglich war. Diese frühen emotionalen Schemata von einer lustvollen und sicheren triadischen Beziehung wurden nun durch seine eigenen sexuellen Wünsche nach einer ausschließlichen Beziehung mit der Mutter gestört und unterbrochen.

So komme ich zu dem Schluss, dass wir die Entwicklung der subjektiven Welt des Kindes nicht verstehen können, ohne dem triebhaften und sexuellen Leben des Kindes Rechnung zu tragen. Wir können darüber nachdenken, dass die Triebe vielleicht keine absolut prominente Rolle spielen, bevor das Kind in die ödipale Entwicklung eintritt. Aber gibt es irgendwelche Gründe, zu glauben, dass emotionale Regulationsprozesse in der frühen Entwicklung unabhängig von triebhaften Motiven ablaufen? Triebe mögen nicht die einzigen motivationalen Faktoren der Entwicklung sein, aber sie sind doch wichtige Organisatoren des mentalen Lebens.

Wie schon erwähnt ist die auf Bowlby zurückgehende Bindungstheorie für die Psychoanalyse von besonderer Bedeutung. Bowlbys (1969) Hypothesen zum Bindungsverhalten kleiner Kinder gegenüber ihren Müttern haben vielfältige Forschung über die Mutter-Säuglings-Interaktion nach sich gezogen. Viele Studien haben Zusammenhänge zwischen der mütterlichen Sensitivität gegenüber ihrem Säugling und dem Bindungsverhaltens des Kindes, wie es im Alter von einem Jahr in der »Ainsworth Fremden Situation« beobachtet werden kann, gefunden (Ainsworth et al. 1978; Bretherton 1985; Waters et al. 2000). Interessant für die Psychoanalyse wurde die Bindungstheorie insbesondere, als sie auch die Ebene der Repräsentationen mit einbezog (Main et al. 1985), welche in der Sprache der Bindungstheorie »Arbeitsmodelle« genannt werden. Mit ihrer stark auf das Interaktionsverhalten abzielenden Ausrichtung hat sich die Bindungstheorie aber zeitweise stark von der Psychoanalyse entfernt.

Diesbezüglich bedeuten die Ansätze von Fonagy et al. (Fonagy 2001; Fonagy et al. 2002; Fonagy/Target 1997), welche die Bindungstheorie aus psychoanalytischer Sicht in einen neuen Blickwinkel setzen, einen Schritt in die richtige Richtung. Die Autoren versuchen in ihrem theoretischen Ansatz zu erklären, wie Bindungsmuster die wachsende repräsentationale Welt und die Selbstorganisation des kleinen Kindes beeinflussen. Dabei greifen sie die entwicklungspsychologische »Theory of Mind«-Debatte auf, die das Phänomen beschreibt, wie Kinder entdecken, dass andere Menschen über mentale Zustände verfügen, die ähnlich wie die eigenen funktionieren und doch nicht völlig gleich sind. Die mit der reflektiven Funktion verbundene Mentalisierung bezeichnet die mentale Funktion, welche die Erfahrung des Selbst und des Gegenübers auf der Ebene von mentalen Zuständen organisiert. Die Mentalisierung bildet die Basis für die wachsende Selbstorganisation im Seelenleben des Säuglings und des Kleinkindes. Sie basiert auf kognitiven und emotionalen Prozessen, die vorwiegend unbewusst und vor allem an individuelle Erfahrungen mit engen Bezugspersonen gebunden sind. Entscheidend für die Entwicklung der Mentalisierungsfähigkeit ist die Fähigkeit der frühen Bezugspersonen, insbesondere der Mutter, die kindlichen affektiven und intentionalen Äußerungen zu verstehen und durch Spiegelung dem Kind dieses Verständnis mitzuteilen. Die Qualität der Primärbeziehung ist also die Basis für die Entwicklung dieser Fähigkeit zur Mentalisierung. Sie entsteht dadurch, dass das Kind die Erfahrung macht, in seinen eigenen, zunächst körperlichen Zuständen von Erwachsenen »gespiegelt« zu werden. Dieser Ansatz ruht auf komplexen psychoanalytischen Theorien, beispielsweise denen von Bion (Bion 1962) über die Reverie der Mutter, welche dem Kind hilft, eigene unerträgliche emotionale Zustände zu metabolisieren. Störungen in diesen Prozessen führen zu erheblichen Pathologien in der Persönlichkeitsentwicklung, beispielsweise zu Borderline-Zuständen.

In unserer eigenen Forschung postulieren wir, dass über die Bindungssicherheit hinaus triadische und trianguläre Prozesse bei der Entwicklung der Mentalisierung ebenfalls eine wichtige Rolle spielen. Dabei muss zunächst geklärt werden, wie der Begriff »Triangulierung« zu verstehen ist.

In den Kognitionswissenschaften wird als triangulärer Prozess bezeichnet, wenn das kleine Kind und die Mutter sich auf ein drittes Objekt außerhalb der Dyade beziehen (z. B. beim protodeklarativen Zeigen, welches sich am Ende des ersten Lebensjahres entwickelt). Meine eigene Forschungsgruppe hat frühe Prozesse studiert, bei denen es weniger um ein drittes Sachobjekt außerhalb der Dyade geht, sondern mehr um die dritte Person, also z. B. den Vater. Zur Bedeutung der frühen Triangulierung gibt es vielfältige psychoanalytische Literatur (Abelin 1971; Brickman 1993; Klein 1928). Entlang der Definitionen von Stern (1985) bezeichnen wir interpersonale Prozesse, in welchen eine Dreierbeziehung (Vater-Mutter-Kind) gebildet wird, als Triadifikation und den parallel laufenden intrapsychischen Prozess, wie solche Dreierbeziehungen innerlich erfahren und repräsentiert werden, als »Triangulation«. In unseren longitudinalen Studien hat sich gezeigt, dass frühe Triadifikations- und Triangulierungsprozesse (teilweise schon erfasst bei den Eltern bevor das Kind überhaupt geboren ist) eine hohe Vorhersagekraft für die Bildung einer flexiblen repräsentationalen Welt des Kindes haben (von Klitzing/Bürgin 2005). Auch Fonagy und Target haben festgestellt, dass das Verständnis von Kindern über mentale Zustände wahrscheinlich in interaktiven Netzwerken von komplexeren (triadischen) Beziehungen eingebettet ist, wie beispielsweise die Familienwelt oder die Interaktionen mit Geschwistern und Gleichaltrigen. Nur haben sie diese Art von Beziehungen nicht so intensiv untersucht wie die Bindungsbeziehung zur Mutter. Egal aber ob es sich beim Dritten um ein Sachobjekt oder um eine dritte, wichtige Person außerhalb der Dyade handelt, stellt doch die Triangulierung immer einen Außenbezug her, d.h. die gemeinsame Anerkennung, dass es etwas außerhalb der Zweierbeziehung geben kann. Im weitesten Sinn finden solche Triangulierungsprozesse auch im psychoanalytischen Prozess, sei es mit Kindern oder Erwachsenen, statt, dann nämlich, wenn sowohl Analysand als auch Analytiker anerkennen, dass es außerhalb ihrer analytischen Beziehung noch einen dritten Bezugspunkt gibt (das Setting, die Außenwelt etc.). Ich bin fest davon überzeugt und habe in unserer Forschung auch sehr viele Hinweise dafür gefunden, dass die manchmal schmerzliche Anerkennung der Existenz eines Dritten einen wesentlichen Entwicklungsanreiz für das Kind darstellt, Denkprozesse, Repräsentationen und Mentalisierungen in Gang zu bringen. In solch einer Erweiterung, die sehr stark aus dem psychoanalytischen Denken hervorgeht, erfährt die manchmal etwas eindimensionale Bindungstheorie eine wichtige Bereicherung. Für die Psychoanalyse, die im Wesentlichen eine Theorie des Konfliktes und damit auch der Dreierbeziehungen darstellt, bedeutet das, dass sie die komplexen Konzepte über die ödipale Entwicklung auch in der frühen Kindheit (Klein 1928) zu einem besseren Verständnis früher interaktiver Prozesse, und damit auch der frühen mentalen und emotionalen Entwicklung, beisteuern kann. So zeigt sich, dass psychoanalytische Konzepte, die sich aus der intensiven Beschäftigung mit der subjektiven Welt, wie sie im analytischen Prozess zutage tritt, entwickeln, für die aktuelle Entwicklungsforschung höchst wichtige und bereichernde Modelle darstellen. Wie gesagt: Die Verbindung zwischen Psychoanalyse und Entwicklungsforschung ist bi-direktional. Beide wissenschaftlichen Ansätze bereichern sich gegenseitig, sofern auf beiden Seiten die Widerstände überwunden werden, sich auf den jeweiligen anderen Ansatz einzulassen.

Was kann die Entwicklungspsychopathologie Psychoanalytikern über die Psyche sagen?[1]

Aus dem Englischen von Dave J. Karloff und Kathrin Krämer

Peter Fonagy und Mary Target

Wie steht es um die Validität des Unterfangens, Psychoanalyse auf die Entwicklungswissenschaften zu beziehen? Bei einem wissenschaftlichen Treffen der *British Psychoanalytical Society* im Jahr 2001 behauptete Michael Feldman: »Es wird immer einen Druck geben, sich der falschen Gewissheit voreiliger, überschätzter Formulierungen anzuvertrauen oder sich auf eine radikalere Weise anderen Forschungsmethoden zuzuwenden, die einen Weg in Richtung eines tröstlicheren Sinnes von Gewissheit und Ansehen anzubieten scheinen, aber nach meiner Ansicht für die weitere Erforschung der Psyche ungeeignet sind« (Feldman 2001, S. 5). Bei demselben Meeting nahm Egle Laufer eine andere Perspektive ein und schlug vor, dass klinische Forschung und Studien anderer Disziplinen das psychoanalytische Modell erweitern und zur Verbesserung des wissenschaftlichen Status der Psychoanalyse beitragen könnten. Unser Lebensunterhalt hängt davon ab, Dr. Laufers Position gegenüber der Dr. Feldmans zu bevorzugen, denn wie zu erwarten war, können wir nicht mit einer *apriorischen* Entscheidung einverstanden sein, die davon ausgeht, dass andere Disziplinen unseren psychoanalytischen Studien über die Psyche nichts Relevantes hinzufügen hätten.

An dieser Stelle möchten wir eine offensichtliche, aber entscheidende Differenzierung vornehmen. Es besteht Übereinstimmung darin, dass die Psychoanalyse u. a. eine Methode der Datensammlung und Wissensintegration über menschliche Subjektivität ist. Ihre Intensität, die Freiheit, die sie innerhalb eines relativ strengen Beobachtungsnetzwerks liefert, machen sie als Modus, die Inhalte und charakteristischen Funktionsweisen der Psyche einer anderen Person zu entdecken, einzigartig. Daher ist sie auf dem Niveau der individuellen Person, der klinischen Gruppe oder der Kultur wirklich hilfreich bei der Erklärung der Motivation menschlichen Verhaltens. Weiterhin verfügt sie über bemerkenswertes therapeutisches Potenzial durch Selbsterkenntnis,

---

1 Erstmals erschienen als »What can developmental psychopathology tell psychoanalysts about the mind?« In: Casement, A. (2004) (Hrsg.): Who owns psychoanalysis? London (Karnac), S. 307–322. Mit herzlichem Dank an den Karnac Verlag (www.karnacbooks.com) für die Wiederabdruckerlaubnis.

Heilung von intrapsychischen Spaltungen und durch das Freisetzen gehemmter Entwicklungsprozesse[2]. Während die klinische Psychoanalyse nur geringfügig Hilfe benötigt, um die Subjektivität einer Person auf die möglichst detaillierteste Weise erfassen zu können, kann die Disziplin als solche nicht mehr für sich alleine existieren, wenn wir ein umfassendes, allgemeines Modell der menschlichen Psyche ausarbeiten möchten. Historisch betrachtet gab es vielleicht vor 50 Jahren keine anderen, die Psyche betreffenden Forschungsbereiche, deren Informationen den Versuch Wert waren, sie ins psychoanalytische Modell zu integrieren. Dieser Umstand steht wahrscheinlich am Beginn unserer verdienstvollen Anstrengung, es alleine zu machen[3]. Die wissenschaftliche Szenerie hat sich in den letzten zwei Jahrzehnten radikal verändert. Um es unverblümt auszudrücken: Während wir zur Erkenntnis gelangen, dass eine individuelle Psyche vermutlich am besten innerhalb einer ausschließlich psychoanalytischen Kontextualisierung erreicht wird, sollte ein allgemeines psychoanalytisches Modell der Psyche, wenn es denn glaubwürdig sein soll, mit dem weiteren, aus anderen Disziplinen gewonnenen Wissensstand in Einklang gebracht werden. Entwicklungspsychologie ist nur eine dieser Disziplinen und keineswegs die wichtigste. Das Millenniums-Editorial des *New England Journal of Medicine* unterstrich in einer monumentalen Übersicht über die wichtigsten Entwicklungen der klinischen Medizin – von menschlicher Anatomie zu molekularer Pharmakotherapie – im Verlauf der letzten tausend Jahre, dass diese Fortschritte in Richtung wissenschaftlicher Entdeckungen unabdingbar transdisziplinär auftreten. »Keine [dieser Entdeckungen] war eine isolierte Entdeckung oder ein isoliertes Ereignis; stattdessen war jede davon eine Serie von beachtlichen Schritten (...) entlang eines breiten Pfads, der zu einem entscheidenden Wissensbestand in Spezialgebieten führte« (Editorial 2000, S. 42).

Lassen Sie uns eine Parallele einführen. Vor etwa acht Jahren berichtete eine Gruppe von Forschern in *Nature* (Rauscher et al. 1993), dass das zehnminütige Hören von Mozarts *Sonate für zwei Klaviere (KV 448)* – verglichen mit Kontrollbedingungen, die ein ähnliches Maß an Entspannung herbeiführten – zu einer deutlichen Verbesserung bezüglich räumlicher IQ-

---

[2] Jedoch ist die Beziehung der psychoanalytischen Therapie zur psychoanalytischen Erkenntnisgrundlage heute nicht unser Thema.
[3] Selbst zu Freuds Zeiten wurde nicht ausnahmslos auf dieses Ideal Bezug genommen. Die Erkenntnisgrundlage, die Freud benutzte, um ein Modell der Psyche zu konstruieren, beinhaltete Kulturanthropologie, Embryologie, die Neurowissenschaften dieser Tage, Philosophie ebenso wie große Gebiete der Humanwissenschaften, insbesondere Geschichte, Literatur und Mythologie.

Scores im Ausmaß von acht oder neun Punkten führt. Es überrascht nicht, dass dieser Befund beträchtliche zusätzliche Forschungsanstrengungen generierte (vgl. die Übersicht bei Jenkins 2001). Die meisten Studien haben bestätigt, dass der Mozart-Effekt existiert (Rauscher et al. 1995; Rideout/ Laubach 1996; Wilson/Brown 1997), dass er nicht mit *minimalistischer Musik* repliziert (Rauscher et al. 1995), mit der verbesserten Synchronisierung von Aktivitätsmustern spezifischer Gehirnregionen assoziiert (Rideout/ Laubach 1996) und mit der unterdrückten epileptiformen Gehirnaktivität bei schwerwiegend epileptischen Patienten in Verbindung gebracht werden kann (Hughes et al. 1998; Hughes et al. 1999).

Wahrscheinlich am interessantesten sind hiermit verwandte Experimente, die zeigten, dass Langzeiteffekte bei einer Gruppe von drei- bis vierjährigen Kindern die klassischer Musik ausgesetzt war – verglichen mit einer Gruppe, die sechs Monate lang Computerunterricht hatte – zu einer 30prozentigen Leistungssteigerung bei räumlich-zeitlichen Vorstellungstests führten (Rauscher et al. 1997). Während die Funktionsweise des Mozart-Effekts kaum verstanden wird, ist dieser eine klare Illustration dafür, wie eine besondere spezifische Form subjektiver Erfahrung (in diesem Fall Vertrautheit mit musikalischen Formen) auf dem Niveau der Gehirnfunktion mit einer anscheinend unabhängigen, wichtigen psychologischen Kapazität interagieren kann. Das Gehirn ist der Körper der Psyche und nicht alle Verbindungen, die psychologische Erfahrung mit daraus resultierenden Funktionen eingeht, können durch die Erforschung einer einzelnen Domäne verfügbar gemacht werden. Während Musikwissenschaft die *Sonate für zwei Klaviere* (KV 448) unabhängig als »eine der tiefgreifendsten und reifsten Kompositionen Mozarts« (Einstein zit. nach Jenkins 2001, S. 171) identifizierte, könnten ihre heilenden und entwicklungsfördernden Wirkungen nie vollständig vom Bereich der Musikwissenschaft allein verstanden werden.

Ebenso kann die Wirkung der Psychoanalyse nicht vollständig allein aus dem klinischen Material erschlossen werden. Es kann sein, dass unsere Schwierigkeiten, die kurativen Faktoren in der psychoanalytischen Behandlung genau zu lokalisieren, in direkter Beziehung zur exklusiven Beschränkungen unserer Forschung auf die klinische Basis steht. Die Wiederholung von emotionalen Erregungsmustern produziert und verstärkt in Zusammenarbeit mit dem Interpretationsprozess Bedeutungsstrukturen und emotionale Reaktionen. Dies kann weit reichende Auswirkungen – wir würden argumentieren – sogar auf das Funktionieren des Gehirns und die Ausdrucksweise des genetischen Potenzials haben. Das ist es, was wir kurz zu umreißen versuchen. Unterschiedliche Studien haben bei Gehirnuntersuchungen unter der Verwendung bildgebender Techniken bereits überzeugende Beweise dafür offeriert, dass die Wirkung der Psychotherapie in den Änderungen der Gehirnaktivität gesehen werden kann (Baxter et al. 1992; Schwartz et al. 1996; Vinamäki et al. 1998). Insgesamt betrachtet liefern diese Studien eine rationale Grundlage für die Hoffnung, dass intensive psychoanalytische Behandlung sowohl die biologische als auch die psychologische Vulnerabilität wesentlich beeinflussen könnte. Dieses Forschungsfeld steckt noch in den Kinderschuhen, aber schreitet so schnell voran, dass es äußerst wahrscheinlich erscheint, dass viele zukünftige psychoanalytische Entdeckungen über die Psyche in Verbindung und Zusammenarbeit mit biologischen Wissenschaften gemacht werden.

Wir konzentrieren uns nun auf einige Verbindungen zu nur einem dieser Felder: Verhaltens- und Molekulargenetik. Eine kulturelle Veränderung charakterisiert die letzten Jahrzehnte dieses Jahrhunderts: sowohl die Entwicklungsfachleute als auch die öffentliche Meinung haben sich von einem psychosozialen Umweltmodell der Psychopathologie auf einen genetisch-biologischen Referenzrahmen, der die Annahme von psychodynamischen Aspekten ausschließt, umorientiert. Wir wissen, dass die Psyche in erheblichem Ausmaß durch Vererbung geprägt ist, aber wir wissen auch, dass genetische Einflüsse von der Psyche in respektabler Weise moderiert werden. Wir möchten erkunden, wie psychoanalytische Ideen zu einer Auflösung dieser Dialektik beitragen können.

Vor kurzem sahen wir beide am selben Tag drei neue männliche Patienten. Sie waren sehr verschieden: ein deprimierter Journalist mit Potenzproblemen, ein junger Mann kurz vor der Eheschließung, doch besorgt über seine bipolare Krankheitsgeschichte, und ein gewalttätiger Jugendlicher. In Erstgesprächen versuchen wir oft, die bewusste Krankheitstheorie der Patienten zu erkunden. So fragen wir die Patienten so etwas wie: »Warum denken Sie, dass Ihnen dies geschehen ist?« oder »Warum denken Sie, dass Leute wie Sie depressiv werden?«. An diesem einen Tag gaben überraschenderweise alle drei Männer darauf dieselbe Antwort: »Ich denke, es ist hinreichend erwiesen, dass es sich um ein genetisch verursachtes chemisches Ungleichgewicht handelt«, sagte der Bräutigam mit der bipolaren Störung; »Ich denke, dass ich von meiner Mutter eine Tendenz geerbt habe, das Negative zu suchen«, antwortete der Journalist, und »Mir ist erklärt worden, dass ich schlechte Gene habe, die mich dazu bringen, andere Leute zu schlagen«, antwortete der Jugendliche. Bei jeder dieser Antworten schien die Zeit zu kollabieren. Zwischen dem Moment, als das Sperma ihres Vaters in die Eizelle ihrer Mutter eindrang, und dem gegenwärtigen Moment gab es nichts mehr[4]. Es war eine simple Botschaft: »Fragen Sie nicht, was meine Probleme verursacht, sondieren Sie nicht meine Erinnerungen, Gedanken oder Gefühle; da gibt es nichts zu wissen, die Antwort liegt in meinen Genen«[5].

Im letzten Jahrzehnt des 20. Jahrhunderts, vielleicht zum Teil von der Aufregung über das Human-Genome-Project, aber auch vom zunehmend hohen statistischen Differenzierungsgrad der Forschungsdesigns ausgelöst, haben Ideen zur quantitativen Verhaltensgenetik die Entwicklungsforschung (z. B. Harris 1998) zu dominieren begonnen. In den USA, Skandinavien, dem Vereinigtem Königreich und anderswo wurde eine Vielzahl von maßgeblichen Adoptions- und Zwillingsstudien durchgeführt. Gefeierte Studien mit voneinander getrennten Zwillingen illustrierten bemerkenswerte Ähnlichkeiten in Verhalten, Persönlichkeit und Denkstilen von eineigen Zwillingen (Neubauer 1996; Plomin et al. 1997b, Reiss et al. 1995; Reiss et al. 2000). Diese und andere Studien haben gezeigt, dass bei fast allen psychologischen Krankheiten Gene wichtiger sind als Umweltfaktoren.

Einige Studien scheinen zu ergeben, dass Gene dermaßen stark ausschlaggebende Faktoren sind, dass Umwelteinflüsse fast keine Rolle mehr spielen (z.B. Nigg/Goldsmith 1998). Eines der überraschendsten Ergebnisse der Adoptions- und Zwillingsstudien ist, dass ungünstige, stressreiche Umwelten zu einem großen Maß erblich bedingt zu sein scheinen. Deshalb spielen Gene wahrscheinlich eine Rolle im Verband von stressenden Umgebungen und Symptomen posttraumatischer Belastungsstörungen oder Symptomen, die aus einem Missbrauch resultieren (z.B. Saudino et al. 1997). Wahrscheinlich stimmt es, dass wir die Bedeutung der Eltern für die Entwicklung des Kindes bislang überschätzt haben: Adoptionsstudien im Besonderen zeigen, dass vieles von dem elterlichen Einfluss illusorisch ist[6].

---

4 Natürlich war es in jedem Fall möglich, sich auf den natürlichen, menschlichen Wunsch zu berufen, eine bedeutsame Geschichte zu kreieren, die erklären kann, inwiefern ihre Erfahrungen sie veranlasst hatten, eine Beratung aufzusuchen. Die Psychoanalyse basiert auf der biologischen Kraft, Bedeutung zu finden, die tiefer verwurzelt ist als eine intellektuelle Überzeugung über die genetische Basis einer psychischen Krankheit.

5 Wir glauben, dass die Abwertung psychologischer und solcher Erklärungen, die sich auf die Umwelt beziehen, ihren Ursprung sowohl bei den psychischen Problemen hat, die diese Individuen mit in das Sprechzimmer gebracht haben, als auch beim, wie man sagen könnte, *naiven Nativismus* der Gegenwartskultur.

6 Frühe Beobachtungen von Abnormalitäten im Verhalten der Eltern von autistischen Kindern wurden später diskreditiert. Ein erst kürzlich erbrachter Beweis deutet jedoch darauf hin, dass die Beobachtungen eventuell berechtigt waren: Mütter von autistischen Kindern sind, im Vergleich zu Müttern von Kindern mit Down- oder Rett-Syndrom, wenn sie nach dem *Adult Attachment Interview* befragt werden, wahrscheinlich unsicherer und beschäftigter, gewalttätig in ihrer Fantasie und mit einer dürftigeren Fähigkeit zum psychologischen Verstehen ausgestattet. Die genetische Beweislage suggeriert jedoch, dass dies nicht kausal ist. Es ist einfach wahrscheinlicher, dass sie die Gene tragen, die mit Autismus assoziiert werden.

Es ist wahrscheinlich, dass Persönlichkeitsmerkmale des Kindes, die als Reaktion auf das Verhalten der Eltern aufgefasst wurden, in der Tat durch genetische Prädispositionen bedingt sind. Sowohl spezifische Persönlichkeitszüge des Kindes als auch der damit einhergehende Erziehungsstil (Kritik, Wärme oder sogar Missbrauch) beruhen möglicherweise auf denselben Genen im Elternteil und dem Kind. Gleichfalls legen Adoptionsstudien nahe, dass Kinder mit genetischen Tendenzen – zum Beispiel in Richtung Aggression – eine eher feindliche und autoritäre Erziehung hervorrufen (Ge et al. 1996). Man könnte sagen, dass diese evokative projektive Identifizierung (Spillius 1992) zu einem Interaktionsmuster führt, von dem bislang angenommen wurde, dass es in biologisch verwandten Familien vom Verhalten der Eltern ausgehen würde. Eine besondere Art und Weise, für die Eltern am Leben ihrer Kinder teilzuhaben.

Klinisch betrachtet kann diese Einsicht der Verhaltensgenetik (der so genannte »child-to-parent-effect«) ziemlich relevant sein. Oft werden wir vom Verantwortungssinn unserer Patienten für das Verhalten ihrer Eltern verwirrt, aber es kann eine ziemlich tiefe Ebene geben, auf der diese Wahrnehmung zutreffend ist. Diese Befunde helfen, der projektiven Identifizierung vom Kind zu den Eltern – sowohl direkt als auch als psychische Repräsentation des Kindes – im Sinne eines machtvollen Entwicklungsfaktors Substanz zu geben. Dies kann auch bei der Erklärung helfen, warum es klinisch so erfolglos gewesen ist, den Eltern die Schuld für alles in die Schuhe zu schieben.

Während es wichtig ist, die Grenzen des elterlichen Einflusses auf die Kinderentwicklung festzulegen, ist das Pendel indes zu weit ausgeschlagen. Verhaltensgenetikstudien der letzten zwei Jahrzehnte haben zu einer fachlichen Auffassung geführt, die mehr oder weniger annimmt, dass sowohl alle wichtigen psychologischen Kapazitäten als auch psychische Funktionsstörungen angeboren sind und die Erziehung kaum von Bedeutung ist. Auf diese Art werden alle Theorien wie die Psychoanalyse oder auch soziale Lerntheorien, die die Schlüsselrolle früher Familienerfahrung befürwortet haben, jetzt von vielen als irrelevant betrachtet (vgl. Scarr 1992). Zum Beispiel schrieb der Verhaltensgenetiker Rowe (1994): »(...) In den meisten Familien, von der Arbeiter- bis zur Akademikerschicht, können Eltern kaum Einfluss darauf ausüben, welche Eigenschaften ihre Kinder schließlich als Erwachsene entwickeln werden« (Rowe 1994, S. 7). Er zog weiter in Zweifel, ob überhaupt eine unerwünschte persönliche Eigenschaft des Kindes signifikant von irgendetwas modifiziert werden könnte, was Eltern tun.

Wenn wir wieder eine starke Position für das psychoanalytische Modell der Psyche innerhalb der medizinischen Wissenschaften etablieren wollen, was wesentlich ist, wenn wir unseren Status als mentale Gesundheitsprofession bewahren wollen, müssen wir die Herausforderung der Verhaltensgenetik verstehen und dann anvisieren. Sie könnten denken, dass es für uns schlicht nicht sehr relevant ist, ob eine psychiatrische Störung wie die Depression genetisch determiniert ist oder nicht, da unsere Wissenschaft überhaupt nicht mit dem biologischen Analyseniveau beschäftigt ist. Als Psychoanalytiker arbeiten wir mit Elementen subjektiver Erfahrung und Bedeutung. Später werden wir Ihnen zu zeigen versuchen, dass diese Subjektivität ein wichtiges Missing Link in den vorherrschenden genetischen Entwicklungsmodellen der Psyche darstellt.

Sich an die Differenzierung erinnernd, die wir anfangs eingeführt haben, ist der Einwand dennoch berechtigt, wenn er sich auf den einzelnen Patienten bezieht. Zugleich könnte es sein, dass wir in der Lage sind, uns auf dem Niveau eines allgemeinen Modells der Psyche auf die Verhaltensgenetik zu beziehen. Es geht für Adoptions- und Zwillingsstudien völlig in Ordnung zu demonstrieren, dass psychologische Störungen genetische Wurzeln haben. Doch genetische Effekte können sowohl indirekter als auch direkter Art sein. Selbst eine hohe genetische Vorbelastung für ein bestimmtes Umweltrisiko bedeutet nicht, dass die mit dem Risikofaktor einhergehenden Konsequenzen notwendigerweise genetisch vermittelt sind. Selbst wenn beispielsweise eine genetische Verbindung von Kindesmisshandlung und ihren Folgeerscheinungen gefunden werden würde, wäre die Störung eines misshandelten Kindes immer noch am besten in Bezug auf die Zerstörung seines Vertrauens in die Welt zu verstehen. Es ist der Verlust an Vertrauen, der in jedem therapeutischen Eingriff angesprochen werden müsste. Verhaltensgenetische Daten helfen uns in der individuellen klinischen Situation nicht viel.

In der Tat behauptet nicht einmal der kaltschnäuzigste Verhaltensgenetiker, dass Gene unabhängig von der Umgebung einer Person agieren. Wenn wir unser Verständnis darüber erweitern, wie Gene funktionieren, entdecken wir tatsächlich, dass wenigstens ein Teil jedes Gens ein Kontrollmechanismus für den Transkriptionsprozess ist. Mit anderen Worten: Dieser Mechanismus bestimmt, ob ein Gen zum Ausdruck gelangt oder nicht. Internale und externale Erfahrungen, Hormone, Stress, Lernerfahrung und soziale Interaktion ändern die Bindung von Transkriptionsregulatoren (Kandel 1998). Es gibt eine reichhaltige Evidenz für die so genannte Gen-Umwelt-Interaktion bei Tieren. Zum Beispiel zeigen Rattenjungen, die in den ersten zwei Lebenswochen von ihrer Mutter getrennt wurden, eine permanente Zunahme der Expression von Genen, die die Sekretion des Stresshormons CRF (cortico-trophin releasing factor) steuern (Plotsky/Meaney 1993).

Jedoch wird diese lebenslange Vulnerabilität gegenüber Stress reversibel gemacht, wenn die Mütter gesteigerte physische Pflege ihrer Jungen zeigen, sobald sie wieder zusammengeführt werden (Liu et al. 1997). So stellt sich die Frage, welche Umweltfaktoren es sind, die diese Kontrollmechanismen beim Menschen beeinflussen.

Es gibt einige dramatische, aber vereinzelte Beispiele. Zur Adoption freigegebene Kinder von schizophrenen Eltern entwickeln die Krankheit nur, wenn ihre Adoptivfamilien dysfunktional sind (Tienari et al. 1994). Ähnliche Beobachtungen sind bei kriminellem Verhalten (Bohman 1996) gemacht worden. So kann, je nach der Familienumwelt, genetisches Risiko schlagend werden oder auch nicht. Aber die Verhaltensgenetiker stehen vor einem Problem. Trotz ihrer Annahme eines Gen-Umwelt-Interaktions-Modells hat es bisher wenige Befunde gegeben, um den Vermittlungseffekt der Umwelt auf die Genexpression beim Menschen zu demonstrieren (Plomin et al. 1997a). Der Grund für diesen enttäuschenden Mangel an Beweisen ist mit der Vorstellung eines *naiven Nativismus* verbunden, der die Psychoanalyse im letzten Jahrzehnt relativ in den Hintergrund gedrängt hat.

Menschliche Verhaltensgenetik untersucht zumeist die »falsche« Umgebung. Die Umwelt, die die Expression eines Gens auslöst, ist nicht objektiv, sie ist nicht unmittelbar beobachtbar. Was zählt, ist, wie das Kind seine Umgebung *erfährt*. Die Interaktion findet zwischen dem Gen und der *subjektiven* Umwelt statt. Die Art, in der die Umwelt erfahren wird, fungiert als Filter im Ausdruck des Genotyps im Phänotyp, in der Übersetzung des genetischen Potenzials in Persönlichkeit und Verhalten. Hier gelangen wir zur herausragenden Bedeutsamkeit der Psychoanalyse für das Verständnis von genetischen Einflüssen auf die Psyche. Als Psychoanalytiker richten wir unser Hauptaugenmerk auf die Beteiligung der Interaktion unterschiedlichster Repräsentationsschichten am Zustandekommen subjektiver Erfahrung in Bezug auf die externale Welt, das ist die psychische Realität (Freud 1900a; 1912–13a). Daten aus der Genetik verlangen genau einen solch ausgeprägt differenzierten Entwicklungsstand. Um den Vorgang zu verstehen, dass die meisten Gene bei einzelnen Personen zum Ausdruck gelangen können oder auch nicht, müssen wir die internale Welt des Kindes oder wirklich des Erwachsenen verstehen. (Es ist eine gemeinsame, aber falsche Annahme, dass genetische Einflüsse in früher Kindheit am stärksten sind. Die Genexpression geht während des gesamten Lebens weiter und dürfte der Auslöser seines Endes sein, im Tod).

Ob ein spezifischer Umweltfaktor die Genexpression triggert oder nicht, kann von der Art abhängen, wie die Person diese Erfahrung – in ihrer Weise determiniert von bewussten oder unbewussten, hiermit attribuierten Bedeutungen – interpretiert (Kandel 1998). Intrapsychische Repräsentationsprozesse sind daher nicht nur die Folgen von Umwelteinwirkungen und genetischen Effekten – sie sind wahrscheinlich die kritischen Moderatoren dieser Effekte. Der Nobelpreisträger Eric Kandel (1998; 1999) ging soweit vorzuschlagen, dass die langfristigen und tiefer gehenden Änderungen, die mit psychoanalytischer Therapie verbunden sind, durch die Änderungen der Genexpression – bewirkt durch Lernerfahrungen in der Psychoanalyse – hervorgerufen werden könnten. Was wir vorschlagen, ist, dass gewohnte Arten, die Welt zu interpretieren, die Chemie des Gehirns beeinflussen, welche wiederum die Genexpression beeinflusst. Klinische Psychoanalyse ist eine machtvolle Methode, um gewohnte Interpretationsweisen der Realität zu verändern, besonders in den gefühlsmäßig stressreichsten Kontexten, in denen die Wirkung subjektiver Bedeutung am intensivsten sein könnte.

Noch vor fünf Jahren konnte all das nur abstrakte Vermutung sein. Die Zusammenarbeit von Molekulargenetikern und Bindungstheoretikern macht dies zunehmend zu einer realistisch prüfbaren Hypothese. Lassen Sie uns ein Beispiel geben. In unseren gemeinsamen Follow-up-Studien über ein psychoanalytisches Behandlungsprogramm in der Menninger Klinik für Vorschulkinder untersuchten wir die Allele des zweiten Dopaminrezeptors (DRD2), die mit einer Anzahl von psychologischen Störungen in Verbindung gebracht worden ist. Wir fanden eine Interaktion zwischen der Ausprägung dieser Variante und der Sensitivität für bestimmte Traumatisierungsformen: All diejenigen mit jener Variante waren als Erwachsene beeinträchtigter, wenn sie auch frühe Missbrauchserfahrungen aufzuweisen hatten (Fonagy et al. 2001b).

Dieselben Personen zeigten ein weniger genaues Verständnis des emotionalen Ausdrucks, der bekanntlich für Persönlichkeitsstörungen charakteristisch ist. Im Gegensatz dazu zeigten »objektive« Einschätzungen der Familienumwelt und der Misshandlung, dokumentiert in den Kindheitsaufzeichnungen, eine geringfügige Korrelation zur Funktionsweise im Erwachsenenalter. Wir vermuten, dass erfolgreiche Psychotherapie, die emotionales Bewusstsein vergrößert, die Expression dieser genetischen Vulnerabilität bei psychiatrischen Problemen von Erwachsenen durch die Ausarbeitung mentaler Repräsentationen von Objektbeziehungen reduziert haben könnte. Wie dem auch sei, Verhaltensgenetiker werden nicht in der Lage sein, die Daten zu verstehen, die sie über die Psyche sammeln. Es sei denn, sie werden der Umweltfaktoren gewahr und erweitern ihr Umweltverständnis um den Einschluss der subjektiven – bewussten und unbewussten – Bedeutung von Ereignissen: insbesondere von jenen, die, in Anbetracht bestimmter Interpretationen, eine wesentliche emotionale Wirkung, zum Beispiel das Auslösen von ausdauernder Angst oder Depression, hervorrufen.

Die Interpretationskapazität, welche in letzter Zeit durch den Evolutionsbiologen Bogdan (1997) als »Organismen, die einander in Kontexten Sinn verleihen, in denen dies biologisch wichtig ist« (Bogdan 1997, S. 7), definiert worden ist, als ein Merkmal aller komplexen Arten, wird, wie wir vorschlagen, einzigartig menschlich, wenn sich der Interpretationsinhalt im Bereich mentaler Zustände befindet. Diese Fähigkeit macht den letzten Schritt in der Umschrift genetischen Einflusses in ein Verhaltensmuster möglich. Der Interpretationsmechanismus enkodiert genetische Information in der Form von Biases, aber er moderiert auch den genetischen Einfluss durch die Modifikation der Wahrnehmung des Kindes von seiner Objektwelt. Dieser Mechanismus ist der Lebenssaft der Psychoanalyse. Es ist der Prozess, den wir in all unserer Arbeit mit Patienten beobachten und den wir verwenden, um zu beobachten[7]. Wir wissen auch, dass dieser Moderator zwischen Genotyp und Phänotyp eine Kapazität ist, die entscheidend von der sensitiven Antwort der frühen Pflege- und Bezugspersonen auf die erhöhten emotionalen Zustände des Babys abhängig ist. Eine wichtige Funktion früher Bindungen – von Bowlby vernachlässigt – ist der Kontext, den die Säuglings-Mutter-Beziehung für den Erwerb des Verständnisses von mentalen Zuständen – den Bausteinen von Selbstorganisation und Intersubjektivität – liefert. Es gibt eine weit reichende empirische Literatur, die die Entwicklung dieser Kapazität innerhalb früher Objektbeziehungen abbildet (z. B. Jaffe et al. 2001). Wir haben besondere Defizite in elterlicher Sensitivität mit Formen späterer Psychopathologie in Beziehung gesetzt. Zum Beispiel legen Beweise, die wir im Detail an anderer Stelle (Fonagy et al. 2002) überprüft haben, sehr nahe, dass die sensitive Responsibilität des Elternteils in der Praxis zwei Parameter einschließt: eine der Korrespondenz oder *Kontingenz* und eine andere von Kommunikation der Selbst-Anderer-Differenzierung oder *Markiertheit*. Markiertheit ist das, was die Mutter tut, um dem Säugling im Prozess des Spiegelns zu kommunizieren, dass das, was sie zeigt, nicht ihr eigenes Gefühl, sondern eine Repräsentanz ihrer Wahrnehmung der Erfahrung des Säuglings ist.

Wir haben vorgeschlagen, dass eine Affektspiegelung, die das Gefühl des Babys reflektiert, der aber diese Markiertheit fehlt, Entwicklungsprobleme innerhalb des Borderlinespektrums generiert. Dieses Spiegelungsmuster

---

7 Wir haben eine ziemlich eindeutige Vorstellung davon, wo dieser Gehirnprozess zu lokalisieren ist. Es ist evident, dass er im präfrontalen Cortex anzusiedeln ist.

kann von Müttern erwartet werden, die wegen ihrer eigenen Schwierigkeiten mit Emotionsregelung vom Distress ihres Säuglings überwältigt werden. Solange die Spiegelung der Affektpräsentation nicht markiert ist, wird sie nicht von der pflegenden Bezugsperson entkoppelt und als die tatsächliche Emotion des Elternteils gefühlt. Der Säugling erfährt seine emotionale Antwort als ansteckend und daher gefährlicher und erschreckender. Solange der Säugling den gespiegelten Affekt auf den Elternteil zurückführt, wird sein eigener Distress als »dort draußen« und als dem Anderen statt sich selbst zugehörig erfahren. Kurz gesagt, reguliert die Wahrnehmung korrespondierenden Distresses beim Elternteil nicht den negativen Zustand des Babys, sondern eskaliert ihn und führt potenziell zur Traumatisierung statt zum Containment.

Eine zweite Hauptart devianter Spiegelungsstruktur würde von der Dominanz markierter, aber inkongruenter Spiegelung produziert werden. Denken Sie an einen Säugling, dessen erotisch eingefärbte Aufregung über physischen Kontakt bei der Mutter aufgrund ihrer Konflikte in Bezug auf Sexualität Angst und defensiven Ärger hervorruft. Die Mutter könnte ihre defensive Feindseligkeit auf den Säugling projizieren und die libidinöse Erregung des Babys als Aggression wahrnehmen. Sie könnte dann den (verzerrt) wahrgenommenen Affekt bei ihrem Baby durch die richtig markierte Spiegelung einer *aggressiven* Darbietung modulierend beeinflussen. Aufgrund der Markiertheit der gespiegelten Aggression wird diese vom Elternteil entkoppelt. Solange die Spiegelung kontingent auf den (falsch kategorisierten) Affektzustand des Babys antwortet, glaubt das Kind, dass die gespiegelte Wirkung mit seinem primären Emotionszustand verbunden ist. Weil die gespiegelte Aggression jedoch inkongruent zum tatsächlichen Affektzustand sexueller Erregung des Säuglings ist, wird die sekundäre Repräsentation seiner primären Emotion verzerrt. Das Kind kommt dazu, seine Erregung als Feindseligkeit wahrzunehmen. Im Allgemeinen würden markierte, aber inkongruente Affektspiegelungen zu pathologisch *verzerrten Selbstrepräsentanzen* führen.

Wir hoffen, dass wir in diesem kurzen Statement in der Lage gewesen sind, die Wichtigkeit der Beschäftigung von Psychoanalytikern mit Entwicklungsforschern zu demonstrieren, um den gerade sich ausbildenden wissenschaftlichen Konsens über die Natur der Psyche zu beeinflussen. Es ist unser Eindruck, dass rezente Entdeckungen in den Neurowissenschaften meistens psychoanalytische Intuitionen über die Komplexität von mentalen Funktionen bestätigen. Wir haben entschieden, uns auf einen bestimmten, aber entscheidenden Bereich zu konzentrieren; auf einen Bereich, welcher dem Verständnis der weit reichenden Wirkung psychoanalytischer Behandlung eine weitere Dimension hinzufügen kann, und der zugleich ein Missing Link in der Erklärungskette von den Genen zur Persönlichkeit und zum Verhalten liefern kann.

Diese fehlende Verbindung kann nur durch die Anerkennung dessen hergestellt werden, dass es die psychische und nicht die physische Realität ist, die den Schlüssel in der Hand hält, nicht die faktische, sondern die erfahrene Umgebung. Die selbst auferlegte Isolierung von Psychoanalytikern ist, wenn auch im individuellen klinischen Kontext und eventuell historisch gerechtfertigt, selbstzerstörerisch. Uns um Gelegenheiten zu bringen, im wissenschaftlichen Fortschritt zusammenzuarbeiten, könnte allzu bald zu einem ungerechtfertigten Verlust an wissenschaftlicher Glaubwürdigkeit führen. Noch tragischer wäre, damit verbunden, der Verlust unseres professionellen Ansehens im wissenschaftlich orientierten klinischen Feld. Schließlich möchten wir unterstreichen, dass das Wahrnehmen dieser Gelegenheiten nicht erfordert, die Theorie oder Praxis der Psychoanalyse zu ändern, oder dass viele Psychoanalytiker sich an aktiver Kooperation mit anderen Entwicklungswissenschaften beteiligen müssen. Alles, was es erfordert, ist, dass die wenigen, die versuchen, diese Brücken zu Nachbardisziplinen zu bauen, wissen können, dass sie es mit der Unterstützung und dem Verständnis ihrer Kollegen tun.

Teil IV
Psychoanalytische Therapieforschung

Wirkungsnachweise psychoanalytischer und tiefenpsychologisch fundierter Therapie

Falk Leichsenring

1. Einleitung

In diesem Beitrag soll eine Übersicht über die Wirksamkeit psychodynamischer Therapien gegeben werden. Auf die Definition und Unterscheidung der verschiedenen Formen psychodynamischer Therapie kann hier aus Platzgründen nicht näher eingegangen werden (vgl. hierzu Streeck 1996; Rüger 2002). Im ersten Teil der Übersicht wird der Forschungsstand zur Wirksamkeit psychodynamischer Kurzzeittherapie dargestellt, der zweite Teil stellt den Forschungsstand zur Wirksamkeit länger dauernder psychodynamischer und psychoanalytischer Therapie dar. Auf die vielfältigen Untersuchungen der psychoanalytischen Prozessforschung kann hier aus Platzgründen nicht eingegangen werden (vgl. hierzu etwa Henry et al. 1994; Blagys/Hilsenroth 2000).

In diese Übersicht zur Wirksamkeit wurden nur Studien einbezogen, die bestimmte methodische Mindestanforderungen erfüllen: Beschreibung der angewendeten Therapie und der untersuchten Patienten, Verwendung reliabler und valider Erfolgsmaße, unabhängige Rater bei Fremdbeurteilung des Therapie-Erfolgs, ausreichende Stichprobengröße (vgl. hierzu z.B. die Gütekriterien bei Ermann et al. 2001). Die Frage, ob Wirkungsnachweise nur durch randomisierte kontrollierte Studien erbracht werden können, soll im folgenden Abschnitt diskutiert werden, in dem einige methodische Überlegungen angestellt werden.

2. Kontrollierte vs. naturalistische Studien (efficacy vs. effectiveness studies)

Unter methodischen Aspekten wird unterschieden zwischen kontrollierten Studien, bei denen die Patienten den Behandlungen zufällig zugewiesen und die Therapien nach Manualen durchgeführt werden (efficacy studies) und naturalistischen Studien (effectiveness studies), bei denen Therapien untersucht werden, so wie sie unter den Bedingungen des psychotherapeutischen Alltags durchgeführt werden. Die *Task Force on Promotion and Dissemination of Psychological Procedures* der *American Psychological Association*

(1995) hat nun Kriterien dafür aufgestellt, wann eine Therapieform als empirisch gestützt angesehen werden soll. Hierbei werden kontrollierte (Gruppen- oder Einzelfall-)Studien als beste Form des Wirkungsnachweises angesehen. Interessanterweise wird in der ursprünglichen Fassung dieser Kriterien eine Randomisierung jedoch nicht ausdrücklich gefordert. Bei der Weiterentwicklung dieser Kriterien wurde dann aber die Forderung nach randomisierten kontrollierten Studien (RC Trials, RCTs) erhoben (Chambless/Hollon 1998; Chambless/Ollendick 2001). Danach können Wirkungsnachweise ausschließlich durch RCTs erbracht werden. Auch andere Vorschläge zur Beurteilung von Wirkungsnachweisen räumen RCTs diese vorrangige Bedeutung ein (Canadian Task Force on the Periodic Health Examination 1979; Cook et al. 1995; Guyatt et al. 1995; Rudolf/Eich 1999; Dengler/Selbmann 2000). In der Psychotherapieforschung werden jedoch RCTs zunehmend kritischer beurteilt, da ihre Ergebnisse – im Gegensatz zu denen naturalistischer Studien – für die Praxis nur begrenzt repräsentativ sind (Seligman 1995; 1996b; Persons/Silberschatz 1998; Beutler 1998). Nach den Kriterien von Chambless und Hollon (1998; Chambless/Ollendick 2001) werden paradoxerweise nur solche Studien (nämlich RCTs) als Wirkungsnachweise zugelassen, die gerade keine oder nur begrenzte Aussagen über die Wirksamkeit eines Therapieverfahrens in der Praxis erlauben. Weiterhin sind RCTs allenfalls für Kurzzeittherapien angemessen, nicht jedoch für Langzeittherapien: Über mehrere Jahre hinweg sind glaubhafte Vergleichsbedingungen ebenso wenig möglich wie die Durchführung von Therapien nach Manualen (Seligman 1995, S. 966; Seligman 1996b, S. 1077). Versuche, die Randomisierung auf Langzeittherapien anzuwenden, sind am Widerstand der Patienten gescheitert (Sandell 1999; 2001). Darüber hinaus zerstört die Randomisierung den Untersuchungsgegenstand, wenn es um die Untersuchung der Effekte (psychoanalytischer) Langzeittherapie geht: Patienten, die sich für eine Langzeittherapie entscheiden, unterscheiden sich von solchen, die sich für eine kürzere (z. B. tiefenpsychologisch fundierte) Therapie entscheiden, nicht im Hinblick auf Diagnose-Gruppen, sondern im Hinblick auf bestimmte Persönlichkeitsmerkmale (Betonung von Abhängigkeit vs. Autonomie, Rudolf et al. 1987; 1994). Eine zufällige Zuweisung der Patienten auf eine Langzeittherapien-Gruppe und eine – wie auch immer geartete – Therapie-Vergleichsgruppe zerstört die intrinsische Verklammerung von Patientenmerkmalen und Therapiemethode. Selbst wenn also die Patienten eine zufällige Zuweisung mitmachen würden, wären die Ergebnisse, zu denen eine solche Studie führen würde, nicht mehr gültig für die Patienten, die sich in der Praxis für genau diese Methode der Langzeittherapie entscheiden. So angewendet, verkommt die

Randomisierung zu einem rein formalen, zwanghaft durchgeführten Ritual. Wenn die angewendete Methode nicht mehr auf die inhaltliche Fragestellung bezogen wird, besteht die Gefahr, dass eine (für bestimmte Fragestellungen sinnvolle) Methode sich verselbstständigt und zum Dogma erhoben wird.

Unter Zugrundelegung aktueller wissenschaftstheoretischer Auffassungen von der Struktur wissenschaftlicher Theorien und Hypothesen – der strukturalistischen Theorien-Konzeption – lässt sich zeigen, dass sich randomisierte kontrollierte Studien (RCTs) und naturalistische Studien auf unterschiedliche »intendierte Anwendungen« (Labor vs. Feld) beziehen (Westmeyer 1982; Leichsenring 2004a). Diese Sichtweise hat mehrere wichtige Implikationen:

- RCTs und naturalistische Studien stehen nicht in einem Konkurrenzverhältnis, sondern zielen auf unterschiedliche Fragestellungen.
- RCTs und naturalistische Studien unterscheiden sich bei dieser Sichtweise *nicht* prinzipiell im Hinblick auf ihre interne und externe Validität.
- Die Evidenz aus naturalistischen Studien ist nicht grundsätzlich von geringerer Qualität als die aus RCTs.
- Die Wirkungsbelege aus RCTs können nicht unmittelbar auf die psychotherapeutische Praxis übertragen werden.
- Die Wirksamkeit im Feld ist eigens nachzuweisen. Naturalistische Studien liefern Belege für die Wirksamkeit im Feld.
- Die bisherigen an RCTs orientierten Schemata zur Einstufung der empirischen Evidenz sind nicht auf die Frage der Wirksamkeit im Feld (naturalistische Studien) anwendbar.
- Für naturalistische Studien sind eigene Kriterien und Evidenzstufen zu formulieren. Hierzu ist an anderer Stelle ein Vorschlag gemacht worden, der sich als Parallele zu bestehenden Evidenz-Einstufungen versteht (Leichsenring 2004a). Daraus lässt sich eine Forschungs-Agenda zur Wirksamkeit psychotherapeutischer Verfahren im Feld ableiten.

Im Zusammenhang mit der Frage, inwieweit naturalistische Studien als Wirkungsnachweise dienen können, sind auch die Ergebnisse von Shadish et al. (2000) von Bedeutung. Shadish et al. (2000) konnten in einer Meta-Analyse keine signifikanten Zusammenhänge finden zwischen dem Ausmaß der klinischen Repräsentativität (z. B. naturalistische Studien vs. RCTs) und der Höhe der in den betreffenden Studien gefundenen Effektgrößen. Hieraus folgt, dass naturalistische Studien nicht zu einer systematischen Überschätzung von Therapie-Effekten führen. Zu denselben Ergebnissen kamen Vergleiche von randomisierten und nicht-randomisierten Studien im Bereich medizinischer Behandlungsverfahren (Benson/Hartz 2000; Cocato et al. 2000). Cocato et al. (2000) stellten daraufhin die Hierarchie der Evidenz mit RCTs an der Spitze infrage – die beiden zu letzt genannten Arbeiten sind immerhin im renommierten *New England Journal of Medicine* (!) erschienen. Die angeführten Ergebnisse sprechen insgesamt dafür, dass gut geplante und durchgeführte naturalistische Studien als Forschungsmethode geeignet sind, um die Wirksamkeit eines Verfahrens in der Praxis zu prüfen.

Auch die unbedingte Forderung nach einer unbehandelten Kontroll- oder einer Placebogruppe stellt m.E. einen Fetisch der Psychotherapieforschung dar: Sie ist ethisch bedenklich und wissenschaftlich überholt:

– Es liegen inzwischen Daten vor zu den Effekten des Wartens (no treatment) und von Placebo-Behandlungen (z.B. Lambert/Bergin 1994). Bereits vor einigen Jahren sind deshalb Lambert und Bergin (1994, S. 152) zu dem Schluss gekommen, dass es Zeit ist, Placebo-Kontrollen aufzugeben. Umso unverständlicher ist es, dass ein Vergleich mit Placebogruppen zu den zentralen Kriterien der *American Psychological Association* (APA) für empirisch gestützte Therapien gehört (ebenso bei Chambless/Hollon 1998; Chambless/Ollendick 2001).
– Die Veränderung unbehandelter Patienten streut nach den Ergebnissen der Meta-Analyse von Grawe et al. (1994), in die immerhin N=111 Studien einbezogen worden sind, um Null: Grawe et al. (1994) fanden einen Mittelwert von 0.10 (SD=0.33). Grawe hält deshalb die unbedingte Forderung nach einer Kontrollgruppe für nicht mehr zeitgemäß. Wenn also in einer naturalistischen Interventionsstudie ein großer Effekt von z.B. 1.23 erreicht wird (Hahlweg et al. 2001), ist es sehr unwahrscheinlich, dass dieser überwiegend durch spontane Remission, Regression zur Mitte etc. erklärt werden kann.
– Darüber hinaus ist es möglich, reliable und klinisch signifikante Veränderungen zu bestimmen (Jacobson/Truax 1991; Schauenburg/Strack 1998): Wie viele Patienten wandern von der dysfunktionalen in die funktionale Population? Solche reliablen und klinisch signifikanten Veränderungen lassen sich nicht allein durch Fehlervarianz erklären.

Damit naturalistische Studien als Wirkungsnachweis dienen können, ist auch bei diesem Studien-Typ eine hohe methodische Qualität erforderlich. An anderer Stelle ist ein Vorschlag für die Unterscheidung von Evidenz-Graden für naturalistische Studien (effectiveness studies) gemacht worden (Leichsenring 2004a). Als Wirkungsnachweise für Langzeittherapien kom-

Wirkungsnachweise psychoanalytischer und tiefenpsychologisch fundierter Therapie

men nach diesem Vorschlag vor allem Studien des Level 1 und 2 infrage. Bei Level 1 Studien handelt es sich um prospektive *quasi-experimentelle* Studien, die an Stelle der Randomisierung andere Prinzipien einsetzen, um zu zeigen, dass alternative Erklärungen des Effekts unplausibel sind (Shadish et al. 2002). Auch bei Level 2 handelt es sich um prospektive Studien, es fehlt jedoch eines oder mehrere der bei Level 1 Studien gegebenen Merkmale.

Nach diesen Überlegungen kommen als Wirkungsnachweise für Langzeittherapien naturalistische Studien der Level 1 und 2 infrage. Diese zeichnen sich aus durch:

- eine hohe klinische Repräsentativität von Patienten und Behandlungen,
- klare Beschreibungen der Patienten (inklusive Ein- und Ausschluss-Kriterien),
- klare Beschreibungen der Behandlungen,
- eine (oder mehrere) nicht-zufällige Vergleichsbedingung(en) (nur bei Level 1),
- matching oder Stratifizierung von Gruppen (nur bei Level 1),
- die Verwendung von reliablen und validen diagnostischen Prozeduren und Erfolgs-Maßen,
- die Durchführung von Prä-, Post- und möglichst auch von Follow-up-Erhebungen.

Zur Beurteilung der Frage, wie wirksam eine bestimmte Form der Langzeittherapie ist, wären die vorliegenden naturalistischen Studien im Hinblick auf ihre Evidenz-Stufe einzuschätzen.

Aus Art und Anzahl der Studien ergibt sich der Grad an Evidenz, der für die Wirksamkeit einer Therapieform gegenwärtig vorliegt. Hier sind Festlegungen zu treffen etwa nach Art der Richtlinien der APA oder des *Wissenschaftlichen Beirats Psychotherapie* (http://www.wbpsychotherapie.de):

- Für die Beurteilung als »wirksam unter Praxisbedingungen« könnten z.B. mindestens X Level 1 Studien und/oder Y Level 2 Studien gefordert werden.
- Als Spezifizierung des Wirkungsnachweises könnten z.B. große Effekte oder ein ausreichend hoher Prozentsatz reliabel und klinisch bedeutsam gebesserter Patienten gefordert werden.

Solange nur RCTs als Wirkungsnachweise zugelassen werden, werden (psychodynamische) Therapien längerer Dauer automatisch von einer »empirischen Validierung« ausgeschlossen. Von einem fairen Wettbewerb kann unter solchen Umständen keine Rede sein.

3. Psychodynamische Kurz-Therapie

Als psychodynamische Kurz-Therapie (Short-term Psychodynamic Psychotherapy, STPP) können Therapien von bis zu 30 Sitzungen verstanden werden (z. B. Messer/Warren 1995; Beutel 2000). In einzelnen Fällen werden auch etwas mehr Sitzungen durchgeführt. Verschiedene Meta-Analysen haben sich mit der Wirksamkeit psychodynamischer Kurz-Therapie befasst (Svartberg/Stiles 1991; Crits-Christoph 1992; Grawe et al. 1994; Anderson/Lambert 1995; Leichsenring 2001; Leichsenring/Leibing 2003; Leichsenring et al. 2004). Diese Meta-Analysen kommen z. T. zu sehr unterschiedlichen Ergebnissen. Ein Faktor, der das Ergebnis von Meta-Analysen entscheidend beeinflusst, ist die Auswahl und die Qualität der einbezogenen Studien: Die Zusammenfassung von methodisch schwachen und methodisch anspruchsvollen Studien führt zu invaliden und uninterpretierbaren Ergebnissen. So liegen bei den meisten der von Grawe et al. (1994) einbezogenen Untersuchungen schwerwiegende konzeptuelle und methodische Einschränkungen vor (Tschuschke/Kächele 1996; Leichsenring 1996; Tschuschke et al. 1998; Hager et al. 1999; 2000). Dies gilt auch für die Meta-Analyse von Svartberg und Stiles (1991; vgl. hierzu auch Messer/Warren 1995). Crits-Christoph (1992) hat dagegen in seine Meta-Analyse zur Wirksamkeit von STPP nur Untersuchungen einbezogen, die strenge Auswahl-Kriterien erfüllen (Therapie-Manuale, erfahrene Therapeuten, Mindestzahl von Sitzungen). Crits-Christoph kommt zu dem Ergebnis, dass STPP im Vergleich zu unbehandelten Warte-Listen-Patienten zu großen Therapie-Effekten (Verbesserungen) im Sinne von Cohen (1988) führt: Crits-Christoph ermittelte Effektgrößen von *1.10* für die Ziel-Symptomatik, *0.82* für die allgemeine psychiatrische Symptomatik und *0.81* für die soziale Anpassung. Effekte ab 0.80 werden als groß angesehen (Cohen 1988). Dagegen ergaben sich keinerlei bedeutsame Unterschiede in der Wirksamkeit, wenn STPP mit anderen Therapie-Formen wie kognitiv-behavioraler Therapie (CBT) oder medikamentöser Behandlung verglichen wurde. Eine weitere neuere Meta-Analyse von STPP stammt von Anderson und Lambert (1995). Anderson und Lambert (1995) bezogen in ihre Meta-Analyse eine größere Anzahl von Studien (N=26) ein als Crits-Christoph (1992), da sie schwächere Einschluss-Kriterien zugrunde legten, was sie auch selbst einräumen (S. 504). So setzten sie z. B. nicht voraus, dass die Therapeuten trainiert und erfahren in der betreffenden Form der STPP waren. Folgerichtig ermittelten sie etwas niedrigere Effekte von *0.71* im Vergleich zu Wartelisten-Patienten und *0.34* im Vergleich zu Minimal-Behandlungs-Gruppen. Wie Crits-Christoph (1992) fanden Anderson und Lambert keine

Unterschiede in der Wirksamkeit zwischen STPP und anderen Therapieformen wie z. B. CBT. Eine neue Meta-Analyse, die strenge Einschlusskriterien zugrunde gelegt hat (z. b. nur RCTs), kommt zu dem Ergebnis, dass STPP bei psychiatrischen Störungen große Effekte erzielt (Leichsenring et al. 2004). Dies gilt für die Zielprobleme (1.39), die allgemeine psychiatrische Symptomatik (0.90), und für das soziale Funktionieren (0.80). Die Ergebnisse waren in Follow-up-Studien nicht nur stabil, sondern verbesserten sich tendenziell weiter (1.57, 0.95, 1.19). Unterschiede in der Wirksamkeit zu anderen Therapieformen, etwa CBT, wurden nicht gefunden. Inzwischen liegen auch zwei Meta-Analysen zur Wirksamkeit psychodynamischer Therapie bei spezifischen Krankheitsbildern vor (Leichsenring 2001; Leichsenring/Leibing 2003). Auf diese wird in Abschnitt 4.7 eingegangen. Studien zur interpersonellen Therapie (IPT; z. B. Elkin et al. 1989; Wilfley et al. 1993) sind in die vorliegende Übersicht nicht aufgenommen worden, da ihre Beziehung zur psychodynamischen Therapie kontrovers ist (z. B. Markowitz et al. 1998).

Nach vorliegenden empirischen Ergebnissen entsprechen die zur interpersonellen Therapie, die in der NIMH Depressionsstudie (z. B. Elkin et al. 1989) durchgeführt worden sind, am stärksten dem idealen Prototyp der kognitiven Verhaltenstherapie (Ablon/Jones 2002). Ablon und Jones (2002, S. 780) kommentierten dies folgendermaßen: »Brand names of therapy can be misleading.«

3.1. Zur Wirksamkeit von psychodynamischer Kurztherapie bei spezifischen Störungsbildern

Die Meta-Analysen von Crits-Christoph (1992) und Anderson und Lambert (1995) sind nicht auf spezielle Krankheitsbilder bezogen. Sie zeigen daher allgemein, dass STPP bei psychischen Erkrankungen wirksam ist. Da sich die Kriterien für empirisch gestützte Therapieverfahren an Störungsbildern orientieren (z. B. Chambless/Hollon 1998; Chambless/Ollendick 2001), sind die Studien zur Wirksamkeit von STPP im vorliegenden Beitrag nach Störungsbildern gesichtet und zusammengestellt worden. Diese Studien können unterschiedliche methodische Qualität haben. Die Anzahl der durchgeführten Sitzungen liegt in diesen Studien – mit drei Ausnahmen – zwischen 8 und 26. Sehr kurze Therapien von 4 Sitzungen wurden von Guthrie et al. (2001) durchgeführt, etwas längere von Karon und Vandenbos (1972), Winston et al. (1994) und Mintz et al. (1979) mit 42, 40 bzw. 44 Sitzungen.

3.1.1. Depression

Mehrere RCTs belegen die Wirksamkeit von STPP bei Depression (DiMascio et al. 1979; Hersen et al. 1984; Thompson et al. 1987; Gallagher-Thompson et al. 1990; Elkin et al. 1989; Gallagher et al. 1994; Shapiro et al. 1994; 1995; Barkham et al. 1996). Inzwischen liegt auch eine erste Meta-Analyse hierzu vor (Leichsenring 2001). Bei dieser Meta-Analyse wurden strenge Kriterien hinsichtlich der Auswahl der Studien gestellt, vergleichbar mit denen von Crits-Christoph (1992). Sie kommt zu dem Ergebnis, dass STPP und kognitiv-behaviorale Therapie (CBT) bei der Behandlung von Depression gleichermaßen wirksam sind (Leichsenring 2001). STPP erzielte große Effekte (Prä-Post) im Sinne von Cohen (1988) bei der Reduzierung der depressiven Symptomatik *(0.90–2.80)* sowie bei der allgemeinen psychiatrischen Symptomatik *(0.79–2.65)*.

3.1.2. Angststörungen
3.1.2.1. Panikstörung und Agoraphobie

In einem RCT von Zitrin et al. (1983) und Klein et al. (1983) zur Behandlung von Agoraphobie, gemischter Phobie und einfacher Phobie war psychodynamische Kurz-Therapie kombiniert mit Imipramin ebenso wirksam wie Verhaltenstherapie plus Imipramin (Klein et al. 1983, S. 141). Dies betraf alle drei Formen von Phobien, für die die Autoren getrennte Auswertungen vornahmen:

> »In this study, contrary to our initial expectations, we found essentially no differences between BT (…) and dynamically oriented ST in treating all three categories of phobia. (…) It was not that patients did poorly with BT; rather they did unexpectedly well with ST.«

In einem RCT zur Panikstörung war STPP kombiniert mit Clomipramin einer ausschließlichen Behandlung mit Clomipramin signifikant überlegen im Hinblick auf die Prophylaxe von Rückfällen (20% vs. 75%) sowie in verschiedenen Maßen der Psychopathologie (Wiborg et al. 1996). Auch in einer offenen Interventionsstudie von Milrod et al. (2000; 2001) erreichte STPP bei Panikstörungen signifikante Verbesserungen mit großen Effekten, die sich im Follow-up nach 40 Wochen als stabil erwiesen. Auch hier waren die Erfolgsraten hoch: 93% bei Therapieende, 90% zur Katamnese. Eine signifikante und in der Katamnese nach 6 Wochen stabile Reduzierung der (Trait-)Angst konnten Bassler und Hoffmann (1994) in einer offenen Interventionsstudie sowohl für Patienten mit Panikstörungen als auch für Patienten mit Agoraphobie nach einer manualgeleiteten zwölfwöchigen stationären Behandlung zeigen.

3.1.2.2. Soziale Phobie
In einem neuen RCT erwies sich psychoanalytisch orientierte Kurztherapie als ebenso wirksam wie CBT bei der Behandlung der sozialen Phobie (Bögels et al. 2003; 2004).

3.1.2.3. Generalisierte Angststörung (GAS)
Signifikante Verbesserungen bei Patienten mit GAS nach STPP haben Crits-Christoph et al. (1996) in einer offenen manualgeleiteten Interventionsstudie nachgewiesen. Die gefundenen Prä-Post-Effektgrößen waren groß (Angst: 0.95–1.99) und liegen in der Größenordnung, wie sie für kognitive Therapien berichtet werden (Crits-Christoph et al. 1996; Chambless/Gillis 1993). Auch die Erfolgsquote war relativ hoch (79%). RCTs liegen nicht vor.

Gegenwärtig wird eine randomisierte kontrollierte Studie zur GAS in Göttingen durchgeführt, in der analytisch orientierte Kurztherapie (nach Luborsky) mit kognitiver VT verglichen wird (Leichsenring et al. 2002; Leibing et al. 2002; Leichsenring et al. im Druck).

3.1.2.4. Angststörungen gemischt
Für eine Stichprobe von Patienten, die überwiegend unter Angststörungen (60%) litten, berichten Svartberg et al. (1995) einen großen Effekt von STPP bei der Reduzierung der Symptombelastung und eine reliable und klinisch signifikante Verbesserung bei 75% der Patienten. Bei einer gesonderten Auswertung für die Gruppe der Angst-Patienten ergibt sich auch für diese Patientengruppe ein großer Therapieeffekt von 0.70 (Svartberg, persönliche Mitteilung vom 16.02.1998). Die Angststörungen umfassten GAS, soziale Phobie, Panikstörung und einfache Phobie. Auch hier handelt es sich um eine offene Interventionsstudie.

3.1.3. Belastungsstörungen
Signifikante Besserungen bei Posttraumatischen Belastungsstörungen/Anpassungsstörungen durch STPP wurden in verschiedenen Untersuchungen demonstriert (Brom et al. 1989; Jones et al. 1988; Horowitz et al. 1984). In dem RCT von Brom et al. (1989) war die STPP (nach Horowitz) ebenso wirksam wie die verhaltenstherapeutische Vergleichsbedingung (Systematische Desensibilisierung), und beide Therapieformen waren einer Warte-Listen-Bedingung überlegen. Auch Holm-Hadulla et al. (1997) berichten für

Patienten mit Anpassungsstörungen (nach DSM-III-R) große Effekte, die deutlich über denen einer unbehandelten Kontrollgruppe lagen.

3.1.4. Somatoforme Störungen

In fünf RCTs wurde die Wirksamkeit von STPP bei somatoformen Störungen gezeigt (Svedlund et al. 1983; Guthrie et al. 1993; Baldoni et al. 1995; Hamilton et al. 2000; Monsen/Monsen 2000). STPP war einer Kontrollbedingung (»treatment as usual«, TAU) signifikant überlegen. Die Therapie-Ergebnisse erwiesen sich in Follow-up-Untersuchungen nach ein bis vier Jahren als stabil. Die Studien von Svedlund et al. (1983) und Guthrie (1993) beziehen sich auf Patienten mit Reizdarm, die Studie von Hamilton et al. (2000) auf Patienten mit funktioneller Dyspepsie, die Studie von Monsen und Monsen (2000) auf Patienten mit somatoformer Schmerzstörung (ICD-10: F 45.4, DSM-IV 307.80) und die Studie von Baldoni et al. (1995) auf Patienten mit urethralem Syndrom (Somatoforme autonome Funktionsstörung des unteren bzw. oberen Gastrointestinaltrakts bzw. des urogenitalen Systems, ICD-10 F 45.32, F 45.31, F 45.34). In den (manualgeleiteten) Studien von Guthrie und Hamilton wurden bemerkenswerterweise Patienten behandelt, bei denen sich vorher andere Behandlungen als wirkungslos erwiesen hatten. In diesen Studien konnte auch eine signifikante und substanzielle Reduzierung der Schmerz-Symptomatik nachgewiesen werden. In der Studie von Monsen und Monsen (2000) betrug z.B. der (Prä-Post-)Effekt in der Schmerz-Reduzierung 1.35 (1-Jahres-Follow-up: 1.20).

Erfolgversprechende Ergebnisse bei Patienten, bei denen neben psychischen Problemen psychosomatische (funktionelle) Symptome vorlagen, berichtet auch Sifneos (1984). Er fand eine Besserungsrate von *92% (13/14)*. Die Ergebnisse von Sifneos müssen allerdings noch an größeren Stichproben und unter Verwendung mehrerer reliabler Outcome-Maße bestätigt werden.

3.1.5. Essstörungen

Bulimie: Signifikante und stabile Besserungen durch STPP bei Bulimie wurden in mehreren manualgeleiteten RCTs nachgewiesen (Fairburn et al. 1986; 1993; 1995; Garner et al. 1993). In zentralen bulimiespezifischen Maßen (Essanfälle, Erbrechen) war STPP ebenso wirksam wie CBT. In manchen Studien war CBT der STPP in einzelnen Maßen der Psychopathologie überlegen (Fairburn et al. 1986; Garner et al. 1993). In einer Nachuntersuchung der Stichprobe von Fairburn et al. mit einem längeren Follow-up-Zeitraum erwiesen sich die beiden Therapieformen jedoch als gleich wirksam und waren z.T. einer rein verhaltenstherapeutischen Methode überlegen (Fairburn et al. 1995). Zu einer realistischen Beurteilung der Wirksamkeit von STPP sind offenbar Follow-up-Studien unabdingbar.

Anorexie: Hier liegen bisher drei RCTs vor: In einem RCT von Hall und Crisp (1987) erreichte STPP bei Anorexia Nervosa im 1-Jahres-Follow-up signifikante Besserungen und war hinsichtlich der Gewichtszunahme ebenso wirksam wie eine Diät-Beratung und der Diät-Beratung in Maßen der sozialen und sexuellen Anpassung überlegen. In dem RCT von Gowers et al. (1994) erreichte STPP signifikante Verbesserungen in der psychischen, sozialen und sexuellen Anpassung und war im 1-Jahres- und im 2-Jahres-Follow-up einer Kontroll-Bedingung (Treatment as usual, TAU) hinsichtlich Gewichtszunahme und BMI signifikant überlegen. In dem RCT von Dare et al. (2001) war psychoanalytische Fokaltherapie (von durchschnittlich 25 Sitzungen) einer Kontroll-Bedingung (low contact, »routine« treatment, TAU) signifikant überlegen. Ein Drittel (33%) der Patienten erfüllte nach der STPP nicht mehr die DSM-IV Kriterien für Anorexie. In der Kontrollgruppe (TAU) waren es dagegen nur 5%.

3.1.6. Psychische und soziale Faktoren bei somatischen Krankheiten (F 54)
In einem RCT von Sjödin et al. (1986) war STPP von drei Monaten Dauer, die Patienten mit Ulcus Pepticum zusätzlich zu einer medizinischen Behandlung erhielten, einer allein medizinischen Behandlung im 15-Monate-Follow-up signifikant überlegen. In einem RCT von Deter (1986) war psychodynamische (Gruppen-)Therapie bei der Behandlung von Patienten mit Asthma Bronchiale einer unbehandelten Kontrollgruppe signifikant überlegen. Die Behandlung dauerte ein Jahr, sodass es sich hier eher um eine Therapie mittlerer Dauer als um eine Kurz-Therapie handelte. In einem RCT von Beutel et al. (2001) zur Behandlung von Übergewicht erwiesen sich analytische Therapie und CBT als gleichermaßen wirksam. Auf die Ergebnisse der Studie von Junkert-Tress et al. (1999; 2001) wurde oben bereits verwiesen.

3.1.7. Persönlichkeitsstörungen
Signifikante Verbesserungen bei der Behandlung von Persönlichkeitsstörungen mit STPP wurden in einer Reihe von Untersuchungen gefunden (Hoglend 1993a; Munroe-Blum/Marziali 1995; Hardy et al. 1995; Diguer et al. 1993; Winston et al. 1994; Woody et al. 1985; Antikainen et al. 1995). In den randomisierten, kontrollierten und manualgeleiteten Studien von Winston et al. (1994), Munroe-Blum und Marziali (1995) und Hellerstein et al. (1998)

war STPP einer Kontroll-Bedingung signifikant überlegen (Winston et al. 1994) bzw. ebenso wirksam wie eine alternative Therapie (Munroe-Blum/Marziali 1995). In einem neuen RCT erwies sich STPP Therapie als ebenso wirksam wie CBT bei der Behandlung von Cluster C Persönlichkeitsstörungen (Svartberg et al. 2004). Gegenwärtig wird ein RCT durchgeführt, in dem psychoanalytisch orientierte Therapie mit CBT und supportiver Therapie verglichen wird (Clarkin et al. 2004).

Im Rahmen einer meta-analytischen Auswertung sind die mittleren Effektgrößen für die Behandlung von Persönlichkeitsstörungen durch STPP bestimmt worden (Leichsenring 2002). Danach beträgt die mittlere Effektgröße 1.32 (SD=0.69). Differenziert nach Selbst- und Fremdratingverfahren ergaben sich Effekte von 1.13 (SD=0.42) für die Selbstrating-Verfahren und von 1.57 (SD=0.82) für die Fremd-Rating-Verfahren. Es handelt sich um große Effekte, die etwa in der Größenordnung liegen, die Perry et al. (1999) für eine Mischung verschiedener psychotherapeutischer Verfahren bei Persönlichkeitsstörungen ermittelt haben (Selbstrating-Verfahren: 1.11; Fremd-Rating-Verfahren: 1.29).

Auch Holm-Hadulla et al. (1997) berichten für Patienten mit Persönlichkeitsstörungen (nach DSM-III-R) große Effekte, die deutlich über denen der unbehandelten Kontrollgruppe liegen.

Auf die Ergebnisse länger dauernder psychodynamischer Therapien bei der Behandlung von Persönlichkeitsstörungen wird im Folgenden noch eingegangen werden.

3.1.8. Abhängigkeit und Missbrauch (F 1, F 55)

In einem RCT von Sandahl et al. (1998) war STPP bei Alkohol-Missbrauch ebenso wirksam wie CBT. In dem RCT von Woody et al. (1983; 1987; 1990) zur Behandlung von Opiat-Abhängigkeit erwiesen sich STPP und CBT als gleichermaßen wirksam und einer Standardbehandlung signifikant überlegen. In einem weiteren RCT war psychodynamische Kurz-Therapie ebenfalls einer Standardbehandlung signifikant überlegen (Woody et al. 1995). In einem RCT von Crits-Christoph et al. (1999; 2001) zur Behandlung von Kokain-Abhängigkeit erzielte psychodynamische Kurz-Therapie signifikante Verbesserungen und war ebenso wirksam wie CBT (beide kombiniert mit Gruppen-Drogenberatung). Beide Therapieformen waren allerdings einer Kombination von Einzel- und Gruppen-Drogenberatung bezüglich des Drogen-Gebrauchs unterlegen, im Hinblick auf psychosoziale Outcome-Variablen bestand dieser Unterschied jedoch nicht (Crits-Christoph et al. 2001).

3.1.9. *Patienten mit selbstverletzendem Verhalten (artifizielle Störung, ICD-10 F 68.1)*

In einem RCT von Guthrie et al. (2001) berichteten Patienten, die sich absichtlich selbst vergiftet hatten, nach STPP signifikant weniger Suizid-Gedanken und Versuche, sich selbst zu schädigen als eine Kontroll-Behandlung (»treatment as usual«).

3.1.10. *»High utilizers of psychiatric services«*

In einem weiteren RCT zeigten Guthrie et al. (1999), dass STPP bei Patienten, die in hohem Maße psychiatrische Versorgungsdienste in Anspruch nahmen (»high utilizers of psychiatric services«), einer Kontroll-Behandlung (TAU) signifikant überlegen war bezüglich einer Reduzierung der psychischen Belastung und einer Besserung des sozialen Funktionierens. Dieses Ergebnis hat auch Bedeutung im Hinblick auf die Reduzierung von Krankheitskosten durch STPP.

3.1.11. *Schizophrenien*

Die Meta-Analyse von Grawe et al. (1994, S. 195) kommt im Hinblick auf die Behandlung schizophrener Patienten zu dem Ergebnis, dass die Wirksamkeit psychoanalytisch orientierter (stationärer) Therapie einigermaßen gesichert ist. Unter den einbezogenen Studien ist z. B. die randomisierte und kontrollierte Studie (RCT) von Karon und Vandenbos (1972), in der analytisch orientierte Therapie von durchschnittlich 42 Sitzungen einer medikamentösen Routinebehandlung signifikant überlegen war. Dies war auch im 2-Jahres-Follow-up der Fall. Dagegen kamen Mueser und Berenbaum (1990) in ihrer Sichtung der Forschung zur psychodynamischen Behandlung schizophrener Patienten zu einem sehr kritischen Fazit: Es gäbe keine Belege für ihre Wirksamkeit und sogar indirekte Belege dafür, dass psychodynamische Behandlung für einige Patienten schädlich sein könne. Neuere Meta-Analysen haben dies jedoch nicht bestätigt: Mojtabai et al. (1998, S. 583) fanden keine Hinweise darauf, dass eine psychodynamischen Behandlung bei schizophrenen Patienten schädlich ist. Mojtabai et al. (1998) fanden für die psychodynamische Behandlung schizophrener Patienten zwar etwas niedrigere Effekte als für behaviorale Therapien, die Unterschiede waren jedoch nicht signifikant.

3.1.11. *Gemischte Stichproben*

Darüber hinaus liefern eine Reihe von Untersuchungen Belege für die Wirksamkeit von STPP in gemischten Stichproben (Sloane et al. 1975; 1981; Mintz et al. 1979; Sifneos et al. 1980; Sifneos 1990; Barth et al. 1988a; 1998b;

Piper et al. 1990; Svartberg et al. 1995; Holm-Hadulla et al. 1997; Junkert-Tress et al. 1999). In mehreren dieser Studien war STPP einer Wartelisten-Bedingung signifikant überlegen (Sloane et al. 1975; 1981; Piper et al. 1990; Sifneos et al. 1980; Sifneos 1990; Shefler et al. 1995; Holm-Hadulla et al. 1997). In dem RCT von Sloane et al. (1975; 1981) erwies sich STPP auch in der Langzeitwirkung als ebenso wirksam wie CBT. In dem RCT von Brill, Koegler, Epstein und Forgy (1964) war STPP einer medikamentösen Behandlung, einer Placebo-Bedingung und einer Warte-Kontrollgruppe signifikant überlegen.

4. Länger dauernde tiefenpsychologisch fundierte und analytische Therapie

Bei Therapien, die über die Dauer von Kurz-Therapien hinausgehen, kann zwischen Therapien mittlerer Dauer (30–100 Sitzungen), d. h. tiefenpsychologisch fundierten Therapien, und darüber hinausgehenden Behandlungen (mehr als 100 Sitzungen) unterschieden werden. Im deutschsprachigen Raum sind letztere in der Regel analytische Psychotherapien. Bei einem Teil der betreffenden Studien sind gemischte Stichproben behandelt worden, d. h. sie beziehen sich auf Patienten, wie sie für die psychotherapeutische Praxis typisch sind. Eine gesonderte Auswertung nach Krankheitsbildern, wie sie bei der STPP vorgenommen worden ist, war für die Behandlung von Persönlichkeitsstörungen möglich.

4.1. Die Studie von Dührssen und Jorswieck (1965)

Dührssen und Jorswieck (1965) konnten für eine Zufallsstichprobe von Patienten, die am Institut für Psychogene Erkrankungen der AOK Berlin psychotherapeutisch behandelt worden sind, einen signifikanten Rückgang der Krankenhaustage beim Vergleich der Krankenhaustage in den fünf Jahren vor und in den fünf Jahren nach Beendigung der Therapie nachweisen. Bei einer zufällig gezogenen Wartegruppe aus derselben Population war dies dagegen nicht der Fall. Dieses Ergebnis spricht im Übrigen gegen den Mythos der Spontan-Remission bei psychischen Erkrankungen. Die psychotherapeutisch behandelten Patienten weisen außerdem in dem Zeitraum der fünf Jahre nach Therapieende signifikant weniger Krankenhaustage auf als eine zufällig gezogene Stichprobe von Patienten aus der allgemeinen Population der Versicherten, die nicht mit dem Institut für Psychogene Erkrankungen der AOK Berlin Kontakt hatten. Die angewendete Form der Psychotherapie führte demnach zu einer Reduzierung von Kosten im

Gesundheitssystem. Bei den durchgeführten Therapien handelt es sich um analytische und psychodynamische Therapien mit einer Dauer von 150 bis maximal 200 Stunden, in einer Frequenz von 2–3 Sitzungen pro Woche (Dührssen, persönliche Mitteilung vom 24.06.1996 sowie Dührssen 1962). Nach meiner Berechnung aufgrund der publizierten Daten von Dührssen und Jorswieck (1965) beträgt die Effektgröße für die psychotherapeutisch behandelten Patienten $d=0.78$. Hierbei handelt es sich um einen großen Effekt (Cohen 1988). In einer weiteren Studie konnten diese Ergebnisse bestätigt werden (Dührssen 1986).

4.2. Berliner Studie von Rudolf und Mitarbeitern

In einer naturalistischen Untersuchung von Rudolf et al. (1994; Manz et al. 1995) wurden Patienten untersucht, bei denen eine Indikation für eine analytische Psychotherapie, eine psychodynamische Therapie oder eine stationäre Behandlung gestellt worden war. Wie die Autoren berichten, bestanden keine Unterschiede zwischen den drei Behandlungsgruppen in den Krankheitsbildern und im Schweregrad der Störung. Dagegen wiesen tiefenpsychologisch behandelte Patienten ungünstigere soziodemographische und prognostische Merkmale auf und unterschieden sich von Patienten in analytischer Behandlung im Krankheitsverhalten, in der Therapie-Motivation und dem Beziehungsangebot (Rudolf et al. 1987). Die analytische Psychotherapie wurde mit 2–3 Sitzungen/Woche durchgeführt, bei durchschnittlich 265 Sitzungen. Bei der psychodynamischen Therapie wurden im Durchschnitt 60 Sitzungen durchgeführt. Die stationäre Therapie dauerte durchschnittlich 2.6 Monate. In der globalen Abschlussbeurteilung durch die Patienten gaben 96% der ambulant behandelten Patienten an, dass sich die Beschwerden, die zur psychotherapeutischen Behandlung geführt hatten, gebessert hatten. Wurde als Kriterium für den Therapie-Erfolg eine klinisch signifikante Besserung in Selbstbeurteilungsmaßen zugrunde gelegt, ergaben sich folgende Prozentsätze gebesserter Patienten (Rudolf et al. 1994): Analytische Psychotherapie: 76%, psychodynamische Therapie: 55%, stationäre Therapie: 50%. Große Effekte (≥ 0.80) erzielte die analytische Psychotherapie gemäß der Selbstbeurteilung der Patienten in den Bereichen (körpernahe) Angst, Depression, Körpersymptomklagen, Angst im Kontakt (Rudolf et al. 1994). Den größten Effekt erreichte die psychodynamische Therapie im Bereich der körpernahen Angst (0.50). Dies gilt auch für die stationäre Therapie (0.60). Unter methodischen Gesichtspunkten sind die Ergebnisse zwischen den verschiedenen Therapiegruppen nicht direkt vergleichbar, da sich die Patienten in den oben genannten soziodemographischen und prognostischen Merkmalen unterschieden.

4.3. Die Stockholmer Studie von Sandell und Mitarbeitern

Sandell und Mitarbeiter (1999; 2001) untersuchten die Wirksamkeit analytischer Psychotherapie und psychodynamischer Langzeittherapie. Analytische Psychotherapie wurde mit einer Frequenz von 3–5 Sitzungen pro Woche durchgeführt (N=24), psychodynamische Langzeittherapie mit 1–2 wöchentlichen Sitzungen (N=100). Die Therapiedauer betrug für die analytische Psychotherapie im Mittel 54 Monate (mittlere Sitzungszahl: 642), für die psychodynamische Langzeittherapie 43 Monate (mittlere Sitzungszahl: 233). Letztere ist wegen der höheren Sitzungszahl nicht identisch mit der Therapieform, die in Deutschland als tiefenpsychologisch fundierte Therapie verstanden wird. Vor der Therapie zwischen den Behandlungsgruppen bestehende Unterschiede in Patientenvariablen wurden statistisch kontrolliert. Die analytische Psychotherapie erreichte – bei gleicher Ausgangslage – im Hinblick auf die Symptombesserung (SCL-90-GSI) einen großen Effekt von *1.55*, die psychodynamische Langzeittherapie einen Effekt von *0.60* (Sandell et al. 2001). Die analytische Psychotherapie verbesserte ihre Effekte zwischen dem ersten und dem zweiten Jahr nach Ende der Behandlung um fast ein Drittel, bei der psychodynamischen Langzeittherapie nahm der Effekt in diesem Zeitraum geringfügig ab (Sandell et al. 1999). Weiterhin wurde geprüft, wie viele Patienten in den verwendeten Selbstbeurteilungsinstrumenten das zugrunde gelegte Kriterium für klinische Fälle erfüllten. Danach wurden drei Jahre nach Therapieende 70% der mit analytischer Psychotherapie behandelten Patienten nicht mehr als klinische Fälle eingestuft, in der Gruppe der mit psychodynamischer Langzeittherapie behandelten Patienten waren es 55%. Unabhängig davon, dass sich die mit analytischer Psychotherapie behandelten Patienten ihren gesundheitlichen Allgemeinzustand als verbessert einschätzen, wurde jedoch bei diesen Patienten eine signifikante Zunahme von Krankschreibungen, Arztbesuchen und Psychopharmaka festgestellt. Die verschiedenen Erfolgsmaße klaffen hier auseinander, ein Ergebnis, das in der Psychotherapieforschung nicht selten ist.

4.4. Die Penn-Studie von Luborsky

Luborsky et al. (2001) konnten in einer Stichprobe von N=17 Patienten signifikante Verbesserungen in der Symptomatik, der Einstellung zu sich selbst, in der sexuellen Anpassung und im sozialen Funktionieren nach psychoanalytischer Therapie nachweisen. Die Verbesserungen entsprechen großen Effekten. Sie liegen zwischen 0.94 und 1.01 (Berechnung FL). Der mittlere Effekt beträgt 0.98.

4.5. Die Frankfurt-Hamburg-Studie

Brockmann, Schlüter und Eckert (2001) untersuchten die Effekte psychoanalytischer Langzeittherapie und verhaltenstherapeutischer Langzeittherapie bei depressiven und/oder Angststörungen in der Praxis niedergelassener Psychotherapeuten. In dieser Studie führte psychoanalytische Langzeittherapie zu signifikanten Verbesserungen in Symptomen, interpersonellen Beziehungen und allgemeinem Wohlbefinden. Beide Therapieformen erreichten große (Prä-Post) Effekte hinsichtlich der Symptomatik und interpersoneller Beziehungen: In der 3.5-Jahres-Katamnese erreichte psychoanalytische Langzeittherapie große Effekte von 1.59 in der Symptomatik und von 1.16 in interpersonellen Beziehungen. Für die verhaltenstherapeutische Langzeittherapie waren die Effekte 1.17 und 1.04.

4.6. Praxisstudie Analytischer Langzeittherapie

Bei der Praxisstudie Analytischer Langzeittherapie (PAL; Rudolf et al. 2004) handelt es sich um eine naturalistische quasi-experimentelle Studie, in der die Effekte psychoanalytischer und psychodynamischer Therapie untersucht und verglichen werden. Die Zusammenstellung der Patientengruppen erfolgte so, dass die beiden Gruppen hinsichtlich prognostisch relevanter Parameter wie Alter, Geschlecht, sozioökonomischer Merkmale und Störungsschwere vergleichbar sind (Parallelisierung). Nach den bisher vorliegenden Ergebnissen erzielten beide Therapieformen signifikante und große Effekte im Hinblick auf die Symptomatik (SCL-90-R, PSKB-Se) und interpersonelle Probleme (IIP). Beide Therapieformen waren hier gleichermaßen wirksam. Psychoanalytische Therapie erzielte jedoch signifikant häufiger Umstrukturierungen der Persönlichkeit (Heidelberger Umstrukturierungs-Skala).

4.7. Die Göttinger Studie

In der Göttinger Studie wurde die Wirksamkeit psychoanalytischer und tiefenpsychologisch fundierter Therapie untersucht. Auch hier handelt es sich um eine naturalistische Studie unter Praxisbedingungen. Erste Ergebnisse zu den Effekten der untersuchten psychoanalytischen Therapie liegen vor (Leichsenring et al. 2005). Die bisher untersuchte Stichprobe besteht aus N=36 Patienten mit abgeschlossener psychoanalytischer Therapie. Für N=23 dieser Patienten werden auch Ergebnisse für das 1-Jahres Follow-up berichtet. Die Patienten wiesen unterschiedliche Störungsbilder auf, wie sie für die psychotherapeutische Praxis üblich sind. Im Mittel wurden 253 Sitzungen durchgeführt (SD=74.2). Die mittlere Frequenz betrug 2.47 Sitzungen pro Woche (SD=0.52).

Die Therapiedauer ist damit deutlich niedriger als in der Studie von Sandell et al. (54 Monate und 642 Sitzungen). Sie entspricht in der Sitzungszahl ziemlich genau der Studie von Rudolf et al. (1994) mit durchschnittlich 265 Sitzungen.

Die Studie kommt zu folgenden Ergebnissen: Die angewendete psychoanalytische Therapie führte zu signifikanten Verbesserungen in der Symptomatik (Symptom Check-List-90-R, SCL-90-R), in interpersonellen Problemen (Inventory of Interpersonal Problems, IIP), in der Lebenszufriedenheit (Fragebogen zur Lebenszufriedenheit, FLZ), der Befindlichkeit (Veränderungsfragebogen des Erlebens und Verhaltens, VEV) sowie wie bei den von den Patienten selbst definierten Hauptproblemen (Goal Attainment Scaling, GAS). Die Effekte sind durchgehend groß, sie betragen 1.34 für die Gesamtwerte des SCL-90-R (GSI), 1.28 für den Gesamtwert des IIP, 1.55 für den Gesamtwert des FLZ und 2.39 für den Gesamtwert des GAS. Alle Verbesserungen erwiesen sich im 1-Jahres Follow-up als stabil oder nahmen sogar noch zu (GSI: 1.38, IIP: 1.85, FLZ: 1.81, GAS 2.48). Bei Therapieende wurden 77% der Patienten als klinisch signifikant gebessert beurteilt, im 1-Jahres-Follow-up waren es sogar 80%.

4.8. Die Studie von Heinzel, Breyer & Klein
In einer retrospektiven Beurteilung ihrer Therapie-Ergebnisse berichtete eine Zufallsstichprobe von Patienten (N=633), die mit analytischer Therapie von durchschnittlich 216 Sitzungen behandelt worden waren, signifikante und stabile Verbesserungen im psychischen und körperlichen Befinden sowie im Hinblick auf Medikamenteneinnahme, Arztbesuche, Krankschreibungen und Krankenhaustage (Heinzel et al. 1998). Es wurden keine Unterschiede im Therapieergebnis zwischen Einzel- und Gruppentherapie oder zwischen verschiedenen Konzepten analytischer Therapie gefunden.

4.9. Die DPV-Studie
In der DPV-Studie (Leuzinger-Bohleber et al. 2003) berichteten die behandelten Patienten retrospektiv signifikante Verbesserungen im Wohlbefinden und anderen Aspekten der Lebensqualität (z.B. Selbstwertgefühl, interpersonelle Beziehungen). Weiterhin fanden die Autoren einen signifikanten Rückgang in Arbeitsunfähigkeitstagen und Arztbesuchen, als sie die Zeit ein Jahr vor und ein Jahr nach der psychoanalytischen Behandlung verglichen (Beutel et al. 2004).

4.10. Psychodynamische Therapien mittlerer Dauer bei Persönlichkeitsstörungen

Ergebnisse von STPP bei Persönlichkeitsstörungen sind oben bereits referiert worden. Darüber hinaus zeigen mehrere Studien, dass psychodynamische Therapien mittlerer Dauer zu signifikanten Effekten bei Persönlichkeitsstörungen führen (Tucker et al. 1987; Karterud et al. 1992; Stevenson/Meares 1992; Monsen et al. 1995; Wilberg et al. 1998; Bateman/Fonagy 1999; 2001). In diesen Studien sind überwiegend schwere Persönlichkeitsstörungen behandelt worden, v. a. Borderline-Persönlichkeitsstörungen. In dem RCT von Bateman und Fonagy (1999; 2001) war die psychodynamische Therapie einer psychiatrischen Standardbehandlung signifikant überlegen.

Für diese sechs Studien sind an anderer Stelle meta-analytisch die mittleren Effektgrößen bestimmt worden (Leichsenring 2002). Die mittlere Behandlungsdauer in den angeführten Studien beträgt nach meiner Berechnung 13.8 Monate. Der mittlere Effekt beträgt 1.66 (SD=0.83). Differenziert nach Selbst- und Fremdrating-Verfahren ergaben sich Effekte von 1.05 (SD=0.34) für die Selbstrating-Verfahren und von 2.11 (SD=1.39) für die Fremdrating-Verfahren. Hierbei handelt es sich um große Effekte.

Im Rahmen einer weiteren Meta-Analyse wurden die Effekte psychodynamischer Therapie kurzer bis mittlerer Dauer und von CBT bei Persönlichkeitsstörungen untersucht (Leichsenring/Leibing 2003). Psychodynamische Therapie erreichte einen Effekt von 1.46 (SD=0.73). Differenziert nach Selbst- und Fremdrating-Verfahren ergaben sich Effekte von 1.08 (SD=0.36) für die Selbstrating-Verfahren und von 1.79 (SD=1.07) für die Fremdrating-Verfahren. Für Maße, die spezifischer für Persönlichkeitsstörungen sind, wurde ein Effekt von 1.56 (SD=0.76) ermittelt. Für kognitiv-behaviorale Therapie wurde ein Gesamteffekt von 1.00 (SD=0.48) gefunden, in Selbstrating-Verfahren betrug der Effekt 1.20 (SD=0.38), in Fremdrating-Verfahren 0.87 (SD=0.71). Die Effekte von psychodynamischer und kognitiv-behavioraler Therapie sind jedoch nicht direkt miteinander vergleichbar, da sie aus verschiedenen Untersuchungen stammen, die sich bezüglich der Patienten, Therapeuten, der Therapie, der Erfolgsmessung und anderer Variablen unterschieden. Speziell für die Behandlung der Borderline-Persönlichkeitsstörung mit psychodynamischer Therapie wurde ein Gesamt-Effekt von 1.31 (SD=0.71) gefunden. In den Selbstrating-Verfahren betrug er 1.00, in den Fremdrating-Verfahren 1.45.

5. Resümee

Empirische Belege für die Wirksamkeit tiefenpsychologisch fundierter und analytischer Therapie liegen vor. Gegenwärtig ist es jedoch nicht möglich, empirisch begründete Aussagen über das wirkliche Verhältnis von Kosten und Nutzen verschiedener Therapieformen zu machen. Hier sind gesundheitsökonomische Studien erforderlich, die nicht nur die direkten Therapiekosten, sondern auch die durch Psychotherapie erzielten Einsparungen berücksichtigen. So konnte eine Reduzierung von Krankenhaustagen und medizinischer Inanspruchnahme nach psychodynamischer bzw. analytischer Therapie nachgewiesen werden (Dührssen/Jorswieck 1965; Heinzel et al. 1998; Guthrie et al. 1993; 1999; Beutel et al. 2004). Die Differenzialindikation der verschiedenen psychodynamischen Therapieverfahren ist jedoch – auch unter Kosten-Nutzen-Gesichtspunkten – noch zu klären. Interessante Befunde liegen inzwischen auch zur Bedeutung von Dauer und Frequenz von Psychotherapien vor. In einer Reihe von Untersuchungen wurden Zusammenhänge zwischen dem Therapieergebnis und der Dauer der Therapie gefunden (Seligman 1995; Heinzel et al. 1998; Lueger 1995; Freedman et al. 1999; Sandell et al. 1999; 2001; Brockmann et al. 2001). Insbesondere die Umsetzung von Veränderungen in den Alltag scheint Zeit zu brauchen, mehr als eine Veränderung der Symptomatik (Lueger 1995; Brockmann et al. 2001). Dauer und Frequenz scheinen jedoch unterschiedliche Faktoren zu sein, die auch bei verschiedenen Krankheitsbildern unterschiedliche Bedeutung zu haben scheinen (Freedman et al. 1999). Hier ist jedoch weitere Forschung notwendig. Zur Zeit werden verschiedene Studien zur Wirksamkeit analytischer und psychodynamischer Therapie durchgeführt, die einige der noch offenen Fragen möglicherweise beantworten werden: die Heidelberger »Praxisstudie« (Rudolf et al. 2001), die »Münchner-Prozess-Outcome Studie« (Huber et al. 2001) sowie die »Göttinger Studie zur Wirksamkeit analytischer und psychodynamischer Therapie« (Leichsenring et al. 2005).

Nachdem bei manchen Psychoanalytikern zunächst eine große Skepsis gegenüber einer als »positivistisch« abgetanen empirischen Forschung zu beobachten war, scheint sich hier in letzter Zeit eine größere Offenheit und Bereitschaft abzuzeichnen. Analytische und psychodynamische Therapie stehen heute vor Herausforderungen, denen sie sich stellen müssen, wenn sie sich als Therapieverfahren behaupten wollen (s. a. Streeck 1994; Kernberg 2001b).

Körperliches Verhalten und das interaktive Geschehen im psychotherapeutischen Behandlungszimmer[1]

Ulrich Streeck

Ausgangspunkt für die Beschäftigung mit der Frage, wie Patient und Therapeut in psychotherapeutischen Behandlungen ihre Interaktion regulieren und welche Funktion dabei körperliches und gestisches Verhalten hat, waren langjährige klinische Erfahrungen mit Patienten mit basalen Entwicklungsstörungen bzw. schweren Persönlichkeitsstörungen. Persönlichkeitsstörungen manifestieren sich in erster Linie als interpersonelle Störungen. Sie sind eine Folge chronischer Traumatisierungen, von Vernachlässigung, Gewalterfahrungen, chronischer familiärer Disharmonie u. ä. Oft gelingt es nicht, aus den Schilderungen der alltäglichen Lebenswelt und ihrer Beziehungserfahrungen ein halbwegs anschauliches Bild davon zu gewinnen, unter welchen Problemen die Patienten selbst oder aber ihre Umwelt eigentlich leiden. Beschäftigt man sich jedoch eingehender mit den aktuellen interpersonellen Beziehungen der Patienten, mit dem *Wie* ihres Zusammenseins mit Anderen, stößt man häufig darauf, dass es immer wieder ähnliche interaktive Verstrickungen sind, in die die Patienten geraten. So lassen sich aus der Art und Weise, *wie* die Patienten sich im Zusammensein mit Anderen verhalten, auch Hinweise darauf gewinnen, welcher Art die traumatischen Erfahrungen waren, die zu der jeweiligen Entwicklungsstörung geführt haben.

Der Umstand, dass die Probleme der Patienten aus ihren sprachlichen Äußerungen nicht zu erschließen sind, dafür aber im Kontakt mit Anderen dargestellt werden, birgt eine Gefahr: wird dieser Umstand zu wenig berücksichtigt oder gar nicht gesehen, kann das leicht zur Folge haben, dass die zentrale Problematik der Patienten in der Behandlung verfehlt wird. Der Therapeut konzentriert sich dann darauf, das subjektive Erleben der Patienten zu verstehen und aus den Mitteilungen und Einfällen dessen Hintergrund aufzudecken oder zu rekonstruieren. Damit mögen zwar unbewusste Konflikte zugänglich werden, die basale Störung wird so jedoch nicht oder nur ausnahmsweise erreicht, denn sie teilt sich nicht sprachlich-symbolisch mit, sondern stellt sich im Verhalten dar. Der Psychoanalytiker muss deshalb etwas tun, was einem psychoanalytischen Selbstverständnis zufolge oftmals

---

1 Überarbeitete Fassung eines Vortrags bei der Psychoanalytischen Mittwoch-Gesellschaft in Klagenfurt am 22. November 2003.

als unanalytisch gilt: er muss Verhalten und körperlich und gestisch vermittelte Interaktion beobachten und nicht nur Subjektivität und unbewussten Sinn verstehen und rekonstruieren (Streeck 2004).

Erzählen, Benehmen und die Regel-Rollenbeziehung

Psychotherapeuten interessieren sich meist mehr für therapeutische Prozesse, die mit dem Erzählen in Verbindung stehen, weniger für die Körperlichkeit von Verhalten. Zwar müssen Patient und Therapeut auch beim Erzählen immer ihre Interaktion einschließlich ihrer Rollen regulieren; dies geschieht meist jedoch mehr oder weniger unbeachtet und unproblematisch im Hintergrund. Der Patient teilt seine Einfälle mit, und der Therapeut hört zu, und wenn der Therapeut redet und deutet, was der Patient mitgeteilt hat, hört der Patient zu. Sandler hat diesen Fall im Hinblick auf die Psychoanalyse eine Regel-Rollenbeziehung genannt. Dieser »Normalfall« ist jedoch – wie bereits Freud festgestellt hat – eher die Ausnahme als die Regel: »andere Fälle benehmen sich von vornherein anders« (Freud 1914g, S. 129), etwa dann, wenn der Patient nicht von Erfahrungen *erzählt*, sondern frühere Erfahrungen in seinem Verhalten *wiederholt*; er erinnert sich nicht, sondern agiert:

> »Er [der Analysierte] reproduziert es nicht als Erinnerung, sondern als Tat (…) Der Analysierte *erzählt* nicht, er erinnere sich, dass er trotzig und ungläubig gegen die Autorität der Eltern gewesen sei, sondern er *benimmt sich* [meine Hervorhebung] in solcher Weise gegen den Arzt« (Freud 1914g, S. 129).

Wenn sich das *Benehmen* des Patienten in dieser Weise verändert, ändert sich auch das Verhältnis von Patient und Therapeut: sie verhalten sich nicht mehr nur als Erzähler und Zuhörer zueinander, die sich in reziproken Rollen *über* etwas miteinander verständigen, sondern der Patient verhält sich jetzt unbewusst in einer Weise, die zu einer Person seiner Vergangenheit passt, der Realität des Psychotherapeuten und dessen Funktion aber unangemessen erscheint. Mit anderen Worten: der Patient adressiert sich nicht mehr – zumindest für eine gewisse Zeit nicht mehr – an einen wohlwollenden, interessierten Experten, sondern verhält sich wie zu einer Person, der gegenüber anderes Benehmen angemessen ist. Jetzt ist die »bewusstseinsfähige und unanstößige« (Freud 1912b, S. 371) Übertragung, auf die sich die Regel-Rollenbeziehung stützen kann, von anderen Komponenten der Übertragung überlagert. Vor allem feindselige und »überstarke« – so Freuds Ausdruck – Übertragungen verleiten den Patienten dazu, zu verdrängen und sein Erleben im Verhalten unbewusst zu *wiederholen*, statt davon zu erzählen und sich zu erinnern (Freud 1914g). *Was* der Patient unter solchen Umständen *mit Worten* ausdrückt, gibt dann weniger Aufschluss über seine verdrängten Erfahrungen als die Art und Weise, *wie* er sich *verhält* und sich *benimmt*. Im Gegenteil – was der Patient mit Worten sagt, kann in die Irre führen, weil er eben nicht erzählt, was sein unbewusstes Erleben im Augenblick bestimmt, sondern weil er das im Verhältnis zum Analytiker agiert und mit seinem Verhalten darstellt.

Unter den Bedingungen der Regel-Rollenbeziehung ist das Verhältnis von Patient und Therapeut gleichsam »uninteressant«. Beide regulieren ihre Interaktion wie selbstverständlich im Hintergrund. Wenn der Patient seine Erfahrungen in der therapeutischen Beziehung jedoch wiederholt, statt sie zur Sprache zu bringen, tritt das wechselseitige Verhalten von Patient und Therapeut und damit ihr Verhältnis zueinander in den Vordergrund. Meist richtet sich dann die Aufmerksamkeit des Psychotherapeuten auch nicht mehr zuerst auf das Erzählen und auf die Inhalte, auf die sich die Worte des Patienten beziehen, sondern gilt dem Verhalten des Patienten, der Aktion (Freud 1914g, S. 133). Hat der Patient den Wiederholungscharakter und die unbewusste Bedeutung seines Verhaltens verstanden, kann sich das Verhalten potenziell verändern, die »überstarke« oder negative Übertragung sich auflösen und an die Stelle des problematisch gewordenen Verhältnisses von Patient und Therapeut wieder die unproblematische Regel-Rollenbeziehung treten. Ist das der Fall, tritt die Interaktion wieder mehr oder weniger weit in die Kulissen zurück, und das Verhältnis von Patient und Therapeut und dessen Regulierung werden erneut »uninteressant«.

Selbst- und Interaktionsregulierung bei Patienten mit basalen Entwicklungsstörungen

Für Patienten mit basalen Entwicklungsstörungen ist das Gegenüber meist keine bestimmte *andere* Person, der etwas mitgeteilt werden soll, um es mit ihr zu teilen. Vielmehr ist die andere Person in erster Linie wichtig, um Mittel bereitzustellen, die erforderlich sind, um das eigene seelische Gleichgewicht zu regulieren. Der Andere wird für Zwecke der Selbstregulierung gleichsam in Gebrauch genommen. Dementsprechend haben die Worte des Patienten nicht nur die Funktion, dem Anderen etwas mitzuteilen und zu erzählen, sondern sie sind in erster Linie ein Instrument, mit dem etwas getan und die andere Person be-handelt werden soll, um sie dazu zu bringen, selbstregulative Funktionen für den Patienten zu erfüllen. Deshalb steht in der therapeutischen Arbeit mit diesen Patienten häufig auch nicht das *Was* von Erzählungen im Vordergrund, sondern das *Wie* des Im-Kontakt-Seins und damit die Interaktion von Patient und Analytiker, ihr *wechselseitiges* Benehmen. Anhand der inhaltlichen Bedeutung der Worte gelingt es nicht oder nur höchst unzureichend, zu verstehen, »worum es geht«. Damit einhergehend kann die referenzielle Funktion der Sprache, die Inhalte, auf die sich die Worte des Patienten beziehen und wofür sie stehen, über weite Strecken hinweg von untergeordneter Bedeutung sein. Stattdessen steht das interaktive Geschehen im Vordergrund, nicht nur sprachliches, sondern auch körperliches und gestisches Verhalten. Gemeinsames Nachdenken über sprachlich-symbolisch vermittelte Inhalte hat unter solchen Umständen keinen Raum oder spielt nur am Rande eine Rolle. Die Worte, die die Patienten verwenden, drücken nicht primär Erfahrungen aus, sondern sind »Aktionen, um auf den Analytiker einzuwirken« (Moser 2001, S. 113). Die Patienten teilen sich in ihrem nichtsprachlichen Verhalten ebenso mit, wie sie mit den Worten, die sie verwenden, Handlungen vollziehen. Der Versuch, in der Behandlung in einen sprachlich vermittelten therapeutischen Dialog zu kommen, in dem das Erzählen im Vordergrund steht und die Erfahrungen des Patienten und die aktuelle Beziehung zum Gegenstand gemeinsamen Nachdenkens werden, gelingt nicht, verfehlt die Patienten oder führt mehr oder weniger unbemerkt in einen Pseudo-Dialog. In einem gelingenden psychoanalytischen Prozess entsteht eine »psychoanalytische Mikrowelt«, »die Sprache [dient] der Formulierung innerer und interaktiver Prozesse, die kommunikativ dargestellt werden (...)« und die »direkte Beziehung« von Analysand und Analytiker wird im Hintergrund reguliert (Moser 2001, S. 106). Bei Patienten mit »frühen Störungen« ist diese psychoanalytische Mikrowelt jedoch eine »Fata Morgana« (ebd.). Das wird häufig nicht gesehen. Die Differenz von psychoanalytischer Welt und direkter Beziehung, von Übertragung und realer therapeutischer Beziehung, von Wirklichkeitsraum und Möglichkeitsraum (Winnicott 1965) kann von den Patienten nicht mitvollzogen werden. Für sie gibt es nur eine einzige Beziehung und nichts daneben. Die andere Person wird in den Dienst der Selbstregulierung, der Regulierung des biologischen und des psychischen Gleichgewichts, des Erregungsniveaus, des narzisstischen Gleichgewichts, des Reizschutzes, aber auch der Identität genommen. Auch Verhalten, das auf den ersten Blick der Regulierung der Interaktion zwischen zwei separaten Individuen – etwa der Regulierung der Rollen im Gespräch, von Nähe und Distanz, von Autonomie und Abhängigkeit oder Dominanz und Unterwerfung – zu dienen scheint, hat oft die Funktion, das Gegenüber zu einem Verhalten zu veranlassen, das geeignet ist, für Funktionen der Selbstregulierung zu dienen.

Interaktion und die Wirksamkeit von Psychotherapie

Bei der Behandlung von Patienten mit basalen Entwicklungsstörungen ist es deshalb unverzichtbar, die therapeutische Aufmerksamkeit auf das interaktive Geschehen zwischen Patient und Psychotherapeut zu richten. Interaktion ist kein psychoanalytischer Begriff. Zwar wird der Begriff auch in der modernen Psychoanalyse verwendet, meint häufig jedoch nur Verhalten in Gegenwart einer anderen Person, nicht aber Verhalten im Kontext des Verhaltens einer anderen Person. Manche Psychoanalytiker halten es auch für verzichtbar, sich mit dem interaktiven Geschehen zu beschäftigen. Sie messen dem Umstand keine Bedeutung bei, dass auch in der Psychoanalyse alles Verstehen durch das Medium des Verhaltens, insbesondere des sprachlichen Verhaltens, bei Behandlungen im Gegenübersitzen auch des körperlichen Verhaltens hindurch muss. Die Untersuchung des interaktiven Geschehens im Behandlungszimmer muss deshalb von hohem klinischen Interesse sein und kann zudem zur Klärung grundlegender Fragen beitragen. Insbesondere in Verbindung mit der Frage, worauf die therapeutische Wirkung der Psychoanalyse beruht, wird dem interaktiven Geschehen zwischen Patient und Psychoanalytiker neuerdings vermehrt Beachtung geschenkt. Diese Wirkung ist nicht in erster Linie darauf zurückzuführen, dass verschüttete Kindheitserinnerungen aus den Erzählungen des Patienten wiedergewonnen werden, wie lange angenommen wurde. Fonagy (1999a) hält Erinnerungen und die Erzählbarkeit von Erinnerungen sogar für ein Epiphänomen, das unabhängig ist von der therapeutischen Wirkung der Psychoanalyse. Wenn man, so Fonagy (1999a) unter Hinweis auf Betty Joseph, nur mit den Teilen arbeite, die verbalisiert werden und in Assoziationen auftauchen, erreiche man nur die erwachseneren Teile der Persönlichkeit, während die Teile, die wirklich verstanden werden müssen, *in dem Druck kommuniziert würden, der auf den Analytiker ausgeübt wird.* »Auf den Analytiker ausgeübter Druck« ist aber nicht nur ein Merkmal des individuellen Verhaltens des Patienten, sondern kennzeichnet ein augenblickliches interpersonelles Verhältnis, ein beiderseitiges Verhalten, mit dem Patient und Therapeut sich in ein Verhältnis zueinander setzen. Wenn ein Patient »Druck ausübt«, behandelt er den Analytiker anders als dann, wenn er ihm seine Einfälle mitteilt. Therapeutische Veränderungen werden somit – folgt man Fonagy – nicht oder zumindest nicht nur über Erzählungen und deren Deutungen erreicht, sondern über interaktionelle Prozesse *zwischen* Patient und Analytiker. Demzufolge wäre die therapeutische Wirkung der Psychoanalyse nicht auf Veränderungen im autobiographischen Gedächtnis zurückzuführen, sondern auf Modifikationen des impliziten Gedächtnisses, nicht auf die Hervorbringung neuer Erzählungen, sondern auf neue Wege, das Selbst mit Anderen zu erfahren oder Verhältnisse mit Anderen zu gestalten, mit anderen Worten: auf Interaktion, nicht auf Erzählungen. Das stimmt mit den Auffassungen überein, die von den Mitgliedern der *Boston Process of Change Study Group* vertreten werden, der Psychoanalytiker und Säuglingsforscher wie Sander, Stern, Tronick u. a. angehören. Sie haben Prozesse der Interaktion in psychotherapeutischen Behandlungen konzeptuell als eine Abfolge von »moving along«, »now moments« und »moments of meeting« aufgefasst (z.B. Stern et al. 1998; Nahum et al. 2002). Die Bostoner Gruppe führt die therapeutische Wirkung der Psychoanalyse vor allem darauf zurück, dass sich das prozedurale Wissen des Patienten verändert. Dabei seien es unvorhersehbare umschriebene Ereignisse zwischen Patient und Analytiker, eben »moments of meeting«, in deren Folge es zu Veränderungen des prozeduralen Wissens des In-Beziehung-Seins kommt. Ob diese Auffassung einer empirischen Überprüfung standhalten kann, ist derzeit noch unklar. Insbesondere ist umstritten, ob sich die Interaktion von Patient und Therapeut tatsächlich aufgrund umschriebener Ereignisse verändert, oder ob sich prozedurales Wissen in einem gelingenden therapeutischen Prozess nicht vielmehr in einem stetig und langsam voranschreitenden Prozess verändert.

Verstehen von Bedeutung und Beobachtung von Interaktion

Bei der Untersuchung von Interaktion im psychotherapeutischen Behandlungszimmer richtet sich der Blick gleichsam von außen darauf, wie Patient und Psychotherapeut sich zueinander verhalten und wie sie mit ihrem sprachlichen und nichtsprachlichen Verhalten ihr Verhältnis gestalten. Demnach ist die Perspektive des Beobachters von Interaktion eine andere als die Perspektive dessen, der Texte zu verstehen und dessen unbewusste Bedeutungen zu erschließen versucht. Wenn der Psychoanalytiker seine Aufmerksamkeit auf das Erzählen richtet und auf die mit dem Erzählen verbundenen therapeutischen Prozesse, hört er zu, wie der Patient gleichsam mit sich selbst oder vor sich hin spricht. Sein Blick umspannt dabei weite Horizonte, versucht, übergreifende Sinnzusammenhänge zu erfassen und verborgene innere Verbindungen aufzuspüren. Der Blick auf Interaktion geht mit einer anderen Einstellung einher: Der Psychotherapeut hört dabei nicht mit dem dritten Ohr auf die sprachlichen Mitteilungen des Patienten, und er versucht auch nicht nur, die bewusste und unbewusste subjektive Erfahrungswelt des Patienten zu rekonstruieren, die sich darin artikuliert, sondern er sieht wie von außen auf das wechselseitige *Benehmen* hin, an dem er selbst mit beteiligt ist. Er versteht nicht zuerst Bedeutungen, sondern beobachtet Verhalten. Das gilt gemeinhin nicht als psychoanalytisch. Erst in einem zweiten Schritt versucht er das beobachtete Verhalten mit der subjektiven Erfahrungswelt des Patienten und seinem eigenen Erleben zu verbinden.

Interaktion wird Schritt für Schritt abgewickelt, in der Sprache der Interaktionsforschung ausgedrückt: turn by turn. Auf den Zug der einen Person folgt ein Zug der anderen Person. Dabei kann ein Zug auch körperliches und gestisches Verhalten sein. Ähnlich sprechen Säuglingsforscher im Hinblick auf Interaktion von einer »moment-to-moment activity« und von einer »split-second-world« (Stern 1998; Nahum et al. 2002). Beide, Säuglingsforscher und Interaktionsforscher, stimmen auch darin überein, dass jedes noch so subtile und flüchtige Verhalten für das interaktive Geschehen wichtig sein kann. Sandler (1976) hat darauf hingewiesen, dass das auch für die Psychoanalyse zutrifft, und hat unter dem Gesichtspunkt der Übertragung von Rollen und von Rollenübernahmebereitschaft davon gesprochen, dass dabei »subtile Signale« und ein »kompliziertes System des Sendens und Empfangens unbewusster Signale« (Sandler 1976, S. 304f.) im Spiel seien. Ähnliche Beobachtungen hat Klüwer (1983) in Verbindung mit Fokalkonferenzen gemacht und davon gesprochen, dass selbst noch »kleine, unscheinbare, beiläufige Züge« (1983, S. 832) unbeabsichtigte und unbemerkte Interaktionen herbeiführen können.

Über das *interaktive* Geschehen im psychotherapeutischen Behandlungszimmer ist bislang weit weniger bekannt als über die therapeutischen Prozesse, die mit dem Erzählen in Verbindung stehen. Insbesondere in der Psychoanalyse hat die Untersuchung interaktiver Prozesse im Behandlungszimmer noch kaum begonnen (Nahum et al. 2002). Psychoanalytiker, die der Säuglingsforschung für die Untersuchung und das Verständnis des interaktiven Geschehens in Behandlungen großen Wert beimessen, plädieren dafür, therapeutische Prozesse aus einer mikroanalytischen Perspektive zu untersuchen und dabei insbesondere auch nichtsprachliches Verhalten, mit dessen Hilfe die Interaktion von Patient und Therapeut reguliert wird, unter die Lupe zu nehmen:

»Üblicherweise diskutieren wir analytisches Material anhand von Narrativen, die der Analytiker aus der Erinnerung oder mithilfe von Aufzeichnungen rekonstruiert, die er während der Behandlungsstunde gemacht hat. Allerdings zeigen Videographien, dass diese Narrative ungeeignet sind, viele der Mikroereignisse des komplexen, vielschichtigen interaktiven Prozesses zu erfassen (...) Wie genau untersuchen wir Interaktion? (...) Die Untersuchungsmethode der Entwicklungsforschung, die darauf beruht, videographierte Interaktionen zwischen Kindern und ihren Müttern wieder und wieder genau anzusehen, hat es möglich gemacht, den Reichtum der subtilen Mikroprozesse zu erkennen, die dabei im Spiel sind. Dabei können Feinheiten der Interaktion, Körpersprache, gestische und mimische Ausdruckselemente, die Rhythmizität des Sprechens, die Tonlage und die zeitliche Abstimmung beobachtet und kodiert werden (...) Wir halten es für nützlich, klinische Prozesse in analoger Weise aus einer mikroanalytischen Perspektive zu betrachten. Möglicherweise ist diese Bruchteile-von-Sekunden-Welt von besonderer Bedeutung, um auch Veränderungen zu verstehen, die bei erwachsenen Patienten durch die Behandlung erreicht werden (...) Obwohl das therapeutische Medium die Sprache ist, sind die Interaktionen, die wir hier beobachten und die Muster, die dabei zustande kommen, größtenteils implizit indem Vieles, was dabei zum Vorschein kommt, niemals in den Horizont des reflektierenden Bewusstseins gelangt« (Nahum et al. 2002, S. 1052f.; Übers. U.S.).

Nicht nur wenn Mutter und Säugling miteinander interagieren sind vielfältige nichtsprachliche Mikroprozesse im Spiel, sondern auch bei der Interaktion von Patienten und Psychotherapeuten. Dabei kann flüchtiges, bewusst kaum wahrnehmbares körperliches Verhalten weitreichende Wirkungen haben. Der eine Patient bringt den Psychotherapeuten mithilfe subtiler Signale dazu, sich in Übereinstimmung mit seiner Übertragungserwartung zu verhalten (projektive Identifizierungen; z.B. Renik 1993); ein anderer Patient veranlasst den Therapeuten mit feinen gestischen Mitteln dazu, eine bestimmte Rolle zu übernehmen; und ein dritter Patient löst mit kurzlebigen Signalen erhebliche Irritationen aufseiten des Therapeuten aus. Und auch das subtile körperliche Verhalten des Psychotherapeuten hat mehr oder weniger weitreichende Wirkungen auf den Patienten.

Ist nichtsprachliches Verhalten eine Sprache des Körpers?

In der Psychoanalyse ist die Auffassung weit verbreitet, dass nichtsprachliches Verhalten ein Medium ist, mit dem seelisches Befinden ausgedrückt wird. Wäre das so, könnte der Psychoanalytiker anhand bestimmter Auffälligkeiten des körperlichen Verhaltens seines Patienten dessen augenblickliche seelische Verfassung erkennen oder zumindest mehr oder weniger sichere Anhaltspunkte dafür gewinnen. Das nichtsprachliche Verhalten wäre gleichsam ein Spiegel der Seele. Treurniet (1985) hat subtiles körperliches Verhalten des Patienten in der Behandlung »Mikro-Agieren« genannt (vgl. auch McLaughlin 1992; Pulver 1992; Busch 1995; Jacobs 1994; Schwaber 1998). Da Agieren meint, dass das Verhalten ein symbolischer Ausdruck ist, ist somit auch Treurniet davon ausgegangen, dass das subtile körperliche Verhalten des Patienten Erfahrungen symbolisch ausdrückt. Die Auffassung, dass der Psychoanalytiker an dem körperlichen Verhalten seines Patienten auf der Couch dessen seelischen Zustand zu erkennen vermag, hat auch Freud (1890a) vertreten. Freud war davon überzeugt, dass körperliche Veränderungen als verlässliche Zeichen dienen können, »aus denen man auf die seelischen Vorgänge schließen kann«, und er meinte sogar, man könne ihnen mehr vertrauen, »als den etwa gleichzeitigen absichtlichen Äußerungen in Worten« (Freud 1890a, S. 294). Mit Nachdruck vertrat Freud die Auffassung, dass körperliche Veränderungen geeignet sind, als verlässliche Zeichen für seelische Zustände des Patienten zu dienen. Sie würden sich, so meinte Freud, in »Spannungen und Erschlaffungen seiner Gesichtsmuskeln, in der Einstellung seiner Augen, der Blutfüllung seiner Haut, der Inanspruchnahme seines Stimmapparates und in den Haltungen seiner Glieder, vor allem der Hände« zeigen. Noch entschiedener bekannte sich Freud (1905e) zu dieser Überzeugung in Zusammenhang mit der Behandlung der achtzehnjährigen Dora. Dort heißt es: »Als ich mir die Aufgabe stellte, das, was die Menschen verstecken, nicht nur durch den Zwang der Hypnose, sondern aus dem, was sie sagen und zeigen, ans Licht zu bringen, hielt ich die Aufgabe für schwerer, als sie wirklich ist. Wer Augen hat zu sehen und Ohren zu hören, der überzeugt sich, dass die Sterblichen kein Geheimnis verbergen können. Wessen Lippen schweigen, der schwätzt mit den Fingerspitzen; aus allen Poren dringt ihm der Verrat. Und darum ist die Aufgabe, das verborgenste Seelische bewusst zu machen, sehr wohl lösbar« (Freud 1905e, S. 240). Freud hatte bekanntlich beobachtet, wie Dora »ein Portemonnaietäschchen von der Form, die eben modern wurde, umgehängt« hatte und damit spielte, »während sie im Liegen sprach, indem sie es öffnete, einen Finger hineinsteckte, es wieder schloss usw.« Nur wenige Tage zuvor hatte Freud seiner jungen Patientin erklärt, dass den Anklagen, die sie gegen den Vater vorbrachte, Selbstbeschuldigungen zugrunde lägen. Freud meinte sicher sein zu können, dass die Ursache für diese Selbstbeschuldigungen »Masturbation, wahrscheinlich in den Kinderjahren« war. Dora setzte sich gegen Freuds Vermutung entschieden zur Wehr.

Als Freud dann aber Doras Spiel mit dem Portemonnaietäschchen beobachtete, meinte er, in ihrem Verhalten den symbolischen Ausdruck für ihr verborgenes Tun und damit den Beweis für seine These erkennen zu können. Mehr noch: Freud zögerte nicht zu behaupten, dass es nur genauer Beobachtung des nichtsprachlichen Verhaltens der Sterblichen bedarf, um ihr »verborgenstes Seelisches« entschlüsseln zu können. Und so hatte er keine Zweifel, dass Doras nichtsprachliches Verhalten die Darstellung einer verborgenen Erfahrung war, die sie sprachlich-symbolisch nicht ausdrücken konnte, die sie aber mit ihrem gestischen Verhalten ins Bild setzte.

Körperliches und gestisches Verhalten bedeutet aber nur ausnahmsweise etwas ganz Bestimmtes. Auch die Frage, welche Funktion das körperliche Verhalten in der therapeutischen Interaktion hat, lässt sich nicht unabhängig von dem Kontext beantworten, in dem es zu beobachten war. Der Analytiker kann deshalb auch nicht auf dieses oder jenes körperliche Verhalten des Patienten hinzeigen und sagen, was das Verhalten bedeutet. Der Patient muss entsprechend nicht befürchten, dass der Analytiker an seinem körperlichen Verhalten erkennen kann, was in seinem Inneren vor sich geht.

Körperliches Verhalten kann etwas ausdrücken, zum Beispiel ein Gefühl, einen Gedanken oder eine Absicht. Es kann etwas bezeichnen, wie beispielsweise Zeigegesten. Es kann sich auch um ikonische Gesten handeln, das körperliche Verhalten beschreibt dann etwas. Weiter kann körperliches Verhalten als etwas gelten, zum Beispiel das Schließen des Auges, das als Zwinkern gilt. Manchmal haben körperliche Handlungen auch Zeichencharakter und weisen auf etwas anderes hin. In den meisten Fällen aber hat körperliches Verhalten, das im Kontakt mit Anderen zu beobachten ist, keinerlei symbolische Bedeutung und drückt nichts aus. Dennoch kann dieses Verhalten für das interaktive Geschehen – auch das interaktive Geschehen zwischen Patient und Therapeut – wichtig sein, selbst dann, wenn es kaum zu bemerken ist und keine ihm inhärente Bedeutung hat, beispielsweise eine beiläufige Körperbewegung. Das ist tatsächlich häufig so. Deshalb muss immer *im Einzelfall* geklärt werden, ob eine körperliche Handlung des Patienten oder des Therapeuten etwas symbolisiert oder indiziert oder ob sie überhaupt keine zeichenhafte oder expressive Handlung ist.

Funktionen körperlichen Verhaltens in psychotherapeutischen Dialogen

Laplanche und Pontalis (1967) haben schon vor vielen Jahren angeregt, neu darüber nachzudenken, was eigentlich über den »Austausch von Worten«

hinaus die verschiedenen Kommunikationsweisen im Behandlungszimmer ausmacht. Eine dieser Kommunikationsweisen, wahrscheinlich die wichtigste neben dem »Austausch von Worten«, ist das körperliche Verhalten. Insbesondere bei Behandlungen, die im Gegenübersitzen durchgeführt werden, kann das therapeutische Geschehen nicht hinreichend verstanden werden, wenn das nichtsprachliche körperliche Verhalten vernachlässigt wird.

Um körperliches Verhalten und dessen Funktionen im psychotherapeutischen Dialog zu untersuchen, bedarf es detailgenauer audio- und videographierter Protokolle. Sie machen es möglich, einzelne Sequenzen des therapeutischen Dialogs wieder und wieder anzuhören und anzusehen und in seinen Feinheiten zu untersuchen. Die genaue Untersuchung körperlichen Verhaltens als Teil der therapeutischen Kommunikation ist durch die Videotechnik möglich geworden. Das Video ist für die Untersuchung von Interaktion ein ähnlicher Fortschritt wie es einst das Mikroskop für die Anatomie war. Wenn das körperliche und gestische Verhalten und dessen subtile Feinheiten, mit denen Patient und Therapeut ihre Interaktion regulieren und gestalten, nicht im Bild wiedergegeben werden kann, sondern mit Worten beschrieben wird, müssen bewegte Verhaltensabläufe, die oft sehr flüchtig sind, in sprachliche Darstellungen transformiert werden. Dabei lässt sich nicht vermeiden, dass die sinnliche Bildhaftigkeit des körperlich-gestischen Verhaltens verloren geht oder nur in grober Annäherung wiedergegeben werden kann.

Mit den nachfolgenden Beispielen werden einige ausgewählte Funktionen körperlichen und gestischen Verhaltens in der Interaktion von Patient und Psychotherapeut dargestellt: die Synchronisierung körperlichen Verhaltens, die die Funktion eines Konsensmarkers hat, körperliches Verhalten in der Funktion von Dissensmarkierungen, dialogisches körperliches Verhalten, der Beitrag körperlichen Verhaltens zu Enactments oder szenischen Darstellungen und Körperbewegungen, die primär die Funktion der Selbstregulierung haben.

Synchronisierung körperlichen Verhaltens als Konsensmarker:

Häufiger lässt sich in Behandlungen, bei denen Patient und Therapeut sich gegenüber sitzen, beobachten, dass sich ihr körperliches Verhalten spiegelbildlich gleicht, in seinem zeitlichen Ablauf minuziös aufeinander abgestimmt abgewickelt wird und bis ins Detail synchron verläuft. Es gibt Hinweise darauf, dass die Synchronisierung des körperlichen Verhaltens mit einer vom Patienten als hilfreich erlebten therapeutischen Beziehung korrespondiert. Dieser Zusammenhang lässt sich jedoch nicht, wie dies gelegentlich versucht wurde, in der Weise nutzbar machen, dass eine als hilfreich erlebte therapeutische Beziehung dadurch hergestellt wird, dass der Therapeut versucht, sein körperliches Verhalten synchron zu dem des Patienten abzuwickeln.

Relativ oft lassen sich derartige Synchronisierungen des körperlichen Verhaltens in therapeutischen Gesprächen mit Patienten finden, die an einer Angststörung leiden. Insbesondere am Stundenbeginn verläuft hier das körperliche Verhalten von Patient und Therapeut häufig synchron. Auf diese Weise gestalten Patient und Therapeut mit ihrem körperlichen Verhalten das Feld, in dem sich ihr Gespräch abspielen wird, noch bevor sie ein Wort miteinander gewechselt haben. Das körperliche Verhalten hat dann gleichsam die Funktion eines Konsensmarkers.

Körperliches Verhalten als Dissensmarker:

In therapeutischen Gesprächen von Angesicht zu Angesicht kommt es häufiger vor, dass die eine Person eine körperliche Bewegung der anderen Person aufnimmt oder imitiert. Dabei kann das körperlich-gestische Verhalten am Stundenbeginn auch zur Darstellung von Dissens eingesetzt werden.

Das war beispielsweise zu Beginn einer Behandlungsstunde der Fall, indem Patient und Therapeut Schritt für Schritt ihre Interaktion organisiert und das Feld ihres kommunikativen Austausches strukturiert haben. Nachdem der Therapeut sich gesetzt hat, schaut er den Patienten an, der ihn jedoch bereits anschaut. So unbedeutend dieser Sachverhalt erscheinen mag, so ist er doch für die Strukturierung der Interaktion nicht unerheblich. Denn indem der Patient den Therapeuten schon anschaut, als der ihm den Blick zuwendet, hat er dem Therapeuten die Position dessen zugeteilt, der das Gespräch eröffnen muss. Das erklärt sich daraus, dass dann, wenn in dyadischen Gesprächssituationen der Blick einer Person auf die andere Person fällt, die ihr zuvor schon den Blick zugewendet hat, die erste Person sich regelhaft in der Position des Sprechers findet, die, die den Blick schon zugewandt hatte, in der des Hörers. Der Umstand, dass der Therapeut jedoch nicht reagiert und schweigt, kann auf diesem Hintergrund als Verweigerung verstanden werden. Auf diese Weise entsteht eine Konstellation, die in etwa der Konstellation in dem Kinderspiel entspricht, wer den anderen länger anstarren kann, ohne zu blinzeln.

Während Patient und Therapeut sich wortlos ansehen, fasst sich der Therapeut plötzlich ins Gesicht und reibt sich mit dem Zeige- und Mittelfinger am Nasenwinkel, ein körperliches Verhalten, das in erster Linie der Beseitigung eines störenden Reizes und damit der Selbstregulierung des Therapeuten dienen dürfte. Kaum hat der Therapeut diese nur wenige Sekunden andauernde Selbstberührung beendet, beugt sich der Patient nach vorne und reibt sich seinerseits am Unterschenkel – auch dies ein Verhalten, das primär selbstregulative Funktionen hat. Indem die Selbstberührung des Patienten aber unmittelbar im Anschluss an das selbstberührende Verhalten des Therapeuten erfolgt, setzt sich der Patient mit seinem Verhalten, das für sich genommen keinerlei Bedeutung hat, in ein Verhältnis zu dem Therapeuten, und aus ihrem beiderseitigen körperlichen Verhalten entsteht eine interaktive Gestalt, die momentan Aspekte ihrer Beziehung zur Darstellung bringt. So wird aus flüchtigen, wie beiläufig vollzogenen körperlichen Handlungen eine Szene, die einen Aspekt der Übertragung als »Pre-Enactment« ins Bild setzt: Aus dem anfänglichen schweigenden Anblicken heraus hat der Patient mit seiner Selbstberührung etwas getan, was der Therapeut zuvor getan hatte, und mit seinem körperlichen Verhalten hat er auf diese Weise Gleichheit hergestellt. Während der Therapeut seine körperliche Handlung, die Selbstberührung, im Gesicht und damit »oben« und in aufrechter Position vollzogen hat, hat der Patient für seine Selbstberührung einen »unteren« Körperteil gewählt und sich, während er seine korrespondierende Handlung ausführt, körperlich in eine dem Therapeuten gegenüber gebeugte Position begeben. Beobachtern erscheint diese Szene, die Selbstberührung des Therapeuten, die der Patient mit seiner unmittelbar darauf folgenden Selbstberührung in besonderer Weise zu zitieren scheint, komisch, und man könnte sich fragen, ob der Patient sich über den Therapeuten, ihn auf diese Weise zitierend, auch lustig macht und ihn ironisiert[2]. Für den Betrachter, der die Szene von außen sieht, stellen Patient und Therapeut mit der Konfiguration ihrer zwei unmittelbar aufeinander folgenden Selbstberührungen in diesem Moment wie pantomimisch etwas von ihrer Beziehung dar, ein Verhältnis, das ebenso von Aspekten bestimmt zu sein scheint, die mit Gleichheit und Gleichrangigkeit verbunden sind wie mit einer Zuordnung von »oben« und »unten«, von aufrechter und gebeugter Haltung, von scheinbarer Dominanz und deren – möglicherweise ironischen – Zitierung.

Der Dissens, der sich hier in der nichtsprachlich vollzogenen Interaktion von Patient und Therapeut zeigt, setzt sich auch in dem nachfolgenden sprachlichen Dialog fort: der Patient versteht nicht, was der Therapeut sagt, immer wieder gibt es Unterbrechungen, der Wechsel der Rollen von Hörer und Sprecher misslingt ein ums andere Mal, der Patient fällt dem Therapeuten

---

2   Diesen Hinweis verdanke ich Fritz Schütze.

wiederholt ins Wort, zahlreiche Missverständnisse bestimmen den Dialog. So bleiben Patient und Therapeut mit der Regulierung ihrer Interaktion beschäftigt.

Dialogisches körperliches Verhalten:

In einer Behandlungsstunde fordert der Therapeut seine Patientin, die an einer Angststörung leidet, auf, doch einmal weiterzuspinnen, wie ihr Leben aussehen könnte, wenn sie keine Angst mehr hätte. Während er das sagt, führt er mit seinen Händen eine Drehbewegung aus, die seine gesamte Äußerung begleitet. Mit dieser drehenden Bewegung der Hände setzt er die Bewegung des Weiterspinnens, zu dem er die Patientin angeregt hatte, ins Bild. Bemerkenswert ist daran, dass die Geste des Therapeuten zum Anlass für die Patientin wird, ihrerseits mit einer Geste darauf zu antworten – und zwar ebenfalls mit einer Drehbewegung ihrer Hände. Sie nimmt das Bewegungsmuster des Therapeuten auf, während sie seiner Aufforderung nachkommt und sagt in Beantwortung der Frage des Therapeuten, wie ihr Leben denn wohl aussähe, wenn sie keine Angst mehr hätte, dass dann alles »so längs« laufen würde (»weiß nich, dann läuft das alles so längs«). Beide – der Therapeut wie die Patientin – verwenden somit einen metaphorischen Ausdruck der Fortbewegung; der Therapeut spricht vom Weiterspinnen, die Patientin vom Längslaufen. Das körperliche Verhalten, mit der beide die Metaphorik dieser jeweiligen Fortbewegung ausgestalten, das Weiterspinnen auf der einen Seite, das Längslaufen auf der Seite der Patientin, unterscheiden sich aber deutlich voneinander und kontrastieren vor allem im Hinblick auf den Tonus der Hände: Die Geste des Therapeuten, die seine Aufforderung zum Weiterspinnen begleitet, ist gespannt; der Therapeut macht damit sichtbar, dass er die Patientin zu einem aktiven und gezielten Handeln auffordert. Demgegenüber ist das gestische Verhalten, das die Antwort der Patientin – »weiß nich, dann läuft das alles so längs« – begleitet, spannungslos und schlaff, als sei nicht sie selbst Herrin ihrer Bewegung, sondern als würden sich ihre Hände ohne ihren eigenen Willen wie von selbst fortbewegen. So scheint dieser Tonuskontrast in der Ausführung der Gesten in dialogischer Verschränkung des nichtsprachlichen, körperlichen Handelns den Kontrast zwischen einem aktiven, wollenden Handeln aufseiten des Therapeuten ins Bild zu setzen, und einem Leben als Fluss, in dem man passiv dahintreibt bei der Patientin, die sich so ein Leben ohne Angst vorstellt.

In einer anderen Behandlung strukturieren Patient und Therapeutin mit ihrem körperlichen Verhalten das interpersonelle Feld zwischen sich in vergleichbarer Weise, und auch dabei interpretieren ihr körperliches und sprachliches Verhalten sich wechselseitig. In diesem Fall setzt sich der Patient, ein Mann-zu-Frau-Transsexueller, mit der Frage auseinander, wie er sein sichtbares Geschlecht in öffentlichen Situationen in einer Weise darstellen kann, dass er durch die Blicke anderer nicht irritiert wird. Eine Lösung sieht er in dem Bemühen, *selbstbewusst* aufzutreten. Während der sprachliche Ausdruck, selbstbewusst auftreten zu wollen, nicht erkennen lässt, was der Patient mit einem solchen Auftreten verbindet, stellt er seine Vorstellung von erwünschtem selbstbewusstem Verhalten angesichts öffentlicher Blicke körperlich und gestisch dar. Während er sagt, dass er selbstbewusst auftreten wolle, streckt er beide Arme in die Höhe, ballt dabei die Fäuste und macht damit Anleihen bei einem kulturellen Code, auf den beispielsweise Sportler zurückgreifen, wenn sie im Moment des Sieges ihren Triumph darstellen. Das Bemühen des transsexuellen Patienten aber, sich in der Öffentlichkeit so zu bewegen, dass er als Frau angesehen wird, scheint durch diese Geste geradezu konterkariert zu werden.

So wie der Therapeut, der seine Patientin aufgefordert hatte, sich einmal ein Leben ohne Angst vorzustellen, durch sein gestisches Verhalten ein gestisches Verhalten aufseiten seiner Patientin induziert hatte, induziert in diesem Fall das körperlich-gestische Verhalten des Patienten gestisches Verhalten der Therapeutin: Sie reagiert auf die Selbstbewusstsein interpretierende Geste ihrerseits mit gestischem Verhalten. Und während beide über die Frage sprechen, wie Geschlechtszugehörigkeit in der Öffentlichkeit sichtbar gemacht wird, kontrastiert auch das gestische Verhalten der Therapeutin auffällig zu dem des transsexuellen Patienten. Sie führt Gesten aus, die man »Selbstpflegehandlungen« genannt hat, streicht ihr Haar hinters Ohr, blickt prüfend auf ihre Schulter, entdeckt dort ein Haar, nimmt es auf, streift es aus den gespitzten Fingern ab und führt so Körperbewegungen aus, wie sie traditionell eher einer Frau zugeschrieben werden dürften.

Körperliches Verhalten und Enactments:

Der Begriff ›Enactment‹, der meist mit ›Inszenierung‹ gleichgesetzt wird, ersetzt oftmals den Begriff des Agierens. Im Unterschied zu Agieren soll Enactment hier jedoch als eine Darstellung verstanden werden, zu der der Therapeut ebenso beiträgt wie der Patient. Im Unterschied zum Agieren wird Enactment demzufolge hier nicht als psychischer Mechanismus aufgefasst, sondern als eine Zwei-Personen-Darstellung.

Zu flüchtigen Enactments oder szenischen Darstellungen kommt es manchmal zu Beginn der Behandlungsstunde in Verbindung mit bestimmten praktischen Erfordernissen wie der Platzzuweisung oder der Verabredung von Terminen. Ähnlich wie bei Begrüßungen und Verabschiedungen (Streeck 2002) können in diesen szenischen Darstellungen Aspekte der therapeutischen Beziehung zur Darstellung kommen.

So händigte nach der Begrüßung eine Patientin dem Therapeuten ein Essprotokoll aus. Dann setzte sie sich dem Therapeuten gegenüber in ihren Sessel und nahm dabei eine auffällig verschlossene Körperhaltung ein, ein kleiner Rucksack auf den zusammengepressten Knien, die Arme eng an den Körper angelegt, den Blick gesenkt haltend. Dann öffnete sie langsam den Reißverschluss ihres Rucksacks, entnahm das Protokoll, um gleich darauf den Rucksack wieder zu verschließen und legte die Papiere nahe vor sich auf den kleinen Tisch, der zwischen ihrem und dem Sessel des Therapeuten stand. Dann nahm sie das Protokoll kurz wieder auf, um es gleich darauf erneut abzulegen – wiederum nahe an ihrem Platz. Das führte dazu, dass der Therapeut seinen Arm weit ausstrecken und in das fiktive Territorium der Patientin hineingreifen musste, um das Protokoll in seinen Besitz zu bringen. Auf diese Weise *gab* die Patientin dem Therapeuten das Essprotokoll nicht, sondern legte es eher vor sich hin, sodass er es sich nehmen musste. Angesichts dieses Enactments legte sich die Frage nahe, ob die Patientin mit ihrem Verhalten den Therapeuten dazu veranlasste, Grenzen zu überschreiten, eine Erfahrung, die in ihrem Leben bis dahin wiederholt eine wichtige Rolle gespielt hatte. Dazu korrespondierte auch der nachfolgende sprachliche Austausch insofern, als die Patientin zu verstehen gab, dass nicht sie dem Therapeuten von sich aus sagen möchte, was in ihr vor sich geht, sondern erwartet, dass der Therapeut gleichsam aus ihr herausholt, was sie beschäftigt.

Selbstregulative Funktionen von Körperbewegungen:

Als Folge schwerer Traumatisierungen leiden Patienten manchmal unter erheblicher innerer Unruhe, die sich auch körperlich mitteilt. Das körperliche Verhalten scheint jede expressive Funktion zu entbehren und nur mehr selbstregulative Funktionen im Sinne der Abfuhr motorischer Unruhe zu erfüllen. Unter Umständen kann man dann feststellen, dass die einzelnen Körperbewegungen keine oder allenfalls nur sehr vermittelt eine Funktion für die Interaktion haben. Dennoch hat das unruhige körperliche Verhalten Auswirkungen auf die Interaktion, auch wenn es nicht einzelne körperliche Handlungen sind, die eine umschriebene Wirkung auf das Gegenüber haben.

So fiel in der Behandlung einer mehrfach traumatisierten Patientin der ständige unruhige Bewegungsdrang auf. Die Patientin schien keinen Moment zur Ruhe zu kommen, rückte die Beine hin und her, fasste sich ins Gesicht, kratzte sich an den Oberschenkeln, schlug die Beine übereinander, stelle sie wieder zurück, um sie gleich darauf erneut übereinander zu schlagen, blickte mal hier hin, mal dort hin und wirkte atemlos und gehetzt. Im Kontrast dazu verhielt sich der Therapeut bemerkenswert ruhig, seine Stimme erschien gleichförmig, sanft und beruhigend, wie die Stimme einer Mutter oder eines Vaters, die abends am Bett ihres Kindes sitzen, um es nach einem aufregenden Tag zum Einschlafen zu bringen.

Schluss

Patienten bringen mit ihrem nichtsprachlichen, körperlichen Verhalten nicht nur seelisches Erleben zum Ausdruck. Patient und Psychotherapeut behandeln sich ständig wechselseitig und geben ihrem Verhalten wechselseitig Bedeutung, mit Worten, aber auch damit, *wie* sie sich äußern und mit ihrem nichtsprachlichen Verhalten, das die Worte begleitet. Nichtsprachliches Verhalten ist stetiger Teil ihres kommunikativen Austausches (vgl. Ponsi 1997). Insbesondere in psychoanalytischen Behandlungen steht oft über weite Strecken hinweg das Erzählen im Vordergrund, während das nichtsprachliche, körperlich-gestische Verhalten an die Peripherie verwiesen ist. Die Interaktion von Patient und Analytiker wird hier meist nur dann thematisch, wenn deren unauffällige, stille Abwicklung nicht mehr gelingt, wie dies bei Patienten mit basalen Entwicklungsstörungen annähernd regelhaft der Fall ist. Sprechen und nichtsprachliches Verhalten sind nicht voneinander zu trennen; sie interpretieren sich wechselseitig. Zu Veränderungen des prozeduralen Wissens des In-Beziehung-mit-Anderen-Seins scheint es am ehesten dann zu kommen, wenn im therapeutischen Prozess die stillschweigende Regulierung der Interaktion in Phasen des Erzählens unterbrochen wird von Brüchen der Beziehungsregulierung, beispielsweise aufgrund von Übertragungen, und wenn es gelingt, auf einem neuen Niveau unter Integration solcher Brüche zu einer abgestimmten Regulierung der Interaktion zurückzukehren.

Das Gegenwartsunbewusste als kleinster gemeinsamer Nenner aller Techniken – Integration und Differenzierung als Zukunft der Psychotherapie[1]

Rainer Krause

1. Einleitung

Wissenschaftlich anerkannte Psychotherapien sind zumindest bei gut ausgebildeten Therapeuten recht erfolgreich. Über 897 kontrollierte Studien kann man dahingehend zusammenfassen, dass es dem durchschnittlichen Psychotherapiepatienten der großen Verfahren Psychoanalyse, Verhaltenstherapie und Gesprächstherapie nach der Behandlung besser geht als 80% der unbehandelten (Grawe et al. 1994). Eine solche Wirkungsziffer ist im medizinischen Bereich eher selten. Sie ist vierzehnmal höher als beispielsweise die Verhinderung von tödlichen Herzinfarkten durch Betablocker verglichen mit Aspirin. Gleichwohl verlangen die Krankenkassen nicht, dass sich die gefährdeten Personen mit letzterem begnügen. Trotz dieser schönen und befriedigenden Ergebnisse haben wir ein Problem. Angeblich soll es 250 verschiedene Psychotherapien geben. Das ist vor dem Hintergrund einer wissenschaftlichen Begründung der Verfahren zu viel. Wenn alle mit ihnen verbundenen Theorien gelten sollten, könnten wir trotz der Erfolge Wissenschaftlichkeit nicht beanspruchen und wir hätten große Mühe, uns von Geistheilern und Schamanen zu unterscheiden. Das Problem hat sich angeblich dadurch verkleinert, dass im Moment nur zwei große Gruppierungen wissenschaftlich anerkannt sind. Die im weitesten Sinne psychodynamischen oder tiefenpsychopsychologisch fundierten und die Verhaltenstherapien werden durch die Solidargemeinschaft finanziert. Sie sind aber in ihrem Selbstverständnis als Theorie und als Technik noch hinreichend verschieden um in Hinblick auf die Wissenschaftlichkeit ins Grübeln zu kommen. Es

---

[1] Diese Zusammenfassung beruht auf der Arbeit folgender Personen: Prof. Eva Bänninger-Huber, Prof. Dr. Buchheim, Dr. Cord Benecke, Dr. Endres de Oliveira, Dr. Frisch, PD Dr. phil. Jörg Merten, Dr. Evelyne Steimer-Krause, Dr. S. Schulz und vielen anderen. Die Projekte wurden gefördert vom Schweizerischen Nationalfond, der Deutschen Forschungsgemeinschaft und vielen anderen. Zu danken haben wir der Unterstützung durch das Forschungslabor von Prof. Ekman an der University of California.

könnte allerdings auch sein, dass beide Gruppen zumindest in ihren Heilungsritualen, ob nun gewollt oder nicht, ähnliche Strategien verfolgen wie die Geistheiler, die ja nachweislich auch sehr erfolgreich sind. Frank (1981), der sich mit dem Vergleich von Heilern und Psychotherapeuten befasst, definiert die Rahmenbedingungen psychotherapeutischen Handelns wie folgt:

> »Man braucht einen geschulten, sozial sanktionierten Heiler, einen Leidenden, der den Heiler um Hilfe bittet und eine begrenzte, mehr oder weniger strukturierte Folge von Kontakten zwischen dem Heiler und dem Leidenden, durch die der Heiler Änderungen im inneren Zustand des Leidenden zu erzielen sucht. Alle Beteiligten glauben, dass diese Änderungen dem Leidenden helfen werden. Obwohl dabei auch physikalische und chemische Hilfsmittel gebraucht werden können, geht der heilende Einfluss doch hauptsächlich von Worten, Handlungen und Riten aus, an denen der Leidende, der Heiler und – gegebenenfalls – die Gruppe gemeinsam teilnehmen« (Frank 1981, S. 21f.).

Zweifellos gelten diese Kriterien mit Einschränkungen auch für die sich als wissenschaftlich verstehenden therapeutischen Begegnungen. Als mündige aufgeklärte Bürger würden wir allerdings erwarten, dass der Wissenschaftsnachweis vorzugsweise an dem, was *in* den Kontakten geschieht, anzusetzen hat. Wenn dort beispielsweise erfolgreich »gehext« würde, wäre uns wenig geholfen. Nun wird auch in der Pharmakotherapie ganz unfreiwillig gehext. Es kann keinen Zweifel mehr daran geben, dass gerade hier die Wirkung des so genannten Placeboeffektes mindestens so groß ist wie die spezifische Wirkung vieler Substanzen, sei es über die unbewusste Kooperationsneigung bzw. Verweigerung, sei es über die heilende Wirkung von Hoffnung, Glaube und Kampfeswillen. Es gibt keinen Grund, an diesem Befund für die Psychotherapie zu zweifeln. Es könnte aber auch sein, dass es ein Forschungsdefizit für die heilende Kraft einer persongerechten unbewussten Beziehungsgestaltung gibt. Bei genauem Hinsehen stellt sich allerdings heraus, dass das Problem nicht nur in der Psychotherapieforschung, sondern auch in der mangelhaften wissenschaftlichen Konzeptualisierung psychischer Störungen insgesamt liegt. Die modernen Taxonomien und Manuale, beispielsweise das Diagnostische und Statistische Manual Nr. IV für psychische Störungen der *American Psychiatric Association* verzichten explizit auf den Krankheitsbegriff und wählen Formulierungen wie: »die Störung verursacht in klinisch bedeutsamer Weise Leiden oder Beeinträchtigungen in sozialen, beruflichen oder anderen wichtigen Funktionsbereichen« (Saß et al. 1996). Dieses Vorgehen ist verständlich, weil für lange Zeit kein Konsens über die Verursachung psychischer Störungen zu erzielen war. Diese neuen Taxonomien wurden entwickelt, um die Übereinstimmung der Diagnosen zu erhöhen, was auch gelungen ist, aber offensichtlich dadurch erreicht wurde, dass immer neue Minikrankheiten gefunden oder erfunden wurden. Wenn es allerdings keinen Konsens im Bezug auf die Entstehung seelischer Krankheiten gibt, wäre es unvernünftig, einen solchen für die Behandlungsverfahren zu erwarten. Langsam spricht sich das Problem herum. Im *Psychiatric Research Report* schreibt der Direktor der Psychiatrie der John Hopkins University Paul McHugh:

»die Krise der Psychiatrie ist offensichtlich und es wurden viele Erklärungen dafür angeboten (…) Der eigentliche Grund, warum wir in Schwierigkeiten sind, ist jedem Doktor, der aus einem anderen Fach kommt und zusieht, wie wir arbeiten, sofort klar. Solch ein Marsbewohner wird feststellen, dass wir unter einem sehr merkwürdigen klassifikatorischen System funktionieren, einem, das darauf insistiert, dass wir mentale Störungen durch ihre symptomatische Erscheinung definieren sollen. Wenn uns ein solcher Besucher fragt, wie wir diese mentalen Störungen erklären, murmeln wir ein merkwürdiges Mantra, wie wir den biopsychosozialen Ansatz verwenden, obwohl der Besucher schnell feststellen wird, dass dieser Ansatz nur Bruchstücke von Ingredienzien und Erklärungen beinhaltet« (McHugh 2001; Übers. R.K.).

Die deutsche Variante ist das so genannte Diathese-Stress-Modell, das vor allem in der Verhaltenstherapie Anwendung findet und vermeintlich alles erklärt. Dieser führende Mann der US-amerikanischen Psychiatrie fordert mit Nachdruck, dass wir eine neue konzeptuelle Struktur finden, die es erlaubt, die mentalen Störungen, die wir behandeln, durch ihre essenzielle Natur und nicht durch das Erscheinungsbild zu definieren. Wenn man so lange im Geschäft ist wie der Erstautor, freut man sich über solche neuen Entwicklungen. Seit unserem ersten Projekt aus dem Jahr 1974 haben wir nach dieser »Essenz« gesucht und wie ich hoffe, nähern wir uns langsam einem besseren Verständnis. Darüber soll nun als Einstieg in die Psychotherapietheorie berichtet werden.

2. Einige grundlegende Beobachtungen zu psychisch gestörtem Verhalten

Als erstes war uns bereits damals aufgefallen – und das war gewiss nicht neu –, dass psychische Störungen sich nicht nur durch eine außerordentlich hohe Vorhersagbarkeit und Stabilität ihrer Lebensthemata und Krisen (Bibring 1943), sondern auch ihres fast subliminalen affektiven Beziehungsverhaltens auszeichneten (Krause 1981). Ersteres wurde in der Psychoanalyse als Wiederholungszwang, in den anderen Theorieformen zyklische »maladaptive Muster«, Kernkonflikt oder Kernbeziehungsthemata genannt (Luborsky 1977; Johnson et al. 1989). Das heißt aber auch, dass die so genannten Spontanremissionen nicht nur selten sind, sondern dass wir darüber hinaus eine sehr starke Tendenz der Tradierung seelischer Störungen von einer zur nächsten Generation vorfinden. Ich spreche wohlgemerkt nicht nur von einer genetischen Tradierung, sondern von einer sozialen Transmission von beispielsweise Bindungsstilen und/oder traumatischen Erfahrungen über drei Generationen hinweg. Dass diese regelhaft auftritt, ist heute gut bestätigt (Benoit/Parker 1994). Die Befunde über die ultrakurzen affektiven Reaktionen des Gesichts und der Stimme waren durch Einzelfall-orientierte Forschungen der Gruppe um Haggard und Isaacs bereits 1966 angedeutet worden. Ganz unbekannt, auch für uns verblüffend war, dass diese Verhaltensweisen von ihren Gesprächspartnern unbemerkt übernommen wurden (Krause 1981). In der folgenden Abbildung findet man eine graphische Zusammenfassung unserer Ergebnisse.

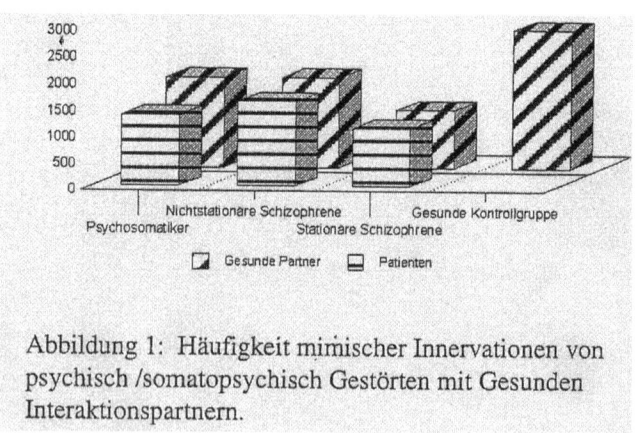

Abbildung 1: Häufigkeit mimischer Innervationen von psychisch /somatopsychisch Gestörten mit Gesunden Interaktionspartnern.

Abb. 1

In einer normalen Alltagssituation passen sich gesunde Erwachsene an den mikroaffektiven Stil psychisch kranker Personen an, ohne etwas über die Erkrankung zu wissen. Es gibt zwei Formen von Anpassung, eine etwas häufigere geschieht nach unten und eine seltenere nach oben. Nach langen Forschungen über die Natur dieser Prozesse einerseits und der beiden Gruppen andrerseits glauben wir, Folgendes sagen zu können:

1. Die unbewusste Affektanpassung ist in allen Dyaden zwischen Menschen zu finden. Störungsspezifisch ist die Eindeutigkeit der Beeinflussungsrichtung durch den Kranken. Während man bei Diskursen von Gesunden untereinander von einer gleichgroßen Aufklärung der Varianz des Verhaltens durch die Situation, den Partner und die eigene Person ausgehen kann, bestimmt im Fall einer Dyade mit psychisch Kranken derselbe 80% der Varianz (Krause 1981; 1997).
2. Die Abwärtsregulierung der sichtbaren Mikroaffektivität scheint über verschiedene Störungsbilder hinweg an die folgenden seelischen Regulierungen gebunden (Hufnagel et al. 1991). Der interaktiv sichtbare Anteil der Affektivität ist nicht oder nur sehr wenig an die bewussten kognitiven Inhalte des Diskurses der Dyade gebunden.
3. Die Aufwärtsanpassung scheint kennzeichnend für die hysterischen Zustandsbilder. Hier findet sich sehr wohl eine Anbindung des sichtbaren Affektes an einen kognitiven Vorgang. Derselbe scheint aber über weite Strecken unbewusst (Frisch et al. 1995).
4. Diese Befunde eröffneten die Frage, ob die hohe Stabilität der Störung nicht wenigstens teilweise eine bis anhin unerkannte sozialkommunikative Dimension beinhaltet.

Wir begannen, nach einem bis anhin übersehenen Geschehen der Kommunikation zu suchen, das für die Pathogenese und die Salutogenese bedeutsam sein könnte. Es fiel auf, dass die Affekte weder in der Krankheitstheorie noch in der Psychotherapieforschung eine zentrale Rolle spielten. Dass sie für psychische Störung und auch die Gestaltung der Beziehung wichtig sind, war wohl bekannt, aber man betrachtete sie als mehr oder weniger unspezifische Energie, wie das Benzin, das man eben braucht, um ein Auto anzutreiben. Das war bei Piaget (1954), Freud (1950c [1895]) aber auch den empirisch arbeitenden experimentellen Psychologen wie Schachter und Singer (1962) so. In diesen Theorien wurden die körperlichen Anteile der Affekte – sei es in der Mimik, in der Motorik oder in der Physiologie – als unspezifischer »Arousal« definiert. Die Spezifität, so dachte man, käme von den sie begleitenden Kognitionen und Phantasien. Wir hatten keinen Grund, dieser Sichtweise zu folgen. Wir fanden, wie schon beschrieben, hochspezifische affektive Ausdrucksmuster, auf die Partner auch ebenso hochspezifisch reagierten. Daraus schlossen wir, es gäbe so etwas wie eine unbewusste Semiotik des affektiven Körpers in Gruppen bzw. zwischen Menschen. Autoren, die sich mit diesem Phänomen beschäftigt hatten, sprachen von »Kinesics« (Birdwhistell 1971). Ekman und Friesen (1978; Ekman et al. 1982; 1992; Ekman/Davidson 1994) nahmen Darwin (1872) folgend an, es gäbe spezifische phylogenetisch vermittelte affektive Zeichen zumindest in der Mimik und in der Stimme, die nur im geringen Maße kulturabhängig seien und die wir wenigstens partiell mit den Primaten teilten.

In den nächsten Abbildungen sind diese von Ekman vorgeschlagenen prototypischen Muster für Freude, Ärger, Ekel, Trauer, Angst, Verachtung und Interesse zu finden (Ekman/Friesen 1978).

Abb. 2: Freude

Abb. 3: Ärger

Abb. 4: Ekel

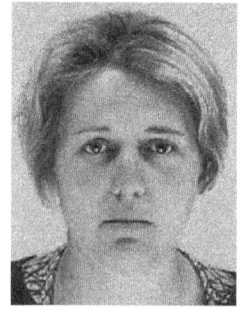

Abb. 5: Trauer

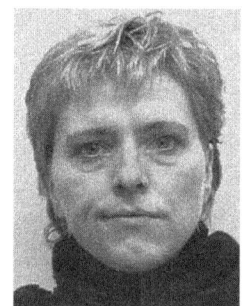

Abb. 6: Verachtung

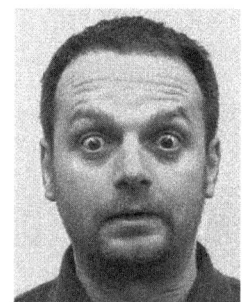

Abb. 7: Interesse

Das Gegenwartsunbewusste als kleinster gemeinsamer Nenner aller Techniken...

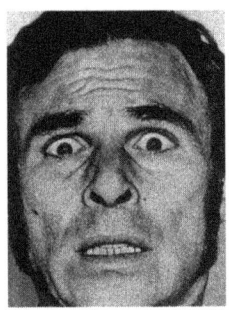

Abb. 8: Angst

Um einem immer wieder auftauchenden Missverständnis entgegenzutreten, soll an dieser Stelle festgestellt werden, dass die Forschung nicht bestätigen kann, dass Personen, die diese Zeichen emittieren, sich auch innerlich so fühlen oder eine spezifische Physiologie zeigen. Die bestätigte Schlussfolgerung ist, dass die überwiegende Mehrzahl aller Beobachter solcher Muster in allen uns bekannten Kulturen dahingehend übereinstimmt, dass sie den Produzenten der Zeichen gleiche Episoden zuschreibt (Scherer/Tannenbaum 1986). Die Schlussfolgerung, also dass sich die Person, die das Zeichen emittiert, wirklich so fühlt, ist nicht möglich. Dies kommt daher, dass bei der Semiotik des Affektes der Zeichentheorie folgend aus dem affektiven Zeichen selbst keine Schlussfolgerungen daraus gezogen werden können, auf welche Gegenstandsbereiche sich das Zeichen bezieht.

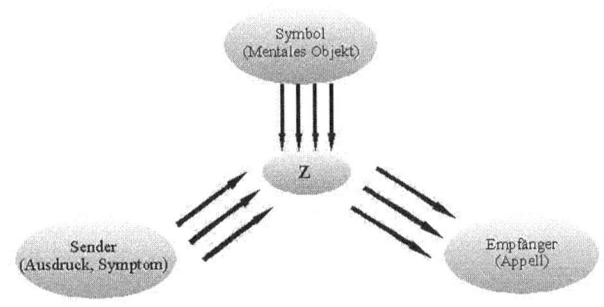

Abb. 9: Organon-Modell

Bühlers Organon-Modell (Bühler 1934) folgend kann man drei unterschiedliche Möglichkeiten unterscheiden:

1. Das Zeichen wird als Symptom betrachtet. Es ist Ausdruck für den inneren Zustand des Senders.
2. Das Zeichen hat Appellfunktion und soll den Empfänger zu einer bestimmten Handlung bringen.
3. Das Zeichen bezieht sich weder auf den Sender noch auf den Empfänger, sondern stellt einen seelischen Kommentar über ein mentales Objekt, über das der Sender spricht oder nachdenkt, dar.

Unseren Untersuchungen folgend (Merten 1996; Schwab 2000) ist dies bei seelisch reifen Erwachsenen der Normalfall, das bedeutet aber umgekehrt, dass man im Allgemeinen eine relativ niedrige Korrelation zwischen dem Zeichen und dem inneren Zustand des Senders vorfindet, d.h. zivilisierte, geistig rege Zeitgenossen haben ihre affektive Ausdruckswelt mit ihrer mentalen Struktur verbunden. Sie benutzen sie nicht primär als Appell und auch nicht primär als Ausdrucksphänomen. Bei Personen mit einem niedrigen Grad an seelischer Strukturierung ist dies nicht so. Bei Kleinkindern auch nicht. Gleichwohl treten bei Kleinkindern diese Muster sehr früh auf und sie werden in dem Sinne von ihnen verstanden, dass sie spezifische Wirkungen bei ihnen hervorrufen.

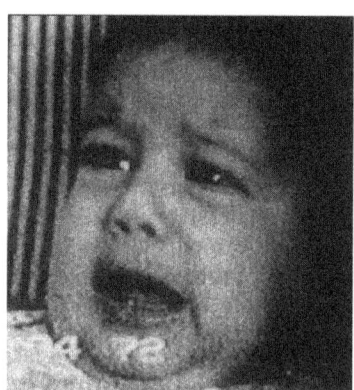

Abb. 10

Die sichtbare Mimik ist bei diesem Kleinkind dadurch entstanden, dass ihm das vorherige Bild (Abb. 8) gezeigt wurde. Da der Junge nicht nur das mimische Muster kopiert, sondern dazu auch noch schrie, muss man annehmen, dass ein spezifischer affektiver Algorithmus in Gang gebracht wurde, der schließlich in das expressive Muster einmündet. Gloria Endres de Oliveira und Krause (1989) konnten diese Befunde verallgemeinern.

	Angst, Ekel, Trauer	**Wut, Überraschung**
11.–16. Woche	p > 0,025	in die entsprechende Richtung nicht signifikant
18.–24. Woche	tritt nicht bzw. sehr selten auf. Signifikanzen eher in die andere Richtung

Abb. 11: Häufigkeit der Affektinduktion in den Altersgruppen 11. bis 16. und 18. bis 24. Woche

Auf dem Höhepunkt der symbiotischen Phase findet man signifikante Ansteckungsphänomene für die negativen Ausdruckskonfigurationen Angst, Ekel und Trauer, die im Alter von sechs bis sieben Monaten verschwinden und eher gegenteiligen Phänomenen Platz machen.

Wir wollen vorläufig nicht auf das schwierige Problem der inneren Entsprechungen solcher Expressionen eingehen, sondern unter Verweis auf die Forschungen zum »social referencing« darauf hinweisen, dass diese Zeichen, so sie von den Eltern benutzt werden, in jedem Fall spezifische Wirkungen haben. Die Studien zeigen nämlich, dass die Kleinkinder aus den affektiven Zeichen, die die Eltern im Kontext von gemeinsam beobachteten Objekten benutzen, Informationen über die Qualität des Objektes herausziehen. Lächelt die Mutter, wird das Kind eher über eine Glasplatte krabbeln, als wenn sie ängstlich schaut (Klinnert et al. 1986). In den folgenden Abbildungen sind einige von Affektausdrücken von Kleinkindern einem Buch von Herzka (1979) über das Gesicht des Kleinkindes entnommen. Wir wissen in der Zwischenzeit, dass die Kontexte solcher Affektausdrücke im Wesentlichen ebenfalls relativ spezifisch sind (Ekman/Davidson 1994).

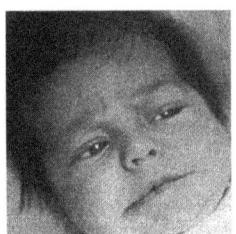

Abb. 12: Spontane Mimik erinnert an nachdenklich-vergrämten Gesichtsausdruck eines Erwachsenen.

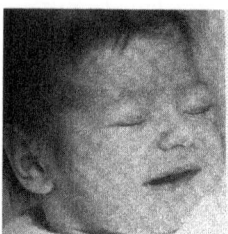

Abb. 13: Hier scheint das Kind selbst im Schlaf noch geplagt zu sein.

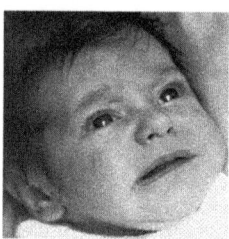

Abb. 14: Hier kann von einem ängstlichen Gesichtsausdruck gesprochen werden.

3. Zusammenfassung der Vermutungen über wesentliche Determinanten psychischer Erkrankungen

Wir hatten angenommen, dass es für die Erforschung der Ätiopathogenese seelischer Störungen im Sinne des Wiederholungszwanges von Interesse sein könnte, ob die unwillkürliche Wirksamkeit dieser Affektausdruckssysteme im Erwachsenenalter erhalten bleibt. Dies kann man, wie oben erwähnt, als gesichert betrachten. Gemeinsames intrapsychisches Korrelat der Abwärtsregulierung scheint die gering ausgebaute Fähigkeit zur Mentalisierung zu sein (Schulz 2000). Damit sei die Fähigkeit gemeint, sich und anderen eine eigenständige psychische Welt zuzugestehen. Die Personen können von der eigenen affektiven Welt nicht Abstand nehmen und dezentrieren oder die Perspektive des Anderen übernehmen. Klinisch diagnostisch handelt es sich um ein Strukturmerkmal. Personen mit einem mäßigen Strukturniveau können einerseits nicht gut mentalisieren und zeigen andererseits keine Mikroaffekte. Niedrig strukturierte Personen (Rudolf et al. 1998), die keine Phantasiesysteme als Puffer zwischen der Außenwelt und der Reaktion ausgebaut haben, neigen zum Verzicht auf die Affekte, weil sie direkt ins Agieren bzw. die Interaktion führen und damit sehr gefährlich werden können (Schulz 2000). Unserer Sicht nach ist der Verzicht auf den Ausdruck eine unbewusste Abwehrformation, die die Gefährlichkeit der interaktiven Affekte zu verringern sucht. Beim Zusammenbruch derselben, beispielsweise in psychotischen Schüben ohne Medikation sowie bei agierenden Borderline-Patienten, finden wir wieder sehr viele interaktive Affekte, aber von hoher Gleichförmigkeit und Negativität. Meist handelt es sich um Ekel. Manche der Patienten wechseln auf der Zeitachse zwischen Freude und Ekel. Die zeitlich hintereinander auftauchenden Affektzeichen erscheinen dann, wenn nicht dissoziiert, wenigstens kaum integriert (Benecke/Krause 2003).

4. Neudefinition des psychotherapeutischen Prozesses

Vor diesem Hintergrund taucht die Frage auf, ob die hohe Stabilität psychischer Störungen nicht damit zusammen hängt, dass es den psychisch Kranken unbewusst gelingt, die durchschnittsempathischen Mitmenschen in eben diesen Zirkel hineinzuziehen und dadurch ihre innere und äußere Welt zu perpetuieren. Wozu das alles gut sein sollte, ist noch in der Untersuchung. Die naheliegendste Hypothese ist die einer Testfunktion des so genannten Wiederholungszwanges. Die durch schwerwiegende seelische Erfahrungen geprägten oder traumatisierten Menschen versuchen unbewusst auszuloten, ob die gegenwärtigen Handlungspartner sich ebenso verhalten wie die schädigenden historischen (Weiss/Sampson 1986). Die Schwellen für das Bestehen dieses Tests sind so hoch angelegt, dass sie von einem nicht professionell geschulten nicht bestanden werden können. Der zentrale Widerstand wäre damit der Sicherheitswiderstand. Auch wenn eine Person sehr unter einer pathogenen Situation gelitten hat, kennt sie sich in ihr doch sehr gut aus und hat zumindest sicher überlebt. Durch die unbewusste Verwandlung aller Situationen in diese »Ursituation« hätte der Betroffene immerhin den Vorteil, sich auf vertrautem Grund zu bewegen. Im Übrigen hat er ja die Erfahrung gemacht, dass sich trotz größter Anstrengung alle Situationen ohnehin wieder in diese Ursituation umwandeln. Der Nachweis, dass diese Theorie richtig ist, liegt nicht vor. Dazu bedarf es Längsschnittstudien.

Davon ausgehend haben wir untersucht, ob der kleinste gemeinsame Nenner von erfolgreichen Therapieprozessen darin liegt, dass gut ausgebildete Psychotherapeuten in der Lage sind, diesem unbewussten Anpassungsprozess gegenzusteuern und neben vielem anderem auf einer Mikroverhaltensebene eine Art unbewusstes instrumentelles Lernen in Gang zu setzen. Das wäre die eigentliche korrektive emotionale Erfahrung, die aber nicht unbedingt kathartisch, sondern eher subliminal ablaufen würde. Im intersubjektiven Feld könnte man das als die Übernahme einer Haltungs- oder Containingfunktion beschreiben, die die destruktiven mikroaffektiven Prozesse in neutrale bzw. sogar positive verwandeln, indem sie an eine kognitive mentale Struktur gebunden werden.

In Abbildung 15 ist die Konstitution des intersubjektiven Feldes – so wie wir dies sehen – dargestellt. Wir glauben, dass auch bei Gesunden alle die dort abgebildeten Prozesse fortlaufend aktiviert sind und je nach Situation, Partner und aktivierten Wünschen jeweils verändert werden. Wir dürfen bei ihnen also keine feste Zuordnung zwischen den verschiedenen Zeichen und Repräsentanzen erwarten. So ist der Zusammenhang zwischen eigenem Zeichen und Selbstrepräsentanz emotionaler Art häufig niedriger als der zwischen fremden Zeichen und eigenem Erleben, was in vielen Situationen eine Priorität des Sozialen bedeutet.

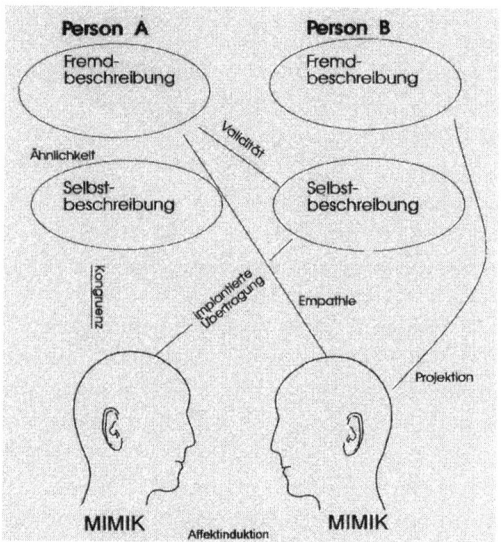

Abb. 15: *Konstitution des intersubjektiven Feldes. Mögliche Zusammenhänge zwischen Mimik und Repräsentation in der Dyade*

Bei psychisch Kranken gehen wir davon aus, dass es jeweils nur einen kaum modifizierbaren Algorithmus gibt, in den der Partner hineingezwungen wird. Die Funktionsweise projektiv identifikatorischer Prozesse bei Dyaden von an Schizophrenie Erkrankten konnte Merten (1996) darstellen.

Merten (2001) hat die von uns gesammelten 119 Sitzungen von Kurzpsychotherapien sehr erfahrener psychodynamisch, kognitiv-verhaltenstherapeutischer bzw. humanistisch orientierter Therapeuten in Bezug auf diese Fragestellung untersucht. Benecke und Krause haben zusätzlich 20 40-stündige Behandlungen von Patienten mit Panikattacken dahingehend ausgewertet. Mit diesen Daten sind wir zum ersten Mal in der Lage, die affektiven Muster von gesunden Laien, Patienten und Therapeuten zu vergleichen.

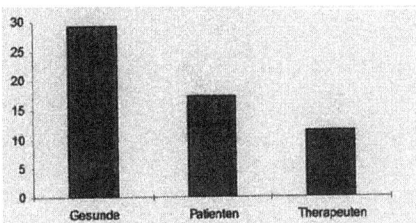

Abb. 16: Affektive Abstinenz in verschiedenen Settings und Personen

Die psychisch gesunden Versuchspersonen zeigen, wie zu erwarten, viel mehr positive aber auch negative Affekte als die Patienten, aber dieselben haben immer noch sehr viel mehr als die Therapeuten. Dieses Ergebnis zeigt sich unabhängig von der theoretischen Orientierung. Dies ist teilweise eine Folge der geringen Sprechaktivität aller Therapeuten, die ja in diesem Bereich abstinent sind. Allerdings erklärt dies nur einen geringen Teil der Ergebnisse. Zudem ist die Abstinenz hochselektiv. Beispielsweise zeigen Gesunde im Alltag ungemein viel Verachtung, bei weitem mehr als die meisten Patienten, aber die Therapeuten sind in dieser Hinsicht noch abstinenter. Um die Resultate zu erklären, greife ich ein Störungsbild heraus, dass wir in letzter Zeit sehr genau untersucht haben. Viele Patientinnen mit Panikattacken haben durchgehend ein sehr intensives Freudepattern im nonverbalen Verhalten, wie man aus Abbildung 17 sehen kann.

Freude	31
Verachtung	11
Ekel	9
Ärger	3
Trauer	2
Überraschung	0
Angst	0

Abb. 17: Verteilung der Mimikwerte in der ersten Therapiestunde von 20 Angstpatientinnen

Wir haben immer vermutet und nun für eine Untergruppe der Patientinnen bestätigt bekommen, dass sowohl die Angst als auch dieses merkwürdige Muster Folge der Bindungsstörung sind. Dies entspricht auch unserem heutigen Wissen, nach dem die Panikerkrankung Folge einer Bindungsstörung ist. Das intensive Freudemuster ist einer der unbewussten zentralen Versuche der Patientinnen, den Bindungspartner einzuwerben sie nicht zu verlassen, wenn sie auch nur geringste Merkmale von Autonomiewünschen in sich spüren. Die neueren Arbeiten zur affektiven Neuropsychologie von Panksepp haben dies sehr deutlich gemacht (Panksepp 1998). Freilich ist dieses unbewusste Verhalten wenig geeignet, die so dringlich notwendige und gewünschte Selbstständigkeit zu garantieren, sodass die Störung Folge eines Bindungs-Autonomiekonfliktes ist. Dementsprechend scheitern auch diejenigen Behandlungen, in denen die Therapeuten sich in dieses Bindungssystem hineinziehen lassen. Wie dies konkret aussieht, kann man Abbildung 18 entnehmen.

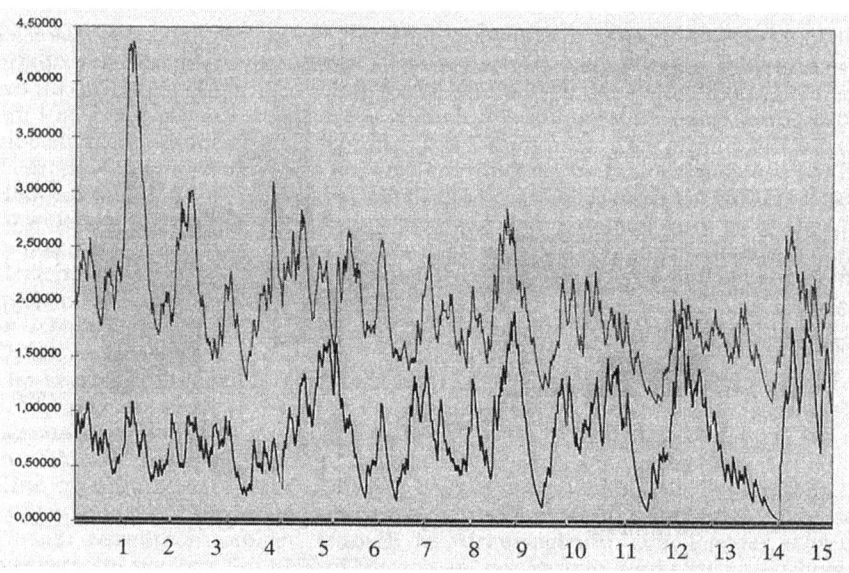

Abb. 18: Unbewusste Feinsynchronisierung der mimischen Freude von Therapeut und Patientin bei einer Angstbehandlung. Die Abszisse beschreibt den 15-stündigen Therapieverlauf, eingeteilt in 1-Minutensegmenten. Die Ordinate gibt die Häufigkeit der Lächelereignisse in den 1-Minutensegmenten wieder.
Obere Datenreihe: Gefilterte Häufigkeit »echte Freude« Patientin A.
Untere Datenreihe: Gefilterte Häufigkeit »echte Freude« Therapeut A.
Zur besseren Lesbarkeit wurde auf die obere Datenreihe der Wert 1 addiert.

In der Abbildung kann man die aufsummierte Häufigkeit aller Freudeinnervationen (zygomaticus major plus Augenringmuskel) pro Minute im Verlauf über 15 Behandlungsstunden sehen. Es ist unschwer zu erkennen, dass der Therapeut zusehends unter die Regie dieses Muster gerät. Was im Alltag indikativ für eine herzliche, nette Beziehung sein mag, erweist sich hier als eine Abwärtsspirale. Die Behandlung läuft schlecht, der Therapeut bemerkt die fehlende Aggression, kann aber nichts dagegen machen (Krause 1997). Der Zustand der Patientin verschlechtert sich. Dieses Ergebnis kann man verallgemeinern. Reziproke Freudemuster zwischen Patient und Therapeut sind ein schlechter Prädiktor. Diese Ausdruckskonfigurationen erlauben wohlgemerkt keine Rückschlüsse auf das eigene innere Erleben des Patienten. Sie sind appellativ nicht indikativ. Über die Freude hinaus sind Reziprozitäten des Mikroaffektausdrucksverhaltens eher ungünstig. In Abbildung 19 findet man das Ergebnis einer methodisch außerordentlich einfallsreichen und präzisen Kausalanalyse solcher Mikromuster durch Merten (2001). Sie erlaubt es, im dyadischen Verhaltensstrom, vor allem der Mimik, all diejenigen Ereignisse herauszugreifen, die zeitlich in Verbindung stehen. Die negative Korrelation mit dem Behandlungserfolg ist beeindruckend.

	EINSCHÄTZUNG DURCH DEN THERAPEUTEN	EINSCHÄTZUNG DURCH DEN PATIENTEN	EINSCHÄTZUNG VON BEIDEN
ANZAHL ALLER MUSTER	–.69*	–.71*	–.79*
ANZAHL ALLER DYADISCHEN MUSTER	–.57*	–.81*	–.75*

Abb. 19: *Therapieerfolg und unbewusste Synchronisierung des Gegenwartsunbewussten*

Die Anzahl solcher Muster – übrigens unabhängig davon, wer sie initiiert, korreliert negativ mit dem Erfolgsmaß, d.h. je stärker diese mikroanalytische unbewusste affektive Abstinenz durchbrochen wird, desto geringer ist der Erfolg. Solche affektiven Muster können in reziproke und komplementäre unterteilt werden, dergestalt, dass Therapeut und Patient reziprok behavioral im gleichen emotionalen Ausdruckssystem agieren. In komplementären Mustern agiert der Therapeut bereits in der ersten Stunde unbewusst in einem antagonistischen Affektbereich. Die Häufigkeit dieser Muster sind zu –.62 mit positiven Ergebnissen korreliert.

Will man solche Prozesse theoretisch klinisch reflektieren, empfiehlt sich am ehesten das Konzept des Gegenwartsunbewussten von Sandler und Sandler (1984). In ihm tritt das dynamische lebensgeschichtliche Unbewusste im Hier und Jetzt in Aktion, allerdings gut versteckt hinter einer weiteren Zensur. So sind die erlebten Gefühle der auf die affektiven Zeichen verzichtenden Kranken oft sehr intensiv (so bei den an Schizophrenie Erkrankten) oder es kommt zu sehr intensiven physiologischen Hypertrophien affektiver Reaktionen, die sich weder in der Interaktion noch in der Kognition abbilden (Traue/Pennebaker 1993). Gleichwohl sind Konfrontationen oder Deutungen, die gewissermaßen die anderen Teile des affektiven Prozesses hinzufügen zu suchen, nur in den Fällen indiziert, in denen eine innere Welt vorausgesetzt werden kann, an die die Affekte angeheftet werden können. Ist dies nicht gegeben, kommt es zu einer Aggravierung der Probleme. Die Schizophreniekranken müssen entweder die Beziehung abbrechen oder kämpfen, die psychosomatischen Patienten reagieren mit einer Steigerung der körperlichen Korrelate der Emotion.

Implikationen für die Behandlung und die Ausbildung haben wir noch nicht gänzlich durchdacht. Auf der einen Seite haben wir eine Taxonomie des Scheiterns von Therapeuten entwickelt, die sich wie folgt liest:

1. Am untersten Ende finden wir Therapeuten, die die affektiven unbewussten Beziehungsangebote überhaupt nicht wahrnehmen können. Nicht aus Gründen der Abwehr, sondern einer mehr oder weniger habituellen affektiven Blindheit. Das trifft man bei weitem häufiger als man denkt. Wir trainieren immer wieder Personen in der Auswertung von Affekten und finden manchmal solche, die keine reliablen und validen Urteile über die Affekte anderer erstellen können, weil sie schon das muskuläre Muster nicht erkennen. Das entspräche der Position eines unempathischen Laien oder der mancher Patienten, z.B. mancher psychosomatischer oder antisozialer Persönlichkeiten. Offensichtlich ist ein hoher Varianzanteil dieser affektiven empathischen Wahrnehmungsreaktion erblich (Zahn-Waxler et al. 1992). Solche Fälle sollten unter den gut Ausgebildeten eher selten anzutreffen sein.

2. Der Therapeut nimmt die affektiven Beziehungsangebote innerlich wahr und reagiert wie ein empathischer Laie auf sie, d.h. er verhält sich den Angeboten des Patienten auf der Verhaltensebene und auch innerlich reziprok; und er findet dieses Verhalten angemessen. Das ist im Allgemeinen der Typus des Gurus, der ganz offen den unbewussten Beziehungsangeboten ichsynton folgt und die Neuauflage der Traumata des Patienten dann als

kurativ erklärt, wenn sie durch ihn geschehen. Paradigmatisch wäre dafür der Therapeut, der den Missbrauch einer Patientin als heilsam empfindet. In unserer Behandlungsstichprobe hatten von zehn Frauen, die Vorbehandlungen erfahren hatten, immerhin drei sexuelle Erfahrungen im therapeutischen Kontext berichtet: eine durch einen somatisch behandelnden Arzt, die beiden anderen durch Psychotherapeuten. Vom ersten Typ unterscheiden sich diese Gruppe immerhin dadurch, dass sie die Beziehungsangebote erkennen. Damit endet allerdings auch schon der »therapeutische« Akt. Die Begründungen für das Eingehen auf die Beziehungsangebote können natürlich alle Abwehrformen enthalten und intellektuell sehr aufwendig sein.

3. Der Therapeut nimmt die affektiven Beziehungsangebote innerlich wahr und reagiert wie ein empathischer Laie auf sie, d. h. er verhält sich den Angeboten des Patienten auf der Verhaltensebene entsprechend reziprok, findet das aber im Prinzip unangemessen, kann sich jedoch nicht dagegen wehren. Das ist die häufigste Form des Scheiterns unter gut ausgebildeten Therapeuten. Hier finden wir im Allgemeinen eine Dissoziation zwischen dem inneren Erleben und der affektiven Inszenierung. Der Therapeut reklamiert die fehlende Aggression und ärgert sich über die lächelnde Maske, ist aber selbst fortlaufend dabei, das Lachen der Patientin operant zu verstärken und findet schließlich eine rechtfertigende Diagnose (Ich-schwäche), was ein Absinken auf die Stufe 2 bedeutet.

Da sich das eigene interaktive Verhalten weitgehend der Kenntnis entzieht, kann es sehr wohl sein, dass ein Therapeut kräftig am Agieren seiner Gegenübertragung ist, ohne das geringste davon zu merken, und ohne es in der Supervision zu berichten.

4. Der Therapeut nimmt die Beziehungsangebote wahr, kann sie innerlich als fremdinduzierte Gefühle wahrnehmen und sie in sich aufbewahren, um dann eine ganz andere Antwort als die erzwungene zu geben; das Andersartige bezieht sich einmal auf den affektiven Dialog auf der Verhaltensebene und andererseits auf die sprachlichen Interventionen, wobei das erstere die Priorität hat. Es sieht so aus, als »zeige« der Therapeut diejenigen Affekte, die dem Patienten in den erzählten Episoden fehlten und wohl auch durch seine Geschichte abhanden gekommen sind. Das Verstehen wäre solchermaßen an das Wiedererleben der fehlenden Affekte zuerst beim Therapeuten gebunden. Erst auf diesem Niveau beginnt die bewusste Kunst der Behandlungstechnik, sei sie nun psychodynamisch oder verhaltenstherapeutisch.

In Bezug auf positive Behandlungsempfehlungen und Techniken hat der Erstautor eine Liste von komplementären inneren affektiven Reaktionen auf die gezeigten Mikroleitaffekte der Patienten entwickelt (Krause 2002). Dies ist geschehen für Ekel, Verachtung, Wut, Trauer, Angst und Freude.

Klinische Emotions- und Interaktionsforschung

Eva Bänninger-Huber

Unter den Stichwörtern »Klinische Emotions- und Interaktionsforschung« werden inhaltlich und methodisch unterschiedliche Ansätze zusammengefasst, die in den letzten Jahren von Autoren verschiedener Disziplinen entwickelt worden sind. Gemeinsam ist ihnen das Interesse, emotionale Prozesse ausgehend von beobachtbaren interaktiven Verhaltensweisen, z.B. der Mimik von Klient und Therapeut oder Mutter und Kind, zu untersuchen. Eine wichtige methodische Grundlage bilden Videoaufnahmen, welche eine differenzierte Beschreibung solcher interaktiver Verhaltensweisen erlauben. Bisher sind bei unseren Forschungsarbeiten drei Bereiche von besonderer Bedeutung:

Ein erster thematischer Schwerpunkt liegt bei der Untersuchung klinischer Patientengruppen in verschiedenen sozialen Interaktionen (z.B. Gespräche mit Familienangehörigen oder professionellen Interviewern). Theoretischer Ausgangspunkt dieser Forschungslinie bildet die Hypothese, dass psychische Störungen als Störungen der Affektregulierung verstanden werden können. Dabei wird davon ausgegangen, dass die Persönlichkeitsentwicklung eines Kindes auf dem Erleben spezifischer Beziehungsmuster gründet, die mit der Zeit verinnerlicht werden. Im Erwachsenenalter manifestieren sich diese als für eine Person typische, sich wiederholende Muster, die durch spezifische verbale und nonverbale Verhaltensweisen charakterisiert sind. Diese Ausdrucksphänomene, die beim Interaktionspartner wiederum entsprechende Reaktionen und Gefühle hervorrufen, sind der empirischen Untersuchung prinzipiell zugänglich. Im Rahmen dieses Ansatzes werden an unserem Institut Typen der Interaktionsregulierung bei verschiedenen Störungsbildern, z.B. anorektische Patientinnen im Dialog mit ihren Müttern (z.B. Bänninger-Huber et al. 2004) untersucht. Das Ziel dieser Forschungsarbeiten ist ein besseres Verständnis der Beziehungsdynamik im Hinblick auf die Entwicklung spezifischer Behandlungsmethoden.

Gerade für das Verständnis der Genese von psychischen Störungen ist es besonders wichtig, neuere Konzeptualisierungen aus der Säuglingsforschung und der Untersuchung von frühen Pflegeperson-Kind-Interaktionen zu berücksichtigen. All diesen Ansätzen gemeinsam ist der zentrale Stellenwert, welcher der Beziehung von Kind und Bezugsperson(en) für die psychische

Entwicklung einer Person beigemessen wird. Auch dieser Ansatz bildet einen Schwerpunkt unserer Forschung (z. B. Juen 2001; Bänninger-Huber/Juen 2002).

Der dritte Forschungsbereich ordnet sich in die Psychotherapieprozessforschung ein. Verbale und nonverbale Aspekte der therapeutischen Interaktion werden in Hinblick auf ihre Bedeutung als Wirkfaktor für den psychotherapeutischen Prozess erfasst und beschrieben. Mikroanalysen von Einzelfällen zeigen, dass neben sprachlichen Interventionen nonverbale Phänomene wie Blicke, Lächeln oder Lachen eine wichtige Rolle für die Aufrechterhaltung der therapeutischen Arbeitsbeziehung spielen. Im Zuge dieses Forschungsprojekts wurden schuldgefühlsspezifische Regulierungsmuster identifiziert (z. B. Bänninger-Huber/Widmer 1999; 2000). In einem weiteren Schritt wurde geprüft, ob diese interaktiven Beziehungsmuster auch in Alltagsinteraktionen auftreten, bzw. ob sich emotionsspezifische interaktive Regulierungsprozesse auch bei anderen Emotionen beobachten lassen (z. B. Bänninger-Huber et al. 2002; Peham 2004).

Die folgenden Ausführungen beziehen sich auf Daten und Konzepte aus dem dritten Bereich, nämlich der Psychotherapieprozessforschung. Das Ziel unserer Forschungsarbeit ist es, wie oben beschrieben, die Wirkungsweise der psychotherapeutischen Beziehung und deren Bedeutung für psychotherapeutische Veränderungen besser zu verstehen. Dabei versuchen wir, komplexe psychoanalytische Konzepte (Übertragung, Gegenübertragung, Arbeitsbündnis) mit beobachtbaren Prozessen der therapeutischen Interaktion in Beziehung zu setzen. Erkenntnisse aus der Psychoanalyse und der Psychologie, insbesondere der Emotionspsychologie und der Interaktionsforschung, werden integriert.

Mit den Konzepten der Übertragung und Gegenübertragung schenkt die psychoanalytische Theorie und Behandlungstechnik der Rolle des affektiven Geschehens zwischen Analysandin und Analytikerin, Analysand und Analytiker traditionellerweise große Aufmerksamkeit. So bildet das Wahrnehmen von »negativen« oder »fehlenden« Affekten des Analysanden durch die Analytikerin oder den Analytiker eine wichtige Grundlage für das Generieren von Interventionen, und »positive« Emotionen spielen u. a. eine zentrale Rolle bei der Etablierung und Aufrechterhaltung der therapeutischen Beziehung. Mit der Entdeckung der Übertragung hat in der Psychoanalyse der Aspekt des affektiven Erlebens – das affektive Erleben in Bezug auf den Analytiker im Hier und Jetzt – größte Bedeutung gewonnen. Die Psychoanalyse hat, so Mertens (1990), mit der Übertragungsanalyse immer nach dem affektiv dringlichsten Punkt gesucht. Damit steht nicht mehr die

Rekonstruktion der infantilen Vergangenheit im Vordergrund, sondern die Analyse des affektiven Geschehens zwischen Analysand und Analytiker. Wie aber wird Übertragung kommuniziert? Wie entsteht Gegenübertragung? Wie erkennt der Analytiker/ die Analytikerin die Emotionen des Analysanden, insbesondere, wenn diese unbewusst sind?

Neuere psychoanalytische Arbeiten zum Thema weisen auf die Bedeutung des Interaktionsbegriffs für ein konkreteres Verständnis des Übertragungs- und Gegenübertragungsgeschehens hin (z.B. Sandler 1976; Klüwer 1983; Roughton 1993). Ähnlich zeigen neuere empirische Forschungsansätze, dass Psychotherapie ein dyadischer Prozess ist, dessen Beziehungsdynamik von beiden Beteiligten, Analysandin wie Analytikerin, mitgestaltet wird (Benjamin 1974; Krause 1990; 1997). Gemäß diesen Konzeptualisierungen wird Übertragung nicht mehr als starre Wiederholung alter Beziehungsmuster betrachtet, sondern als Amalgam von Vergangenheit und Gegenwart; der Einbezug der Seite des Analytikers hat eine neue Konzeptualisierung des analytischen Prozesses als dyadisches, interaktionelles und intersubjektives Geschehen zur Folge.

In unseren Untersuchungen wird diese dyadische Perspektive berücksichtigt, indem Affektregulierungsprozesse von Klient und Therapeut analysiert werden. Ausgangspunkt bilden Videoaufnahmen von psychoanalytischen Psychotherapien. Die interaktiven Phänomene, die wir untersuchen, dauern einige Sekunden bis wenige Minuten. Sie werden von den beteiligten Interaktionspartnern oft nur intuitiv, z.B. als Rollenangebote, »erlebt«. Die Explikation dieser intuitiv wahrgenommenen und für die therapeutische Arbeit außerordentlich relevanten Prozesse ist denn auch weiteres Ziel unseres Forschungsansatzes. Mithilfe eines kurzen Beispiels soll im Folgenden veranschaulicht werden, welche Phänomene und Prozesse Gegenstand unserer Untersuchungen sind.

Vignette

Die Klientin, eine Frau um die 30, die wegen einer länger dauernden depressiven Verstimmung und verschiedenen Beziehungsproblemen die Hilfe einer psychoanalytisch ausgebildeten Psychotherapeutin aufgesucht hat, erzählt das folgende Erlebnis: Ihre Freundin habe sie für heute Abend kurzfristig zu einem Konzertbesuch eingeladen. Dummerweise finde die Veranstaltung zur gleichen Zeit statt wie ein Weiterbildungskurs, den sie wöchentlich besuche. Nach einigem Zögern habe sie sich aber trotzdem entschieden, den Kurs zu schwänzen und einen vergnüglichen Abend mit ihrer Freundin zu verbringen.

Ihr Ehemann jedoch sei über ihren Entschluss »wieder einmal sauer geworden«, schließt die Klientin ihre Erzählung ab. Unmittelbar anschließend an diese narrative Episode kann die folgende interaktive Sequenz von elf Sekunden Dauer beobachtet werden: »Weil es ist ja klar«, kommentiert die Klientin, »er zahlt den Kurs, oder, und ich gehe jetzt noch...«. Zu Beginn dieser Verbalisierung wendet sie den Blick der Therapeutin zu. Sie schließt den Satz mit einer Pause, während der sie die Therapeutin intensiv anlächelt. Es handelt sich dabei um ein *felt smile*, ein spontanes, unwillkürliches Lächeln, welches darauf hinweist, dass sich eine Person in diesem Moment in einem positiven Affektzustand befindet. Die Therapeutin erwidert ihr Lächeln, wenn auch deutlich weniger intensiv mit einem so genannten *phoney smile*, einem »Höflichkeitslächeln« und – mit einer leichten zeitlichen Verzögerung – mit einem etwas zögerlich wirkenden »ähä (schweizerdeutsch für mhm)«. Die Klientin fährt, immer noch im Blickkontakt mit der Therapeutin, fort »...ich mache jetzt einfach Lustprinzip«. Wieder macht sie eine Pause (von drei Sekunden) und zeigt ein für diese Klientin typisches Lächeln, ein so genanntes *lemon smile*. Lemon smiles enthalten parallel zum Lächeln Indikatoren negativer Emotionen (Ärger/Verachtung) und erfüllen einerseits die Funktion, die affektive Bindung zur Therapeutin zu erhöhen (»wir beide verstehen uns«). Gleichzeitig stellen die negativen Affektindikatoren einen Kommentar zum Verhalten des Mannes in der damaligen Situation dar (»wie kann sich mein Mann nur so verhalten«). Obwohl die Klientin die Therapeutin während dieser Zeit fixiert und ihr Lächeln mit einem dezidierten einmaligen Kopfnicken unterstreicht, zeigt die Therapeutin weder eine verbale noch eine nonverbale Reaktion (außer einem kurzen Zusammenpressen des Mundes im Moment, wo die Klientin nickt).

Methodisches Vorgehen

Verfolgt wird ein Ansatz der Verhaltensbeobachtung (Videoaufzeichnungen) mit dem Ziel, Funktionsmodelle über die untersuchten interaktiven Phänomene zu formulieren. Ausgangspunkt bilden objektive Beobachtungsdaten, insbesondere mimische Verhaltensweisen, wie sie mit dem *Facial Action Coding System* (FACS) von Ekman und Friesen (1978) erfasst werden können[1]. Diese bilden die Grundlage für die Beschreibung des affektiven Regulie-

---

1 Die Beobachtungseinheiten des FACS sind die Action Units (AUs). Sie entsprechen denjenigen Muskelbewegungen, die unabhängig voneinander innerviert werden können und werden mit Nummern gekennzeichnet. So wird z.B. Lächeln definiert als eine Innervation von AU 12. Ein lemon smile setzt sich aus der AU-Kombination 7+10+12+15+24 zusammen.

rungsgeschehens auf verschiedenen Abstraktionsebenen. Verbale und nonverbale Aspekte der therapeutischen Interaktion werden aufeinander bezogen.

Der Schwerpunkt unserer aktuellen Forschungsarbeit liegt auf der Untersuchung interaktiver Beziehungsmuster im Kontext von Schuldgefühlen, die im »Hier und Jetzt« der psychotherapeutischen Interaktion inszeniert werden. Schuldgefühle sind komplexe Emotionen. Sie sind für den psychotherapeutischen Bereich besonders interessant, weil sie oft als sehr schmerzhaft erlebt werden und auch wenn sie unbewusst auftreten, einen grossen Einfluss auf unser interaktives Verhalten und unsere Handlungen haben können. So werden Schuldgefühle beispielsweise von verschiedenen Autoren als zentrales Element von Depressionen betrachtet (z.B. Zahn-Waxler et al. 1991; Kugler/Jones 1992; Harder 1995).

In der eingangs geschilderten Sequenz[2] können gemäß unserer Konzeptualisierung verschiedene interaktive Beziehungsmuster identifiziert werden, nämlich zwei sog. Prototypische Affektive Mikrosequenzen (PAMs) und eine trap.

Prototypische Affektive Mikrosequenzen (PAMs)

PAMs umfassen hauptsächlich nonverbales Verhalten und sind charakterisiert durch häufiges Lächeln und Lachen beider Interaktionspartner. Sie dauern wenige Sekunden und laufen häufig unbewusst ab (Bänninger-Huber 1992; 1996; Bänninger-Huber et al. 1990). PAMs haben die Funktion, Störungen in der Beziehungsregulierung interaktiv auszubalancieren wie sie durch die Besprechung konfliktiver Themen ausgelöst werden können.

Lächeln ist zur Schadensbegrenzung besonders geeignet, weil damit dem Partner trotz des Auftretens negativer Emotionen immer wieder emotionale Verbundenheit signalisiert werden kann. Lächeln ist ein sehr ansteckender mimischer Ausdruck, der zur Herstellung affektiver Resonanz benützt werden kann (im Zustand der Resonanz befinden sich beide Interaktionspartner im gleichen emotionalen Zustand). Lächeln kann in solchen Fällen bildlich gesprochen als »Resonanzfaden« verstanden werden, der dem Interaktionspartner trotz gleichzeitigem Ausdruck negativer Emotionen immer wieder emotionale Verbundenheit signalisiert. Gerade wenn eine Beziehung durch eine verbale Auseinandersetzung bedroht ist, kann mit einem Lächeln auf der nonverbalen Ebene die emotionale Bindung bekräftigt werden.

---

2 Die beschriebene Interaktionssequenz stammt aus der 38. Therapiestunde, tritt ca. 16 Minuten nach Beginn der Therapiestunde auf und dauert elf Sekunden (16:43.00 – 16:54.00).

Lachen als eine weitere Schadensbegrenzungsstrategie kann eigene unangenehme Affekte sowie beim Partner auftretende negative emotionale Reaktionen unterbrechen oder beenden. Indem ein Lachen den Dialog für eine gewisse Zeit unterbricht (es ist schwierig, gleichzeitig zu lachen und zu sprechen), gibt dies einer Person die Möglichkeit, mit eigenen unangenehmen Gefühlen fertig zu werden. Lachen ist ansteckend und wie das Lächeln ein Phänomen, das in beiden Partnern resonante positive Affektzustände erzeugt, welche die affektive Bindung erhöhen. Nach dem Lachen kann in der affektiven Regulierung sozusagen ein neuer Anlauf genommen werden.

Verschiedene Typen von PAMs

Entsprechend den Reaktionen des Therapeuten oder der Therapeutin können verschiedene Typen von PAMs differenziert werden. Gelingende PAMs sind dadurch gekennzeichnet, dass es dem Klienten gelingt, durch Lächeln oder Lachen mit dem Therapeuten einen resonanten Zustand herzustellen. Dadurch kann die zuvor bei einem Klienten aufgetretene Störung der Selbstregulierung ausbalanciert werden. Dies vermittelt dem Klienten ein Gefühl von Sicherheit. Dieses Gefühl hat auch Auswirkungen auf der verbalen Ebene, indem es dem Klienten ermöglicht, seine Erzählung fortzusetzen. Nicht-gelingende affektive Mikrosequenzen sind dadurch definiert, dass es dem Klienten nicht gelingt, mittels Lachen oder Lächeln mit der Therapeutin oder dem Therapeuten einen resonanten Zustand herzustellen. Die Störung der Affektregulierung bleibt aktiviert und kann nicht mithilfe des Therapeuten überwunden werden. Einen weiteren Typus bezeichnen wir als participation PAM. Diese sind dadurch charakterisiert, dass der Therapeut das Lächelangebot des Klienten annimmt, um die affektive Bindung aufrechtzuerhalten, obwohl er sich in einem anderen Affektzustand befindet (»es ist ihm nicht zum Lächeln zumute«). Sein Lächeln wirkt denn auch »gezwungen«, d.h. dass parallel zur Innervation des Lächelmuskels bestimmte Indikatoren negativer Emotionen zu beobachten sind. Begleitet werden diese PAMs häufig auch von verschiedenen Störungszeichen wie sich zu kratzen oder mit der Hand durch die Haare zu fahren.

PAMs treten nicht nur in Psychotherapien auf, sondern konnten in verschiedenen Konfliktsituationen systematisch beobachtet werden. So wurden Ende der achtziger Jahre zehn Paare aus der Schweiz/Zürich (Bänninger-Huber et al. 1990) und in einer neueren Studie zehn Paare aus Italien/Südtirol in Ärgersituationen analysiert (Langebner 2000; Hochgruber 2000). Diese Studien weisen darauf hin, dass die Beziehungszufriedenheit wesentlich von der Anzahl gelingender PAMs beeinflusst wird: In gut funktionierenden Beziehungen ließen sich die Partner jeweils vom Lächeln und Lachen des Gegenübers »anstecken«, was wesentlich zur Konfliktentschärfung beitrug und das gemeinsame Erleben von Wohlbefinden ermöglichte. Problematische Partnerschaften waren hingegen durch das Nicht-Funktionieren dieser mimischen Interaktionsmuster gekennzeichnet. Inzwischen sind verschiedene weitere Untersuchungen an Paaren durchgeführt worden, die gezeigt haben, dass PAMs diese Regulierungsfunktion auch in Eifersuchtssituationen (Bänninger-Huber/Köhler 2002) oder Schuldgefühlssituationen (Peham et al. 2002; Peham 2004) erfüllen. Auch ist das Auftreten von PAMs nicht nur auf Paare beschränkt, sondern diese Regulierungsprozesse sind auch zwischen Freundinnen und Freunden (Mair/Geir 2002) oder zwischen Müttern und ihren adoleszenten Töchtern beobachtbar (Peham et al. 2002). Eine kürzlich durchgeführte Untersuchung von Mutter-Kind-Dyaden in Konfliktsituationen (Juen 2002; Juen/Bänninger-Huber 2002) konnte weiters zeigen, dass PAMs bereits von zweijährigen Kindern zur affektiven Beziehungsregulierung eingesetzt werden.

Traps

Traps sind spezifische Interaktionsmuster, welche wiederholt im Kontext erzählter Schuldgefühle auftreten. Sie haben in der Regel eine Dauer von 15 Sekunden bis zu einer halben Minute. Sie haben die Funktion, die durch die Erzählung reaktivierte negative Emotion des Klienten auszuregulieren, indem sie spezifische verbale Reaktionen des Therapeuten induzieren. Traps sind Elemente spezifischer Rollenangebote des Klienten an den Therapeuten. Im Kontext von Schuldgefühlen ist dies meist die Rolle einer Autoritätsfigur, welche aufgefordert wird, den vom Klienten präsentierten Konflikt auf eine bestimmte Art und Weise zu kommentieren, um ihn damit von Schuldgefühlen zu entlasten.

Das interaktive Verhalten des Klienten zeichnet sich durch spezifische Muster verbalen und nonverbalen Verhaltens, insbesondere des Gesichtsausdrucks, aus. Das nonverbale Verhalten des Klienten in traps ist dadurch charakterisiert, dass der Klient den Therapeuten anblickt und insbesondere gegen Ende des traps deutliche bis überdeutliche *Sprecherwechselsignale* zeigt, die den Therapeuten zu einer verbalen Reaktion »verführen«. Typisch sind außerdem spezifische mimische Ausdrucksmuster wie z. B. das erwähnte lemon smile.

Gelingende und nicht-gelingende traps

In gelingenden traps reagiert der Therapeut verbal mit einem Kommentar wie er von Klienten erwünscht wird und hilft dem Klienten damit, die Reaktivierung des konfliktiven Affekts auszuregulieren. In nicht-gelingenden traps hingegen wird eine solche Bestätigung vermieden, die interaktive Ausregulierung der Schuldgefühle gelingt nicht. Da diese Prozesse sehr schnell ablaufen, nehmen wir an, dass sie meist nicht bewusst erlebt oder gesteuert werden. Sie werden vom Therapeuten jedoch als deutliche Aufforderung, eine bestimmte Reaktion zu zeigen, erlebt.

Im geschilderten Beispiel schlägt das interaktive Rollenangebot der Klientin an die Therapeutin, sich mit ihr gegen den aufgebrachten gestrengen Ehemann zu verbünden, über ihn zu lächeln oder seine Lustfeindlichkeit zu verurteilen, fehl. Zwar reagiert die Therapeutin auf das intensive felt smile der Klientin mit einen höflichen participant smile, mit welchem sie der Klientin zu erkennen gibt, dass sie ihr aufmerksam und teilnehmend zuhört (wir klassifizieren diese Sequenz als participation PAM). Aber es gelingt der Klientin nicht, die Therapeutin zu einem verbalen Kommentar über ihren Mann oder zu einem affektiv resonanten Lächeln zu verführen (nicht-gelingende trap). Dadurch, dass die Therapeutin im Kontext des traps die gewünschte Rolle einer Autoritätsfigur bezüglich der geschilderten konfliktiven Szene nicht annimmt, kann der aktualisierte intrapsychische Konflikt der Klientin, der bei ihr zu Schuldgefühlen geführt hat, nicht interaktiv ausreguliert werden. Die Störung und die damit verknüpften Schuldgefühle bleiben bestehen und können somit weiter thematisiert werden. Die nonverbale Reaktion der Therapeutin – sie lächelt – andererseits dient dazu, die affektive Bindung zur Klientin aufrechtzuerhalten. Dieses Verhalten bildet u. a. eine Basis für das kontinuierliche Funktionieren der (intrapsychischen) Affektregulierung der Klientin und verhindert eine Unterbrechung in der Beziehungsregulierung.

Verschiedene Typen von traps

Gemäß ihrer Funktion für die Affektregulierung konnten im Kontext erzählter Schuldgefühle verschiedene Typen von traps identifiziert werden (z. B. Bänninger-Huber/Widmer 1995; Bänninger-Huber 1996). Die im Fallbeispiel beschriebene trap wird von uns als sog. *chicken trap* klassifiziert.

Chicken traps beinhalten die Aufforderung an den Interaktionspartner, sich gemeinsam gegen einen Ankläger oder eine ertappende Autoritätsfigur zu empören (»er rastet wirklich jedes Mal aus, auch wenn ich mich nur zum Mittagessen mit jemandem treffe«). Die Therapeutin soll insbesondere dazu verführt werden, verbal Stellung zu beziehen und im weiteren Verlauf das Verhalten dieser Drittperson zu verurteilen und gemeinsam mit der Klientin »auseinander zu nehmen«[3]. Wir betrachten chicken traps als eine Form der Affektregulierung mit intrapsychischen und interaktiven Aspekten: Die gemeinsame Beschäftigung von Klientin und Therapeutin mit einer Drittperson (dem »chicken«) vermeidet die Auseinandersetzung mit intrapsychischen Konflikten der Klientin (»Widerstand«). Zudem wird die Gefahr eines Konflikts im Bereich der Beziehungsregulierung reduziert.

Legitimation traps laden den Therapeuten dazu ein, das berichtete Fehlverhalten zu legitimieren (»das ist doch aber nicht so schlimm, oder…?«). Übertriebene Selbstbezichtigung des Klienten (*self-accusation trap*) kann das Gegenüber dazu verführen, zu relativieren und zu beschwichtigen (»wirklich, ich weiß auch nicht, wieso ich das schon wieder getan habe!«).

Die Rolle von PAMs und traps im psychotherapeutischen Veränderungsprozess

Folgt man der psychoanalytischen Behandlungstheorie, so ist es die Aufgabe des Therapeuten, eine Balance zwischen zwei verschiedenen Anforderungen aufrechtzuerhalten. Einerseits hat er die Aufgabe, ein verlässliches Arbeitsbündnis zu schaffen, welches dem Klienten ein grundlegendes Gefühl der Sicherheit und des Vertrauens gibt. Diese Sicherheit ermöglicht es dem Klienten, sein Erleben und Verhalten zu erforschen und die Interventionen des Therapeuten zu verstehen und anzunehmen. Auf der anderen Seite muss der Therapeut einen Grad an Konfliktspannung aufrechterhalten (z.B. indem er interaktive Rollenangebote des Klienten nicht wiederholt übernimmt). Die Aufrechterhaltung dieser Spannung wiederum ist eine Voraussetzung dafür, dass die intrapsychischen Konflikte des Klienten erkannt und bearbeitet werden können (sog. Balance-Hypothese).

Bezüglich der Effektivität psychotherapeutischen Handelns haben wir uns auf die Frage konzentriert, welche Reaktionen des Therapeuten auf interaktive Beziehungsmuster für therapeutische Veränderung förderlich sind. Wie kann

---

3 Der Name chicken trap ist eine Metapher für die solchen Sequenzen zugrundeliegende unbewusste Absicht der Klientin: Die Klientin setzt der Therapeutin ihren Mann gleichsam als knusprig gebratenes Hähnchen vor, welches die beiden gemeinsam und mit Lust in Stücke reißen können.

gute therapeutische Arbeit im Sinn der beschriebenen Balance mithilfe der Konzepte trap und PAM beschrieben, untersucht und verstanden werden? Phänomenologisch betrachtet können verschiedene Kombinationen erfolgreicher gelingender und nicht gelingender traps und PAMs auftreten; diese unterschiedlichen Interaktionsverläufe sind beobachtbar und somit einer empirischen Untersuchung zugänglich. Eine gelingende PAM kann z.B. in eine nicht gelingende trap integriert sein: Hier zeigt der Therapeut keine verbale Bestätigung, wohl aber die nonverbale Reaktion, die der Klient »wünscht«, nämlich ein intensives Lächeln. Diesen beobachtbaren trap-PAM-Kombinationen können spezifische Funktionen für den psychotherapeutischen Prozess zugeordnet werden.

Während PAMs eine wichtige Funktion für die Beziehungsregulierung zukommt, hat die Reaktion des Therapeuten auf traps einen Einfluss auf die Erhaltung oder Vermeidung der aktuellen Konfliktspannung. Tabelle 1 gibt eine Übersicht über diese Zuordnungen.

		TRAP			
		nicht gelingend		gelingend	
		Klassische Abstinenz		**Zurückhaltende Bestätigung**	
	nicht gelingend	Konflikt	aktiviert	Konflikt	desaktiviert
		Affekt (Schuldgefühl)	occurrent (erlebt)	Affekt (Schuldgefühl)	weg
		Beziehung	unsicher	Beziehung	unsicher
PAM	gelingend	**Freundliche Zurückweisung**		**Alltagsinteraktion**	
		Konflikt	aktiviert	Konflikt	desaktiviert
		Affekt (Schuldgefühl)	occurrent (erlebt)	Affekt (Schuldgefühl)	weg
		Beziehung	sicher	Beziehung	sicher
	participation	**Höfliche Zurückweisung**		**Höfliche Bestätigung**	
		Konflikt	aktiviert	Konflikt	desaktiviert
		Affekt (Schuldgefühl)	occurrent (erlebt)	Affekt (Schuldgefühl)	weg
		Beziehung	stabil	Beziehung	stabil

Tabelle 1: Funktionen verschiedener trap-PAM-Kombinationen

Durch die Kombination einer nicht gelingenden trap mit einer nicht gelingenden PAM bleibt der Konflikt des Klienten aktiviert, die mit dem Konflikt verknüpften Schuldgefühle bleiben bestehen (occurrent). Damit wird die

Exploration und Bearbeitung des Konflikts und der damit zusammenhängenden Affekte möglich. Mit einer nicht gelingenden PAM nimmt der Therapeut eine kurzfristige Destabilisierung der therapeutischen Beziehung in Kauf. Diese Technik folgt den Regeln der *klassisch psychoanalytischen Abstinenz*. Eine gelingende trap in Kombination mit einer gelingenden PAM führt zu einer Deaktivierung des Konflikts des Klienten; die Schuldgefühle verschwinden kurzfristig. Gleichzeitig stärkt die gelingende PAM die therapeutische Arbeitsbeziehung, was beim Klienten zu Gefühlen der Sicherheit und Entspannung führt. Ein solcher interaktiver Stil kennzeichnet unsere *Alltagsbeziehungen*: Der Therapeut übernimmt die ihm angebotene Rolle und damit – bis zu einem gewissen Grad – die Affektregulierung des Klienten.

Tritt eine nicht gelingende trap zusammen mit einer gelingenden PAM auf, bleibt die Arbeitsbeziehung sicher, während der Konflikt aktiviert bleibt. Diesen interaktiven Stil bezeichnen wir als *Freundliche Zurückweisung*. Durch eine weitere Kombination, die wir *Zurückhaltende Bestätigung* nennen, ist eine nicht gelingende PAM in eine gelingende trap integriert. Hier ist der Konflikt nicht mehr aktiviert, entsprechend verschwinden die Schuldgefühle zumindest kurzfristig, die Arbeitsbeziehung jedoch wird als unsicher erlebt.

Wird eine nicht gelingende trap von einer participation PAM begleitet, wie bei der *Höflichen Zurückweisung*, bleibt der Konflikt ebenfalls aktiviert; der Affekt ist nach wie vor vorhanden (occurrent) und die Arbeitsbeziehung wird als stabil, wenn auch weniger versichernd erlebt als bei einer erfolgreichen PAM. Das gleichzeitige Auftreten einer gelingenden trap mit einer participation PAM bezeichnen wir als *Höfliche Bestätigung*. Hier ist der Konflikt deaktiviert, die Schuldgefühle weg und die Arbeitsbeziehung bleibt – durch das teilnehmende Lächeln des Therapeuten – stabil.

Die Untersuchung von Geständnissen als produktive Ereignisse

Mit dem Ziel, verschiedene Reaktionen einer Therapeutin auf traps und PAMs und deren Effekt auf den psychotherapeutischen Prozess zu beschreiben, untersuchten wir fünf Stunden (Sitzungen 34 bis 38) der psychoanalytischen Psychotherapie, aus der auch das eingangs geschilderte Beispiel stammt. Die narrativen Episoden, welche Schuldgefühle der Klientin thematisieren, waren bereits im Rahmen einer früheren Arbeit vollständig mit der Frame-Methode erhoben worden (Widmer 1997). Zusätzlich wurden alle in diesen fünf Stunden auftretenden traps und PAMs identifiziert und, je nach Reaktion der Therapeutin, als gelingend, nicht gelingend oder – im Fall von PAMs –

als »participation« klassifiziert. Außerdem wurden sämtliche produktiven Sequenzen bestimmt. Als produktive Sequenzen definierten wir selbstreflexive Äußerungen der Klientin (Widmer 1997), Geständnisse sowie die spontane Erwähnung von Übertragungsgefühlen durch die Klientin. Im Folgenden beschränken wir uns auf die Beschreibung des affektiven Regulierungsgeschehens im Kontext von Geständnissen als »standardisierte« produktive Ereignisse.

Ausgehend von der Balance-Hypothese sowie den Ergebnissen der früheren Untersuchung wurde die Hypothese formuliert, dass produktive Sequenzen und Ereignisse typischerweise von interaktiven Sequenzen der Typen »Freundliche Zurückweisung« und »Klassische Abstinenz« eingeleitet würden. Daher erwarteten wir unmittelbar vor dem Auftreten einer produktiven Sequenz eine Zunahme nicht gelingender traps sowie eine Zunahme gelingender PAMs, welche nicht simultan mit traps auftreten.

Geständnisse lassen sich phänomenologisch als Sequenzen des therapeutischen Dialoges definieren, in welchen der Klient bestimmte Taten oder Phantasien schildert, welche bei ihm Schuldgefühle zur Folge hatten bzw. immer noch haben. In dieser Schilderung stellt sich der Erzähler als schuldig dar, er übernimmt die Verantwortung für das begangene oder geschehene Unrecht. Die eingangs geschilderte Klientin zum Beispiel gibt nach langem interaktiven »Vorspiel« zu, sie wisse schon, was ihren Mann störe. Sie flirte regelmäßig mit anderen Männern und erzähle ihrem Mann recht detailliert von ihren Eroberungen. Im Hinblick auf Prozesse der Emotionsregulierung sind Geständnisse besonders interessant, weil sie von starker Ambivalenz begleitet werden: Einerseits kann ein Geständnis zu Erleichterung, vielleicht zu einer »Absolution« durch den Therapeuten führen, andererseits beinhaltet es die Gefahr einer Verurteilung durch den Therapeuten. In solchen Situationen wird die Fähigkeit des Therapeuten besonders gefordert, eine Balance zwischen Aufrechterhaltung der Konfliktspannung und Erhaltung einer vertrauensvollen Arbeitsbeziehung zu finden.

Das erwähnte Beispiel verdeutlicht auch die Relevanz »gelingender« Geständnisse für den therapeutischen Prozess: Erst nach dem erwähnten Geständnis ist es der Klientin möglich, zusammen mit der Therapeutin zu ergründen, warum sie, trotz Schuldgefühlen, ihren Mann mit ihren Männergeschichten provoziert. Indem sie ihn eifersüchtig macht, will sie sich seiner Aufmerksamkeit und seines Interesses versichern, derer sie häufig zweifelt.

Ergebnisse

Im Laufe der untersuchten fünf Sitzungen traten sieben Geständnisse auf. Die verbalen und nonverbalen Aspekte der therapeutischen Interaktion vor, während und nach diesen Geständnissen wurden beschrieben. Alle traps und PAMs wurden identifiziert und als gelingend, nicht gelingend oder participation (im Falle von PAMs) kategorisiert.

	traps	PAMs
nicht gelingend	19	3
gelingend	5	9
participation		2
insgesamt	24	14

Tabelle 2: Häufigkeiten von traps und PAMs vor Geständnissen

Wie die Untersuchung zeigte, wurden Geständnisse typischerweise durch mehrere traps und PAMs eingeleitet (vgl. Tabelle 2). In den sieben untersuchten Sequenzen konnten 24 traps identifiziert werden, von denen 19 nicht gelingend und fünf gelingend waren. Von den insgesamt 14 identifizierten PAMs waren drei nicht gelingend, neun gelingend und zwei waren participation PAMs.

Traten traps und PAMs in Kombination auf, waren die traps immer nicht gelingend: Die Reaktion der Therapeutin konnte jeweils als »Klassische Abstinenz«, als »Freundliche Zurückweisung« oder als »Höfliche Zurückweisung« kategorisiert werden. Von neun der beobachteten trap-PAM-Kombinationen fielen drei in die Kategorie »Klassische Abstinenz«, und vier wurden als »Freundliche Zurückweisung« kategorisiert. In zwei Fällen trat eine nicht gelingende trap zusammen mit einer participation PAM auf, ein interaktives Verhalten der Therapeutin, das wir als »Höfliche Zurückweisung« bezeichnen.

Die Reaktionen der Therapeutin auf PAMs waren heterogener. Auffallend war jedoch, dass PAMs, welche unabhängig von einer trap auftraten, regelmäßig gelingend waren. Diese Resultate unterstützen die Ergebnisse früherer Untersuchungen (Bänninger-Huber/Widmer 1999). Vor Geständnissen scheint die Therapeutin die Konfliktspannung aufrechtzuerhalten, indem sie auf traps nicht die von der Klientin erwünschten verbalen Kommentare gibt. Andererseits wird die Arbeitsbeziehung dadurch gestützt, dass die Therapeutin auf die nonverbalen Beziehungsangebote der Klientin wiederholt mit einem Lächeln reagiert. Dies allerdings vorwiegend, wenn diese Beziehungsangebote unabhängig vom besprochenen Konflikt gemacht werden.

Schlussfolgerungen

Unsere Analysen machen deutlich, dass die therapeutische Beziehung einen wichtigen Wirkfaktor im psychotherapeutischen Prozess darstellt. Dies entspricht den bisherigen Erkenntnissen der Psychotherapieforschung. Gewinnbringend scheint uns der von uns verfolgte Ansatz der Verhaltensbeobachtung vor allem deshalb zu sein, weil die mikroanalytische Betrachtung der therapeutischen Interaktion eine differenziertere Beschreibung des tatsächlich ablaufenden interaktiven Geschehens mit seinen verbalen und nonverbalen Elementen erlaubt, die dabei helfen kann, abstraktere psychoanalytische Konzepte wie Übertragung, Gegenübertragung oder Widerstand zu konkretisieren.

Die Untersuchungen weisen insbesondere auch auf die Wichtigkeit des komplexen Zusammenspiels der beiden komplementären therapeutischen Aufgaben hin, nämlich das Aushalten der notwendigen Konfliktspannung bei gleichzeitiger Aufrechterhaltung der therapeutischen Arbeitsbeziehung. Es ist also nicht die »gute (harmonische)« Arbeitsbeziehung allein, welche den psychotherapeutischen Prozess fördert. Therapeutische Fortschritte können nur durch die gleichzeitige Bearbeitung von Konflikten erzielt werden. Diese Aussagen werden auch unterstützt durch Arbeiten der Saarbrückergruppe (z. B. Merten 1996; Krause 1997; Dreher et al. 2001; Benecke 2002). Auch diese Untersuchungen machen deutlich, dass zu häufiges Lächeln in Psychotherapien wenig hilfreich ist, wenn nicht gleichzeitig auch die wichtigen Konflikte des Klienten bearbeitet werden. Eine solche Beziehung mag vom Klienten zwar als »gut« erlebt werden, ist therapeutisch jedoch wenig produktiv.

Die Mimik leistet also einen immens wichtigen Beitrag zur Emotions- und Interaktionsregulierung. Wenn diese mimischen Mikroprozesse in einer Interaktion nicht funktionieren, ist dies immer ein Ausdruck einer Störung in der Emotionsregulierung. Aus diesem Grund ist es wesentlich, auch in Psychotherapien auf diese Mikroprozesse zu achten. Psychotherapie bietet die Möglichkeit, eingeschliffene Muster der Emotionsregulierung zu durchbrechen und neue, adäquatere Formen zu entwickeln. Dazu ist es notwendig, dass der Therapeut oder die Therapeutin solche maladaptiven Beziehungsangebote zurückweist, gleichzeitig aber ausreichend emotionale Sicherheit in der therapeutischen Beziehung gewährleistet.

Allerdings kann es nicht das Ziel sein, aufgrund der hier referierten Forschungsergebnisse dem Therapeuten Anleitungen oder gar »Rezepte« zu geben, etwa im Sinne »Lächle, wenn du das Gefühl hast, dass das Arbeitsbündnis gefährdet ist«. Solche Instruktionen wären auch kaum befolgbar, da ein Großteil der basalen affektiven Kommunikation automatisch abläuft und nicht bewusst steuerbar ist. Hingegen können wir als Psychotherapeutinnen nachträglich versuchen zu verstehen, welche interaktiven Prozesse abgelaufen sind, indem wir unsere Gegenübertragungsreaktionen analysieren. Die so gewonnenen Erkenntnisse können dann in einer späteren Therapiestunde wieder in Form einer Intervention bzw. Deutung in den therapeutischen Prozess einfließen.

Die Dynamik des Erlebens in der Patientenerzählung

Brigitte Boothe

Erzählen unterhält

Zwei Jahre lang behandelte ich einen Patienten im wöchentlichen Einzelgespräch psychotherapeutisch. Er nahm unsere Arbeit ernst. Aber nie hat er etwas erzählt. Nie hat er Dinge, die ihn bedrängten, von sich aus in Erzählform gebracht. Wir hatten zusammen kluge Stunden, aber ich war und blieb geschichtenhungrig.

Weil ich unterhalten sein wollte? Ja. Erzählen unterhält. Wir sind bei Erzählungen gern dabei, weil sie auf reizvolle Art Spannung erzeugen. Reizvoll auch für den Erzähler selbst, denn was ihm widerfahren war, ob er wollte oder nicht, wird in der Erzählung zum Kraftpaket, das sich immer wieder öffnen lässt, um Rührung und Schauder, Freude und Stolz, Angst und Reue neu zu entfachen, nach dem Willen des Erzählers. Spannung erzeugt die Erzählung aber auch für den Hörer, weil er wissen will, wie es weitergeht und wie es ausgeht. Psychoanalytisch formuliert ist das der Reiz der Vorlust. Am Anfang ist Neugier, am Ende kommt es zur Erfüllung, im Guten oder Bösen. Das ist unterhaltend und befriedigend.

Narrative Intelligenz

Erzählungen wecken und fordern narrative Intelligenz, vom Erzähler wie vom Hörer. Erzählungen schaffen Startbedingungen, die nach den Gesetzen narrativer Logik auf Erfüllung zielen, aber auch einen katastrophalen Ausgang fürchten lassen (Boothe 1994). Narrative Logik wird im Erwerb der Erzählkompetenz als implizites Wissen angeeignet (Dornes 1999, S. 130ff.; Nelson 1995; Stern 1995b). Man trainiert sie – zunächst rezeptiv, sodann mit zunehmender Artikulationsfähigkeit aktiv und produktiv – in den Alltagsritualen gemeinsamen Erzählens beiläufig als Sprachspiel der narrativen Kommunikation. Plotstrukturen stellen ein Spielmuster von Wunsch- und Angstfiguren im Regelwerk von Beziehungen dar (Appelsmeyer 1996). Beispiel: Hänschen klein geht in die Welt hinaus und weg von der Mutter. Geht er zu weit, dann verliert er sie. Verzichtet er auf Welterkundung, dann wird es ihm zu eng. Schmerz der Trennung, Angst vor der Weite, Triumph der Autonomie – alles ist angelegt in einem narrativen

Regelwerk, das immer neue Konstellationen ermöglicht (Boothe 2002; 2002/3; Dipple 1970). Dabei ist alles in Bewegung, und alles ist fähig, in Glück und Katastrophe zu münden (Boothe et al. 1998; von Matt 1995, S. 36ff.). Beispiel für ein Happy End: Mama und Hänschen, jetzt ein mutiger Kenner der Welt, genießen das große Fest des Wiedersehens. Beispiel für eine Katastrophe: Das Kind verirrt sich und stirbt im Wald, die *Mutter stirbt vor Kummer* (mehr dazu in Boothe 2002). Das sind Grundfiguren lebendiger Beziehungswelt. Ihnen gegenüber ist man nicht neutral eingestellt, sondern lebhaft engagiert und wertend. Verirren ist nicht wünschbar, Wiedersehensfreude ist schön. Erzählte Welt ist emotional bewertete Welt. Das eigene Bezugs- und Präferenzsystem wird im Erzählen wirksam. Aber nicht auf willkürliche Art, sondern nach einem feinen Regelwerk narrativer Logik, das die vitalen Themen – eben beispielsweise von Exploration, Trennung, Liebe und Autonomie – nach strengen Bedingungen der Dramaturgie organisiert (Appelsmeyer 1996). Der Gebrauch narrativer Intelligenz ist ein Vergnügen, für den Erzähler wie für den Hörer: Kommt es auf kluge Weise zum Happy End, dann sind wir satt und froh. Kommt es zur Katastrophe, dann ist sie vergoldet, durch die Schönheit der Erzählkunst.

Erzählen und Zuhören ähnelt dem Liebesspiel

Es ist wie in der Liebe: Anfangs kommt es zum Spiel der Intimisierung, als Überwindung von Distanz und Diskretion. Die Verlockungsprämie steigert das Verlangen: Schau, was ich dir geben kann – Wie herrlich, was du mir geben wirst – Geht es gut, dann ist die eigene Lust zugleich die am anderen. Und so verschieden beide sind, so trennt sie das doch nicht, sondern ist erregend. Man verschenkt sich ohne die Überwindung prosozialer Moral, nimmt rückhaltlos, ohne auszubeuten. Beide sind aufgeregt und schließlich satt und ruhig.

Psychotherapie ist nicht Liebe, aber sie sitzt ihr auf. Sie arbeitet mit dem Begehren der beiden Partner – das Lacanianische Wort gebrauchend –, um es zu verwandeln. Wenn der Patient von sich erzählt, dann schafft er eine Verlockungsprämie für das Gegenüber. Er öffnet sich, um Distanz zu vermindern. Er reizt mit Persönlichem, um das Persönliche des Therapeuten mobil zu machen. Er einigt beide in der Verheißung und im Schrecken, die er, die Erzählung startend, als Erfüllungs- und Katastrophenhorizont aufscheinen lässt. Lustvolles Engagement entsteht beim Therapeuten und Parteilichkeit für den Helden und seine Schicksale. Untersuchen beide nach der erzählenden Darbietung das narrative Regelwerk, dann werden darin Grundfiguren der Beziehungswelt erschließbar, mit denen beide für ihre therapeutische Arbeit etwas anfangen können (Boothe 1994).

Erzählen eröffnet eine ödipale Beziehungsdynamik

Erzählen in der Psychotherapie eröffnet, in psychoanalytischer Perspektive, eine ödipale Beziehungsdynamik zwischen Patient und Psychotherapeut: Einer ist, als professionelle Autorität, in parentaler Position, einer als Patient, Leidender, in infantiler Position. Die Beziehungskonfiguration ist triadisch, das heißt, es bestehen außerhalb der Dyade Beziehungen, die zu schützen sind, die in die Dyade hineinspielen. Die Erzählung ist ein gemeinsames erregendes Drittes, durch das Nähe und Gemeinschaft entsteht, das aber auch dekonstruiert und transzendiert wird. Erzählen erreicht das Körperliche und überschreitet das Körperliche. Sprache und Ausdruck, Trieb und Moral, Kultur und Wildnis tun sich zusammen.

Herr P. wollte immer nur Sprache, Kultur und Moral, nicht Körper, Trieb und Wildwuchs. So war ihm das Erzählen verdächtig. Und weil ich nicht teilhatte an seinem Bezugs- und Präferenzsystem, musste das fehlende Dritte zwischen uns zum entscheidenden Thema werden, damit etwas Neues entstehen konnte.

Markenzeichen der Alltagserzählung

Es ist ausdrücklich festzuhalten, dass »erzählen« im Zusammenhang mit mündlicher Rede mindestens eine dreifache informelle Verwendung hat: Erstens die dialogische, die zum Einsatz kommt, wenn wir frühere Situationen, an denen wir gemeinsam zugegen waren oder die wir jeweils kennen, einander in Erinnerung rufen und zu gemeinsamen Schilderungen entwickeln (»Wir haben von früher erzählt«, »Weißt du noch, wie der Eugen damals...«) (Tschugnall 2003); zweitens die iterative (Gülich/Hausendorf 2000), die Situationen modellhaft und exemplarisch im Sinne eines »immer wenn, dann« zusammenfasst (»Wenn mein Vater nach Hause kam, dann hat er erstmal... und dann...«) und drittens die episodische, die ein einmaliges Ereignis als individuellen Vorfall darstellt (»Einmal, es war kalter November, da bin ich...«). Es geht in Bezug auf Alltagserzählungen in unseren Überlegungen um diese dritte episodische Verwendungsweise (Labov/Waletzky 1973; Lucius-Hoene/Deppermann 2002).

Eine episodische Alltagserzählung oder episodisches Narrativ (eN) ist:
- gegliedert in Anfang, Mitte und Ende.
- ein episodischer Bewegungs-, Geschehens-, Handlungsablauf mit Start – Entwicklung – Ergebnis. Der Erzähler macht seinem Gegenüber klar,

dass er eine Geschichte mitteilen will und dafür längere Redezeit braucht. Er kündigt sie daher an, z. B. so: »*... also gestern habe ich etwas Schreckliches erlebt. Da gehe ich so in Gedanken über die Straße...*«. Das ist ein sprachlich markierter Anfang. Er eröffnet einen Erzählraum als Versetzung in ein Dort und Damals mit Raum-Zeit-Markierung. Außerdem platziert der Erzähler Figuren, Requisiten, Kulissen und Aktionen.
- Eine dynamische Sequenz.
- gekennzeichnet durch Erwartungsspannung beim Hörer, die auf Erfüllung oder Sättigung zielt.
- die emotional engagierte sprachliche Gestaltung eines episodischen Ablaufs oder mehrerer episodischer Abläufe (Geschichten oder Stories), an denen der Erzähler selbst real beteiligt war oder die er als Geschichte erfindet.
- narratologisch organisiert: Start, Entwicklung und Ergebnis sind im Narrativ organisch verbunden und systematisch aufeinander bezogen.

Ratsuchende in der Psychotherapie erzählen Konfliktgeschichten

Wer erzählt, präsentiert nicht Sachverhalte auf der Ebene der Information, sondern persönliches Erleben. Der Erzähler verweist auf Vorgefallenes, um auszudrücken und vorzuführen, in welcher Weise er sich darin verstrickt erlebt. In diesem Sinne ist das Erzählen selbstzentriert, egozentrisch und eine besonders geeignete Form der Selbstmitteilung in der Psychotherapie. Patienten erzählen in der Psychotherapie, was als konflikthafter Gegenstand des persönlichen Interesses im Sinne negativer oder positiver Erregung destabilisierend wirksam ist und Resonanz beim Gegenüber fordert. Erzählen im Alltag ist eine sprachliche Inszenierung. Der Erzähler führt Regie. Geht man von einer psychodynamischen Konzeption aus, so lässt sich dieser Befund psychodiagnostisch und psychotherapeutisch umsetzen. Patienten erzählen keine beliebigen Geschichten. Sie erzählen Geschichten, in denen Konflikthaftes zur Darstellung kommt. Was zur narrativen Gestaltung kommt, ergibt sich einerseits aus dem jeweils aktuellen Redezusammenhang, wird aber oft auch in die Behandlungsstunde mitgebracht. Es geht um Vorfälle im Leben der Ratsuchenden. Das Spektrum der Erzählthemen entspricht dem Stoff, aus dem das Alltagsleben ist: Freundschaft, Liebe, Familie, Arbeit, aber vor allem auch Krise, Not und Krankheit. Erzählungen kommen in der therapeutischen Interaktion häufig vor.

Die professionelle Perspektive auf das Narrativ: Beziehungsmodell, Identität, Bewältigung, Trauma

Entsprechend der eigenen professionellen Präferenz beachtet und bewertet der Therapeut diese sprachlichen Manifestationen. Der Ausprägungsgrad ihrer realistischen Gestaltung kann für ihn bedeutsam sein, besonders wenn er mit Patienten zu tun hat, bei denen Verkennung, Selbsttäuschung und Illusionismus zum Störungsbild gehören. Andererseits mögen Narrative für ihn in erster Linie als »Beziehungsepisoden« relevant sein (Luborsky/Kächele 1988), als Muster und Modelle von charakteristischen Interaktionen, die der Erzähler im sozialen Leben gestaltet und unterhält. Die soziale Kompetenz des Patienten mag für den kogntiv-behavioralen Psychotherapeuten oder Trainer im narrativen Modell erschließbar sein. Und Strategien der Bewältigung können für die therapeutische Arbeit aus Narrativen rekonstruiert werden (Lucius-Hoene 2002). Auch die Identitätskonstruktion im Erzählprozess als aktiver Prozess eines »doing identity« kann gesprächsanalytisch im Mittelpunkt der praktischen Arbeit stehen (Lucius-Hoene/Deppermann 2002) wie auch die Entfaltung und Veränderung autobiographischer Entwürfe (Jaeggi 2003; Rosenthal 1995; Rudolf 2003; Welzer 2003). Im Erwachsenen-Bindungsinterview fragt man gezielt nach Erinnerungen an Erfahrungen parentaler Unterstützung und emotionaler Bezogenheit (van Ijzendoorn 1995; Strauß/Schmidt 1997); hier stehen die Narrative im Kontext der Einschätzung von Bindungsqualitäten. Breites Interesse finden Trauma-Narrative und die Frage der Erzählbarkeit dessen, was die psychische Integrität fragilisiert und schädigt (Wirtgen 1997).

Der Therapeut als aktiver Zuhörer und als Ko-Erzähler

Die *Zürcher Arbeitsgruppe Klinische Narrativik* (Boothe et al. 2002; www.jakob.unizh.ch) teilt im Hinblick auf die Praxis aktiven therapeutischen Zuhörens im Erzählprozess die Erfahrung, dass der Umgang mit mündlichen Narrativen des Patienten umso fruchtbarer wird, je lebhafter der Therapeut den Patienten im Erzählprozess emotional und mitphantasierend begleitet. Dabei ist es außerordentlich wichtig, sich sehr genau und sorgfältig an der sprachlichen Mitteilung des Patienten zu orientieren – statt seiner Rede, wie es verblüffend rasch und gewöhnlich unbemerkt geschieht, ihm eine Verständnisversion überzustülpen. Ein narratives Hörtraining ist daher von programmatischem Interesse und günstiger praktischer Wirkung. Die Arbeitgruppe bezieht zentrale Anregungen aus den Theorien und Methoden literarischen Textverstehens und literaturwissenschaftlicher Erzählforschung. Textanalyse und Psychoanalyse sollen sich integrativ verknüpfen. Unser Interesse ist – und dies basiert auf dem psychoanalytischen Szenen- und Inszenierungsmodell – sich in die narrativ evozierte Welt der Objekte und Aktionen probeweise auf dem Weg der Identifikation und emotionalen Partizipation hinein zu begeben, sich verstricken zu lassen und das im gemeinsamen Erzählspiel Erlebte reflektierend zu nutzen, um sich ein Bild von der psychischen Situation des Patienten und der gemeinsamen Arbeit zu machen. Die *Zürcher Arbeitsgruppe Klinische Narrativik* verwendet einen textanalytischen und einen psychoanalytischen Zugang. Erzählungen von Patienten sind Angebote, an ihrem Erleben teilzunehmen, und zwar dort, wo dieses Erleben für sie darstellbar und zugleich konflikthaft wird. Indem Patienten erzählen, trauen sie dem Gegenüber zu, die eigenen konflikthaften Spannungen mitzutragen, und auch, dem Malignen der Verstrickung auf die Spur zu kommen. Von dieser Grundüberlegung ausgehend verstehen wir die Erzählung als sprachliche Aufführung oder Inszenierung, deren Dramaturgie in mehreren Schritten systematisch entfaltet werden kann.

Erzählung, Not, Verarbeitung

Leiden wird erträglicher, wenn man es erzählen kann. Aber nicht jeder will und kann sein Leid erzählen (Lucius-Hoene 2002). Erzählen schafft Nähe und Erregung. Aber es ist nicht immer nützlich, einen Sturm zu entfachen. Nicht jedes Leid lässt sich erzählen. Nicht jede Katastrophe lässt sich in Sprache bannen. Am Erlebten kann die Sprache zerfallen. Die Zusammenarbeit von Psychoanalytiker und Patient zielt auf den Wiedergewinn von Wahrnehmungs-, Urteils- und Entscheidungsfähigkeit auf der Basis einer Sensibilisierung für psychische Abwehr und ihre Motive und im Rahmen einer therapeutischen Beziehung, die den Mut zur Selbstkonfrontation fördert. Die erhoffte Restitution erfolgt in einer Zusammenarbeit zwischen Psychoanalytiker und Patient, der im Prozess des Inszenierens und Reinszenierens, Klärens und Deutens eine Öffnung des Beziehungs- wie auch des Erinnerungshorizontes ermöglichen soll (Köhler 1995). Wenn diese Beziehung eine kurative Chance hat, werden dem Patienten vitale Wunsch-Anliegen erlebbar, die nach Ausdruck und Gestaltung drängen und die – wenn sie als Lebenselemente von Genuss und Glück wirksam werden dürfen – der individuellen Lebensführung ihr unverwechselbares Gepräge verleihen.

Ringen um Positionsbezug: Illustration klinischer Erzählanalyse an einer Erzählung über prekäre Loyalität

Die an der Universität Zürich entwickelte Erzählanalyse JAKOB (Boothe et al. 2002) schlägt einen Zugang zu mündlichen Alltagserzählungen in Psychotherapien vor, der ihre sequenzielle und sprachliche Organisation, die Erzähldynamik und die zu erschließende Psychodynamik systematisch darstellt und analysiert. Im gegebenen Rahmen muss eine ausschnitthafte Vignette unter Verzicht auf technische Details und als erster Eindruck genügen. Die Erzählung einer jungen Klientin mit dem Decknamen KLARA aus der zweiten Abklärungsstunde (Ortsname aus Datenschutzgründen verändert) lautet, gegliedert in Subjekt-Prädikat-Einheiten, so:

Die Tochter vermittelt diplomatisch
und ehm das ist einmal mehr gewesen im St. James Park / wo mein Vater dann einfach déformation professionelle gehabt hat / er hat nach / wie wenn er jetzt eine Klasse gehabt hätte / hat er uns drei Frauen / das ist meine Mutter, meine Schwester und ich / hat er noch ein, ein Schloss zeigen wollen / und wir sind müde gewesen / und wir haben bereits ein Museum angeschaut gehabt / es ist ein schöner Frühling gewesen / und in dem St. James Park da gibt es einfach von, von Kindern / die spielen / von, von Eselchen, einfach von Erholungsgebiet schon so viel einfach, einfach zum Sein / dass / jetzt bin ich aber nicht ehrlich / das ist von meiner Schwester ausgegangen / dass meine Schwester zuerst gesagt hat, also getrotzt hat, einfach ganz, ganz fest getrotzt / nein / ich mag nicht mehr / ich bin müde / und dann bin ich gerade nachgezogen und habe eher aber diplomatisch angefangen zu argumentieren / du / wir mögen eigentlich nicht mehr / wir wollen nicht mehr / wir wollen jetzt da diesen Park genießen / wir sind müde / und dann hat sich das angefangen weiter zu steigern / dann ist es immer härter geworden / dann haben wir ihn angegriffen / oder / eben / er als / man merke ihm den Lehrer an / und ehm wir wollten nicht mehr / ja / ich glaube wir haben ihn vor allem eben auf das angesprochen / dass man jetzt bei ihm den Lehrer bemerke / und da ist er sehr beleidigt gewesen natürlich /und dann nachher habe ich am Schluss ihm dann einfach vorgeschlagen / ja dann soll er doch das anschauen gehen und uns bei einem gewissen Zeitpunkt dann wieder treffen / meine Mutter ist da auch eher auf unserer Seite gewesen und hat dann auch so gefühlvoll oder einfach gerade so / wie sie sehr selten durch, irgendwie so scharf, durch den Kopf filtriert / hat sie auch / ist es überquollen dann / und ich habe dann plötzlich das Gefühl gehabt / sie seien viel, ehm diese beiden

anderen Damen neben mir seien wirklich fast auch gemein zu meinem Vater/ und habe dann eher wieder probiert, das Ganze zu beruhigen, irgendwie, und eben noch eine Lösung gesucht / die meinem Vater entgegenkäme und, und uns eben auch / aber das ist so eine Gelegenheit gewesen / in der wir einfach gesagt haben / nein / jetzt, jetzt einmal fertig Museum fertig Schloss / jetzt wollen wir einfach mal sein/[1]

Es fällt nicht schwer, diese sprachliche Sequenz als Erzählung zu erkennen. Wir lesen von einer zusammenhängenden Episode, die sich, als individuelle Begebenheit, an einem bestimmten Ort zu einer bestimmten Zeit abgespielt hat. Es geht um Dinge, die Menschen dort erlebt haben; auch ein Hörer und Leser nimmt das Mitgeteilte mit emotionaler Resonanz auf. Der Rededuktus ist nicht beiläufig, sondern emphatisch; damit appelliert die Sprecherin an emotionale Resonanz. Sie fordert für ihr Erzählen Interesse und mitfühlendes wie mitdenkendes Engagement. Denn was sie erzählt, ist zwar vergangen, liegt hinter ihr, beschäftigt sie aber im Hier und Jetzt erneut, ja, der Erzählvorgang selbst evoziert Aktualität, lässt das Vergangene als aktuell relevant aufleben.

Rhetorik historischer Faktizität:
Mündliche Alltagserzählungen mit persönlichem individuellem Charakter beanspruchen gewöhnlich historische Faktizität und versichern das oft auch ausdrücklich. So geschieht es auch in unserem Beispiel. Klara unterbricht sich an einer Stelle und nimmt deklarativ eine Selbstkorrektur vor: »... einfach zum Sein / dass / jetzt bin ich aber nicht ehrlich / das ist von meiner Schwester ausgegangen.../«. Sie setzt zum Weitererzählen an und revidiert dann die Darstellungsabsicht, mit der Begründung, nicht ehrlich zu sein. Das Beispiel zeigt, dass die der Wahrheit angemessene Wiedergabe von historisch Gewesenem mit den Mitteln des Erzählens auf jeden Fall Faktentreue verlangt, und zwar im Sinne der Verpflichtung, nichts zu entstellen; und es zeigt, dass man ehrlich sein muss, um diese Faktentreue zu gewährleisten; das heißt, man verlangt von sich selbst und der Hörer erwartet, dass man trotz des eigenen emotionalen Interesses an einer Wiedergabe, bei der man gut und in einem günstigen Licht dasteht, wachsam ist in Bezug auf Tendenzen zur Abweichung vom Erinnerten und in Bezug auf Tendenzen der Selbstbegünstigung innerhalb der eigenen Darstellungsrhetorik.

---

1   Eine erzählanalytische Auswertung der Narrative von KLARA findet sich in Boothe, von Wyl & Wepfer (1998, 74 und 187ff.); KLARAs Narrative sind dokumentiert in Von Wyl, Wepfer & Boothe (1997, 204–241).

Konstruieren, Montieren und Modellieren:
Wir lesen Klaras Erzählung in transkribierter Form. Der Text ist nach Tonbandvorlage geschrieben. Er liest sich sehr unflüssig. Man könnte geradezu denken, dass Klara eine unbeholfene Sprecherin ist. Das ist aber nicht der Fall. Wir sprechen nicht so, wie wir schreiben würden. Mündliches Erzählen zeichnet sich oft – womöglich typischerweise – durch zahlreiche Selbstkorrekturen und Abbrüche, durch parenthetische Einwürfe, durch Wiederholungen und parataktisch reihendes Sprechen, jeweils mit »und dann«- Verknüpfungen, aus. Das ist nicht mangelnde Erzählkompetenz, sondern offenbart besonders eindrucksvoll das Konstruieren, Montieren und Modellieren im aktuellen Hier und Jetzt.

Erzeugen von Spannung:
Zum Erzählen gehört wesentlich Spannung. So hat auch diese Episode etwas Spannungsvolles, eine ihr eigene Dynamik; wir fragen: und dann? Wie ging es weiter? Wie ging es aus? Da wird gleich anfangs ein Vater mit »déformation professionnelle« eingeführt, gleich hören wir, dass er sich wie vor einer Schulklasse benimmt, er ist Lehrer und behandelt jetzt, offenbar auf einer Reise, die »drei Frauen«, die ja seine Familie ausmachen, als halte er Schule. Dabei hat man »bereits ein Museum angeschaut gehabt« und ist müde, auch »ist ein schöner Frühling gewesen«, und der Park ist ein »Erholungsgebiet«, »einfach zum Sein«. Damit ist bereits ein Erwartungshorizont aufgespannt: Da sind Interessendivergenzen. Kommt es zum Ausgleich? Kommt es zur Behauptung der einen oder der anderen Partei? Wir verfolgen in dieser Perspektive die Entwicklung des Geschehens mit. Aber uns interessiert neben der Interessendivergenz der Parteien außerdem und vor allem, wie es um jene Figur im Spiel bestellt ist, die als »ich« auftritt. Denn die Geschichte ist ja ihre eigene, es geht um sie, es geht darum, wie sie in dieser Geschichte wegkommt. Auch hier orientieren wir uns rasch und intuitiv. Sie hätte gern in dieser Angelegenheit eine profilierte und exponierte Stellung eingenommen, statt einfach nur Mitläuferin in der Gruppe der »drei Frauen« zu sein, und sie hätte sich gern mit dem Vater, seinem Anspruch und dem Angebot, mehr von den Schätzen der Welt zu sehen, initiativ konfrontiert, statt der Schwester die Rolle der Initiatorin überlassen zu müssen.

Erste Standortbestimmung:
Ziehen wir ein erstes Fazit anhand der intuitiven Inspektion des Beispiels:

Erzählen und Aktualisierung:
Indem Klara eine Begebenheit aus dem Bereich des in der Vergangenheit Erlebten erzählend wiedergibt, *aktualisiert* sie es. Sie schafft es neu in der Gegenwart der aktuellen Kommunikation. Sie führt in der aktuellen Kommunikationssituation die Aktualisierung vor, indem sie narrative Formulierungsarbeit leistet. Der evokative Gestaltungsprozess als Herstellung einer sprachlichen Szene wird anhand des emphatischen Sprechens sichtbar und ebenso spürbar durch die Vorführung des Prozesses der Darstellungsentscheidungen; im Beispiel besonders deutlich bei der Selbstkorrektur »dass / jetzt bin ich aber nicht ehrlich«. Klara aktualisiert Vergangenes, indem sie das Geschehen dramaturgisch anlegt. Das heißt, sie lässt bestimmte Figuren auftreten – im Beispiel drei Frauen und einen Mann als Akteure, im Hintergrund gibt es noch Kinder und Eselchen, sie schafft Schauplätze – hier den St. James Park im schönen Frühling, sie bietet ein Repertoire von Handlungen – wie beispielsweise zeigen, müde sein, trotzen, nachziehen, argumentieren, angreifen, beruhigen etc. Damit wird das Narrativ zur sprachlichen Evokation einer Szene, zu einer sprachlichen Inszenierung im Hier und Jetzt, die den an der Redesituation Beteiligten lebendig zur Verfügung steht. Bei Klara etwa ist interessant, dass es drei Frauen gibt und einen Mann; eine der drei Frauen ist die Mutter, also eine Eltern-Autorität wie auch der Mann, die zweite der drei Frauen ist die Schwester, also eine statusgleiche, sozial nahe Person gleichen Geschlechts und aus der gleichen Generation. Die Inspektion der Handlungen macht deutlich, dass der Mann der Gruppe der drei Frauen oppositionell gegenübergestellt wird: die Frauen sind alle gleichermaßen müde und wollen genießen, der Mann begibt sich in die Lehrerrolle des ambitionierten Kulturdozenten. Es kommt im Verlauf der Sequenz interessanterweise zur individuellen Differenzierung beim oppositionellen Handeln der drei Frauen. Die Schwester lehnt sich auf (»trotzen«), Mutter und Schwester attackieren (»angreifen«); das Ich ist zunächst Teil der Dreierattacke, geht dann aber über zu Verhandlungen (»diplomatisch argumentieren«, »Lösung suchen«, »entgegenkommen«) und zu Maßnahmen im Dienst der Entspannung (»beruhigen«).

Erzählen und soziale Integration:
Klara will ihre Hörer gewinnen, für sich einnehmen. Sie will mit ihrer Erzählung ankommen, Akzeptanz erfahren. Wer erzählt, spricht von etwas Eigenem, von etwas, das den Erzähler beschäftigt und bewegt. Erzählen erfolgt zugleich publikumsorientiert und im Blick auf soziale Resonanz. Man erfährt, wenn das Erzählen gelingt, als subjektiv erlebendes Individuum

Akzeptanz in der sozialen Umgebung. Oder anders formuliert: Erzählen schafft die Chance zur *sozialen Integration*. Klara zeigt sich vor ihrem therapeutischen Gegenüber als Person, der es zum einen gelingt, mit einem eigenen Profil aus der Reihe der drei Frauen hervorzutreten, aber sie zeigt sich zugleich als »ehrlich« und damit bereit, sich kritisch mit sich selbst zu konfrontieren. Damit realisiert sie im Vollzug ihrer Erzählpraxis einen Wert von hoher Bedeutung in der sozialen Situation Psychotherapie.

Erzählen in der Wunschperspektive:
Erzählungen sind nicht nur publikumsorientiert, sie haben darüber hinaus regulative Funktionen für den psychischen Haushalt. Das ist für einen psychoanalytischen Zugang zum Erzählen von besonderem Interesse. Intuitiv erschließen wir bei Klara, dass sie sich wünscht, gesehen, beachtet und anerkannt zu werden, und zwar von einer väterlichen Figur, außerhalb einer unpersönlichen Leistungssituation. Diese, oft unterschwellig bleibenden Intuitionen sind im Alltag psychotherapeutischer Praxis für das implizite Verstehen von Erzählungen sehr wichtig, denn sie erlauben dem Therapeuten, die Wünsche zu erahnen, die Glücksvorstellungen, die Erzähler mit ihren Geschichten verbinden (Boothe 2002/3). Wir nennen dies das *restitutive* Moment des Erzählens, die Funktion, Gewünschtes, vor allem unbewusst Gewünschtes, in erzählter Dynamik unterzubringen. In der Erzählanalyse muss es aber nicht beim bloßen Erahnen bleiben. Das Ausleuchten des lexikalischen Inventars im Zusammenhang mit der Analyse des Erwartungshorizonts, den die Erzählung setzt und auf dem sie eine Entwicklungsdynamik aufbaut und zu einem Ergebnis bringt, führt in der Erzählanalyse JAKOB zu systematisierten Schritten der Erschließung des Restitutionsmomentes, ausgehend von der Erzähldynamik hin zur Psychodynamik des Wünschens.

Erzählen in der Angstperspektive:
Die zweite essenzielle Funktion für den psychischen Haushalt besteht in der Regulierung von Angstvorstellungen, insbesondere unbewusster Art. Bedrohungs-, Beeinträchtigungs- und Überwältigungserleben wird erzählend im Nachhinein *reorganisiert*. Im Erzählen gibt es dabei sowohl Raum für die Angstinhalte wie für die dramaturgische Darstellung von Bewältigungsstrategien. Auch hier spielt im Alltag vor allem das implizite Verstehen eine zentrale Rolle. Oft werden Angstinhalte gar nicht explizit und ausdrücklich formuliert, sondern, wie auch die Wunschvorstellungen, aus der Erzähldynamik schrittweise erschließbar. So verhält es sich auch im Beispiel. Angst als Thema ist auf der Ebene der Verbalisierungen keineswegs gegeben. Erst

die Erschließung der Erzähldramaturgie lässt die Hypothese zu, dass wir bei Klara mit der unbewussten Angst rechnen müssen, innerhalb einer dominanten Frauengemeinschaft als marginalisierte Figur unterzugehen und außerstande zu sein, einen eigenen Standort zu gewinnen. Auch das Reorganisationsmoment erschließen wir in systematisierten Schritten ausgehend von der Erzähldynamik hin zur Psychodynamik der Angstvorstellungen.

Klaras Erzählung hat weder einen wunscherfüllenden Gipfel noch ein angsterfülltes Ende. Die Erzählung gibt uns vielmehr Gelegenheit, anhand ihrer spezifischen dynamischen Organisation zu untersuchen, wie Klara das reorganisierende mit dem restitutiven Moment verknüpft. Wenn Klara sich unbewusst im angsterregenden Schatten einer dominierenden maternal-schwesterlichen Frauengemeinschaft erlebt und die Nähe des Vaters aus der Ferne ersehnt, so hat sie auf dem Weg zur Annäherung an die Wunschvorstellung mit Sanktionen aufseiten der Frauengemeinschaft zu rechnen und außerdem zu fürchten, dass der Vater für sie eine unnahbare Figur bleibt. In dieser Konfliktspannung kommt es zu einer naheliegenden Kompromissbildung: zur Übernahme einer Vermittlerrolle zwischen dem männlichen und dem weiblichen, dem väterlichen und dem überlegen mütterlichen Lager, eine Vermittlerrolle, die freilich ihren Preis hat: Es ist weder möglich, es sich regressiv im mütterlichen Lager der entspannten Fülle wohlsein zu lassen – einfach zu »sein«, »zu genießen« –, denn man hat in Maßnahmen der Argumentation, der Diplomatie und der Besänftigung zu investieren, noch kann man sich dem entfernten Vater auf der Ebene der Emotionalität annähern, zum einen, um es nicht mit dem mütterlichen Lager zu verderben, zum andern, um das Zurückweisungsrisiko durch den Vater zu verringern.

Erzählen und Konfliktmodellierung:
Indem wir Erzählanalyse betreiben, geht es uns darum, die Befunde im Dienst eines genaueren Verständnisses für die psychische Situation, die Konflikte und Bewältigungsstrategien von Ratsuchenden und Psychotherapiepatienten zu nutzen. Was Klara angeht, so müssen an dieser Stelle ausschnitthafte Hinweise genügen. Weitere Erzählungen, aber auch die Analyse ihrer Beziehungsangebote in der fünfstündigen Beratung, die in videographierter Form vorliegt, machten deutlich, dass der Wunsch nach Anerkennung durch die väterlich-männliche Autorität und Angst vor dem Verschlungenwerden durch ein mütterlich dominiertes Imperium für das Verständnis ihrer psychischen Situation von zentraler Bedeutung war. Der äußere Schritt der Trennung von der Primärfamilie, um die eigene Berufsausbildung (gleiche Berufswahl wie beide Eltern) am eigenen neuen Wohnort aufzunehmen, in

Verbindung mit der Anknüpfung einer Liebesbeziehung mit einem bewunderten jungen Mann aus bestsituierten, ihr Scheu einflössenden Familienverhältnissen führte zum Wiederauftreten ihrer vor etwa fünf Jahren überwundenen Pubertätsmagersucht. Sie hatte Angst davor, den neuen beruflichen und persönlichen Herausforderungen nicht gewachsen zu sein. Das Symptom der Essensverweigerung erfüllte die – in der Literatur oft beschriebene (Boothe et al. 1993; Seidler 1993; von Wyl 2000) – Abgrenzung und Autonomie von der als übermächtig und invasiv erlebten Mutter und hielt zugleich die Angst vor Kontrollverlust in Bezug auf die regressiv-rückzüglichen, oral verwöhnenden Verführungsangebote aus dem »Reich der Mutter« in Schach. Die für Magersuchterkrankungen charakteristische Überaktivität, übermäßiger Schulfleiß in Verbindung mit einem ausgeprägt intellektualisierenden Denk- und Kommunikationsmodus ermöglichte kompromisshaft den ersehnten Kontakt mit dem »Reich des Vaters«, gewährte aber auch hinreichend Abstand, um zärtlicher oder – in Bezug auf den Liebespartner – erotischer Nähe zu entgehen. Wer Klaras Erzählung ernst nimmt, wird das Hin und Her zwischen dem Einfach-Nur-Sein in der mütterlich-schwesterlichen Welt und der explorativen Welterkundung in der Welt des Vaters thematisieren, und er wird die damit verbundene Loyalitätsnot artikulieren.

Die Erzählung als gemeinsames Drittes:
- Durch die Erzählung entsteht zwischen den beiden Beteiligten in der Beziehung ein *gemeinsames* Drittes, welches in der Freiheit des Urteils beider inspiziert und in seiner Bedeutung gewürdigt werden kann.
- Andererseits werden Erzählungen nicht absichtslos erzählt, dies geht aus der Mittlerfunktion des Erzählers hervor. Im therapeutischen Prozess ist daher die Frage immer sinnvoll, warum die Geschichte gerade jetzt erzählt wird. Die mit der Erzählung realisierten Absichten können sich sowohl auf den Sprecher selbst zurückrichten als auch auf den Hörer hin orientiert sein.
- Die Überzeugungskraft von Erzählungen liegt in einer Modellbildung, die Sprecher und Hörer erlaubt, in effigie, stellvertretungsweise, Positionen und Handlungsvollzüge zu erproben. Im stellvertretenden Vollzug vergleichen sie Handlungsergebnis und Sollzustand und können nun, in der Diskussion, Mittel erdenken, wie der Abstand zwischen Handlungsergebnis und Sollzustand verringert werden könnte.
- Im Erzählen wird Welt zur Menschenwelt. Alles Geschehen folgt in der Erzählung dem Diktat von Glück und Unglück. Das Diktat von Glück

und Unglück realisiert sich in einem subtilen Regelwerk, dem wir als Erzähler und Hörer mit narrativer Intelligenz folgen und das uns befähigt, über die Logik einer Erzählung zu urteilen. Es befähigt uns außerdem, ein Neues, Überraschendes und Unerwartetes zu verstehen und uns emotional anzueignen.
- Erzählen ist aber nicht nur klug, sondern auch erfreulich. Ist man kein Schriftsteller, dann ist es weniger Arbeit als Alltagsvergnügen. Erzählen ist ein Versprechen von Genuss. Das Verlangen wird gereizt durch Spannung, die Genussprämie folgt in der Erfüllung. In der Psychotherapie gilt es, diese Vorstellungen von Glück und Verzweiflung in der Analyse der individuellen Erzählorganisation auszuloten und in therapeutischer Beziehungsarbeit für die Lebenspraxis zugänglich zu machen.

Kommunikative Bestandsaufnahme:
a) Es handelt sich um eine spezifische Form der Regulierung der Gesprächsbeiträge zwischen mindestens zwei Kommunikatoren (im gegebenen Fall Patient und Therapeut).
b) Einer davon ist für die Dauer einer längeren Redesequenz als Sprecher anerkannt (im gegebenen Fall der Patient).
c) Die Beanspruchung des Rederechts verlangt kommunikative Einleitungs-, Aufrechterhaltungs- und Abschlussmarkierungen seitens des Sprechers.
d) Der Hörer muss die Beanspruchung des Rederechts durch seinen Partner anerkennen. Dies geschieht beispielsweise mittels nonverbaler Deklaration einer Haltung des Zuhörens, durch Redeverzicht und Hörersignale wie »hm«, welche die Fortdauer der Hörerpräsenz kundtun, sowie Hörersignale, die Partizipation signalisieren wie »aha!«, »großartig!«, »furchtbar!«. »ohje!« etc. Der Therapeut schränkt diese Hörersignale zugunsten von Neutralität ein. Das bedeutet die Mobilisierung kommunikativer Kompetenz im Kompromiss zwischen Wahrung taktvoller Feinfühligkeit und professioneller Abstinenz.
e) Beanspruchung und Erteilung von Rederecht erfolgen unter Verwendung mehr oder weniger standardisierter kommunikativer Techniken. Verbreitet ist beispielsweise die Bekundung von Dringlichkeit: »also, das muss ich unbedingt erzählen« oder »stell dir vor, da komm ich nach Hause, und da...«, die gewöhnlich kommunikativen Vorrang genießen, also gewöhnlich wenig Verweigerungsrisiko mit sich bringen; bekannt ist ebenfalls der aufkommende Einfall: »also, da fällt mir ein, wie mein Vater einmal...« oder »also das habe ich auch schon erlebt, da war...«

f) Die Übergabe des Rederechts erfolgt bei der Platzierung einer Alltagserzählung jedoch nicht ritualisiert wie in den mündlichen und schriftlichen Produktionsformen der professionellen Erzählsituation, die eine vielgestaltige Kunst der Erzählankündigung und Erzählplatzierung kennt.
g) Der Erzähleinstieg ergibt sich im therapeutischen Kontext spontan oder durch Auftrag.
j) Die erzählerische Redesequenz muss einen raum-zeitlichen Prozess in Sprache fassen.
k) Als Angelpunkt dieses Prozesses bringt sich – zumindest auch – emotionale Bewegung zum Ausdruck.
l) Diese emotionale Bewegung ist nicht lediglich im Dort und Damals platziert,
m) sondern vermittelt sich suggestiv hinein ins Hier und Jetzt.
n) Die Äußerungsform ist evokativ, das heißt fremd- und selbstsuggestiv, denn der Hörer partizipiert durch Rollenübernahme – also Identifikation mit der Ich-Figur – an deren emotionalem Schicksal.
o) Die erzählerische Redesequenz ist dynamisch organisiert, lässt sich als Spannungsbogen beschreiben. Das impliziert, dass der sprachliche Start der Erzählung die Herstellung des Spannungsbogens gewährleisten muss. Der sprachliche Start muss daher Aufforderungscharakter besitzen.
p) Die dynamische Erzählorganisation entsteht – wenn man auf die Motivationslage des Sprechers blickt – durch das Erzählanliegen, charakterisierbar als »IST-SOLL-Diskrepanz«.
q) Die Platzierung der Alltagserzählung im gelingenden Sprecher-Hörer-Austausch verlangt das Wirksam-Werden der IST-SOLL-Diskrepanz für die an der Erzählsituation Beteiligten.
r) Das äußert sich im Erzählalltag als partizipative Involviertheit ins Erzählanliegen.

(Ich-)Erzähler und erzähltes Ich
Die Diskrepanz zwischen (Ich-)Erzähler und erzähltem Ich oder zwischen »Ich« und »Ich-Figur« verdient nicht nur in der Literaturwissenschaft besondere Aufmerksamkeit – dort wird das gründlich untersucht –, sondern auch im Rahmen systematischer Beschäftigung mit Alltagserzählungen. (Ich-)Erzähler und erzähltes Ich sind nicht identisch und somit nicht austauschbar. Klara als Kommunikationspartnerin in der Therapiesituation und *Klara* als Figur, die sich mit dem Bügeln-Müssen beschäftigt und sich dabei mit dem Partner zu verständigen sucht, sind auseinander zu halten. Denn die Erzählerin Klara *verhält sich in Bezug auf die Figur Klara* aktiv, genauer:

produktiv. Klara stellt *Klara* her. Die Figur *Klara* konstruiert sich nach Prinzipien der narrativen Figurengestaltung; die Person Klara wirkt auf ihre Umgebung aufgrund ihrer vitalen Verfasstheit, wird durch ihre Umgebung konstitutionell beeinflusst und vertritt sich als denkendes, fühlendes und handelndes Individuum. Eine der wichtigsten Formen der Selbstvertretung im Alltagsleben ist, wenn es um emotionale Verbundenheit mit den Anderen bei der Artikulation persönlicher Erfahrung geht, das Erzählen. Die Ausübung der Kunst narrativer Produktion macht die Person, indem diese ein erzähltes Ich entwirft, zur *Schöpferin ihrer selbst.*

Die Diskrepanz zwischen Erzähler und erzähltem Ich ist theoretischer Natur. Es handelt sich um eine Unterscheidung, die zwar im praktischen Alltag eine Rolle spielt und im Bedarfsfall auch intuitive Berücksichtigung erfährt, dort jedoch keine systematische Thematisierung findet. Die Unterscheidung ist im Alltag von Bedeutung, wenn wir beispielsweise daran denken, in welcher Weise Alltagserzählungen rezipiert zu werden pflegen. Ein Erzähler will beim Publikum landen, er setzt auf Resonanz, er fordert Glauben. Das Publikum antwortet primär mit gläubiger Resonanz, versagt sie nur in prekären Fällen – prekär, weil die Haltung der Kritik und des Unglaubens einem Erwartungsbruch gleichkommt und Irritation hervorruft. Im Idealfall wird das erzählte Ich als vollkommener und bruchloser Vertreter des Erzählers begrüßt. Das Publikum anerkennt das *Selbstkonzept* des Erzählers als authentischen Ausdruck seiner Person. Doch Vorsicht. Das gilt nicht für jeden beliebigen Kontext. Es gilt in Lebenszusammenhängen, in denen die Demonstration oder die Bewährung in der Praxis keine Rolle spielt. Wer Kandidaten für eine ethnologische Expedition in den Dschungel sucht, wird sich hoffentlich nicht von den eindrucksvollen Erzählungen eines wettergebräunten Zungenfertigen hinreißen lassen, ihn aufgrund seiner sprachlichen Leistung – unter Verzicht auf Belegstücke seiner praktischen Tüchtigkeit und seiner Fachkompetenz – vom Fleck weg für die Reise zu engagieren. Es könnte ein böser Reinfall werden. Natürlich kommt dergleichen vor, auch und gerade in den Etagen des Ruhms. Wer autobiographische Geschichten bestandener Mutproben erzählt, qualifiziert sich damit noch lange nicht als Helfer in gefährlichen Lagen, selbst wenn er geneigte Herzen gewinnt, die ihn begeistert mit der Aura des Beschützers umgeben. Wer sich als Opfer erlittener Gewalt narrativ konturiert, wird auf diese Weise nicht zum Richter, der den erwiesenen Täter überführt, auch wenn die Hörer der Erzählung am erlebten Leid nicht zweifeln. In den erwähnten Beispielen beansprucht die Erzählung eine Belegfunktion, die ihr nicht zukommt. Erzählungen belegen keine Kompetenz, kein Wissen, keine Praxis, weil

Erzählungen gar keine Wegweiserfunktion in Bezug auf Tatbestände und Sachverhalte haben und sich der kritischen Prüfung und Kontrolle nicht öffnen. Stellt also jemand im Anschluss an eine Erzählung von einer bestandenen Mutprobe die Frage, wie wohl der *Erzähler* sich in realen Herausforderungen zu bewähren vermag, dann wird hier die Unterscheidung zwischen Erzähler und *erzähltem Ich* thematisch. Dass die Person ein *Selbstkonzept* hat, zu dem die Bewährung in Mutproben gehört, ist zweifellos. Wie sich die Person bei entsprechenden Herausforderungen verhalten mag, ist ungewiss. Die Unterscheidung zwischen Erzähler und erzähltem Ich wird also in der Alltagspraxis intuitiv gehandhabt; der Hörer verkennt den Charakter des narrativen Selbstentwurfs nicht und setzt stillschweigend voraus, dass die Produktionsgesetze des Selbstentwurfs mit denen der praktischen Erprobung keineswegs übereinstimmen.

Die Diskrepanz zwischen Erzähler und erzähltem Ich spielt im Alltag auch dort eine Rolle, wo es um Glaubwürdigkeit geht. Es gibt Erzählungen, die nur ein skeptisches Lächeln, ein Achselzucken, Stirnrunzeln oder ärgerliche Abwendung ernten, weil der Hörer in der Geschichte von der Übertreibung, der allzu günstigen Präsentation der Ich-Figur, der Unwahrscheinlichkeit dramatischer Verknüpfungen, befremdet wird. Der Hörer ist, wie bereits hervorgehoben wurde, primär affirmationsbereit. Aber diese Bereitschaft ist störbar. Der Hörer reagiert befremdet, wenn die Selbstprofilierung des Erzählers überhand nimmt. »Überhand nehmen« meint, dass die Organisation der Geschichte sich deutlich in den Dienst der engagierten Profilierung der Ich-Figur begibt. Die Geschichte gestaltet sich in einer Weise, die der Konturierung des Ereignisses, das der Erzähler als Handlung zeichnet, lediglich die Funktion der Staffage gibt.

Die Welt als personales Ereignis
Dieser Befund nötigt zur Kenntnisnahme der spezifischen Art, in der die *Welt in der Erzählung zum Ereignis* wird. Sie wird es nicht im dokumentarischen Sinn, sondern als persönliches Ambiente, als Gesamt von Ausstattungselementen, von Requisiten und Kulissen für die Gestaltung des persönlichen Anliegens. Aber offensichtlich existieren Grenzen der Gestaltungsfreiheit. Keineswegs lässt sich kurzerhand eine Wahrscheinlichkeitsregel aufstellen, derzufolge ein Hörer mangelnde Plausibilität pauschal übel nimmt. Das ist nicht zwangsläufig der Fall, wie unter anderem der Verweis auf den Typus der rätselhaften Geschichte lehrt, ein Typus, der, nach erzählwissenschaftlichem Befund, einen festen Platz in der Alltagskommunikation einnimmt.

Man fordert für nicht-professionelle Geschichten den Verzicht aufs Erfinden und reagiert auf Verstöße mit dem Ärger dessen, der sich in seinem partizipativen Hörerengagement düpiert und manipuliert sieht. Man antwortet auf Geschichten in der Haltung des Glaubens, der gläubigen Affirmation, und nimmt es ausgesprochen übel, wenn diese sich der Kritik enthaltende Rezeptionsbereitschaft ausgenutzt wird. Andererseits ist man beschämt, wenn man sich täuschen lässt und beispielsweise gläubig weitererzählt, was sich als erfunden entpuppt.

Es ist nicht der simple »Realitätsgehalt«, die »Plausibilität«, die »Wahrscheinlichkeit« der Erzählung, die man kritischer Prüfung unterzöge; – vielmehr setzt ein Hörer, im Gegenteil, die Wahrheit des Erzählinhalts voraus und *zieht den Sprecher dann zur moralischen Verantwortung*, wenn er Hinweise für einen Betrug findet. Diese ergeben sich zufällig, nicht systematisch, gerade wie in anderen Fällen des Betrugs und seiner Aufdeckung.

Man verknüpft in der narrativen Alltagskommunikation die affirmative Rezeptionshaltung mit einer *Responsibilitätspflicht* für den Sprecher, die dem Verzicht auf Manipulation, auf Betrug gleichkommt: der Sprecher soll dem Affirmationskredit Gerechtigkeit widerfahren lassen, Respekt zollen. Das bedeutet unter anderem, dass man das Ausmaß gläubiger Rezeptionsbereitschaft vom Grad abhängig macht, in dem man dem Sprecher die intellektuelle und moralische Kompetenz zubilligt, der Responsibilitätspflicht Genüge zu tun. Bekanntlich lösen notorisch Leichtsinnige und Überschwängliche, stimmungsgeleitete Naturen, Verwirrte und Kinder eher Vorsicht, Zurückhaltung, Belustigung oder Misstrauen aus.

Fazit

1. Der Erzähler ist Kommunikations- und Interaktionspartner im sozialen Raum und als solcher Mitgestalter eines aktuellen Austauschs, innerhalb dessen er eine Erzählung platziert. Das erzählte Ich tritt in der Erzählung auf, gewöhnlich – aber nicht zwingend – an zentraler Stelle. Die Ich-Figur wird positioniert, konturiert und gelenkt nach der Erzähldramaturgie des Sprechers. Die Figur erfüllt ihre Aufgabe im Erzählganzen, nicht außerhalb desselben. Sie ist Repräsentant für ein Erzählanliegen, nicht für eine Praxis (Wissen oder Können).

2. Wer erzählt, geht die Verpflichtung ein, nicht zu betrügen. Der Erzähler steht in einer Responsibilitätspflicht. Er hat sich als Person zu vertreten, welche die gläubige Rezeptionsbereitschaft des Hörers mit der praktischen Moral des Manipulationsverzichts honoriert. Der Manipulationsverzicht ist eine

Herausforderung für die Erzähler, nicht etwa für das erzählte Ich. Die Ich-Figur als Schöpfungstat der Erzähler unterliegt nicht den Leitlinien ihrer subjektiven Verfassung, verlangen ungeteilte Aufmerksamkeit, den Blick – beziehungsweise das Ohr – des Publikums. Sie sind notorisch unbescheiden. Sie verlangen, vom wohlwollend-rezeptionsbereiten Hörer als *etwas Gutes bewillkommnet zu werden*, das Mitvollzug und Interesse verdient. Das gilt selbstverständlich nicht allein für Glücks- und Siegesgeschichten, sondern auch für jene von Leid und Elend, Beschämung und Unglück, Bosheit und Misserfolg. Der Sprecher greift beim narrativen Produzieren in die Begebenheiten und Schicksale seines Lebens zurück, und er tut dies im Interesse der Aneignung. Dabei ist er – auch bei heftigem Mitteilungsdrang – gehalten, der und leitenden Idealen der kritischen Selbsteinsicht, der Nüchternheit, der Selbstreflexion und der Selbstkenntnis.

Erzählte Welt als auratische Welt
Die erzählte Welt ist eine auratische Welt. Die Ich-Figur ist eine auratische Figur. Erzählen verträgt nicht den Duktus der Indifferenz. Die Flüchtigkeit des Dahingleitens im Vergehen und Zerfallen ist aufgehoben im Erzählen. Dort werden Welt und Person zum Ereignis im Akt der Herstellung sinnhaltiger Bezüge zu einem bedeutsamen Ganzen. Es ist wie in der Genesis. Erzähler und Hörer sehen im Akt der Schöpfung Berg und Tal, Fluss und Baum, Tier und Menschen an und sagen, dass es *gut sei*, dass es im Blick des Schöpfers nicht gleichgültig sei, dass es auf diese Wesen, diese Gegenstände, diese Verhältnisse *ankomme*, dass sie *gemeint* sind. Wenn Klara von jenem Park spricht, an dem ihr Konflikt zwischen Loyalität und Hinwendung zum Vater Ereignis wurde, so ist eben gerade diese scheinbar unscheinbare Geschichte von hoher individueller Bedeutung und verlangt gebührende Schätzung vom Gegenüber. Dass ein Auratisches die Kehrseite des Missbrauchs hat, versteht sich: Der Autor mit dem Decknamen Wilkomirski profitierte vom düsteren und grausamen Glanz der Leidgeschichten aus den Schreckenslagern der Nationalsozialisten; aber seine *Bruchstücke einer Kindheit* waren keine authentischen Erinnerungen, sondern erfundene Geschichten, geschaffen für tragisch-moralische Erregungslust am Grausamen (Ganzfried 2003). Manchmal muss man das auratische Kerzenlicht ausblasen und Taghelle verbreiten.

Erzählen kann den Bezug zum Lebendigen erhellen – Erzählen kann diesen Bezug verdunkeln. Es kommt nicht nur auf die narrative Interpretation der Welt an, sondern ob das Erzählen hilft, das Notwendige zu tun und das Wichtige zu verändern.

Ein Dialog zwischen Bindungsforschung und Psychoanalyse

Anna Buchheim

Einleitung in die Methodik der Bindungsforschung

Fonagy (2001) verdanken wir eine exzellente Übersicht zu den konzeptuellen Gemeinsamkeiten von Bindungstheorie und Psychoanalyse. Beide Ansätze stimmen über die grundlegende entwicklungspsychologische Bedeutung der ersten Lebensjahre überein sowie über die weitreichenden Folgen von spezifischen Beziehungsmustern und deren transgenerationaler Übertragung. Bindungstheorie und Psychoanalyse erschließen über Narrative einen objektivierbaren Zugang zu inneren Repräsentationen. Bindungssicherheit wird als das Resultat kohärenter Erfahrungen mit Bezugspersonen angesehen, während Bindungsunsicherheit auf Abwehrprozesse zurückgeführt wird. In einigen psychoanalytischen Theorien finden sich Konzepte, die eine ähnliche Differenzierung aufweisen, wie sie heute die Bindungstheorie zwischen sicherer und unsicherer Bindung vornimmt, z. B. die oknophile und philobatische Einstellung bei Balint oder der dünnhäutige und der dickhäutige Narzissmus bei Rosenfeld. Fonagy (2001) verknüpft die Kleinianische Differenzierung zwischen der paranoid-schizoiden und der depressiven Position mit den bindungstheoretischen Konzepten desorganisierter vs. organisierter Bindung. Weiterhin finden sich Übereinstimmungen zwischen Bowlbys Konzeption des inneren Arbeitsmodells von Bindung und dem repräsentationalen System in selbstpsychologischen und objektbeziehungspsychologischen Theorien. Mentale Repräsentanzen werden hier wie dort als wesentliche Determinanten interpersonaler Beziehungen verstanden. Beide theoretischen Konzepte nehmen an, dass Wahrnehmungen und Erfahrungen durch bewusste und unbewusste Erwartungen gesteuert werden, die in einem repräsentationalen System enkodiert sind (s. a. Strauß/Buchheim 2002).

Den nachhaltigen Einfluss früher Beziehungserfahrungen auf die individuelle Entwicklung neu zu untersuchen war das Anliegen John Bowlbys, ein Psychiater und Psychoanalytiker (1969; 1973; 1980). In Erweiterung der traditionellen psychoanalytischen Entwicklungstheorien reformulierte er die Hypothese der prägenden Bedeutung der mütterlichen Präsenz für den Säugling. Durch Einbeziehung ethologischer und systemtheoretischer Konzepte initiierte er eine prospektiv orientierte wissenschaftliche Forschungsrichtung, um diese Hypothese zu überprüfen. Bowlbys wichtigster Beitrag bestand darin, dass er konsequent von dem biologisch angelegten Bedürfnis des kleinen Kindes ausging, sehr früh eine feste (sichere) Bindung an die Mutter zu entwickeln und reale repetitive Trennungen von der Bindungsfigur zu Deprivationserleben und einer Abfolge von Reaktionen (Protest ➙ Verzweiflung ➙ Apathie) führen können. Eine weitere wegweisende Erkenntnis war, dass das Bindungsverhaltenssystem eines Kindes bei der Abwesenheit der Bindungsfigur aktiviert wird und bei ihrer Rückkehr im Normalfall wieder deaktiviert wird. Mary Ainsworth, Mary Main, Carol George, Inge Bretherton und Alan Sroufe griffen Bowlbys Konzepte auf und begründeten die Bindungsforschung, indem sie reliable und valide Untersuchungs- und Interviewmethoden für Kinder und Erwachsene entwickelten, die sich jetzt auch im klinischen Bereich etabliert haben (Strauß et al. 2002).

Seit den 80er Jahren hat das *Adult Attachment Interview* (AAI) zur Erfassung von Bindungsrepräsentationen bei Erwachsenen (George et al. 1985; Main/Goldwyn 1985–1996) zunehmend Verbreitung gefunden und wird bisher noch hauptsächlich in Forschungsstudien eingesetzt. Der Interview-Leitfaden ist so aufgebaut, dass durch die Abfolge von Fragen das Bindungssystem zunehmend aktiviert wird, d.h. die Themen werden immer stressreicher (Schilderung der Beziehung zu den Bindungsfiguren ➙ Kummer und Trennungserfahrungen ➙ Verlust und Missbrauchserlebnisse). Die Befragten werden aufgefordert, anhand von achtzehn Fragen ihre autobiographische Geschichte bezüglich ihrer Bindungserfahrungen »aus dem Stand heraus« zu erzählen. Bewertet wird, inwieweit ein Sprecher in der Lage ist, spontan seine Kindheitsgeschichte in einer kooperativen, kohärenten und plausiblen Art und Weise zu entwickeln. Das semi-strukturierte Vorgehen erlaubt konkretes Nachfragen und Spezifizieren, was wiederum die Befragten herausfordert, exakt, präzise und glaubhaft ihre allgemeinen Aussagen zu belegen; auch das löst Stress aus.

Im AAI sollen die Probanden nach einer Orientierungsfrage (Frage 1) zu den allgemeinen Familienverhältnissen ihre Beziehung zu ihren Eltern in der Kindheit zunächst auf einer allgemeinen Ebene beschreiben (Frage 2). Dann werden sie konkret nach Adjektiven gefragt, die diese Beziehung zur Mutter (Frage 3) und zum Vater (Frage 4) aus Kindheitsperspektive typischerweise charakterisieren und wem sie sich von beiden näher gefühlt haben (Frage 5). Weitere Themen kreisen um Kummer (Frage 6), Trennung (Frage 7), Ablehnung (Frage 8) in Bezug auf wichtige Bindungsfiguren in der Kindheit und wie sich die Befragten damals in diesen Situationen verhalten bzw. wie ihre

Bindungsfiguren darauf reagiert haben. Ein wesentlicher anderer Aspekt ist die Frage nach Bedrohung oder Misshandlungserfahrungen durch Bindungsfiguren (Frage 9) sowie nach Verlusten (Frage 13) von nahe stehenden Personen in der Kindheit, deren genaue Umstände und die damit zusammenhängenden Gefühle damals und heute. Ein weiterer Fragenkomplex beschäftigt sich mit dem Einfluss der erlebten Kindheitserfahrungen auf die Persönlichkeit aus heutiger Sicht (Frage 10), warum die Eltern wohl so waren (Frage 11), ob es weitere elterngleiche Bezugspersonen gab (Frage 12), die Beurteilung einer Veränderung der Beziehung zu den Eltern (Frage 14) und die Bewertung der aktuellen Beziehung zu den Eltern (Frage 15) (falls sie nicht verstorben sind). Abschließend werden Fragen zu eigenen Kindern gestellt, die sich auf Trennung vom Kind (Frage 16) und Wünsche für die Zukunft des Kindes (Frage 17) beziehen, aber auch eine zusammenfassende Bewertung der eigenen Rolle als Elternteil erzielen sollen (Frage 18).

Die Auswertung der Transkripte des Adult Attachment Interviews beurteilt die *Art und Weise* der Erzählung als maßgeblich für die aktuelle Repräsentanz von früheren bedeutsamen Erfahrungen, d.h. *wie* erzählt wird ist relevanter als das Inhaltliche. Dieses theoriegeleitete Interview soll bei der befragten Person das Bindungssystem aktivieren und durch *spezifische Konkretisierung* (z.B. »Sie haben gesagt, die Beziehung zu Ihrer Mutter war wunderbar, fällt Ihnen dazu ein spezielles Ereignis ein, das diese Aussage veranschaulichen könnte?«) eine gewisse Stresssituation herstellen, die jeweiligen Bindungsstrategien »hervorlocken«. Die Technik des semistrukturierten Fragens dient dazu, Abwehrprozesse (z.B. unbewusste Inkohärenzen, Idealisierung, Entwertung, Ärger, Verleugnung) sichtbar werden zu lassen, die jedoch nicht gedeutet werden.

Die Kohärenz des Diskurses stellt das leitende Hauptkriterium der Auswertung im AAI dar (Main/Goldwyn 1996); durch sie werden wichtige Kommunikationsmaximen nach Grice (1975) erfasst. Beurteilt wird, inwieweit ein Sprecher auf die Fragen des Interviewers kooperativ eingehen kann und eine wahrheitsgemäße (Qualität), angemessen informative (Quantität), relevante (Relevanz) und für den Zuhörer bzw. Leser verständliche, klare Darstellung (Art und Weise) seiner Kindheitserfahrungen geben kann.

Eine Person mit einer *»sicheren«* Bindungsrepräsentation kann mit der Aufgabe, semantisches Wissen über die Kindheit anhand episodischer Belege zu verifizieren, flexibel umgehen; positive wie auch negative Erinnerungen können in ein insgesamt wertschätzendes Gesamtbild zusammengefügt werden; die sprachliche Darstellung ist nachvollziehbar und lebendig. Bringt eine Person eine sog. *distanzierte* Bindungsrepräsentation mit, wird sie auf die AAI-Fragen hin »distanziert« ihre Narrative gestalten, indem sie auf die Fragen nur allgemein eingeht, sich an wenig Konkretes erinnert oder abblockt und den Interviewfluss subtil oder direkt boykottiert. Das Bewusstwerden von schmerzlichen Erinnerungen, die potenziell auftauchen könnten, muss dann deaktiviert werden, um ein allgemeines positives oder zumindest neutrales Bild der Bindungen in der Kindheit aufrechtzuerhalten; eine vermeidende Strategie, die im Kindesalter beispielsweise adaptiv war, um die Nähe zur zurückweisenden Bindungsperson zu erhalten. Wird die Aufmerksamkeit von Bindungsbedürfnissen weggelenkt, äußert sich das bei Erwachsenen sprachlich in kargen Antworten oder idealisierten, skriptartigen Aussagen ohne wahrhaftigen Beleg. Dagegen verlieren sich Personen mit einer sog. *»verstrickten«* Bindungsrepräsentation in Details, wenn sie über Vergangenes gefragt werden, die sie – weil sie diese Erlebnisse immer noch konflikthaft erleben – in der Gegenwart formulieren und zwischen positiven und negativen Bewertungen hin und her oszillieren.

Neben der Beurteilung der Kohärenz wird demnach auch die emotionale und kognitive Integrationsfähigkeit der geschilderten Bindungserfahrungen bewertet. Hierzu dienen als Kriterien das Ausmaß an Idealisierung oder Entwertung der Bindungsfiguren oder inwieweit die Interviewten heute noch stark mit Ärger und Wutgefühlen gegenüber ihren Bindungspersonen beschäftigt sind. Zum wichtigsten Auswertungsschritt gehört also die Beurteilung des aktuellen *mentalen Verarbeitungszustands* (state of mind with respect to attachment) der individuellen Bindungserfahrung. Dazu werden Skalen wie Idealisierung, Ärger und Abwertung herangezogen. Zu den weiteren allgemeinen Skalen gehören »allgemeine Abwertung von Bindung«, »Bestehen auf fehlender Erinnerung«, »Traumatischer Erinnerungsverlust«, »Metakognition«, »Passivität«, »Angst vor Verlust«, »höchster Wert unverarbeiteter Verlust«, »höchster Wert unverarbeitetes Trauma« und »Kohärenz des Transkripts« (s. a. Buchheim/Kächele 2002).

Die Skalen »unverarbeiteter Verlust« und »unverarbeitetes Trauma«, die auf einen *»unverarbeiteten Bindungsstatus«* hinweisen, sind für die Betrachtung von Psychopathologie von besonderer Bedeutung, sodass an dieser Stelle bereits eine genauere Erläuterung der Auswertung durch das AAI sinnvoll erscheint: Die Beurteilung der Kategorie *»unverarbeitete Trauer«* wird erschlossen aus sprachlichen Auffälligkeiten (lapses of thought and reasoning), ängstlichen oder irrationalen Schilderungen früher Verluste von Bindungspersonen, z. B. Vorstellungen über eigenes Verschulden des Todesfalls, die Überzeugung, dass die verstorbene Person noch unter den Lebenden ist, logische Fehler wie Verwechslung von Subjekt und Objekt oder

Raum und Zeit, ungewöhnliche Detailgenauigkeit sowie deutlich lange Schweigepausen.

Die Beurteilung der Kategorie »*unverarbeitetes Trauma*« wird erschlossen aus einer vorübergehenden mentalen Desorientierung der befragten Person, die während des AAI Anzeichen dafür liefert, dass Missbrauchs- oder Misshandlungserfahrungen noch nicht verarbeitet worden sind. Dies zeigt sich beispielsweise in irrationalen Überzeugungen über die eigene Rolle am Geschehen oder in der wiederholten Verleugnung der erlebten Tat, was sich in einem Oszillieren zwischen Berichten über die Art der Missbrauchserfahrung und einem anschließenden Abstreiten, dass dieser Missbrauch überhaupt stattgefunden hat, abbildet (s. Buchheim/Kächele 2001; 2002; 2003).

Zusammenfassend stellt das AAI eine Mischung aus qualitativer und quantitativer Methodik dar, um teils unbewusste bindungsrelevante Aspekte von Bindung der Befragten zu erfassen. In einem sich immer weiter entwickelnden Manual sind die genannten Skalen, die dann in ihrer heuristischen Kombination zu einer Bindungsklassifikation führen, mit Ankerbeispielen beschrieben: sicher, unsicher-distanziert, unsicher-verstrickt, desorganisiert = unverarbeitetes Trauma/Trauer. Dies erlaubt dem Auswerter nach einer aufwendigen Schulung, durch *Analogiebildung*, die narrative Gestalt der Aussagen zuverlässig einzuschätzen.

In den letzten Jahren wurden eine Reihe von Alternativmethoden entwickelt, um Bindung bei Erwachsenen »einfacher und weniger zeitaufwändig« messen zu können (Buchheim/Strauß 2002). Die Befunde zeigen hingegen, dass diese Versuche (beispielsweise mit Fragebögen) scheitern, auch wenn diese ebenfalls interessante, aber eben bewusstseinsnähere Aspekte von Bindung messen.

Carol George hat sich vierzehn Jahre nach Entwicklung und Einführung des AAI nochmals der Aufgabe gestellt, ein Instrument zu finden, das bezüglich Interview- und Auswertungsaufwand ökonomisch ist und gleichzeitig valide, um sich an dem »goldenen Standard« des AAI messen zu können. In Anlehnung an die Bindungsforschung mit sechsjährigen Kindern, denen bindungsrelevante Bilder vorgelegt wurden, um deren Bindungsrepräsentanz anhand von Narrativen zu erfassen, entwickelte George und ihre Mitarbeiter das *Adult Attachment Projective* (George et al. 1999). Durch die spezifische Reihenfolge von dargebotenen bindungsrelevanten Bildern wird das Bindungssystem des Betrachters graduell aktiviert. Die Autoren legten in diesem Zusammenhang besonderen Wert darauf, eine valide Erhebung der Reaktionen auf vorgegebene, standardisierte Stimuli zu gewährleisten, indem sie Themen wie Krankheit, Trennung, Alleinsein und Bedrohung oder Verlust in die

Bilderreihe aufnahmen. Die transkribierten kurzen Texte werden ebenso textnah und diskursanalytisch nach manualisierten Kriterien (Abwehrprozesse, Kohärenzkriterien, Inhalt) ausgewertet; die Klassifikation führt zu einem der vier Bindungsmuster (sicher, distanziert, verstrickt, unverarbeitetes Trauma) (siehe dazu genaueres z. B. bei Buchheim et al. 2003; 2004).

Die klinische Bindungsforschung formuliert heute zahlreiche Ansätze, wie diese Theorie in die Diagnostik und die psychotherapeutische Praxis integriert werden kann (z. B. in Cassidy/Shaver 1999; Fonagy 2001; Strauß et al. 2002). Auf den Nutzen der Bindungstheorie für die Arbeit des Psychoanalytikers haben bereits Köhler (1998), Dornes (1998) und Lichtenberg (2003) verstärkt hingewiesen. Auch wenn vielfältige theoretische Konvergenzen erkennbar sind (z. B. Fonagy 2001), so bestehen doch methodische Divergenzen, sodass die Anwendung von bindungstheoretischen Konzepten und Instrumenten im klinischen Kontext mit nötiger wissenschaftlicher Sorgfalt geschehen sollte.

Wie verhalten sich die psychoanalytische und die bindungstheoretische Perspektive zueinander?

An Psychoanalyse-Patienten aus der eigenen Werkstatt diskutierten wir bezüglich der Beurteilung des jeweiligen Bindungsmusters der Patienten im Dialog spezifische Konvergenzen und Divergenzen, indem wir den klinischen Eindruck des Psychoanalytikers (HK = H. Kächele) den Auswertungen der Bindungsforscherin (AB = A. Buchheim) aus dem Adult Attachment Interview gegenüberstellten (s. dazu Buchheim/Kächele 2001; 2002; 2003). Auszüge aus diesen Dialogen sollen im Folgenden zusammenfassend zitiert werden.

Kasuistik I: »Der vergessene Tod des Vaters«
In der Kasuistik einer Patientin mit narzisstischer Persönlichkeitsstörung auf Borderline-Organisationsniveau (Buchheim/Kächele 2001) zeigte sich zwischen Analytiker (HK) und Bindungsforscherin (AB) zunächst eine Übereinstimmung zentraler Punkte der über das AAI erhobenen Biographie, mit den Erfahrungen und den Informationen aus dem therapeutischen Prozess. Dazu gehörten die Wut auf die Mutter, der Rückzug von den Eltern, die Opferposition der Patientin, eine starke Beschäftigung mit der Gegenwart in Bezug auf die heute noch fordernde, intrusive Mutter. In der Beurteilung einer »*verstrickten*« Bindung waren sich beide einig, waren doch die aktuellen Hassgefühle der Patientin gegenüber ihrer Mutter weder im AAI noch in den therapeutischen Sitzungen zu übersehen.

Die Patientin erscheint im AAI noch *verwickelt* in ihre vergangenen Beziehungen, insbesondere mit ihrer Mutter. Bereits auf der ersten Seite des AAI-Protokolls ist ersichtlich, dass sie immer noch *ärgerlich* und *wütend* auf ihre Eltern ist, auf die sie sich nie, auch heute nicht, verlassen konnte. Der folgende Transkriptausschnitt soll dies illustrieren (I: Interviewerin, P: Patientin):

I: *was würden Sie denn sagen wie die Beziehung zu Ihren Eltern, also zu Ihrer Mutter, zu Ihrem Vater, wie Sie es als Kind erlebt haben?*
P: *-- hm- ja das lange Schweigen (lacht) zeugt schon sehr viel, ähm also man konnte sich auf beide nicht das wie ich es als Kind erlebt habe man konnte sich auf beide nie verlassen.*
I: *hmhm.*
P: *das kann man heute noch nicht, meine Mutter ist heute pflegebedürftig und es ist auch sodass andere Leute ständig abgleichen mit mir beispielsweise die Sozialstation eine Nachbarschaftshilfe äh sich gegenseitig abklären stimmt denn das nun was sie sagt oder stimmt das nicht was sie sagt also das sind im Grunde Erfahrungen mit ihr, äh dann würde ich zu ihr sagen aggressive Fürsorge ich durfte nie krank sein also wenn ich krank war dann also, Tees die ich nicht mochte deswegen kann ich be- kann ich heute noch keine Kräutertees trinken, sondern nur mit Müh und Not Schwarztee und dann nur ohne Zucker solche Sachen, ähm also kra- krank sein war für mich wirklich schlimm ähm, heiße Kartoffelwickel wo ich dann nachher einen Hals also da ist ich würde es einfach unter dem Stichwort aggressive Fürsorge, und ich habe geguckt, dass ich möglichst schnell also erstens gar nicht krank werden und möglichst schnell, dann auch also gerade so was ich mir heute jetzt so ganz langsam erlauben kann auch mal krank zu sein das hat ganz lange noch angedauert, zu meinem Vater hatte ich auch kein gutes Verhältnis, hm- -- ja, -- da ist, - auch wenig wenig positives eigentlich zu berichten ähm, -- ich kann mich noch erinnern dass die Mutter immer gepetzt hat. Das hat sie wohl auch bei meinem zehn Jahre älteren Bruder gemacht, also wenn wir da irgendwie weiß was angestellt hatten dann, ähm hat er uns abends dann verprügelt oder so Dinge die mir jetzt gestern wieder passiert sind ähm, oder vor zwei Wochen dass ich immer sehr erschrecke er hat mich als Kind immer erschreckt und das sind auch heute Dinge unter denen ich immer noch leide, das geht so schnell dass ich zusammenfahre wenn jemand im Raum ist obwohl ich weiß wer da ist und ich sehe das nicht ähm also das sind schon das sind so wesentliche Dinge, ähm auch*

> *gar kein Sicherheitsgefühl ich habe auch immer gedacht irgendwann brechen bei uns irgendwann wird er arbeitslos damals war das Thema Arbeitslosigkeit noch nicht so wie heute obwohl in seiner Firma so, was man so hörte, beliebt gewesen und beliebt war er war auch in Vereinen und so was tätig aber ich hatte als Kind immer das Gefühl es also es kann ganz schnell alles zusammenbrechen und möglichst früh arbeiten ich habe auch immer schon Ferienarbeit gemacht und so und auf dem Hof da ähm, versucht ein bisschen auch bei anderen Geld zu kriegen oder so also ich hatte immer das Gefühl es ist gar nichts sicheres also nichts was worauf man sich verlassen kann.*

In dem Ausschnitt wird deutlich, dass die Patientin auf die erste Beziehungsfrage zu den Eltern ohne Punkt und Komma spricht und man beim Lesen den roten Faden verlieren kann. Es fällt ihr schwer, bei ihren Ausführungen in der Vergangenheitsperspektive zu bleiben. Sehr schnell springt sie in die Gegenwart. Sie beklagt sich über die »aggressive Fürsorge« ihrer Mutter, die sie als einschränkend erlebte. Diese Schilderung entspricht inhaltlich den prototypischen Erfahrungen, die Personen mit einer verstrickten Bindungserfahrung mitbringen (meist fehlende Zuwendung oder Unterstützung, häufig Erfahrungen von Rollentausch, oft schwache, überforderte oder verängstigte Mutter, Erfahrung häufiger Kritik und Schuldzuweisungen).

Interessanterweise kam in der psychoanalytischen Therapie das Thema »Vater« lange gar nicht zum Vorschein. Der Leitfaden des AAI erfragt die Beziehung zum Vater direkt: Die Patientin konnte sich auf die Fragen hin einlassen und erzählte über ihre problematische Beziehung zum Vater in der Vergangenheit und dass er sie oft erschreckte. Dann entstand ein Bruch im Interview: Trotz mehrmaligem Nachfragen, welche wichtigen Bezugspersonen sie als Kind oder später als Erwachsene durch Tod verloren habe, berichtete sie zunächst nicht über den lang zurückliegenden Tod des Vaters. Erst zu einem späteren Zeitpunkt kam sie im Interview unvermittelt auf ihn zu sprechen. Dabei fiel sie in eine desorientierte Sprache, die seltsame Details der Beerdigungsprozedur und unterschiedliche Zeitangaben bezüglich des Todestages enthielten:

> I: *Wenn Sie so vergleichen früher und heute, wie hat sich die Beziehung zu Ihren Eltern verändert?*
> P: *also ich weiß nicht, jetzt traue ich meinem Gefühl gar nicht richtig, das mit meinem Vater ist noch so neu, das ist auch so was, dass ich gar nicht weiß wann der gestorben ist zehn Jahre fünfzehn Jahre aber ich habe*

auch nicht geweint als er gestorben ist, das war ein ganz neutrales Gefühl also gar keines nichts zu fühlen, wenn wir da in diese Leichenhalle gegangen sind wo er aufgebahrt war habe ich jedes Mal da das diese äh habe ich nicht viel Kontaktmethoden gehabt eher so ein Interesse wie wie wie wie passiert das wenn ein Mensch dann hm von einem Tag auf den anderen nach dem Tod so verändert sich der Körper und so was also ich habe geguckt wie sind die Füße und so.

Bemerkenswert ist, dass die Patientin den Tod des Vaters bei der Frage nach wichtigen Verlusten zunächst »vergessen« hatte und er erst bei der Frage nach der Veränderung der Beziehung zu den Eltern plötzlich auftauchte. Eine zeitliche Desorientierung zeigte sich in ihrer Unsicherheit, wann der Vater eigentlich verstarb (10 Jahre/15 Jahre). Dennoch erinnert sie ein auffällig seltsames Detail (Füße) vom Tag seiner Beerdigung, das zusammen mit der vorangegangenen unbemerkten »Verleugnung« seines Todes als Hinweis für eine unverarbeitete Trauer gewertet wird.

Dieses Ergebnis erstaunte den Analytiker, der bis dato kaum etwas vom Vater der Patientin erfahren hatte. Er erlebte das Wissen um die traumatische Genese dieser Schweigsamkeit in diesem Zusammenhang als hilfreich.

Im Gegensatz dazu waren sich Bindungsforscherin und Analytiker nicht einig in der Bewertung der Reflexionsfähigkeit der Patientin, die der Analytiker der Patientin in hohem Maße zuschrieb. Die Auswertung des AAI zeigte jedoch, dass die Patientin am Anfang der Behandlung über wenig objektive bzw. reflektierte Distanzierungsfähigkeit verfügte, wenn sie über ihre Mutter sprach:

I: *…was verbinden Sie denn mit »nicht verständnisvoll« kommt da noch ein Ereignis was Ihnen einfällt von damals?*
P: *-- ja wenn ich nicht so gemacht habe wie sie will dann hat sie zugeschlagen, --*
I: *wie hat's also wie haben Sie das empfunden oder wie haben Sie reagiert?*
P: *-- also ich habe in meinem politikwissenschaftlichen Studium als ich da, nein das war schon früher und das war als ich zum ersten Mal den Begriff der inneren Emigration gehört habe wusste ich was das ist, also, gefühlsmäßig wusste ich was das ist, also wenn man äußerlich, äh sich anpasst und alles mögliche wenn man aber innerlich ganz woanders ist also für die Nazizeit, da habe ich das hat mich selber erschreckt dass ich so mit dem dass der Begriff mir so geläufig irgendwo war so dieses Gefühl der Einsamkeit auch der Verlassenheit so was.*

Auch wenn vermutlich aus therapeutischer Sicht des Analytikers der Begriff der »inneren Emigration« für die Patientin ein Rettungsanker war, wird eine wirkliche Autonomie im Gesamtkontext des AAI nicht deutlich. Im therapeutischen Dialog traten diese Merkmale weniger deutlich hervor, da die Patientin über nuancierte sprachliche Fähigkeiten verfügte, die sie auch beruflich und in außerberuflichen Situationen zu nutzen verstand. Ihre Neigung zur Intellektualisierung wird bindungstheoretisch weniger positiv bewertet, weil dies hier mehr als Versuch angesehen wird, sich von der ärgerlichen Verwicklung »pseudoeinsichtig« zu distanzieren. Das Problem für Therapeuten, diese Art der Verwicklung von Patienten auf »verführerisch« rationalisierendem Niveau zu interpretieren, ließe sich konkreter in einem textanalytischen Kontext (Buchheim/Mergenthaler 2000) aufzeigen. In unserem Fall erschienen dem behandelnden Analytiker die reflektiert-intellektualisierenden Äußerungen der Patientin erst dann als nicht stimmig, wenn sie von hochgradiger affektiver Erregung begleitet waren.

Diese Art von divergenter Betrachtung verdeutlicht, dass der »Anspruch« des AAI bezüglich eines gelungenen, kohärenten Diskurses für klinische Populationen angepasst werden sollte. An unserem klinischen Beispiel wird sichtbar, dass im therapeutischen Prozess das Reflexionsvermögen von Patienten fehl eingeschätzt werden kann.

Kasuistik II: Bindungssicherheit und Psychopathologie: Wie man sich als Kliniker täuschen kann

In einer anderen Kasuistik einer Patientin mit einer Angststörung (Buchheim/Kächele 2002) ergaben sich a priori interessante *Divergenzen* zwischen Analytiker (A) und Bindungsforscherin (I). In einer kurzen Befragung zur Patientin »wettete« der Analytiker darauf, dass die Patientin »unsicher-verstrickt« gebunden sein muss:

I: *Wie würdest Du die Bindungsrepräsentation dieser Patientin einschätzen?*
A: *Ja, sie ist verwickelt.*
I: *Wie kommst Du darauf?*
A: *Ich mache das daran fest, dass sie große Mühe hat, sich überhaupt von der Mutter, nicht nur der Mutter, sondern in beiden Familien von der Schwiegermutter und der Mutter, dem Schwiegervater und dem Vater zu lösen; beide Familien sind auch verwickelt, die ganze Ehe ist verwickelt. Ja, das ist es überhaupt, da ist jeder verwickelt, aber sie ist besonders verwickelt und sie hat große Mühe, sich dem Druck zu entziehen, der*

immer wieder auf sie ausgeübt wird, was sie alles tun und machen soll. Ähnliches wiederholt sich in ihrer Beziehung zu ihrem Mann, dass sie ihren eigenen Raum nicht finden kann. Das ist ihre ganze Tragödie. Also das ist doch das Gefühl, dass sie vielen recht geben muss, und das wiederholt sich in ihrem Alltagsleben, in der Schule. Sie ist immer diejenige, die alle Probleme anderer lösen muss, ihre eigenen immer zurückstellt. Sie tut immer alles Gute, sie springt ein, sie ist hilfreich und gut, nur sie selbst kommt dabei kaum vor. Und das eine Mal, wo sie versucht, sich selber in den Mittelpunkt zu rücken, ihre Verselbstständigung zu inszenieren, da ist sie wieder dran gescheitert, weil sie wieder nicht sagen konnte, an welcher Stelle sie genau Hilfe brauchte, als sie mit ihren Kindern ihren Mann verlassen wollte. Und dann sagte ihr Freund zu ihr: »Aber das musst Du alleine regeln, mich kannst Du dafür nicht hernehmen«. Und das war der Zusammenbruch, das ist der Punkt, wo sie eigentlich dekompensiert ist.

Die Auswertungen des AAI ergeben ein anderes Bild: Die Patientin wird trotz ihrer negativen Kindheitserfahrungen als sicher-autonom klassifiziert (»earned-secure«). Im Gegensatz zu sicher gebundenen Personen (continuously secure), die überwiegend positive Erfahrungen mit ihren Bindungsfiguren gemacht haben und auf dieser Grundlage im AAI einen freien Zugang zu den Themen haben, verhelfen Personen mit einer »earned security« Nachdenken, d.h. Mentalisierungsprozesse, ihre negativen Erfahrungen zu verdauen und in ein insgesamt wertschätzendes Gesamtbild zu fassen. Mit ihrer Fähigkeit, im AAI verschiedene Perspektiven einzunehmen, die Bindungspersonen objektiv darzustellen, zu verzeihen, offen negative Gefühle auszusprechen, »verdient« sich die Patientin eine sichere Bindungsrepräsentation. Insgesamt liefert sie ein ehrliches, kohärentes Bild ihrer Kindheitsgeschichte und den damit zusammenhängenden Gefühlen. Sie ist sich der negativen Einflüsse (Trennung der Eltern, Gewalttätigkeiten des Vaters gegenüber der Mutter, Alkoholproblem der Mutter) auf ihre Persönlichkeit bewusst und verleugnet heutige Konflikte, die daraus entstanden sind, nicht. Sie ist sich weiterhin ihrer eingeschränkten Autonomieentwicklung bewusst und kann dies benennen. Über ihre Mutter spricht sie – trotz vieler vernachlässigender, bedrohender Erfahrungen mit ihr – wertschätzend. Ihre Episoden sind in der Regel nachvollziehbar und lebendig, obwohl einige Erlebnisse eine grausame Färbung haben.

Auf die Frage nach charakteristischen Adjektiven zur Beziehung zu ihrer Mutter nennt sie neben den positiven Bewertungen »warmherzig«, »hilfsbereit«

und »gastfreundlich« auch »depressiv« und »unglücklich«. Die Mischung von positiven und negativen Adjektiven weist auf ein ausgewogenes inneres Bild dieser Beziehung hin, die sie weder idealisiert, noch ärgerlich anklagt. Sie kann auf Nachfrage die positiven Beziehungscharakteristika mit lebendigen Erinnerungen belegen:

> P: *nach der Schule habe ich z.B. Schulkameraden mitbringen können, die sind dann einfach zum Mittagessen erschienen, und haben von uns aus angerufen und sie hat sich dann auch um die gesorgt und das hat sie einfach gerne gemacht.*

Auf die Frage, welche spezifische Erinnerung ihr einfällt, wenn sie die Mutter als »hilfsbereit« empfunden hat, schildert sie beispielsweise folgende, bindungsrelevante Szene:

> P: *ich war drei, vier Jahre, war im Kindergarten und wollte schon Fahrrad fahren, sie hat sich dann gesorgt, ob ich das alleine schaffen könnte, und ist mit mir den Weg mehrfach abgelaufen, ich wollte dann selber fahren, da war sie nicht erpicht, aber sie hat es trotzdem akzeptiert, dass ich das gerne möchte, und hat geschaut, dass ich das richtig mache, und hat mir dann später erzählt, dass sie noch einige Zeit mir hinterhergelaufen ist, um zu sehen, sie war besorgt und hilfsbereit, dass ich auch sicher war.*

Zusätzlich zu ihrer Bindungsrepräsentation »earned secure« erhält die Patientin nach den Auswertungen bestimmter Passagen im AAI die Klassifikation »unverarbeitetes Trauma«. Die Klassifikation wird orthogonal zur sicher-autonomen Bindungsrepräsentation als vorrangig beurteilt. Es wird deutlich, dass in ihrer Entwicklung bestimmte Themen tabuisiert blieben und arretiert wirken. Die Handgreiflichkeiten des Vaters gegenüber der Mutter erlebte sie als Kind vermutlich mit großer Angst um die Mutter; gleichzeitig sprach sie von schwer depressiven Zuständen der Mutter mit Alkoholabusus, die sie hilflos machten. Im AAI wird deutlich, dass in ihrer Erinnerung diese Erfahrungen jedoch erst viele Jahre später im Kontext eines schwerwiegenden eigenen depressiven Zusammenbruchs wieder ins Bewusstsein traten und demnach gravierende Folgen für ihr Leben hatten. Eine AAI-Frage behandelt das Thema »Bedrohung« oder »Misshandlung« durch die Bindungspersonen in der Kindheit und deren Auswirkungen auf die Persönlichkeit. Die Patientin berichtet, dass der Vater ihre Mutter oft geschlagen hat. Auch wenn sie sich nicht erinnern kann, dass der Vater je sie selbst verprügelte, empfand sie die Erfahrungen in der Zuschauerposition als bedrohlich. Entsprechend der semi-strukturierten Interviewdurchführung exploriert die Interviewerin, ob die Schläge des Vaters blaue Flecke hinterließen, wie häufig die Misshandlung vorkam, wie sich die Patientin dabei gefühlt hat und welche Auswirkungen dies auf sie hatte:

P: *also ich habe ich kann mich nicht erinnern irgendwelche, Schläge oder Misshandlungen an mir selbst, erfahren zu haben in der Kindheit nein aber was ich gefühlt habe war immer, ja wie, ja es war oft so, wenn jetzt die Situation zwischen meinen Eltern so war, dass es da Auseinandersetzungen gab auch, handgreifliche Auseinandersetzungen dann habe ich das so gefühlt als würde mir das passieren ja, also so extrem habe ich dann darunter gelitten in dem Moment ja, ob das jetzt Angst war oder äh, Sorge um den anderen dem könnte was passieren ich glaube das, ging damals bei mir, um meine Mutter ja, was wird jetzt mit der passieren oder was geschieht jetzt mit ihr.*

I: *hmhm hat Ihr Vater Ihre Mutter, würden Sie sagen misshandelt, hat er sie eben blau geschlagen oder, war das für Sie so an der Grenze, wissen Sie das noch, haben Sie Erinnerungen daran?*

P: *-- ja also sie sie, hatte schon blaue Flecken sie wurde schon auch, mal blau geschlagen aber nur, äh in Verbindung mit, Alkoholeinfluss war das so, ja das war schon, mit Alkohol in Verbindung gestanden.*

I: *und wie häufig kam das vor?*

P: *also ich hab es einige Male erlebt ja, in der Zeit als mein Vater da war*

T: *und wie ging es Ihnen dabei?*

P: *ja ich habe mich sehr eingefühlt weil ich einfach Angst um sie hatte*

T: *und wie haben Sie sich so in der Regel verhalten?*

P: *ja meistens hat sie uns dann äh, sie hat uns dann weggeschickt oder ins Zimmer geschickt. das ist ja nie passiert wenn jetzt zum Beispiel mein Großvater da war oder wenn irgendeine andere Person noch, in der Wohnung war ist das ja nicht vorgekommen ja. es ist immer nur dann passiert wenn wir alleine waren, und äh, da hat man dann natürlich noch mehr Angst man hat ja niemand wo man jetzt hin kann oder Schutz suchen kann also muss man das aushalten was, jetzt passiert oder man muss abwarten, denn Ansprechpartner hat man in dem Moment ja nicht.*

T: *haben Sie das Gefühl, dass diese Erlebnisse Ihnen später noch zu schaffen gemacht haben?*

P: *ja, kann ich schon sagen das, ist eigentlich erst so, vor vier fünf Jahren so*

> *zum Ausbruch gekommen bei mir dass, ja es ist vor fünf Jahren kann ich sagen ist mir das ins Bewusstsein getreten wieder ja, ja als ich selbst, unglücklich war als ich selbst in die schwere Depression gerutscht bin in einer Stimmung, da in dieser Zeit äh kamen diese Erlebnisse auch wieder raus.*

Die Beantwortung der letzten Frage durch die Patientin führt zu der Bewertung eines sog. »unverarbeiteten Traumas«. Hier wird deutlich, dass die Bedrohungen in der Kindheit erst in Zusammenhang mit dem späteren depressiven Zusammenbruch (Im AAI-Manual als »strong behavioral reaction« bezeichnet) wieder ins Bewusstsein traten. Es ist anzunehmen, dass die Patientin diese Angstgefühle sehr lange »konserviert«, d. h. verdrängt hatte, da sie offenkundig eine unauffällige seelische Entwicklung als Jugendliche und Erwachsene genommen hatte (wie der Analytiker auch bestätigte). Da die Patientin im Interview diese traumatischen Erfahrungen mit ihrer jetzigen ängstlich-depressiven Reaktion assoziiert, kann dies als eine »verspätete Reaktion« auf die traumatischen Erfahrungen interpretiert werden.

Die erste Hypothese des Analytikers, dass die Patientin »unsicher verstrickt« sei, ließ sich mit den Auswertungen des AAI nicht bestätigen, jedoch konnte der Analytiker die Klassifikation »unverarbeitetes Trauma« in seine Beobachtungen einreihen: Sowohl klinisch als auch im AAI wurde die Identifizierung von unverarbeiteten traumatischen Erfahrungen, die die Patientin in ihrer Entwicklung schwerwiegend einschränkten, bzw. die Entwicklung einer ängstlich-depressiven Psychopathologie begünstigten, erkennbar. Die Klassifikation »Bindungssicherheit« war aus klinischer Sicht schwerer nachzuvollziehen. Angesichts der unveränderten hochgradig pathologischen Lebenssituation der Patientin war der Analytiker über dieses Ergebnis mit Recht sehr erstaunt. Aus psychoanalytischer Perspektive kann die im AAI gezeigte Autonomie der Patientin auch Abwehrcharakter haben. Szenisch bildet sich im AAI genau das ab, was sich in der therapeutischen Beziehung widerspiegelt: Die Patientin will den Analytiker nicht belasten, indem sie wütend ist, deponiert jedoch in ihm unbewusst die negativen Affekte. Diese komplexe Form der Abwehr, die einen interaktionellen Charakter in sich birgt, lässt sich im AAI nicht identifizieren. Der abgewehrte Ärger der Patientin, den der Analytiker sowohl in der Gegenübertragung wahrnahm als auch in den herzphobischen Angstanfällen der Patientin identifizierte, tauchte im AAI-Interview nicht auf. Wir können daraus entnehmen, dass Bindungsautonomie nicht immer mit psychischer Konflikt- und Symptomfreiheit gleichzusetzen ist. An diesem Fall wird eine

Diskrepanz zwischen der Bindungsklassifikation und der Einschätzung durch den Psychoanalytiker deutlich und dass eine 1:1 Zuordnung von Bindungstypologie und Psychopathologie nicht möglich ist. Es kann angenommen werden, dass die vorausgehende zweijährige Psychotherapie der Patientin zur Fähigkeit verholfen hat, im AAI kohärent, wertschätzend und kooperativ zu sein. Aus klinischer Sicht mussten jedoch weitere Jahre niederfrequenter analytischer Arbeit investiert werden, bis die Patientin ihr Leben wirklich autonom gestalten konnte.

Kasuistik III: Das Adult Attachment Interview als Erstinterview und seine szenische Information
Eine weitere Kasuistik behandelt den Nutzen des Adult Attachment Interviews, um Vergangenes im Hier und Jetzt in einer psychoanalytischen Erstinterviewsituation zu evaluieren. Hypothese war, dass das AAI für den Kliniker interessante szenische Informationen enthält, die zur Formulierung einer Psychodynamik verwendet werden können. Das Zusammenspiel dieser beiden Perspektiven wurde anhand eines Einzelfalls einer depressiven Patientin mit chronifizierter Migräne und einer unverarbeiteten Verlusterfahrung auf dem Boden einer narzisstisch-hysterischen Persönlichkeitsstruktur veranschaulicht (Buchheim eingereicht):

Zum Erstinterview kam zu mir (AB) eine 30-jährige attraktive, sehr locker sommerlich bekleidete Patientin, die das Gespräch mit dem Satz begann: »*Mein Hund stirbt heute, deshalb schaue ich so aus*«. In dem Moment stiegen ihr Tränen in die Augen. Es kam mir so vor, als brauche sie dieses traurige Ereignis als Eintrittskarte, um über sich selbst sprechen zu können. Ihre Traurigkeit versucht sie dann mit einem fröhlichen Lachen zu vertuschen.

Ich muss zugeben, dass ich beim Nachdenken über das Erstinterview und der damaligen schriftlichen Ausarbeitung diesen Satz nicht weiter wichtig nahm, obgleich ich ihn mir gemerkt habe. Was mir jedoch anhaltenden Eindruck machte, war ihre leidvolle Hilflosigkeit gegenüber wiederholten Erfahrungen von Beziehungsabbrüchen. Gleich in der ersten Stunde testet sie mich übergriffig mit dem Satz: »*Kann man mit Ihnen über Sex*« sprechen?

Im nachfolgenden AAI schildert die Patientin auf deutlich inkohärente Weise ihre Erinnerungen an die Beziehung zu ihren Eltern. Sie spricht von einer »*ganz lieben Mutter*«, zu der sie ein »*super gutes Verhältnis*« hatte. Zum Vater hatte sie eine »*Nicht-Beziehung*«, weil er nie da war; sie hatte Angst vor ihm und einen »*Höllen-Respekt*«. Auf die Bitte nach Konkretisierung der Beziehung zur Mutter anhand von fünf Adjektiven und *episodischen* Erinnerungen, die diese Charakteristiken der Beziehung untermauern, hält die Patientin an überwiegend positiven Erinnerungen fest. Repetitiv erzählt sie von nicht individuell klingenden Spielsituationen auf dem Abenteuerspielplatz mit ihrer Mutter. Nebenbei erwähnt sie Eifersuchtsszenen der Mutter auf ihren pubertären Körper sowie Mutters »*Reinigungsfimmel*« und »*Unglücklichsein*«. Auf die Frage zur Charakterisierung der Beziehung zum Vater fällt ihr sofort wieder ein, dass sie Angst vor ihm hatte. Sie erinnert, wie der Vater sie auf einen hohen Küchenschrank gesetzt hat oder ihr eine Zigarette auf dem Schenkel ausdrückte. Das Ausmaß der Bedrohungen – die den Charakter von Deckerinnerungen tragen – wird von ihr nicht ausgearbeitet, vielmehr schwenkt sie unbemerkt auf Szenen über, die ihren Vater als einen Charmeur und patenten Kerl erscheinen lassen. Übergangslos findet sie sich in ihrer Erinnerung dann in gewalttätigen Situationen wieder, in denen der Vater »*Wandregale herunterriss, die Mutter bedrohte und im Suff unberechenbar wurde*«. Als bei ihr die Entscheidung mit sechs Jahren anstand, ob sie zum Vater oder zur Mutter ziehen wollte, tat sie sich unheimlich schwer, aus Angst davor, den Vater zu enttäuschen.

Der nächste Fragenabschnitt im AAI widmet sich Erinnerungen an Kummererfahrungen, Trennungen und Bedrohungen. Eine Zuspitzung erfährt das Interview mit Fragen über frühe und/oder aktuelle Verlusterfahrungen durch Tod. Die Patientin inszenierte nun eine eindrückliche Sequenz. Die folgende Passage stellt einen Auszug aus einer über 2,5 Seiten hinziehenden Antwort auf die Frage über Verluste durch Tod von wichtigen Personen im Lebenslauf dar: Zunächst spricht die Patientin von Verlusten ihrer Großmutter (P. 9 Jahre) väterlicherseits und Großvater mütterlicherseits (P. 25 Jahre), die sie »*wenig berührten*«.

Bevor sie zur Darstellung des Todes ihres Vaters vor drei Jahren kommt, erinnert sie zunächst sexualisierende Bemerkungen des damals noch lebenden Vaters (die folgenden Zitate sind aus Platzgründen gekürzt).

P: *ja, wir hatten ja schon länger keinen Kontakt mehr. Ich hab ihn irgendwann auf der Straße zur Rede gestellt, nachdem er mich, also: Hatte ich einen weiten Mantel an, ›dann war ich schwanger‹; ›hatte ich einen weiten Pulli an, war ich schwanger‹.*

Daran schließen sich unmittelbar Erinnerungen an Gewalttätigkeiten des Vaters an, die schließlich zu einem völligen Kontaktabbruch führten:

P: *... Da hat er mir dann die Tür eingetreten, weil er unbedingt rein wollte und ich wollte ihn nicht rein lassen. Im Endeffekt weiß ich gar nicht, was* er überhaupt wollte, weil er dann halt gegangen ist. Ja, und auf jeden Fall aufgrund dieser Vorfälle und unserer nicht vorhandenen Beziehung, die wir zueinander hatten, hat sich das total im Sande verlaufen ...*

Übergangslos schildert sie dann eine erneute Wiederbegegnung mit dem Vater (nach sechs Jahren), hier spielt ein Hund als »Vermittler« eine Rolle:

P: *Und irgendwann bin ich dann am Garten vorbei, war er tatsächlich drin, dann hab ich so gegrüßt, sag ich ›Guten Tag Herr S.‹, weil ich wusste ja gar nicht, wie ich ihn nennen soll, sagte er ›so, guten Tag‹. Ich sagte: ›Ja, du weißt jetzt auch nicht, wo du mich hintun sollst?‹ Da sagte er: ›nein, tut mir leid, im Moment kann ich Sie nicht zuordnen‹ (lacht). Ich sagte: ›Ja, ich bin's, deine Tochter‹. Er: ›Ach ja, komm rein‹; dann war er auch sehr nett, sehr höflich, hat mir auch was zu trinken angeboten, den Hund bewundert, wir haben uns also oberflächlich unterhalten.*

Wir können bisher zusammenfassen: Auf die Frage nach dem Tod des Vaters schildert die Patientin zunächst drei Szenen mit dem noch lebenden Vater, die beim Zuhören wie Einsprengsel vorkommen und eine erschlagende Intensität erreichen: Sexualisierung, Gewalt und bedrückende Wiederbegegnung am Gartenzaun – wie als ob sie den Vater prolongiert lebendig halten muss, bevor sie sich auf die ursprünglich gestellte Frage einlassen kann.

Schließlich spricht sie über den Tod des Vaters und die Beerdigung:

P: *Ja, und dann sind wir auf die Beerdigung, oh ich hatte solche Angst, mein Bruder auch, wie die Verwandtschaft reagiert... und dann halt sind wir mit raus ans Grab und dann standen da stand da so ein Eimer mit Blumen, lauter rote Rosen und zwei gelbe. Ich glaub, da hat seine Frau schon ganz richtig eingekauft, aber ja, ich hab die dann stehen lassen.*

Auf die Frage, ob der Tod des Vaters in ihrem Leben etwas verändert habe, antwortet sie stockend:

P: *Nee. Ich dachte erst, das wäre vielleicht jetzt, ich würde nicht mehr so oft über ihn nachdenken. Also es ist ja nicht so, dass ich dauernd über ihn nachdenke, aber irgendwo ja, als wäre er nicht so; bewusstes Nachdenken, <u>als wäre er halt immer so anwesend</u>. Und das hab ich jetzt lange Zeit oft nicht. Dass ich; also da denk ich überhaupt gar nicht an ihn.*

Der Hörer oder Leser wird durch die Detailgenauigkeit der Beerdigungsszenerie mit den zwei gelben Rosen überrascht, fast gewinnen die zwei Rosen = zwei Kinder magische Qualität. Die AAI-Methodik bewertet die vorherige lange Passage als Kohärenzverletzung (Quantität), da die Patientin unbemerkt drei ausführliche Szenen schildert, die die eigentliche Frage zunächst nicht beantworten. Psychodynamisch gesehen birgt dies jedoch eine in sich eindrückliche Inszenierung, eine szenische Information (Argelander 1970). Daraufhin fällt die sprachliche Desorientierung der Patientin auf, wenn sie schließlich über den Tod des Vaters erzählt. Hier sticht die seltsame Detailgenauigkeit sowie die widersprüchliche Passage ins Auge, in der nicht klar wird, ob sie an den Vater noch denkt oder nicht, ob er für sie tot ist oder nicht. Letzteres Merkmal wird in der AAI-Methodik als Hinweis dafür gesehen, dass Verarbeitungsprozesse bezüglich des Todes noch nicht abgeschlossen sind.

Meine Arbeitshypothese, gewonnen aus dem Erstinterview und dem AAI, verdichtete sich wie folgt: Die Patientin präsentiert als Symptomatik depressive Einbrüche in Konfliktsituationen, die sich als »Todstellhaltung« manifestieren sowie chronifizierte Migräneanfälle und Beziehungsschwierigkeiten. Die Eingangsszene deutet darauf hin, dass die Patientin zentrale Gefühle mit Tod assoziiert (»Mein Hund stirbt heute, deswegen schaue ich so aus«). Der Tod des Vaters der Patientin liegt drei Jahre zurück – erst später in der Analyse erinnert die Patientin, dass sie den Vater einmal »menschlich« erlebte, nämlich als er beim Tod eines Hundes weinte. Nach dem Verlust des Vaters beginnen die depressiven Einbrüche und starken Rückzugstendenzen der Patientin mit Phasen, in denen sie sich dann wie tot stellt und den Kontakt mit der Welt abbricht. Der Tod des Vaters wirkt arretiert und unverarbeitet, stattdessen tauchen affektgeladene, sexualisierte Themen auf (AAI-Verlustfrage: Erinnerung an die Bemerkungen des Vaters zu einer vermeintlichen Schwangerschaft; Erstinterview: »Kann man mit Ihnen über Sex sprechen?«). Ihre Angst, die Mutter zu belasten (Parentifizierung) und vielleicht damit auch zu verlieren, erklärt einerseits ihren Wunsch, die Mutter von der Beerdigung fernzuhalten. Andererseits könnte man vermuten, dass die Patientin sich in dieser Abschiedssituation (Sehnsucht, den Vater einmal alleine zu besitzen) nicht triangulierungsfähig zeigte, was auf eine pseudo-ödipale Entwicklung hinweisen könnte.

Fazit

Im ersten geschilderten Fall (Buchheim/Kächele 2001) wurde deutlich, dass das AAI durch seine diffizile Auswertung den Blickwinkel des Therapeuten erweitern, ihn sicherer machen kann, die bindungsrelevanten und vor allem traumatischen Erfahrungen angemessen zu registrieren und in die therapeutische Beziehung einzubringen (s. a. Köhler 1998; Steele/Steele 2000; Lichtenberg 2003). Die AAI-Auswertemethodik geht präzise und textnah vor. In einem kleinen Ausschnitt eines Textes kann sich verstecken, dass ein erlittener Verlust einschränkende Folgen hatte. Um sich mit diesem Thema bewusst nicht beschäftigen zu müssen, wird es – textuell gesehen – verleugnet, vergessen oder gar ungeschehen gemacht. Die Bindungsforschung bietet dem Kliniker ein Handwerkzeug, mit dem die unterschiedlichen Fähigkeiten einer Person zum Nachdenken und Sprechen über Bindungserfahrungen erkennbar werden.

Im zweiten Fall der ängstlich-depressiven Patientin (Buchheim/Kächele 2002) verschätzte sich der Therapeut beträchtlich mit der im Auftakt illustrierten Behauptung, »alles im Leben der Patientin ist verwickelt«. Hier schnitt die Patientin aus AAI-Perspektive deutlich besser ab. Mit ihrer im AAI präsentierten Fähigkeit, verschiedene Perspektiven einzunehmen, wertschätzend zu sein, zu verzeihen, offen negative Gefühle auszusprechen, »verdient« sie sich eine sichere Bindungsrepräsentation. Problematisch dabei ist, und das lernen wir von der psychoanalytischen Perspektive, dass die Autonomie der Patientin im AAI im psychischen Funktionieren einen Abwehrcharakter haben kann. Hätte sie im AAI einmal auf ihre alkoholabhängige, vernachlässigende Mutter oder ihren abwesenden, gewalttätigen Vater geschimpft, wäre dem Analytiker wohler gewesen.

Die dritte Kasuistik arbeitete heraus, dass das Beobachten des Umgangs mit den Fragen aus dem AAI im Rahmen einer Erstinterviewsituation szenische Informationen liefern kann, die psychodynamisch verwertbar sind. Rekonstruierend ist anzunehmen, dass es sich bei der Patientin mit einer überwiegend schwachen, hilflosen Mutter in der Kindheit um sexualisierende, pseudotriangulierende Manöver handelte, um den Vater für sich zu gewinnen, der wiederum als wirkliche Bindungsfigur ihr nicht zur Verfügung stand, sondern übergriffig und bedrohlich war. Die Sehnsucht nach ihrem Vater wurde lange durch Hassgefühle verdeckt, die übergriffig erotischen Aspekte verdrängt, das Trauern um ihn im Agieren erstickt. Das Verhalten der Patientin im AAI brachte diese Vorgänge zum Vorschein: Sie berichtet unbemerkt (und ungefragt) ausschweifend von sexualisierenden und gewalttätigen Situationen mit dem Vater, bevor sie zur eigentlichen Frage nach dem Verlust des Vaters und seinen Auswirkungen kommt. Im psychoanalytischen Erstinterview wiederholte sich diese Verknüpfung: Es vermischten sich auf diffuse Art und Weise die Trauer der Patientin um einen gerade verstorbenen Hund und die überraschende Frage an die Analytikerin, ob man mit ihr auch über Sex sprechen könne.

Nicht das vorschnelle Schlussfolgern aus laienhaften Interpretationen, welches Bindungsmuster der oder die Patientin wohl gerade hat, verfeinert das klinische Gespür. Ein falsches Vertrauen in eine interessante, moderne Theorie birgt eher Gefahr als Gewinn in sich. Intuitiv hätte man die im dritten Fall geschilderte Patientin auch als primär bindungsdistanziert einschätzen können, ihr gingen die Beziehungen verloren, die narzisstische Problematik lässt an Bindungsvermeidung denken. Das wissenschaftliche Transkript deckt trotz der anfänglichen Idealisierung der Mutter die massive Bindungsverstrickung mit dem Vater sowie die unverarbeitete Trauer um dessen Verlust auf. Um die Vermeidung ihrer Trennungsangst in der 300-stündigen Analyse zu verstehen, nutzte nicht das Konzept der Vermeidung, sondern dass sich dahinter eine Traumatisierung verbarg, die ihre Isolationstendenzen (Rückzug aus der Welt, Weltschmerzgefühle) immer wieder aufs Neue unbewusst mobilisierten. In meiner Rolle als Analytikerin und Bindungsforscherin habe ich das a priori Wissen um die unverarbeitete Verlusterfahrung, den massiven Ärger auf den Vater und ihren lebensnotwendigen Versuch, die Mutter zu verteidigen, als hilfreich für das Verständnis ihrer symbolträchtigen Symptomatik erlebt. Gerade auf unsere Analysepausen, die sie vordergründig vermeidend als »wohltuend« betitelte, folgten meist Todstellreaktionen und chronische, bleierne Müdigkeit, die ihr unverständlich waren. Schmerzvoll tastete sich die Patientin an eine neue Bewertung der Vergangenheit heran: Ihre lang bestehende parentifizierende Strategie – nämlich die Mutter nicht zu beanspruchen, zu verteidigen, so lange wie möglich diese innerlich als »lieb« zu repräsentieren, gleichzeitig um jeden Preis unabhängig von ihr zu bleiben – konnte nach und nach gelockert und relativiert werden. Die bis dahin verdrängten, negativen episodischen Erinnerungen an Schutzlosigkeit und Hilflosigkeit wurden offener betrachtet. Es veränderte sich die namenlose Wut auf den Vater und die traumatisch bedingte Erstarrung, als sie unerwartet erinnerte, dass der Vater einst beim Tod eines geliebten Hundes bitterlich weinte und sie ihn von einer anderen Seite kennen lernte. In diesem Zusammenhang fiel ihr ein, dass sie noch niemals um den schon lange verlorenen Vater trauerte, dass es ihr nicht mal einfiel, zu weinen, und wie erlösend es sein könnte, dies nachzuholen.

Operationalisierte Psychodynamische Diagnostik – Das Unbewusste zwischen Individualisierung und Operationalisierung

Gerhard Schüßler und die OPD-Arbeitsgruppe[1]

Während die frühere und noch mehr die heutige psychiatrische Diagnostik (ICD-10, DSM-IV) überwiegend die Erfassung und Beschreibung von Symptomen in den Mittelpunkt stellt (womit die Benennung eines Krankheitsbildes angestrebt wird), begründete Freud eine andere Sichtweise: die Diagnostik der Beziehung von Arzt (Therapeut)/Patient (Übertragung/Gegenübertragung) und die Diagnostik des Unbewussten (Psychodynamik). Vielfach wurde (und wird) von Psychoanalytikern die Auffassung vertreten, hierbei handle es sich um ein individuelles Geschehen, das keiner standardisierten diagnostischen Beschreibung zugänglich sei. So bestritt Menninger (1948) auf dem Hintergrund derartiger Überlegungen die Bedeutung der Diagnostik für den psychotherapeutischen Entscheidungsprozess. Diese Position ist ebenso wie die rein symptomorientierte Diagnostik nach ICD-10 oder DSM-IV für eine nachvollziehbare psychotherapeutische Entscheidungsfindung und Handlungsleitung nicht hilfreich.

Mit der differenzierten Erfassung von Übertragung und Gegenübertragung, Konflikt und Strukturmerkmalen verfügt die psychodynamische Diagnostik heute über ein breites Theorie- und klinisches Spektrum. Diese Differenzierung der Theorie, ausgehend von der Triebtheorie über die Ich-Psychologie zur Objektbeziehungspsychologie, führt häufig zu einer unüberschaubaren Anwendung von (meta)psychologischen Konzepten, um psychische Funktionen und Störungen zu beschreiben. Unterschiedliche theoretische Hintergründe und Theorien, die sich zum Teil mehr oder weniger von klinischen Phänomenen lösten, haben zu einer erheblichen Widersprüchlichkeit von Theorien und zu Konfusion in der Begrifflichkeit geführt.

Die psychodynamische Diagnostik (und Therapie) steht und stand damit großen Herausforderungen gegenüber. Zum einen ist es unerlässlich, die gesicherten empirischen Befunde anderer Wissenschaftszweige, wie der Neurobiologie, der kognitiven Psychologie, der Ethologie oder – vor allem in den letzten zwei Jahrzehnten – der Säuglingsforschung, zur Absicherung

---

1 Mitglieder der Arbeitsgruppe: M. Cierpka, R.W. Dahlbender, H.J. Freyberger, T. Grande, G. Heuft, P.L. Janssen, F. Resch, G. Rudolf, H. Schauenburg, W. Schneider, M. Schulte-Markwort. M. Stasch, M. von der Tann.

und Überprüfung der bisherigen Theorien und Vorgehensweisen heranzuziehen. Des Weiteren ist es unerlässlich, die klinische, diagnostische und therapeutische Tätigkeit zu systematisieren und empirisch zu überprüfen. Der 1990 von Psychoanalytikern, Psychosomatikern und Psychiatern gegründete Arbeitskreis »Operationalisierte Psychodynamische Diagnostik« (OPD) ist der bisher umfassendste Versuch, psychodynamisches/psychoanalytisches Wissen und Theorien den heutigen Notwendigkeiten und Kenntnissen anzupassen und Bewährtes zusammenzufügen.

Kann man psychodynamische, unbewusste Prozesse erfassen?

Was ist die »dynamische« Wirkungsweise des Unbewussten, von welchen unbewussten Prozessen gehen wir aus und kann man das Unbewusste überhaupt erfassen oder verbleibt es im Rahmen der Intuition oder Spekulation? Freud selbst benutzte – als der wesentliche Erstbeschreiber – das Konzept des Unbewussten in drei unterschiedlichen Auslegungen. Er beschrieb das Unbewusste als dynamisch oder als das verdrängte Unbewusste, welches nicht nur das Es sondern auch Teile des Ichs, unbewusste Triebimpulse, Abwehrhaltung und Konflikte einschließt. Andererseits erklärt er das Unbewusste aus den unbewussten Anteilen des Ichs, Anteile, die nicht verdrängt sind, sondern immer unbewusst verbleiben. Weiterhin bezeichnete Freud mit dem Vorbewussten all jene Gedanken und Gefühle, die grundsätzlich dem Bewusstsein zugänglich sind, aber in der Regel unbewusst bleiben (Freud 1915e).

Was ist nun über das Unbewusste gesichert? Welches Unbewusste ist anzunehmen? Vorab: Der überwiegende Teil der Gehirnaktivitäten erfolgt unbewusst, diese unbewussten Aktivitäten sind weder vorbewusst noch sind sie ein dynamisches Unbewusstes (s. o.). Auch die Kognitionswissenschaften berücksichtigen heute in erheblichem Ausmaß unbewusste Prozesse (Posner/Rothbart 1989). Alle psychischen Prozesse sind in ihrem Wesen unbewusst, d. h. der Mensch kann nicht verfolgen, auf welche Weise sein Gehirn arbeitet und wie Erinnerung oder Sprache ablaufen. Die Informationsverarbeitung erfolgt in symbolischer und subsymbolischer Verarbeitung, wobei nur die symbolische Verarbeitung unserem Bewusstsein zugänglich ist. Die symbolische Verarbeitung kann verbal und bildhaft erfolgen. Entsprechend dieser Informationsverarbeitungswege werden Informationsspeicher oder Gedächtnisuntergruppen als deklaratives (explizit) versus prozedurales (implizit) Gedächtnis unterschieden. Squire (1987) beschreibt als deklaratives Gedächtnis Erinnerungen an Gesichter, räumliche Verteilung, verbale Erinnerungen sowohl von allgemeinem Wissen als auch spezifischen persönlichen Ereignissen. Als implizites (prozedurales) Gedächtnis bezeichnet er Verhaltensweisen oder Gewohnheiten, die wir ohne Bewusstsein anwenden. »The representation of a past event that is inaccessible to retrieval but that affects one's functioning would be considered part of procedural knowledge« (S. 210).

Psychodynamisch steht das emotionale Erleben von Menschen im Mittelpunkt; beim Menschen können emotionale Informationen – also Informationen, die emotionale Weiterverarbeitung auslösen – aus der äußeren Umgebung, dem eigenen Körper (interozeptiv) oder aus Kognitionen (Gedanken und Erinnerungen) entstehen. Emotionsverarbeitungswege verlaufen unbewusst oder bewusst und beeinflussen unser Verhalten. Alle Informationskanäle (sensorisch, emotional usf.) besitzen somit unbewusste und bewusste Verarbeitungsanteile. Mit diesen unterschiedlichen Informationswegen werden wiederkehrende erlebte Interaktionen und Episoden im Sinne kognitiv-affektiver Schemata zusammengeführt, die Stern (1985) als »Representations of Interactions that have been Generalized« (RIGs) bezeichnete. Die Erfahrungen unseres Lebens verdichten sich in diesen immer wiederkehrenden interaktionellen Bezügen, von Beginn unserer Entwicklung (präsymbolische Zeit bis ins 4. Lebensjahr) über das ganze Erwachsenenleben. In diese Interaktionen gehen die bewussten und unbewussten Anteile des Objektes (der Beziehungs- und Interaktionspartner) wie auch des erlebenden Subjekts ein und prägen in der Folgezeit das weitere Erleben und Handeln des Individuums (Kächele 1989).

Hier liegen die Grundlagen für die Erfassung der Interaktion, der Konflikte und der Struktur, wie sie in der OPD beschrieben werden.

Unbewusste Prozesse können erschlossen und operationalisiert werden, sei es das dynamisch Verdrängte oder das implizit-unbewusst Erlernte – denn sowohl Unbewusstes wie Bewusstes müssen erschlossen werden! Zu dem bewussten Erleben des Patienten hat ein Therapeut ebenfalls keinen direkten Zugang, sondern er ist darauf angewiesen, was der Patient berichtet und wie er sich verhält. Sowohl Bewusstes wie Unbewusstes müssen damit durch Mitteilungen und indirekte Indikatoren vom Beobachter erschlossen werden. Wenn Unbewusstes sich in allen Handlungen und wesentlichen interpersonellen Beziehungen äußert, ist eine Erfassung sowohl im intrapsychischen als auch interpersonell im Rahmen notwendig: Beziehungsmuster und Beziehungsschemata sind intrapsychisch repräsentiert und äußern sich interaktionell. Beziehung und Übertragung bleiben damit keine Phänomene mehr, die nur an die analytische Situation gebunden sind, vielmehr ermöglichen sie die Darstellung von grundlegenden konflikthaften Beziehungsmustern und strukturellen Problemen als Ausdruck unbewusster oder vorbewusster Gegebenheiten. Während Konflikt überwiegend unbewusste maladaptive kognitiv-emotionale Schemata umfasst, weist der Bergriff der strukturellen Störung auf eine grundlegende Störung der kognitiv-prozedural-emotionalen Verarbeitung hin (zur Übersicht Schüßler 2002).

Operationalisierte Psychodynamische Diagnostik (OPD)

In der psychodynamischen Theorie sind – entsprechend den Grundgedanken Freuds – Symptome einer psychischen Erkrankung Folgeerscheinungen zugrunde liegender bewusster und unbewusster seelischer Prozesse. Ursachen liegen damit zum einen in der psychobiologischen Konstitution eines Menschen, zum anderen in seiner individuellen Psychodynamik. Biologisches und Psychosoziales stehen damit in einer biopsychosozialen Ergänzungsreihe. Um diese psychodynamisch orientierte bio-psycho-soziale Gesamtsicht zu ermöglichen, ist ein integratives operationalisiertes diagnostisches Vorgehen notwendig, wie wir es am Beispiel der OPD vorschlagen. Die Operationalisierte Psychodynamische Diagnostik und Therapie baut damit auf mehreren unerlässlichen Grundannahmen auf:
1. Der Psychologie des Unbewussten.
2. Der Konflikt- und Objektbeziehungspsychologie mit biographischen Gesichtspunkten (alles Verhalten ist Teil einer biographischen Reihe und stammt aus Interaktionen).
3. Der Bedeutung von Übertragung und Gegenübertragung.
4. Der hilfreichen Beziehung auf Grundlage des therapeutischen Prozesses (Schüßler 2001).

Im Arbeitskreis OPD (1996) wurden fünf diagnostische Achsen festgelegt:
Achse I: Krankheitserleben und Behandlungsvoraussetzungen
Achse II: Beziehung
Achse III: Konflikt
Achse IV: Struktur
Achse V: Syndromachse (für den Bereich der Psychosomatik/Psychotherapie eine adaptierte Fassung der ICD-10).

Im Folgenden werden die jeweiligen Achsen kurz beschrieben und auf die Frage der Validität eingegangen (zur Übersicht Cierpka et al. 2001).
Betrachten wir die Reliabilität der OPD in ihren unterschiedlichen Achsen, so liegen hierzu mehrere Untersuchungen mit unterschiedlichen methodischen

Vorgehensweisen vor: Interviews – unter den Bedingungen der klinischen Routine – finden Reliabilitätswerte von Kappa = 0.30 bis 0.50 (Kappawerte zwischen 0.40 und 0.59 werden als »annehmbar« und Werte zwischen 0.60 und 0.74 als gut bewertet). Gute Reliabilitätswerte werden erreicht, wenn Video-aufgezeichnete Interviews von unabhängigen Ratern bewertet werden. Bei diesem methodischen Vorgehen finden sich für die Achse II Werte von 0.62 bzw. 0.56, für die Achse III 0.48–0,71 und für die Strukturdimension mittlere Werte von 0.71, also Übereinstimmungswerte, die als gut bewertet werden können. Die Anwendung der OPD setzt eine hinreichende Ausbildung und Erfahrung im Umgang mit psychodynamischem Wissen voraus: entsprechend zeigten sich in einer Übereinstimmungsstudie, die von zwar trainierten – jedoch klinisch unerfahrenen – Studenten durchgeführt wurde, nur Kappawerte von 0.24 (Achse II), 0.33 (Achse III) und 0.55 (Achse IV).

OPD-Achse-I: Krankheitserleben und Behandlungsvoraussetzungen

Das Krankheitserleben umfasst das Gesamt der emotionalen und kognitiven Prozesse, das auf die Erkrankung und ihre Bewältigung ausgerichtet ist. Dabei müssen berücksichtigt werden: die Art und Schwere der vorliegenden Erkrankung, das gesellschaftliche Umfeld, die Arzt-Patient-Beziehung, das psychosoziale Umfeld, Persönlichkeitsmerkmale des Erkrankten und seine Behandlungsmotivation. Krankheitserleben und Behandlungsvoraussetzungen werden im Rahmen der OPD in insgesamt 18 Dimensionen abgebildet, die je nach Ausprägung als niedrig, mittel und hoch eingeschätzt werden.

Art und Schwere der vorliegenden Erkrankung beeinflussen das Krankheitserleben, z.B. durch die körperlichen und psychischen Symptome und Behinderungen, die erforderlichen therapeutischen Notwendigkeiten, die sozialen Folgen usw. Schwere einer Erkrankung und persönlicher Leidensdruck stehen jedoch in keiner linearen Beziehung, wesentlich ist die persönliche (vor allem auch unbewusste) Verarbeitung und Bewertung der Erkrankung. Von besonderer Bedeutung sind hier auch die gesellschaftlichen und die institutionellen Bedingungen des Gesundheitssystems, mit den damit verbundenen gesundheits- und krankheitsbezogenen Einstellungen und Haltungen.

Beispiel: »Einsichtsfähigkeit für somato-psychische Zusammenhänge: Hier geht es darum, ob und in welchem Ausmaß ein Patient erkennen kann, dass seelische Symptome Folge einer körperlichen Krankheit sind. Ein

Patient mit einer hohen Einsichtsfähigkeit erkennt solche Zusammenhänge und benennt sie eventuell auch selber. Ein Patient mit einer niedrigen Einsichtsfähigkeit wird solche Zusammenhänge nicht sehen und eventuell auch verleugnen.«

Folgende Dimensionen des Krankheitserlebens und der Behandlungsvoraussetzung werden in der OPD erfasst:
- Ausmaß der körperlichen Behinderung, Beurteilung des Schweregrades der somatischen und/oder psychischen Erkrankung, Leidensdruck.
- Angemessenheit der subjektiven Beeinträchtigung zum Ausmaß der Erkrankung, Beeinträchtigung des Selbsterlebens, Sekundärer Krankheitsgewinn, Einsichtsfähigkeit für psycho-dynamische Zusammenhänge, Einsichtsfähigkeit für somato-psychische Zusammenhänge, Einschätzung der geeigneten Behandlungsform (Psychotherapie), Einschätzung der geeigneten Behandlungsform (körperliche Behandlung), Motivation zur Psychotherapie, Motivation zur körperlichen Behandlung und Compliance, Symptomdarbietung, Psychosoziale Integration, Persönliche Ressourcen, Soziale Unterstützung.

Die Achse I zeigt eine hohe klinische Relevanz, sie geht von der Oberfläche der klinischen Situation aus. Die unterschiedlichen Items lassen sich zu vier Faktoren bündeln: somatisches Erleben und Krankheitsverarbeitung, psychisches Erleben und Krankheitsverarbeitung, Einsichtsfähigkeit sowie Ressourcen und Unterstützung (Franz et al. 2000). Die Achse beantwortet damit wesentliche Fragen bezüglich der Fähigkeit und der Bereitschaft des Patienten, sich auf eine psychotherapeutische Behandlung einzulassen.

OPD-Achse II: Beziehung

Interpersonelles Verhalten gilt in allen psychotherapeutischen Schulen als der wesentliche Faktor bei der Entstehung und Aufrechterhaltung seelischer Störungen. Zahlreiche Forscher und Kliniker bemühen sich seit Anfang der 70er Jahre, Beziehungsmuster systematisch zu beschreiben und abzubilden. Gemeinsam ist den meisten Modellen eine Anordnung des interpersonellen Verhaltens in zwei bipolare Dimensionen: Kontrolle (dominant-kontrollierend versus subversiv-unterwürfig) und Affiliation (liebevoll-zugewandt versus feindselig-distanziert). Das Gesamt der interpersonellen Beziehungen kann als Mischverhältnis dieser beiden Grunddimensionen bestimmt werden. Die unendliche Vielzahl zwischenmensch-

licher Interaktionen muss hierbei auf wesentliche Grundkategorien (die reliabel und valide erschließbar sind) reduziert werden.
Psychodynamische Schulen sehen das Beziehungsverhalten als Ergebnis von mehr oder weniger unbewussten Beziehungswünschen. Damit verbunden sind intrapsychisch wirksam werdende Ängste und Befürchtungen hinsichtlich der Reaktion des Objekts (des Gegenübers) auf diese Wünsche. Von der individuellen Beziehungsgestaltung kann somit auf die intrapsychischen Konflikte geschlossen werden. Diese diagnostische Ebene ist auf das habituelle Beziehungsverhalten eines Patienten ausgerichtet, also auf die interpersonalen Einstellungen, die bei einem Patienten nach außen hin als dominant und mehr oder weniger durchgängig wirksam erscheinen.
Die Diagnostik des habituellen Beziehungsverhaltens umfasst immer zwei Dimensionen:

– Wie erlebt der Patient sich selbst?
– Wie erleben andere sich gegenüber dem Patienten?

Voraussetzung für die Einschätzung der zentralen Beziehungsgestaltung ist ein eingehendes diagnostisches Gespräch, in dem als Informationsquellen die vom Patienten geschilderten Beziehungserfahrungen und das Beziehungsverhalten des Patienten im Gespräch eingehen. Das Beziehungsverhalten im Erstgespräch ist der direkten Beobachtung zugänglich, es können aber auch eigene Reaktionen des Diagnostikers (Gegenübertragung) hierzu genutzt werden.
Von den etwa 30 zur Auswahl stehenden Grundkategorien seien einige genannt:
Der Patient erlebt immer wieder, dass er z. B. 1. andere besonders bewundert und idealisiert, 4. andere belehrt und bevormundet, 8. andere beschuldigt und anklagt, 12. andere zurückweist, 16. trotzt und sich widersetzt, 20. sich besonders anvertraut und anlehnt, 24. resigniert und aufgibt, 28. die Flucht ergreift.
Die Reaktion des Interaktionspartners wird entsprechend eingestuft.
Die OPD-Beziehungsachse zeigt mit anderen Inventaren des interpersonellen Bereiches akzeptable Übereinstimmungen (Stasch et al. 2002). Hinsichtlich der Rigidität der interpersonellen Wünsche lassen sich klare Zusammenhänge zur Psychopathologie aufzeigen und die Beziehungsmuster sind im psychotherapeutischen Prozess veränderbar und flexibel (z. B. bei depressiven Patienten geht die Veränderung der interpersonellen Variabilität mit der Verbesserung der Symptomatik einher).

OPD-Achse III: Konflikt

Seit Freud wird im psychodynamischen Denken den inneren unbewussten Konflikten eines Menschen ein zentraler Stellenwert zugewiesen. Unbewusste innerpsychische Konflikte sind innerseelische Zusammenstöße entgegengerichteter Motivationsbündel, z.B. der Wunsch nach Versorgung und der Wunsch autark zu sein. »Wenn ich mich ganz auf einen Menschen einlasse, werde ich über kurz oder lang enttäuscht, die dann entstehende Trennungsangst oder den Trennungsschmerz kann ich nicht aushalten; aus diesem Grund habe ich Abwehrmöglichkeiten entwickelt, die Beziehung zu einem anderen Menschen niemals so intensiv werden zu lassen, dass ich von dieser Beziehung abhängig werden könnte« (Mertens 1992).

Diese unbewussten *zeitlich überdauernden dysfunktionalen »neurotischen« Konflikte* beschreiben die Fixierung in einem rigiden und unauflösbaren Entweder/Oder, ohne dass es zu einer Lösung oder Entscheidung kommen kann. Die zeitlich überdauernden psychodynamischen Konflikte sind gekennzeichnet durch festgelegte Erlebensmuster eines Menschen. Dieser Mensch reagiert in entsprechenden Situationen immer wieder mit ähnlichen Verhaltensmustern. Das Vorhandensein unbewusster, Zeit überdauernder Konflikte ist an bestimmte ich-strukturelle Voraussetzungen geknüpft, ohne die ein solcher Konflikt- und Verarbeitungsprozess nicht möglich ist. Bestehen deutliche Ich-strukturelle Störungen, kommt es nicht zur Ausprägung derartiger Zeit überdauernder bewusster Konflikte. Konflikt und Struktur stellen also eine Ergänzungsreihe dar.

Das Erkennen psychodynamischer Konflikte benötigt sowohl induktives als auch deduktives Vorgehen. Induktiv meint ausgehend von beobachtbaren Phänomenen, ausgehend von sich wiederholenden Erlebnis- und Verhaltenseigenschaften, die anhand der Erkrankung des Patienten und seiner persönlichen Geschichte zurückverfolgt werden können. Deduktiv meint den Rückgriff auf das bisher empirisch und theoretisch erarbeitete Wissen um unbewusste Konflikte.

Eine nicht aufrechtzuerhaltende Grundannahme der traditionellen psychoanalytischen Theorie ist, dass in sensiblen Entwicklungsphasen gewisse Verhaltens- und Charakterbildungen geprägt werden. Das »Fixations-Regressionsmodell« muss damit von einem Modell der kontinuierlichen Entwicklung abgelöst werden (Schüßler/Bertl-Schüßler 1992). Bereits Anna Freud entwarf ein solches Modell mit der Annahme einer kontinuierlichen lebenslangen Entwicklung unter Einfluss zeitlich besonders begrenzter Reifungsabschnitte. »Die Entstehung von Psychopathologie kann so durch eine

Akkumulierung von pathologischen Interaktionsmustern verstanden werden, in der man die gesamte Kette der interagierenden Einflüsse berücksichtigt« (Kächele 1989, 248). Traditionelle psychoanalytische Termini werden in der OPD aufgrund dieser Loslösung von entwicklungspsychologischen Annahmen und der schulenspezifischen Vieldeutigkeit so weit wie möglich vermieden (z.B. analer oder oraler Konflikt). Grundbaustein des in der OPD vertretenen Konfliktmodells ist die konflikthafte Interaktionserfahrung eines Menschen; diese Erfahrungen können von der Phänomenologie (Oberfläche) erschlossen werden, hin zu ihrer unbewussten Bedeutung.

Folgen der zeitlich überdauernden Konflikte werden klinisch herausgearbeitet:
1.1 Abhängigkeit versus Autonomie.
1.2 Unterwerfung versus Kontrolle.
1.3 Versorgung versus Autarkie.
1.4 Selbstwertkonflikte (narzisstische Konflikte, Selbstwert versus Objektwert).
1.5 Über-Ich- und Schuldkonflikte (egoistische versus prosoziale Tendenzen).
1.6 Ödipal-sexuelle Konflikte.
1.7 Identitätskonflikte (Identität versus Dissonanz).
2.0 Mangelnde Konflikt- und Gefühlswahrnehmung.

Die Konflikthypothese bildet sich im anamnestischen Gespräch anhand des biographischen Materials, der Szene und der Übertragung-Gegenübertragung. Hilfreich ist die Orientierung an sich wiederholenden Mustern von Konflikten und die Frage nach dem Selbstbild (»Was sind Sie denn für ein Mensch, Sie kennen sich schon lange?«).

Bezüglich der Validierung von unbewussten Konflikten besteht das grundsätzliche Problem, dass keine anderen Instrumente vorliegen, die unbewusste Konflikte mit anerkannter Validität erfassen. Vergleicht man Bindungsstile und Konflikte, zeigt sich, dass je ambivalenter die Bindung ist, desto höher die Wahrscheinlichkeit für den Konflikt Versorgung versus Autarkie ist und je vermeidender die Bindung war, desto eher der Konflikt Autonomie versus Abhängigkeit und umso weniger der Konflikt Versorgung versus Autarkie vorlag (Müller 1999). Im klinischen Kontext überwiegen die Konflikte 1–4, der Konfliktbereich »Mangelnde Gefühls- und Konfliktwahrnehmung« ist mit einer größeren körperlichen Beeinträchtigung verbunden (Rudolf et al. 1996). Diese Ergebnisse zeigen, dass die Konfliktbeurteilung für klinische Fragestellungen nutzbar und anwendbar ist und einzelne Konflikte eine gute Differenzierbarkeit und Übereinstimmung mit verwandten Testverfahren zeigen.

OPD-Achse IV: Struktur

Die Einschätzung der Struktur orientiert sich nicht notwendigerweise an Störungen, sondern an der einem Menschen zugrunde liegenden Bereitschaft, in einer ihm eigenen Art und Weise zu fühlen, zu denken und zu handeln. Struktur begründet den Zeit überdauernden persönlichen Stil, sie ist aber nicht starr und unveränderlich, sondern zeigt lebenslange Entwicklungsprozesse. In der Psychoanalyse ist bisher kein einheitlicher Strukturbegriff zu finden.

Das Konzept des dynamischen Konflikts und der strukturellen Entwicklungsstörung sind sich ergänzende Vorstellungen. Beide Konzepte sind verschiedene Seiten einer Medaille, eines komplexen Entwicklungsgeschehens. Klinisch zeichnen sich Patienten mit strukturellen Entwicklungsdefiziten vor allen Dingen durch Defizite im Bereich der Ich-Funktionen, insbesondere der Angsttoleranz, Impulskontrolle usw. aus. Ein wichtiger Baustein bei der Erfassung der Funktionsweise einer Person war die Beschreibung der so genannten Ich-Funktionen.

Im Gegensatz zu dem Modell des Entwicklungskonflikts (Symptom als Folge eines wiederbelebten Konflikts) ergibt sich die Entwicklungsstörung als Folge von Entwicklungsbehinderungen, die es einem Menschen nicht ermöglicht haben, eine hinlängliche Reife zu erfahren und stabile Objektbeziehungen aufzubauen. Unter *Objektbeziehungen* verstehen wir, wie ein Mensch zu seiner Welt, sich selbst und anderen Menschen in Beziehung tritt (Objekt = Bezugspartner). Damit wird die Gesamtheit der phantasierten und sich im Verhalten darstellenden Beziehungen eines Menschen angesprochen. Grundlage ist das von Anfang an bestehende Bedürfnis eines Menschen nach zwischenmenschlich tragenden Beziehungen. Störungen dieser Entwicklung zeigen sich in Defekten der Ich-Funktion und des Selbst-Systems. Das *Selbst-System* lässt sich in seiner Organisation in den Selbst-Wert (Gefühl des eigenen Wertes, Narzissmus) und das Selbst-Identitätssystem teilen. Spannungsfreie Zustände sind mit Wohlbefinden und Sicherheitsgefühl verbunden. Selbstvertrauen, Selbstsicherheit und ein konstantes Bild der eigenen Geschichte zu besitzen sind Grundvoraussetzungen für seelische Gesundheit.

Die in der OPD verwirklichte Erfassung der Struktur verfolgt einen integrativen, psychodynamischen Ansatz, verzichtet jedoch ebenso wie im Bereich der Konflikte auf die Verwendung überlieferter psychoanalytischer (meist mehrdeutiger) Begriffe, um statt dessen das Verhalten und Erleben von Patienten und Therapeuten in der diagnostischen Situation möglichst beobachtungsnah zu erfassen. Die psychische Struktur wird hierbei als die Struktur des Selbst in Beziehung zu anderen betrachtet.

Anhand von sechs wesentlichen beobachtbaren Funktionen kann die zugrunde liegende Struktur gekennzeichnet werden:
1. Die Fähigkeit zur Selbstwahrnehmung.
2. Die Fähigkeit zur Selbststeuerung.
3. Die Fähigkeit zur Abwehr.
4. Die Fähigkeit zur Objektwahrnehmung.
5. Die Fähigkeit zur Kommunikation.
6. Die Fähigkeit zur Bindung.

Das Ausmaß und die Qualität der zugrunde liegenden Fähigkeiten oder Störungen lässt unterschiedliche Integrationsniveaus der Struktur unterscheiden: gut integriert, mäßig integriert, gering integriert und desintegriert. Damit ist es möglich, ein Kontinuum zu beschreiben, das sich zwischen den extremen Polen der reifen, gesunden Struktur bis hin zur psychotischen Struktur bewegt.

Ebenso wie zur Reliabilität liegen bei Struktur die besten Ergebnisse zur Validität (Übereinstimmungsvalidität, Vorhersagevalidität und Konstruktvalidität) vor. Im Vergleich zu anderen Untersuchungsinstrumenten finden sich akzeptable, zum Teil gute Übereinstimmungen (z. B. Grande 2002). Für den Therapieverlauf ist die Struktur ein sehr guter Prädiktor (Rudolf et al. 1996).

OPD-2

Mit der breiten klinischen und wissenschaftlichen Anwendung der OPD im deutschsprachigen und internationalen Rahmen (englische und italienische Übersetzung) konnten wichtige Impulse für die Fortführung und Weiterentwicklung der psychodynamischen Diagnostik geliefert werden. Aber auch zu überarbeitende Grenzen und Probleme wurden deutlich, Probleme, die in – einer voraussichtlich Anfang 2006 erscheinenden Fortführung – der OPD-2 aufgearbeitet werden. Vorwiegendes Ziel der OPD-2 ist es, das System im klinisch-therapeutischen Alltag verstärkt nutzbar und einsetzbar zu machen. Die OPD-Diagnostik soll sich in einer klinischen Focus-Formulierung und der darauf aufbauenden Therapiezielbestimmung bündeln. Als Focus sollen jene diagnostischen Merkmale beschrieben werden, welche die Störung mitverursachen und aufrechterhalten und damit für die Behandlung die zentrale Rolle spielen. Nach den bisherigen Erfahrungen beinhaltet die Focusbildung mindestens einen Beziehungsfocus und mindestens je einen Konflikt- und Strukturfocus. Damit ist der Schritt von der Diagnostik zur Therapie noch deutlicher getan; ein Schritt, wie er für eine zielgerichtete Therapie in Anbetracht der Begrenzungen, die das Gesundheitswesen und die Praxis vorgibt, immer notwendiger wird.

Bibliographie

Abelin, E. (1971): The role of the father in the separation-individuation process. In: McDevitt, J.B./C.F. Settlage (Hrsg.): Separation - Individuation. New York (Int. Universities Press), 229-252.
Ablon, J.S./E.E. Jones (2002): Validity of controlled clinical trials of psychotherapy: findings from the NIMH Treatment of Depression Collaborative Research Program. American Journal of Psychiatry 159, 775-783.
Adler, R.H./J.M. Herrmann/K. Köhle/W. Langewitz/O.W. Schonecke/T. von Uexküll/W. Wesiack (2003) (Hrsg.): Uexküll. Psychosomatische Medizin. Modelle ärztlichen Denkens und Handelns. München (Urban & Fischer).
Ahrens, S./W. Schneider (2002) (Hrsg.): Lehrbuch der Psychotherapie und Psychosomatischen Medizin. Stuttgart (Schattauer).
Aichhorn, T. (2001): Das Differential in der Psychoanalyse. Sprachverwirrung: Übertragung - Übersetzung. Zeitschr f psychoanal Theorie und Praxis 16, 405-443.
Aigner, J.C. (1999): Das Verschwinden der Sexualität? Psychoanalyse, Geschlechterverhältnis und postmoderne Erregung. Vortrag gehalten an der Universität Klagenfurt im Dezember 1999.
Ainsworth, M./M. Blehar/E. Waters/S. Wall (1978): Patterns of Attachment: A Psychological Study of the Strange Situation. Hillsdale (Lawrence Erlbaum Associates).
Albani, C./D. Pokorny/R.W. Dahlbender/H. Kächele (1994): Vom Zentralen Beziehungs-Konflikt-Thema (ZBKT) zu Zentralen Beziehungsmustern (ZBM). Eine methodenkritische Weiterentwicklung der Methode des »Zentralen Beziehungs-Konflikt-Themas«. PPmP 44, 89-98.
Albani, C./R. Volkart/J. Humbel/G. Blaser/M. Geyer/H. Kächele (2000): Die Methode der Plan-Formulierung: Erste deutschsprachige Reliabilitätsstudie zur »Control Mastery Theory« von Joseph Weiss. PPmP 50, 470-471.
Albani, C./G. Blaser/E.E. Jones/H. Thomä/H. Kächele (2001): Amalia X im Lichte des »Psychotherapie-Prozess Q-Sort« von E. Jones. In: Stuhr, U./M. Leuzinger-Bohleber/M. Beutel (Hrsg.): Langzeit-Psychotherapie. Perspektiven für Therapeuten und Wissenschaftler. Stuttgart (Kohlhammer), 215-223.
Albert, H. (1964): Probleme der Theoriebildung - Entwicklung, Struktur und Anwendung sozialwissenschaftlicher Theorien. In: Albert, H. (Hrsg.): Theorie und Realität. Tübingen (Mohr), 5-47.
Altmeyer, M. (2004a): Inklusion, Wissenschaftsorientierung, Intersubjektivität. Modernisierungstendenzen im psychoanalytischen Gegenwartsdiskurs. Gedanken anlässlich einer amerikanischen Tagungsreise. Psyche - Z Psychoanal 58, 1111-1125.
Altmeyer, M. (2004b): Kampf dem Konfessionszwang. Die oft schon totgesagte Psychoanalyse ist am Leben: Eindrücke von zwei Konferenzen in den USA. Frankfurter Rundschau, 28.03.2004.
Alvarez, A. (1992): Zum Leben wiederfinden. Psychoanalytische Psychotherapie mit autisti-

schen, Borderline-, vernachlässigten und mißbrauchten Kindern. Frankfurt/M (Brandes & Apsel) 2001.
Alvarez, A. (2000): Diskussion von Stern (2000a) und Green (2000a). Zeitschr f psychoanal Theorie und Praxis 16 (2001), 73-79.
Anderson, E.M./M.J. Lambert (1995): Short-term dynamically oriented psychotherapy: A review and meta-analysis. Clin Psychol Rev 15, 503-514.
Andersson, G. (1988): Kritik und Wissenschaftsgeschichte. Tübingen (Mohr).
Antikainen, R./J. Hintikka/J. Lehtonen/H. Koponen/A. Arstil (1995): A prospective follow-up study borderline personality disorder in patients. Acta Psychiatrica Scandinavia 92, 327-335.
Appelsmeyer, H. (1996): Stil und Typisierung in weiblichen Lebensentwürfen. Eine vergleichende Analyse biographischer und literarischer Konstruktionen älterer Frauen. Weinheim (Deutscher Studien Verlag).
Arbeitskreis OPD (Hrsg.) (1996): Operationalisierte Psychodynamische Diagnostik. Grundlagen und Manual. Bern (Huber) 2004.
Argelander, H. (1970): Das Erstinterview in der Psychotherapie. Darmstadt (Wissenschaftliche Buchgesellschaft).
Argelander, H. (1984): Eine vergleichende Studie von Verbatim- und Gedächtnisprotokollen. Psyche - Z Psychoanal 38, 384-419.
Aristoteles: Metaphysik. Reinbek bei Hamburg (Rowohlt) 1994.
Arlow, J./C. Brenner (1990): The psychoanalytic process. Psychoanal Quart 59, 678-692.
Atteslander, P. (1995): Methoden der empirischen Sozialforschung. Berlin (de Gruyter).
AWMF online: Leitlinien Psychotherapeutische Medizin und Psychosomatik. Somatoforme Störungen im Überblick. http://www.uni-duesseldorf.de/AWMF/II/psytm001.htm.
Bachelard, G. (1938): Die Bildung des wissenschaftlichen Geistes. Beitrag zu einer Psychoanalyse der objektiven Erkenntnis. Frankfurt/Main (Suhrkamp) 1978.
Baldoni, F./B. Baldaro/G. Trombini (1995): Psychotherapeutic perspectives in urethral syndrome. Stress Medicine 11, 79-84.
Balzer, W. (1997): Die Wissenschaft und ihre Methoden. Grundsätze der Wissenschaftstheorie. Ein Lehrbuch. Freiburg (Alber).
Bänninger-Huber, E. (1992): Prototypical affective microsequences in psychotherapeutic interaction. Psychotherapy Research 2, 291-306.
Bänninger-Huber, E. (1996): Mimik - Übertragung - Interaktion. Die Untersuchung affektiver Prozesse in der Psychotherapie. Bern (Huber).
Bänninger-Huber, E./B. Juen (2002): Psychotherapeutic change as a developmental process. Paper presented at the Conference »Clinical Emotion Research. The State of the Art«, The Saarland University, October 4th-5th 2002.
Bänninger-Huber, E./K. Köhler (2002): Interaktive Regulierung von Eifersucht bei Paaren. Vortrag gehalten an der »5. Wissenschaftliche Tagung der Österreichischen Gesellschaft für Psychologie«, Universität Wien, 1.-2. März 2002.
Bänninger-Huber, E./C. Widmer (1994): What can emotion psychology contribute to the understanding of psychoanalytic process? A new approach to the investigation of guilt Feelings and envy in psychotherapeutic interaction. In: Boothe, B./R. Hirsig/B. Helminger/R. Meier-Faber/R. Volkart (Hrsg.): Swiss Monographs in Psychology. Vol. 3: Perception-Evaluation-Interpretation.
Bänninger-Huber, E./C. Widmer (1997): Affektive Beziehungsmuster. Was kann die differenzierte Betrachtung der Beziehungsmuster zum Verständnis psychotherapeutischer Veränderung beitragen? Psychotherapeut 42, 356-361.

Bibliographie

Bänninger-Huber, E./C. Widmer (1999): Affective relationship patterns and psychotherapeutic change. Psychotherapy Research 9, 74-87.

Bänninger-Huber, E./C. Widmer (2000): Interaktive Beziehungsmuster und ihre Bedeutung für psychotherapeutische Veränderung. Verhaltenstherapie und Verhaltensmedizin 21, 439-454.

Bänninger-Huber, E./U. Moser/E. Steiner (1990): Mikroanalytische Untersuchung affektiver Regulierungsprozesse in Paar-Interaktionen. Zeitschrift für Klinische Psychologie 19, 123-143.

Bänninger-Huber, E./D. Peham/B. Juen (2002): Mikroanalytische Untersuchung der Affektregulierung in der therapeutischen Interaktion mittels Videoaufnahmen. Psychologische Medizin 3, 11-16.

Bänninger-Huber, E./R. Müller/M.-T. Barbist/K. Schranz (2004): Emotionale Regulierungsprozesse bei Frauen mit anorexia nervosa. In: Hermer, M. /H.G. Klinzig (Hrsg.): Nonverbale Prozesse in der Psychotherapie. Tübingen (dgvt), 289-303.

Barkham, M./A. Rees/D.A. Shapiro/W.B. Stiles/R.M. Agnew/J. Halstead/A.I./V. Harrington (1996): Outcomes of time-limited psychotherapy in applied settings: Replication of the second Sheffield psychotherapy Project. Journal of Consulting and Clinical Psychology 64, 1079-1085.

Barrow, J. (1988): Die Natur der Natur. Wissen an den Grenzen von Raum und Zeit. Reinbek bei Hamburg (Rowohlt) 1996.

Barth, K./G. Nielsen/O.E. Havik/B. Haver/E. Molstad/H. Rogge/M. Skatun/A.N. Heiberg/H. Ursin (1988a): Assessment for three different forms of short-term dynamic psychotherapy. Findings from the Bergen Project. Psychother Psychosom 49, 153-159.

Barth, K./G. Nielsen/B. Haver/O.E. Havik/E. Molstad/H. Rogge/M. Skatun (1988b): Comprehensive assessment of change in patients treated with short-term dynamic psychotherapy: an overview. A 2-year follow-up study of 34 cases. Psychother Psychosom 49, 141-150.

Bassler, M./S.-O. Hoffmann (1994): Stationäre Psychotherapie bei Angststörungen - ein Vergleich ihrer therapeutischen Wirksamkeit bei Patienten mit generalisierter Angststörung, Agoraphobie und Panikstörung. PPmP 44, 217-225.

Bassler, M./B. Potratz/H. Krauthauser (1995): Der »Helping Alliance Questionnaire« (HAQ) von Luborsky. Möglichkeiten zur Evaluation des therapeutischen Prozesses von stationärer Psychotherapie. Psychotherapeut 40, 23-32.

Bateman, A./P. Fonagy (1999): The effectiveness of partial hospitalization in the treatment of borderline personality disorder: a randomized controlled trial. American Journal of Psychiatry 156, 1563-1569.

Bateman, A./P. Fonagy (2001): Treatment of borderline personality disorder with psychoanalytically oriented partial hospitalization: an 18-month follow-up. American Journal of Psychiatry 158, 36-42.

Bateson, G. (1979): Geist und Natur. Eine notwendige Einheit. Frankfurt/Main (Suhrkamp) 1983.

Bauer, J. (2001): »Integrating Psychiatry, Psychoanalysis, Neuroscience« - Neue Töne auf den Jahrestagungen der American Psychosomatic Society (APS) und der American Psychiatric Association (APA). PPmP 51, 265-266.

Baxter, L.R./J.M. Schwartz/D.S. Bergman/M.P. Szuba/B.H. Guze/J.C. Mazziotta/A. Alazraki/C.E. Selin/H.-K. Ferng/P. Munford/M.E. Phelps (1992): Caudate glucose metabolic rate changes with both drug and behaviour therapy for obsessive-compulsive disorder. Arch Gen Psychiatry 49, 618-689.

Bibliographie

Beckmann, D. (1988): Aktionsforschungen zur Gegenübertragung - Rückblick auf ein Forschungsprogramm. In: Kutter, P./R. Páramo-Ortega/P. Zagermann (Hrsg.): Die psychoanalytische Haltung. Auf der Suche nach dem Selbstbild der Psychoanalyse. München (Verlag Internationale Psychoanalyse), 231-243.

Beckmann, D./H.-E. Richter (1972): Gießen-Test (GT). Ein Test zur Individual- und Gruppendiagnostik. Bern (Hans Huber).

Bem, S. (2001): The explanatory autonomy of psychology. Why a mind is not a brain. Theory & Psychology 11, 785-795.

Benjamin, L.S. (1974): Structural analysis of social behavior (SASB). Psychological Review 81, 392-425.

Benecke, C. (2002): Mimischer Affektausdruck und Sprachinhalt. Interaktive und objektbezogene Affekte im psychotherapeutischen Prozess. Bern (Peter Lang).

Benecke, C./J. Merten/R. Krause (2000): Über die Bedeutung des intersubjektiven Feldes in der Psychotherapie. Psychotherapie 5, Heft 2.

Bennoit, D./K.C.H. Parker (1994): Stability and transmission of attachment across three generations. Child Development 65, 1444-1456.

Benson, K./A.J. Hartz (2000): A comparison of observational studies and randomized controlled trials. New England Journal of Medicine 342, 1878-1886.

Bergmann, M.S. (2000): Der Konflikt zwischen Aufklärung und Romantik im Spiegel der Geschichte der Psychoanalyse. Jahrbuch Psychoanal 42, 73-103.

Bernfeld, S. (1925): Psychologie des Säuglings. Wien (Springer).

Bernstein, R. (1983): Beyond Objectivism and Relativism. Science, Hermeneutics, and Praxis. Philadelphia (Univ. of Pennsylvania Press).

Betlheim, S./H. Hartmann (1924): Über Fehlreaktionen des Gedächtnisses bei Korsakoffscher Psychose. Arch. Psychiat. 72, 278.

Beutel, M. (2000): Psychodynamische Kurztherapien. Neuere Entwicklungen, Behandlungsverfahren, Wirksamkeit, Indikationsstellung. Psychotherapeut 45, 203-213.

Beutel, M. (2002): Neurowissenschaften und Psychotherapie. Neuere Entwicklungen, Methoden und Ergebnisse. Psychotherapeut 47, 1-10.

Beutel, M./R. Thiede/J. Wiltink/I. Sobez (2001): Effectiveness of behavioral and psychodynamic in-patient treatment of severe obesity - first results from a randomized study. Int J Obes Relat Metab Disord 25, Suppl 1, 96-98.

Beutel, M./M. Rasting/U. Stuhr/B. Rüger/M. Leuzinger-Bohleber (2004): Assessing the impact of psychoanalyses and long-term psychoanalytic therapies on health care utilization and costs. Psychotherapy Research 14, 146-160.

Beutler, L.E. (1998): Identifying empirically supported treatments: What if we didn't? Journal of Consulting and Clinical Psychology 66, 113-120.

Bibring, E. (1943): The conception of the repetition compulsion. Psychoanal Quarterly 12, 486-519.

Bion, W.R. (1959): Attacks on linking. Int J Psychoanal 40, 308-315.

Bion, W.R. (1962a): A theory of thinking. Int J Psychoanal 43, 306-310.

Birdwhistell, R.L. (1971): Kinesics and context: essays on body-motion communication. London (Penguin Press).

Blagys, M.D./M.J. Hilsenroth (2000): Distinctive features of short-term psychodynamic-interpersonal psychotherapy: a review of the comparative psychotherapy process literature. Clinical Psychology: Science and Practice 7, 167-188.

Blumer, H. (1954): What is wrong with social theory? Amer Soc Rev 17, 3-10.

Bibliographie

Blumer, H. (1981): Der methodologische Standpunkt des symbolischen Interaktionismus. In: Arbeitsgruppe Bielefelder Soziologen (Hrsg.): Alltagswissen, Interaktion und gesellschaftliche Wirklichkeit. Opladen (Westdeutscher Verlag), 80-146.
Bogdan, R.J. (1997): Interpreting minds. Cambridge (MIT Press).
Bögels, S./P. Wijts/S. Sallaerts (2003): Analytic psychotherapy versus cognitive-behavioral therapy for social phobia. Paper presented at: European Congress for Cognitive and Behavioural Therapies; September 2003; Prague.
Bögels, S./P. Wijts/S. Sallaerts (2004): Analytic psychotherapy versus cognitive behaviour therapy for generalised social phobia. Unpublished manuscript.
Bohman, J. (1991): New Philosophy of Social Science. Problems of Indeterminacy. Cambridge (Polity Press).
Bohman, M. (1996): Predisposition to criminality. Swedish adoption studies in retrospect. In: Rutter, M. (Hrsg.): Genetics of criminal and antisocial behaviour. Chichester (Wiley).
Bokert, E. (1968): The effects of thirst and a related verbal stimulus on dream reports. Dissertation Abstracts 28, 4753B.
Boothe, B. (1994): Der Patient als Erzähler in der Psychotherapie. Gießen (Psychosozial) 2004.
Boothe, B. (2002): Wie ist es glücklich zu sein? Märchen zeigen, wie man in der Welt des Wunderbaren sein Glück macht. In: Boothe, B. (Hrsg.): Wie kommt man ans Ziel seiner Wünsche? Modelle des Glücks in Märchentexten. Gießen (Psychosozial), 127-152.
Boothe, B. (2002/03): Wer nicht gut lebt, kann doch vom guten Leben träumen. Schweizer Monatshefte 82/83, 12/1, 26-27.
Boothe, B. (2003): Traummitteilung und Traumanalyse. Vortrag gehalten im Rahmen des Colloquium Psychoanalyse an der Universität Klagenfurt am 9. Mai 2003.
Boothe, B./M. Becker-Fischer/G. Fischer (1993): Die »ewige Tochter«: Ein neuer Ansatz zur Konfliktpathologie der magersüchtigen Frau. In: Seidler, G.H. (Hrsg.): Magersucht Öffentliches Geheimnis. Göttingen (Vandenhoeck & Ruprecht), 87-133.
Boothe, B./A. von Wyl/R. Wepfer (1998): Psychisches Leben im Spiegel der Erzählung. Eine narrative Psychotherapiestudie. Heidelberg (Asanger).
Boothe, B./A. von Wyl/R. Wepfer (1999): Narrative dynamics and psychodynamics. Psychotherapy Research 9, 258-273.
Boothe, B./B. Grimmer/M. Luder/V. Luif/M. Neukom/U. Spiegel (2002): Manual der Erzählanalyse JAKOB. Version 10/02. Berichte aus der Abteilung Klinische Psychologie, Nr. 51. Zürich (Psychologisches Institut der Universität Zürich).
Bortz, J./N. Doering (2002): Forschungsmethoden und Evaluation für Human- und Sozialwissenschaftler. Berlin (Springer).
Bowlby, J. (1969): Attachment and Loss. Vol. 1: Attachment. New York (Basic Books).
Bowlby, J. (1973): Attachment and Loss. Vol. 2: Seperation. Anxiety and Anger. New York (Basic Books).
Bowlby, J. (1980): Attachment and loss. Vol. 3. Loss, sadness and depression. London (Hogarth).
Bowlby, J. (1988): A secure base: clinical implications of attachment theory. London (Routledge).
Bradley, B.P./A.D Baddeley (1990): Emotional factors in forgetting. Psychological Medicine 20, 351-355.
Brakel, L.W. (2004): Der Primärvorgang: Experimentelle Evidenz für a-rationale Organisationsprinzipien und ein philosophischer Fall a-rationaler Referenz. In: Giampieri-Deutsch, P. (Hrsg.): Psychoanalyse im Dialog der Wissenschaften. Band 2. Anglo-amerikanische Perspektiven. Stuttgart (Kohlhammer), 143-167.

Bibliographie

Brandl, Y./G. Bruns/A. Gerlach/S. Hau/P.L. Janssen/H. Kächele/F. Leichsenring/M. Leuzinger-Bohleber/W. Mertens/G. Rudolf/A.-M. Schlösser/A. Springer/U. Stuhr/E. Windaus (2004): Psychoanalytische Therapie. Eine Stellungnahme für die wissenschaftliche Öffentlichkeit und für den Wissenschaftlichen Beirat Psychotherapie. Forum Psychoanal 20, 13-125.

Brenman Pick, E. (2000): Diskussion von Green (2000a) und Stern (2000a). Zeitschr f psychoanal Theorie und Praxis 16 (2001), 80-89.

Bretherton, I. (1985): Attachment theory: Retrospect and prospect. Chicago (University of Chicago Press).

Breuer, F. (1977): Wissenschaftstheorie für Psychologen. Eine Einführung. Münster (Aschendorff) 1991.

Brickman, H.R. (1993): ›Between the devil and the deep blue sea‹: the dyad and the triad in psychoanalytic thought. Int J Psychoanal 74, 905-915.

Brill, N.Q./R.R. Koegler/L.J. Epstein/E.W. Forgy (1964): Controlled study of psychiatric outpatient treatment. Archives of Gerneral Psychiatry 10, 581-594.

Brockmann, J./T. Schlüter/J. Eckert (2001): Die Frankfurt-Hamburg Langzeit-Psychotherapiestudie - Ergebnisse der Untersuchung psychoanalytisch orientierter und verhaltenstherapeutischer Langzeit-Psychotherapien in der Praxis niedergelassener Psychotherapeuten. In: Stuhr, U./M. Leuzinger-Bohleber/M. Beutel (Hrsg.): Langzeit-Psychotherapie. Perspektiven für Therapeuten und Wissenschaftler. Stuttgart (Kohlhammer), 271-276.

Brom, D./R.J. Kleber/P.B. Defares (1989): Brief psychotherapy for posttraumatic stress disorders. Journal of Consulting and Clinical Psychology 57, 607-612.

Bruner, J. (1968): Processes of Cognitive Growth: Infancy. Worcester (Clark Univ. Press).

Bucci, W. (1995): The power of the narrative: A multiple code account. In: Pennebaker, J. (Hrsg.): Emotion, disclosure, and health. Washington D.C. (American Psychological Association), 93-122.

Bucci, W. (1997): Psychoanalysis and cognitive science. New York (Guilford Press).Buchheim, A. (eingereicht): »Mein Hund stirbt heute« - Bindungsnarrative und psychoanalytische Interpretation eines Erstinterviews. Psyche - Z Psychoanal.

Buchheim, A./E. Mergenthaler (2000): The relationship between attachment representation, Emotion-Abstraction Patterns and Narrative Style: A computer-based text analysis of the Adult Attachment Interview. Psychotherapy Research 10, 390-407.

Buchheim, A./H. Kächele (2001): Adult Attachment Interview einer Persönlichkeitsstörung: Eine Einzelfallstudie zur Synopsis von psychoanalytischer und bindungstheoretischer Perspektive. Persönlichkeitsstörungen 5, 113-130.

Buchheim, A./H. Kächele (2002): Das Adult Attachment Interview und psychoanalytisches Verstehen. Psyche - Z Psychoanal 56, 946-973.

Buchheim, A./B. Strauß (2002): Interviewmethoden der klinischen Bindungsforschung. In: Strauß, B./A. Buchheim/H. Kächele (Hrsg.): Klinische Bindungsforschung. Theorien - Methoden - Ergebnisse. Stuttgart (Schattauer), 27-53.

Buchheim, A./H. Kächele (2003): Adult Attachment Interview and psychoanalytic perspective. Psychoanal Inquiry 23, 55-81.

Buchheim, A./C. George/M. West (2003): Das Adult Attachment Projective - Gütekriterien und neue Forschungsergebnisse. PPmP 53, 419-427.

Buchheim, A./C. George/P. Martius/M. West (2004): Die Aktivierung des Bindungssystems durch das Adult Attachment Projective bei Patientinnen mit einer Borderline Persönlichkeitsstörung - ein Einzelfall. Persönlichkeitsstörungen 8, 230-243.

Buchholz, M. B. (1990): Die unbewusste Familie. Lehrbuch der psychoanalytischen Familientherapie. München (Pfeiffer) 1995.
Buchholz, M. B. (1996): Metaphern der »Kur«. Eine qualitative Studie zum psychotherapeutischen Prozess. Opladen (Westdeutscher Verlag).
Buchholz, M. (1997): Psychoanalytische Professionalität. Forum Psychoanal 13, 75-93.
Buchholz, M. B. (1999): Psychotherapie als Profession. Gießen (Psychosozial).
Buchholz, M. B. (2000): Diagnose oder: Verständigung in Beziehungen. Psychother Soz 2, 172-202.
Buchholz, M. B. (2003): Rezension von Bruce E. Wampold: The Great Psychotherapy Debate. Models, Methods and Findings. Psyche - Z Psychoanal 57, 673-676.
Buchholz, M. B. (2004): Psycho-News. Briefe zur empirischen Verteidigung der Psychoanalyse. Gießen (Psychosozial).
Buchkremer, G./S. Klingberg (2001): Was ist wissenschaftlich fundierte Psychotherapie? Zur Diskussion um Leitlinien für die Psychotherapieforschung. Nervenarzt 72, 20-30.
Bühler, K. (1934): Sprachtheorie: Die Darstellungsfunktion der Sprache. Stuttgart (Fischer) 1982.
Bühler-Niederberger, D. (1985): Analytische Induktion als Verfahren qualitativer Methodologie. Z Soziol 14, 475-485.
Bungard, W. (1980): Einführung in die Thematik. In: Bungard, W. (Hrsg.): Die »gute« Versuchsperson denkt nicht. Artefakte in der Sozialpsychologie. München (Urban & Schwarzenberg), 11-30.
Bürgin, D. (2001): Psychoanalytische Langzeitbehandlungen - Eine Herausforderung für die klinische und empirische Forschung. In: Stuhr, U./M. Leuzinger-Bohleber/M. Beutel (Hrsg.): Langzeit-Psychotherapie. Perspektiven für Therapeuten und Wissenschaftler. Stuttgart (Kohlhammer), 425-433.
Burian, W. (2002): Aktuelle Veränderungen der Psychoanalyse durch die empirische psychoanalytische Forschung: politische und soziologische Reflexionen eines Psychoanalytikers. In: Giampieri-Deutsch, P. (Hrsg.): Psychoanalyse im Dialog der Wissenschaften. Band 1. Europäische Perspektiven. Stuttgart (Kohlhammer), 37-43.
Busch, F. (1995): Do actions speak louder than words? A query into an enigma in analytic theory and technique. JAPA 43, 61-82.
Campbell, D. T./J.L. Stanley (1963): Experimental and quasi-experimental designs for research and teaching. In: Gage, N.L. (Hrsg.): Handbook of research and teaching. Chicago (Univ. Chicago Press), 12-62.
Canadian Task Force on the Periodic Health Examination (1979): The periodic health examination. Canad Med Assoc J 121, 1193-1254.
Canestri, J. (2004): Die Logik psychoanalytischer Forschung. In: Leuzinger-Bohleber, M./H. Deserno/S. Hau (Hrsg.): Psychoanalyse als Profession und Wissenschaft. Die psychoanalytische Methode in Zeiten wissenschaftlicher Pluralität. Stuttgart (Kohlhammer), 62-71.
Carnap, R./W. Stegmüller (1959): Induktive Logik und Wahrscheinlichkeit. Wien (Springer).
Carpenter, M./N. Akhtar/M. Tomasello (1998): Fourteen- through 18-month-old infants differentially imitate intentional and accidental actions. Infant Behaviour and Development 21, 315-330.
Carpenter, M./J. Call/M. Tomasello (2002): Understanding ›prior intentions‹ enables two-year-olds to imitatively learn a complex task. Child Development 73, 1431-1441.
Cassidy, J./P.J. Shaver (1999): Handbook of attachment. New York (Guilford).
Chambless, D.L./M.M. Gillis (1993): Cognitive therapy of anxiety disorders. Journal of Consulting and Clinical Psychology 61, 248-260.

Bibliographie

Chambless, D.L./S.D. Hollon (1998): Defining empirically supported treatments. Journal of Consulting and Clinical Psychology 66, 7-18.

Chambless, D.L./T.H. Ollendick (2001): Empirically supported psychological interventions: controversies and evidence. Annu Rev Psychol 52, 685-716.

Charpa, U. (1996): Grundprobleme der Wissenschaftsphilosophie. Paderborn (Schöningh).

Cierpka, M./P. Buchheim/H.J. Freyberger/S.O. Hoffmann/P. Janssen/A. Muhs/G. Rudolf/U. Rüger/W. Schneider/G. Schüßler (1995): Die erste Version einer Operationalisierten Psychodynamischen Diagnostik (OPD-1). Psychotherapeut 40, 69-78.

Cierpka, M./T. Grande/M. Stasch et al. (2001): Zur Validität der Operationalisierten Psychodynamischen Diagnostik (OPD). Psychotherapeut 46, 122-133.

Clarke, M./A.D. Oxman (2003): Cochrane Reviewer's Handbook 4.1.6 (updated January 2003). In: The Cochrane Library, Issue 1. Oxford: Update Software (Updated Quarterly).

Clarkin J.F./K.N. Levy/M.F. Lenzenweger/O.F. Kernberg (2004): The Personality Disorders Institute/Borderline Personality Disorder Research Foundation randomized control trial for borderline personality disorder: rationale, methods, and patient characteristics. Journal of Personality Disorders 18, 52-72.

Cocato, J./N. Sha/R.I. Horowitz (2000): Randomized controlled trials, observational studies, and the hierarchy of research designs. New England Journal of Medicine 342, 1887-1892.

Cohen, J. (1988): Statistical power analysis for the bahavioral sciences. Hillsdale (Lawrence Erlbaum).

Cook, D.J./G.H. Guyatt/A. Laupacis/D.L. Sacket/R.J. Goldberg (1995): Clinical recommendations using levels of evidence for antithrombotic agents, Chest 108 (4 Suppl), 227-230.

Cooper, A.M. (2001): Psychoanalytischer Pluralismus - Fortschritt oder Chaos. In: Bohleber, W./S. Drews (Hrsg.): Die Gegenwart der Psychoanalyse - Psychoanalyse der Gegenwart. Stuttgart (Klett-Cotta).

Corboz-Warnery, A./E. Fivaz-Depeursinge/C.G. Bettens/N. Favez (1993): Systemic analysis of father-mother-baby interactions: The Lausanne triadic play. Infant Mental Health Journal 14, 298-316.

Coreth, E./H. Schöndorf (1983): Philosophie des 17. und 18. Jahrhunderts. Stuttgart (Kohlhammer) 2000.

Coreth, E./P. Ehlen/J. Schmidt (1984): Philosophie des 19. Jahrhunderts. Stuttgart (Kohlhammer) 1989.

Coreth, E./P. Ehlen/G. Haeffner/F. Ricken (1986): Philosophie des 20. Jahrhunderts. Stuttgart (Kohlhammer) 1993.

Coyne, G. (2000): Was wußte Gott? Der Spiegel Nr. 52 vom 25.12. 2000, 118-122.

Cremerius, J. (1979): Gibt es zwei psychoanalytische Techniken? In: Cremerius, J. (1990a): Vom Handwerk des Psychoanalytikers: Das Werkzeug der psychoanalytischen Technik. Band 1. Stuttgart-Bad Cannstatt (Frommann-Holzboog), 187-209.

Cremerius, J. (1981): Freud bei der Arbeit über die Schulter geschaut. Seine Technik im Spiegel von Schülern und Patienten. In: Cremerius, J. (1990b): Vom Handwerk des Psychoanalytikers: Das Werkzeug der psychoanalytischen Technik. Band 2. Stuttgart-Bad Cannstatt (Frommann-Holzboog), 326-363.

Cremerius, J. (1982): Die Bedeutung des Dissidenten für die Psychoanalyse (Psychoanalyse - jenseits von Orthodoxie und Dissidenz), In: Cremerius, J. (1990b): Vom Handwerk des Psychoanalytikers: Das Werkzeug der psychoanalytischen Technik. Band 2. Stuttgart-Bad Cannstatt (Frommann-Holzboog), 364-397.

Cremerius, J. (1993): Kritik der institutionalisierten Psychoanalyse. In: Mertens, W. (Hrsg.):

Bibliographie

Schlüsselbegriffe der Psychoanalyse. Stuttgart (Verlag Internationale Psychoanalyse) 1997, 58-64.
Crick, F. (1994): Was die Seele wirklich ist. Die naturwissenschaftliche Erforschung des Bewußtseins. Reinbek bei Hamburg (Rowohlt) 1997.
Crits-Christoph, P. (1992): The efficacy of brief dynamic psychotherapy: A meta-analysis. American Journal of Psychiatry 149, 151-158.
Crits-Christoph, P./L. Siqueland/J. Blaine/A. Frank/L. Luborsky/L.S. Onken/L.R. Muenz/ M.E. Thase/R.D. Weiss/D.R. Gastfriend/G.E. Woody/J.P. Barber/S.F. Butler/D. Daley/ I. Salloum/S. Bishop/L.M. Najavits/J. Lis/D. Mercer/M.L. Griffin/K. Moras/A.T. Beck (1999): Psychosocial treatments for cocaine dependence: National Institute on Drug Abuse Collaborative Cocaine Treatment Study. Archives of General Psychiatry 56, 493-502.
Crits-Christoph, P./L. Siqueland/E. McCalmont/R.D. Weiss/D.R. Gastfriend/A. Frank/K. Moras/J.P. Barber/J. Blaine/M.E. Thase (2001): Impact of psychosocial treatments on associated problems of cocaine-dependent patients. J Consult Clin Psychol 69, 825-830.
Csibra, G./G. Gergely/S. Biró/O. Koós/M. Brockbank (1999): Goal attribution without agency cues: The perception of ›pure reason‹ in infancy. Cognition 72, 237-267.
Dahl, G. (2001): Primärer Narzißmus und inneres Objekt. Zum Schicksal einer Kontroverse. Psyche - Z Psychoanal 55, 577-611.
Dahl, H./H. Kächele/H. Thomä (1988) (Hrsg.): Psychoanalytic Process Research Strategies. Berlin (Springer).
Damasio, A. (1994): Descartes' Irrtum. Fühlen, Denken und das menschliche Gehirn. München (List) 1995.
Damasio, A. (1999): Ich fühle, also bin ich. Die Entschlüsselung des Bewußtseins. München (Econ) 2000.
Dare, C./X. Eisler/G. Russel/J. Treasure/L. Dodge (2001): Psychological therapies for adults with anorexia nervosa. Randomised controlled trial of out-patient treatments. British Journal of Psychiatry 178, 216-221.
Darwin, C. (1872): Der Ausdruck der Gemütsbewegungen bei dem Menschen und den Tieren. Frankfurt/Main (Eichborn) 2000.
Daudert, E. (2002): Die Reflective Self Functioning Scale. In: Strauß, B./A. Buchheim/H. Kächele (Hrsg.): Klinische Bindungsforschung. Theorien - Methoden - Ergebnisse. Stuttgart (Schattauer), 54-67.
deMause, L. (2000): Was ist Psychohistorie? Eine Grundlegung. Gießen (Psychosozial).
deMijolla, A. (2004): Freud und die psychoanalytische Forschung: Geschichtliche Rückblicke. In: Leuzinger-Bohleber, M./H. Deserno/S. Hau (Hrsg.): Psychoanalyse als Profession und Wissenschaft. Die psychoanalytische Methode in Zeiten wissenschaftlicher Pluralität. Stuttgart (Kohlhammer), 49-61.
Demos, E.V. (1982): Facial expressions of infants and toddlers: A descriptive analysis. In: Field, T./A. Fogel (Hrsg.): Emotions and early interaction. Hillsdale (Erlbaum), 143-167.
Deneke, F.-W. (1999): Psychische Struktur und Gehirn. Die Gestaltung subjektiver Wirklichkeiten. Stuttgart (Schattauer).
Deneke, F.-W./B. Hilgenstock (1989): Das Narzissmusinventar. Bern (Huber).
Deneke, F.-W./U. Stuhr (1992): Das Komplexitätsproblem und der reduktionistische Lösungsweg - Kritische Anmerkungen aus psychoanalytischer Sicht. PPmP 42, 357-361.
Dengler, W./K.H. Selbmann (2000) (Hrsg): Praxisleitlinien in Psychiatrie und Psychotherapie. Band 2: Leitlinien zur Diagnostik und Therapie von Angsterkrankungen. Darmstadt

Bibliographie

(Steinkopff).
Deter, H.C. (1986): Cost-benefit analysis of psychosomatic therapy in asthma. Journal of Psychosomatic Research 30, 173-182.
Devereux, G. (1967): Angst und Methode in den Verhaltenswissenschaften. Frankfurt/Main (Suhrkamp) 1998.
Diederich, W. (1974) (Hrsg.): Beiträge zur diachronischen Wissenschaftstheorie. Frankfurt/M (Suhrkamp).
Diguer, L./J.P. Barber/L. Luborsky (1993): Three concomitants: Personality disorders, psychiatric severity, and outcome of dynamic psychotherapy of major depression. American Journal of Psychiatry 150, 1146-1248.
DiMascio, A./M. Weissman/B. Prusoff/C. Neu/M. Zwilling/G. Klerman (1979): Differential symptom reduction by drugs and psychotherapy in acute depression. Archives of General Psychiatry 36, 1450-1456.
Dingler, H. (1926): Der Zusammenbruch der Wissenschaft und der Primat der Philosophie. München (Ernst Reinhardt) 1931.
Dipple, E. (1970): Plot. The critical idiom. London (Methuen).
Döring, E. (1998): Paul K. Feyerabend zur Einführung. Hamburg (Junius).
Dornes, M. (1993): Der kompetente Säugling. Die präverbale Entwicklung des Menschen. Frankfurt/Main (Fischer).
Dornes, M. (1997): Die frühe Kindheit. Entwicklungspsychologie der ersten Lebensjahre. Frankfurt/Main (Fischer).
Dornes, M. (1998): Bindungstheorie und Psychoanalyse: Konvergenzen und Divergenzen. Psyche - Z Psychoanal 52, 299-348.
Dornes, M. (2000): Die emotionale Welt des Kindes. Frankfurt/Main (Fischer).
Dornes, M. (2001): Primärer Narzißmus: Widerlegbar oder nicht? Kommentar zu G. Dahl (2001). Psyche - Z Psychoanal 55, 612-619.
Dornes, M. (2002): Menschenbilder in Psychoanalyse und Säuglingsforschung: Konflikt oder Dialog? In: Zwiebel, R./M. Leuzinger-Bohleber (Hrsg.): Träume und Spielräume. Band 2: Bedeutung für Kreativität und Persönlichkeitsentwicklung. Göttingen (Vandenhoeck & Ruprecht), 77-109.
Dornes, M. (2004a): Mentalisierung, psychische Realität und die Genese des Affekt- und Handlungsverständnisses in der frühen Kindheit. In: Rohde-Dachser, C. (Hrsg.): Inszenierung des Unbewußten. Zur Theorie und Therapie schwerer Persönlichkeitsstörungen. Stuttgart (Klett-Cotta).
Dornes, M. (2004b): Über Mentalisierung, Affektregulierung und die Entwicklung des Selbst. Forum Psychoanal 20, 175-199.
Dreher, A.U. (1998): Empirie ohne Konzept? Einführung in die psychoanalytische Konzeptforschung. Stuttgart (Verlag Internationale Psychoanalyse).
Dreher, A.U. (2004): Was kann Konzeptforschung leisten? In: Leuzinger-Bohleber, M./H. Deserno/S. Hau (Hrsg.): Psychoanalyse als Profession und Wissenschaft. Die psychoanalytische Methode in Zeiten wissenschaftlicher Pluralität. Stuttgart (Kohlhammer), 115-127.
Dreher, M./U. Mengele/A. Kämmerer/R. Krause (2001): Affective indicators of the psychotherapeutic process. An empirical case study. Psychotherapy Research 11, 99-117.
Dührssen, A. (1962): Katamnestische Ergebnisse bei 1004 Patienten nach analytischer Psychotherapie. Zeitschrift für Psychosomatische Medizin 9, 94-113.
Dührssen, A. (1972): Analytische Psychotherapie in Theorie, Praxis und Ergebnissen. Göttingen (Vandenhoeck & Ruprecht).

Bibliographie

Dührssen, A. (1986): Dynamische Psychotherapie, Psychoanalyse und analytische Gruppenpsychotherapie im Vergleich. Z psychosom Med Psychother 32, 161-180.
Dührssen, A./E. Jorswieck (1965): Eine empirisch-statistische Untersuchung zur Leistungsfähigkeit psychoanalytischer Behandlung. Nervenarzt 36, 166-169.
Eagle, M.N. (1993): Kritik an der Psychoanalyse - Mangel an empirischer Forschung. In: Mertens, W. (Hrsg.): Schlüsselbegriffe der Psychoanalyse. Stuttgart (Verlag Internationale Psychoanalyse) 1997, 45-57.
Eberhard, K. (1987): Einführung in die Erkenntnis- und Wissenschaftstheorie. Geschichte und Praxis der konkurrierenden Erkenntniswege. Stuttgart (Kohlhammer) 1999.
Eckstaedt, A. (2004): Paul Klees gemaltes Selbst. Ohne Titel, 1889, später von Felix Klee betitelt als Blume mit vier Blättern. Psyche - Z Psychoanal 58, 1135-1155.
Edelman, G. (1992): Göttliche Luft, vernichtendes Feuer. Wie der Geist im Gehirn entsteht. München (Piper) 1995.
Editorial (2000): Looking back on the millennium in medicine. New England Journal of Medicine 342, 42.
Ekman, P. (1988): Weltweite Gleichheit und kulturbedingte Unterschiede des Ausdrucks von Gefühlen im Gesicht. In: Salisch, M. v. (Hrsg.): Gesichtsausdruck und Gefühl. 20 Jahre Forschung von Paul Ekman. Paderborn (Junfermann), 15-80.
Ekman, P. (1994): Strong evidence for universals in facial expression. A reply to Russell's mistaken critique. Psychological Bulletin 115, 268-287.
Ekman, P./W.V. Friesen (1975): Unmasking the face. Englewood Cliffs (Prentice Hall).
Ekman, P./W.V. Friesen (1978): Facial Action Coding System (FACS): Manual. Palo Alto (Consulting Psychologists Press).
Ekman, P./R.J. Davidson (1994): The nature of emotion. Fundamental questions theories in affective science. Oxford (University Press).
Ekman, P./W. Friesen/M. Sullivan (1977): Reading of Facial expressions: A self test. Schering Corporation.
Ekman, P./W. Friesen/P. Ellsworth (1982): What are the similarities and differences in facial behaviour across cultures. In: Ekman, P. (Hrsg.): Emotion in the human face. Cambridge (University Press).
Elias, N. (1939): Die Gesellschaft der Individuen. In: Elias, N. (1991): Die Gesellschaft der Individuen. Frankfurt/Main (Suhrkamp), 15-98.
Elkin, I./T. Shea/J. Watkins/S. Imber/S. Stosky/J. Collins/D. Glass/P. Pilkonis/W. Leber/J. Docherty/S. Fiester/M. Parloff (1989): National institute of mental health treatment of depression collaborative research program: General effectiveness of treatments. Archives of General Psychiatry 46, 971-982.
Emde, R.N. (1988a): Die endliche und die unendliche Entwicklung I. Angeborene und motivationale Faktoren aus der frühen Kindheit. Psyche - Z Psychoanal 45 (1991), 745-779.
Emde, R.N./L. Kubicek/D. Oppenheim (1997): Imaginative reality observed during early language development. Int J Psychoanal 78, 115-133.
Endres De Oliveira, G./R. Krause (1989): Reagieren Kleinkinder auf affektive mimische Reize affektiv? Acta paedopsychiatrica 52 , 26-35.
Engel, U. (2000): Einige Bemerkungen zur philosophischen Dimension in Bions Werk. In: Engel, U./L. Gast/J. Gutmann (Hrsg.): Bion. Aspekte der Rezeption in Deutschland. Tübingen (edition diskord), 11-25.
Erikson, E.H. (1950): Kindheit und Gesellschaft. Stuttgart (Klett-Cotta) 1999.
Ermann, M./R. Feidel/B. Waldvogel (2001): Behandlungserfolge in der Psychotherapie. Neuere

Bibliographie

Ergebnisstudien und ihre Güte. Stuttgart (Kohlhammer).
Evans, R. (1997): Fakten und Fiktionen. Über die Grundlagen historischer Erkenntnis. Frankfurt/Main (Campus) 1998.
Eysenck, H. J. (1985): Sigmund Freud: Niedergang und Ende der Psychoanalyse. München (List).
Eysenck, H. J./C.D. Wilson (1973): The experimental study of Freudian theories. London (Methuen & Co.).
Fäh, M./G. Fischer (1998) (Hrsg.): Sinn und Unsinn in der Psychotherapieforschung. Eine kritische Auseinandersetzung mit Aussagen und Forschungsmethoden. Gießen (Psychosozial).
Fairburn, C./J. Kirk/M. O'Connor/P.J. Cooper (1986): A comparison of two psychological treatments for bulimia nervosa. Bahaviour Research and Therapy 24, 629-643.
Fairburn, C.G./R. Jones/R.C. Peveler/R.A. Hope/M. O'Connor (1993): Psychotherapy and bulimia nervosa: Longer-term effects of interpersonal psychotherapy, behavior therapy, and cognitive behavior therapy. Archives of General Psychiatry 50, 419-428.
Fairburn, C.G./P.A. Norman/S.L. Welch/M.E. O'Connor/H.A. Doll/R.C. Peveler (1995): A prospective study of outcome in bulimia nervosa and the long-term effects of three psychological treatments. Arch Gen Psychiatry 52, 304-312.
Fallend, K./W. Kienreich (1986) (Hrsg.): Zur Geschichte der Psychoanalyse. Von ihren Anfängen bis zur Gegenwart. Salzburg (Umbruch. Werkstatt für Gesellschafts- und Psychoanalyse).
Fallend, K./B. Handlbauer/W. Kienreich (1989) (Hrsg.): Der Einmarsch in die Psyche. Psychoanalyse, Psychologie und Psychiatrie im Nationalsozialismus und die Folgen. Wien (Junius).
Faller, H. (1994): Das Forschungsprogramm »Qualitative Psychotherapieforschung«. Versuch einer Standortbestimmung. In: Faller, H./J. Frommer (Hrsg.): Qualitative Psychotherapieforschung. Grundlagen und Methoden. Heidelberg (Asanger), 15-37.
Faller, H./J. Frommer (1994 (Hrsg.): Qualitative Psychotherapieforschung. Grundlagen und Methoden. Heidelberg (Asanger).
Feldman, M. (2001): What do psychoanalysts know about the mind? The evidential basis for this knowledge. Paper presented at the Scientific Meeting of the British Psychoanalytical Society, London.
Ferenczi, S. (1908): Psychoanalyse und Pädagogik. In: Ferenczi, S. (1964): Bausteine der Psychoanalyse. Band III. Bern (Huber), 8-22.
Feyerabend, P. (1970): Kuhns Struktur wissenschaftlicher Revolutionen - ein Trostbüchlein für Spezialisten? In: Lakatos, I./A. Musgrave (1970): Kritik und Erkenntnisfortschritt. Braunschweig (Vieweg) 1974, 191-222.
Feyerabend, P. (1975): Wider den Methodenzwang. Frankfurt/Main (Suhrkamp) 1999.
Fink, K. (2000): Rezension von R. Hinshelwood, Die Praxis der kleinianischen Psychoanalyse. Psyche - Z Psychoanal 54, 1182-1184.
Fischer, G. (1989): Dialektik der Veränderung in Psychoanalyse und Psychotherapie. Modell, Theorie und systematische Fallstudie. Heidelberg (Asanger).
Fischer, G./M. Fäh (1998): Zur Kritik der empirischen Vernunft in der Psychotherapie(forschung). In: Fäh, M./G. Fischer (Hrsg.) (1998): Sinn und Unsinn in der Psychotherapieforschung. Eine kritische Auseinandersetzung mit Aussagen und Forschungsmethoden. Gießen (Psychosozial), 29-50.
Fischer, G./P. Riedesser (1999): Lehrbuch der Psychotraumatologie. München (Reinhardt).
Fischmann, T. (2002): Verarbeitungsprozesse im »Vorbewußten Processing System«. In: Hau, S./

W. Leuschner/H. Deserno (Hrsg.): Traum-Expeditionen. Psychoanalytische Beiträge aus dem Sigmund-Freud-Institut. Band 8. Tübingen (Edition diskord), 235-248.

Fischmann, T./W. Leuschner/S. Hau (1999): Die experimentelle Beeinflussung von Affekten im Traum. In: Traum, Affekt und Selbst. Psychoanalytische Beiträge aus dem Sigmund-Freud-Institut Band 1. Tübingen (Edition diskord), 241-260.

Fisher, C. (1954): Traum und Wahrnehmung. Die Rolle der vorbewußten und primären Wahrnehmungsformen in der Traumbildung. In: Ammon, G. (Hrsg.): Psychoanalytische Traumforschung. Hamburg (Hoffmann & Campe) 1974, 104-148.

Fisher, C. (1957): A Study of the Preliminary Stages of the Construction of Dreams and Images. JAPA 5, 60-67.

Fisher, C. (1960): Introduction: Preconscious Stimulation in Dreams Associations, and Images. Classical Studies. Psychological Issues 2, 1-40.

Fisher, C. (1988): Further observations on the Poetzl Phenomenon. Psychoanalysis and Contemporary Thought 11, 3-56.

Fisher, R.A. (1935): The design of experiments. Edinburgh (Oliver & Boyd) 1949.

Fiss, H. (1980): Dream content and response to withdrawal from alcohol. Sleep Research 9, 152.

Fiss, H. (1986): An empirical foundation for a self psychology of dreaming. Journal of Mind and Behaviour 7, 161-192.

Fiss, H./G. Klein/E. Bokert (1966): Waking fantasies following interruption of two types of sleep. Arch Gen Psychiatry 14, 543-551.

Fivaz-Depeursinge, E./A. Corboz-Warnery (1999): The primary triangle. Boulder (Basic Books).

Fleck, L. (1935): Entstehung und Entwicklung einer wissenschaftlichen Tatsache. Einführung in die Lehre vom Denkstil und Denkkollektiv. Frankfurt/Main (Suhrkamp) 1980.

Flick, U. (1987): Methodenangemessene Gütekriterien in der qualitativ-interpretativen Forschung. In: Bergold, J.B./U. Flick (Hrsg.): Ein-Sichten. Zugänge zur Sicht des Subjekts mittels qualitativer Forschung. Tübingen (DGVT-Verlag), 246-263.

Flick, U. (1990): Der Qualitative Forschungsprozess. Forschungsbericht Nr. 5/1990 Technische Universität, Institut für Psychologie. Berlin.

Flick, U. (1991): Stationen des Qualitativen Forschungsprozesses. In: Flick, U. (Hrsg.): Handbuch Qualitativer Sozialforschung. München (Psychologie Verlags Union), 148-176.

Flick, U. (2000): Triangulation in der qualitativen Forschung. In: Flick, U./E. von Kardorff/I. Steinke (Hrsg.): Qualitative Forschung. Ein Handbuch. Reinbek bei Hamburg (Rowohlt), 309-318.

Flick, U. (2002): Qualitative Sozialforschung. Eine Einführung. Reinbek bei Hamburg (Rowohlt).

Flick, U./E. von Kardorff/I. Steinke (2000) (Hrsg.): Qualitative Forschung. Ein Handbuch. Reinbek bei Hamburg (Rowohlt).

Fonagy, P. (1982): The integration of psychoanalysis and experimental science: a review. Int Rev Psychoanal 9, 125-145.

Fonagy, P. (1998): Die Bedeutung der Dyade und der Triade für das wachsende Verständnis seelischer Zustände: Klinische Evidenz aus der psychoanalytischen Behandlung von Borderline-Persönlichkeitsstörungen. In: Fonagy, P./M. Target (2003): Frühe Bindung und psychische Entwicklung. Beiträge aus Psychoanalyse und Bindungsforschung. Gießen (Psychosozial), 197-218.

Fonagy, P. (1999a): Memory and Therapeutic Action. Int J Psychoanal 80, 215-221.

Fonagy, P. (1999b): Process and outcome in mental health delivery: A model approach to treatment evaluation. Bulletin Menninger Clinic 63, 288-304.

Fonagy, P. (1999c): Das Verständnis für geistige Prozesse, die Mutter-Kind-Interaktion und die Entwicklung des Selbst. In: Fonagy, P./M. Target (2003): Frühe Bindung und psychische Entwicklung. Beiträge aus Psychoanalyse und Bindungsforschung. Gießen (Psychosozial), 31-48.

Fonagy, P. (2001): Bindungstheorie und Psychoanalyse. Stuttgart (Klett-Cotta) 2003.

Fonagy, P./M. Target (1997): Attachment and reflective function: Their role in self-organization. Development and Psychopathology 9, 679-700.

Fonagy, P./M. Steele/H. Steele/R. Mattoon/R. Kennedy/M. Target/A. Gerber (1996): The relation of attachment status, psychiatric classification and response to psychotherapy. Journal of Consulting and Clinical Psychology 64, 22-31.

Fonagy, P./E.E. Jones/H. Kächele/R. Krause/J.F. Clarkin/J.F. Perron/A. Gerber/E. Allison (2001a): An open door review of outcome studies in psychoanalysis. London (International Psychoanalytic Association).

Fonagy, P./H. Stein/R. White (2001b): Dopamine receptor polymorphism and susceptibility to sexual, physical and psychological abuse: Preliminary results of a longitudinal study of maltreatment. Paper presented at the 10th Biannual Meeting of the Society for Research in Child Development, Minneapolis, 21.04.2001.

Fonagy, P./G. Gergely/E. Jurist/M. Target (2002): Affektregulierung, Mentalisierung und die Entwicklung des Selbst. Stuttgart (Klett-Cotta) 2004.

Foulkes, D. (1985): Dreaming: A Cognitive-Psychological Analysis. Hillsdale (Erlbaum).

Frank, G. (1998): The psychoanalytic process. Psychoanal Psychol 15, 297-304.

Frank, J.D. (1981): Die Heiler: Wirkungsweisen psychotherapeutischer Beeinflussung - Vom Schamanismus bis zu den modernen Therapien. Stuttgart (Klett-Cotta) 1997.

Franz, M./R.W. Dahlbender/H. Gündel et al. (2000): Ergebnisse der Multizenterstudie zur OPD-Achse I (Krankheitserleben und Behandlungsvoraussetzungen) im Konsildienst. In: Schneider, W./H. Freyberger (Hrsg.): Was leistet die OPD? Empirische Befunde und klinische Erfahrungen mit der Operationalisierten Psychodynamischen Diagnostik. Bern (Huber), 162-178.

Freedman, N./J.D. Hoffenberg/N. Vorus/A. Frosch (1999): The effectiveness of psychoanalytic psychotherapy: the role of treatment duration, frequency of sessions, and the therapeutic relationship. JAPA 47, 741-772.

Freud, A./D. Burlingham (1951): Heimatlose Kinder. Zur Anwendung psychoanalytischen Wissens auf die Kindererziehung. Frankfurt/Main (S. Fischer) 1971.

Freud, S. (1890a): Psychische Behandlung (Seelenbehandlung). GW V, 287-315.

Freud, S. (1899a): Über Deckerinnerungen. GW I, 531-554.

Freud, S. (1900a): Die Traumdeutung. GW II/III.

Freud, S. (1901b): Zur Psychopathologie des Alltagslebens. GW IV.

Freud, S. (1905c): Der Witz und seine Beziehung zum Unbewussten. GW VI.

Freud, S. (1905d): Drei Abhandlungen zur Sexualtheorie. GW V, 33-145.

Freud, S. (1905e [1901]): Bruchstück einer Hysterie-Analyse. GW V, 161-286.

Freud, S. (1909d): Bemerkungen über einen Fall von Zwangsneurose. [Der »Rattenmann«]. GW VII, 379-463

Freud, S. (1912b): Zur Dynamik der Übertragung. GW VIII, 364-374.

Freud, S. (1912e): Ratschläge für den Arzt bei der psychoanalytischen Behandlung. GW VIII, 376-387.

Freud, S. (1912-13a):Totem und Tabu. GW IX.

Freud, S. (1913j): Das Interesse an der Psychoanalyse. GW VIII, 389-420.

Freud, S. (1914b): Der Moses des Michelangelo. GW X, 172-201.
Freud, S. (1914d): Zur Geschichte der psychoanalytischen Bewegung. GW X, 43-113.
Freud, S. (1914g): Erinnern, Wiederholen und Durcharbeiten. GW X, 126-136.
Freud, S. (1915e): Das Unbewusste. GW X, 264-303.
Freud, S. (1916-17a): Vorlesungen zur Einführung in die Psychoanalyse. GW XI.
Freud, S. (1916-17g): Trauer und Melancholie. GW X, 428-446.
Freud, S. (1918b): Aus der Geschichte einer infantilen Neurose [Der »Wolfsmann«]. GW XII, 27-157.
Freud, S. (1919a): Wege der psychoanalytischen Therapie. GW XII, 183-194.
Freud, S. (1919h): Das Unheimliche. GW XII, 229-268.
Freud, S. (1920g): Jenseits des Lustprinzips. GW XIII, 1-69.
Freud, S. (1923a): »Libidotheorie«; »Psychoanalyse«. GW XIII, 211-233.
Freud, S. (1923b): Das Ich und das Es. GW XIII, 237-289.
Freud, S. (1923c): Bemerkungen zur Theorie und Praxis der Traumdeutung. GW XIII, 299-314.
Freud, S. (1926d): Hemmung, Symptom und Angst. GW XIV, 111-205.
Freud, S. (1926f): »Psycho-Analysis: Freudian School«. GW XIV, 299-307.
Freud, S. (1927c): Die Zukunft einer Illusion. GW XIV, 325-380.
Freud, S. (1930a): Das Unbehagen in der Kultur. GW XIV, 419-506.
Freud, S. (1933a): Neue Folge der Vorlesungen zur Einführung in die Psychoanalyse. GW XV.
Freud, S. (1940b): Some Elementary Lessons in Psycho-Analysis. GW XVII, 139-147.
Freud, S. (1950c [1895]): Entwurf einer Psychologie. GW Nachtr., 387-477.
Freud, S./C.G. Jung (1974): Briefwechsel. Frankfurt/Main (Fischer).
Frisch, L./F. Schwab/R. Krause (1995): Affektives Ausdrucksverhalten gesunder und an Colitis erkrankter männlicher und weiblicher Erwachsener. Zeitschrift für Klinische Psychologie 24, 230-238.
Frischenschlager, O. (2003): Die Relevanz der Bindungstheorie für die Psychoanalyse. In: Poscheschnik, G./R. Ernst/Klagenfurter Psychoanalytische Mittwoch-Gesellschaft (Hrsg.): Psychoanalyse im Spannungsfeld von Humanwissenschaft, Therapie und Kulturtheorie. Frankfurt/Main (Brandes & Apsel), 71-85.
Fromm, E. (1932): Über Methoden und Aufgaben einer analytischen Sozialpsychologie: Bemerkungen über Psychoanalyse und historischen Materialismus. In: Fromm, E. (1970): Analytische Sozialpsychologie und Gesellschaftstheorie. Frankfurt/Main (Suhrkamp), 9-40.
Fromm, E. (1941): Die Furcht vor der Freiheit. Stuttgart (Deutsche Verlags-Anstalt) 1983.
Frommer, J. (1998): Die Bedeutung qualitativer Methoden für die Forschung in Psychosomatischer Medizin und Psychotherapie. Ein integrativer Ansatz. Zeitschr psychosom Med Psychoanal 44, 72-87.
Frommer, J./M. Langenbach (1998): Fallstudien in der Psychotherapie. In: Jüttemann, G./H. Thomae (Hrsg.): Biographische Methoden in den Humanwissenschaften. Weinheim (Beltz) 1999, 383-401.
Fuller, S. (2000): Thomas Kuhn. A Philosophical History for Our Times. Chicago (Univ. of Chicago Press).
Gallagher-Thompson, D.E./A.M. Steffen (1994): Comparative effects of cognitive-behavioral and brief psychodynamic psychotherapies for depressed family caregivers. Journal of Consulting and Clinical Psychology 62, 543-549.
Gallagher-Thompson, D.E./P. Hanley-Peterson/L.W. Thompson (1990): Maintenance of gains versus relapse following brief psychotherapy for depression. Journal of Consulting and Clinical Psychology 58, 371-374.

Bibliographie

Ganzfried, D. (2003): Der Fall Wilkomirski. In: Rusterholz, P./R. Moser (Hrsg.): Wir sind Erinnerung. Bern (Haupt), 87-102.

Garner, D.M./W. Rockert/R. Davis/M.V. Garner/M.P. Olmsted/M. Eagle (1993): Comparison of cognitive-behavioral and supportive-expressive therapy for bulimia nervosa. American Journal of Psychiatry 150, 37-46.

Ge, X./R.D. Conger/R. Cadoret/J. Neiderhiser/W. Yates (1996): The developmental interface between nature and nurture: a mutual influence model of child antisocial behavior and parent behavior. Developmental Psychology 32, 574-589.

Geier, M. (1994): Karl Popper. Reinbek bei Hamburg (Rowohlt).

George, C./N. Kaplan/M. Main (1985): The Adult Attachment Interview. University of California, Berkeley (Unpublished Manuscript).

George, C./M. West/O. Pettem (1999): The Adult Attachment Projective: Disorganization of Adult Attachment at the level of representation. In: Solomon, J./C. George (Hrsg.): Attachment disorganization. New York (Guilford), 462-507.

Gergely, G. (2000): Ein neuer Zugang zu Margaret Mahler: normaler Autismus, Symbiose, Spaltung und libidinöse Objektkonstanz aus der Perspektive der kognitiven Entwicklungstheorie. Psyche - Z Psychoanal 56 (2002), 809-838.

Gergely, G. (2002): The development of understanding self and agency. In: Goswami, U. (Hrsg.): Blackwell Handbook of Childhood Cognitive Development. London (Blackwell), 26-46.

Gergely, G./Z. Nádasdy/G. Csibra/S. Biró (1995): Taking the intentional stance at 12 months of age. Cognition 56, 165-193.

Gerhardt, U. (1986): Verstehende Strukturanalyse. Die Konstruktion von Idealtypen bei der Auswertung qualitativer Forschungsmaterialien. In: Soeffner, H.G. (Hrsg.): Sozialstruktur und soziale Typik. Frankfurt/Main (Campus), 31-83.

Gerhardt, U. (1998): Die Verwendung von Idealtypen bei der fallvergleichenden biographischen Forschung. In: Jüttemann, G./H. Thomae (Hrsg.): Biographische Methoden in den Humanwissenschaften. Weinheim (Beltz) 1999, 193-212.

Gerich, B. (1999): Zum psychoanalytischen Verständnis der Suizidalität bei Frauen unter besonderer Berücksichtigung der Konstituierung weiblicher Identitätsentwicklung. Universität Hamburg (Habilitationsschrift).

Gerlach, A. (2000): Die Tigerkuh. Ethnopsychoanalytische Erkundungen. Gießen (Psychosozial).

Gessmann, M. (1999): Hegel. Freiburg im Breisgau (Herder).

Giampieri-Deutsch, P. (2002a) (Hrsg.): Psychoanalyse im Dialog der Wissenschaften. Band 1. Europäische Perspektiven. Stuttgart (Kohlhammer).

Giampieri-Deutsch, P. (2002b): Einleitung. In: Giampieri-Deutsch, P. (Hrsg.): Psychoanalyse im Dialog der Wissenschaften. Band 1. Europäische Perspektiven. Stuttgart (Kohlhammer), 13-36.

Giampieri-Deutsch, P. (Hrsg.) (2004a): Psychoanalyse im Dialog der Wissenschaften. Band 2. Anglo-amerikanische Perspektiven. Stuttgart (Kohlhammer).

Giampieri-Deutsch, P. (2004b): Einleitung. In: Giampieri-Deutsch, P. (Hrsg.): Psychoanalyse im Dialog der Wissenschaften. Band 2. Anglo-amerikanische Perspektiven. Stuttgart (Kohlhammer), 15-44.

Gill, M.M./H. Thomä/M. Rotmann (1999): »Sich der Natur der Interaktion bewusst werden«. Psyche - Z Psychoanal 53, 905-928.

Girndt, H. (1976): Idealtypus. In: Ritter, J./K. Gründer (Hrsg.): Historisches Wörterbuch der Philosophie. Band 4. Darmstadt (Wissenschaftliche Buchgesellschaft), 47-49.

Gopnick, A./A. Meltzoff/P. Kuhl (1999): Forschergeist in Windeln. Wie ihr Kind die Welt begreift. Kreuzlingen (Ariston) 2000.
Gowers, D./K. Norton/C. Halek/A.H. Vrisp (1994): Outcome of outpatient psychotherapy in a random allocation treatment study of anorexia nervosa. International Journal of Eating Disorders 15, 165-177.
Grande, T./G. Rudolf/C. Oberbracht (2000): Veränderungsmessung auf OPD-Basis: Schwierigkeiten und ein neues Konzept. In: Freyberger, H.J. et al. (Hrsg.): Was leistet die OPD? Bern (Huber), 148-161.
Grande, T./G. Rudolf/C. Oberbracht/T. Jakobsen (2001): Therapeutische Veränderungen jenseits der Symptomatik. Wirkungen stationärer Psychotherapie im Licht der Heidelberger Umstrukturierungsskala. Z psychosom Med Psychother 47, 213-233.
Grande, T./H. Schauenburg/G. Rudolf (2002): Zum Begriff der »Struktur« in verschiedenen Operationalisierungen. In: Rudolf, G./T. Grande/P. Henningsen (Hrsg.): Die Struktur der Persönlichkeit. Vom theoretischen Verständnis zur therapeutischen Anwendung des psychodynamischen Strukturkonzepts. Stuttgart (Schattauer), 177-196.
Grande, T./G. Rudolf/C. Oberbracht/C. Pauli-Magnus (2003): Progressive Changes in Patients' Lives after Psychotherapy: Which Treatment effects support them? Psychotherapy Research 13, 43-58.
Grande, T./G. Rudolf/T. Jakobsen (2004): Beziehungsdynamische Fallformulierung. Fokusbildung und Interventionsplanung auf Grundlage der OPD-Beziehungs-Diagnostik. In: Dahlbender, R.W./P. Buchheim/G. Schüßler (Hrsg.): OPD. Lernen an der Praxis. OPD und Qualitätssicherung in der Psychodynamisachen Psychotherpaie. Bern (Huber), 95-109.
Grawe, K. (1992): Psychotherapieforschung zu Beginn der neunziger Jahre. Psychologische Rundschau 43, 132-162.
Grawe, K./R. Donati/F. Bernauer (1994): Psychotherapie im Wandel. Von der Konfession zur Profession. Göttingen (Hogrefe).
Gray, S.H. (2002): Evidence-Based Psychotherapeutics. J Amer Acad Psychoanal 30, 3-16.
Green, A. (1983): Die tote Mutter. Psyche - Z Psychoanal 47, 205-240.
Green, A. (1995): Hat Sexualität etwas mit Psychoanalyse zu tun? Psyche - Z Psychoanalyse 52 (1998), 1170-1191.
Green, A. (1996): Welche Forschung für die Psychoanalyse? International Psychoanalysis - The Newsletters of the IPA 5, 10-14.
Green, A. (2000a): Science und science-fiction in der Säuglingsforschung. Zeitschr f psychoanal Theorie und Praxis 15, 438-466.
Green, A. (2000b): Diskussionsbemerkung. Zeitschr f psychoanal Theorie und Praxis 16 (2001), 97-99.
Green, A. (2000c): Illusion and disillusionment in the attempt to present a more reasonable theory of mind. In: Bergman, M. (Hrsg.): The Hartman Era. New York (Other Press), 105-116.
Green, A. (2000d): Discussion. In: Bergmann, M. (Hrsg.): The Hartmann Era. New York (Other Press), 248-258, 280-282, 302-303.
Green, A. (2004): Pluralität der Wissenschaften und psychoanalytisches Denken. In: Leuzinger-Bohleber, M./H. Deserno/S. Hau (Hrsg.): Psychoanalyse als Profession und Wissenschaft. Die psychoanalytische Methode in Zeiten wissenschaftlicher Pluralität. Stuttgart (Kohlhammer), 33-48.
Greenberg, R./C. Pearlman (1975): A pychoanalytic-dream continuum: the source and function of dreams. In: Flanders, S. (Hrsg.) (1993): The dream discourse today. London (Routledge), 181-194.

Bibliographie

Greenwood, E. (1945): Experimental sociology. New York (Octagon) 1976.
Grice, H.P. (1975): Logic and Conversation. In: Cole, P./J.L. Moran (Hrsg.): Syntax and Semantics. New York (Academic Press), 41-58.
Grinberg, L. (1986): Die Identifizierung des Analytikers mit Freud. Sigmund Freud House Bulletin 10, 272-280.
Gülich, E./H. Hausendorf (2000): Vertextungsmuster Narration. In: Brinker, K./G. Antos/W. Heinemann/S.F. Sager (Hrsg.): Text und Gesprächslinguistik. Ein internationales Handbuch zeitgenössischer Forschung. 1. Halbband. Berlin (de Gruyter), 369-385.
Guthrie, E. (2000): Psychotherapy for patients with complex disorders and chronic symptoms. The need for a new research paradigma. Brit J Psychiat 177, 131-137.
Guthrie, E./N. Kapur/K. Mackway-Jones/C. Chew-Graham/J. Moorey/E. Mendel/F. Marino-Francis/S. Sanderson/C. Turpin/G. Boddy/B. Tomenson (2001): A randomised controlled trial of brief psychological intervention after deliberate self poisoning. BMJ 21, 135-138.
Guthrie, E./J. Moorey/F. Margison/H. Barker/S. Palmer/G. McGrath/B. Tomenson/F. Creed (1999): Cost-effectiveness of brief psychodynamic-interpersonal therapy in high utilizers of psychiatric services. Arch Gen Psychiatry 56, 519-526.
Guthrie, E./F. Creed/D. Dawson/B. Tomenson (1993): Randomised controlled trial of psychotherapy in patients with refractory irritable bowel syndrome. Br J Psychiatry 163, 315-321.
Guyatt, G.H./D.L. Sacket/J.C. Sinclair/R. Hayward/D.J. Cook/R. Cook (1995): Users guides to medical literature. IX. A method for grading health care recommendations. J Amer Med Assn 274, 1800-1804.
Habermas, J. (1968): Erkenntnis und Interesse. Frankfurt/Main (Suhrkamp) 1994.
Hacking, I. (1999): Was heißt ›soziale Konstruktion‹? Zur Kritik einer Kampfvokabel in den Wissenschaften. Frankfurt/Main (Fischer).
Hager, W./F. Leichsenring/A. Schiffler (1999): Evaluationsparadigmen. Zur Bedeutung der Unterscheidung von vergleichenden und isolierten Evaluationen in der Psychotherapieforschung. Psychotherapeut 44, 234-240.
Hager, W./F. Leichsenring/A. Schiffler (2000): Wann ermöglicht eine Therapiestudie direkte Wirkungsvergleiche zwischen verschiedenen Therapieformen? PPmP 50, 51-62.
Haggard, E./K.S. Isaacs (1966): Micromomentary facial expressions as indicators of ego mechanisms in psychotherapy. In: Louis, A./A. Gottschalk/H. Arthur/H. Auerbach (Hrsg.): Methods of Research in Psychotherapy. New York (Appleton-Century-Crofts), 154-165.
Hahlweg, K./W. Fiegenbaum/M. Frank/B. Schroeder/I. von Witzleben (2001): Short- and long-term effectiveness of an empirically supported treatment for agoraphobia. Journal of Consulting and Clinical Psychology 69, 375-382.
Hall, A./A.H. Crisp (1987): Brief psychotherapy in the treatment of anorexia nervosa: Outcome at one year. British Journal of Psychiatry 151, 185-191.
Hamilton, J./E. Guthrie/F. Creed/D. Thompson/B. Tomenson/R. Bennett/K. Moriarty/W. Stephens/R. Liston (2000): A randomized controlled trial of psychotherapy in patients with chronic functional dyspepsia. Gastroenterology 119, 661-669.
Hamilton, V. (1996): The analyst's preconscious. Hillsdale (Analytic Press).
Hampe, M. (2000): Pluralismus der Erfahrung und Einheit der Vernunft. In: Hampe, M./M.S. Lotter (Hrsg.): »Die Erfahrungen, die wir machen, sprechen gegen die Erfahrungen, die wir haben«. Über Formen der Erfahrung in den Wissenschaften. Berlin (Duncker & Humblot), 27-40.
Hampe, M. (2004): Pluralität der Wissenschaften und Einheit der Vernunft - Einige philosophische Anmerkungen zur Psychoanalyse. In: Leuzinger-Bohleber, M./H. Deserno/S. Hau

(Hrsg.): Psychoanalyse als Profession und Wissenschaft. Die psychoanalytische Methode in Zeiten wissenschaftlicher Pluralität. Stuttgart (Kohlhammer), 17-32.
Harder, D.W. (1995): Shame and guilt assessment and relationships of shame- and guilt- proneness to psychopathology. In: Tangney, J.P./K.W. Fischer (Hrsg.): Self conscious emotions: the psychology of shame, guilt, embarrassment, and pride. New York (Guilford), 368-392.
Hardy, G.E./M. Barkham/D.A. Shapiro/W.B. Stiles/A. Rees/S. Reynolds (1995): Impact of cluster C personality disorders on outcomes of contrasting brief psychotherapies for depression. J Clin Consult Psychol 63, 997-1004.
Harris, J.R. (1998): The nurture assumption: Why children turn out the way they do. Parents matter less than you think and peers matter more. New York (Free Press).
Hartmann, E. (1998): Dreams and Nightmares. The New Theory on The Origin and Meaning of Dreams. New York (Plenum Trade).
Hartmann, H. (1927): Verstehen und Erklären. In: Hartmann, H. (1964): Ich-Psychologie. Studien zur psychoanalytischen Theorie. Stuttgart (Klett) 1972, 355-385.
Hartmann, H. (1939): Ich-Psychologie und Anpassungsproblem. Psyche - Z Psychoanal 14 (1960), 81-164.
Hartmann, H. (1950): Psychoanalyse und Entwicklungspsychologie. In: Hartmann, H. (1964): Ich-Psychologie. Studien zur psychoanalytischen Theorie. Stuttgart (Klett) 1972, 106-118.
Hartmann, H. (1958): Bemerkungen zu den wissenschaftlichen Aspekten der Psychoanalyse. In: Hartmann, H. (1964): Ich-Psychologie. Studien zur psychoanalytischen Theorie. Stuttgart (Klett) 1972, 288-307.
Hartmann, H. (1959): Die Psychoanalyse als wissenschaftliche Theorie. In: Hartmann, H. (1964): Ich-Psychologie. Studien zur psychoanalytischen Theorie. Stuttgart (Klett) 1972, 308-338.
Hartmann, H. (1964): Ich-Psychologie. Studien zur psychoanalytischen Theorie. Stuttgart (Klett) 1972.
Hartmann, S. (2004): Unterschiedliche Behandlungsformen psychischer Störungen - Wirksamkeit und Zufriedenheit aus der Sicht der behandelten Patienten. Eine systematische Replikationsstudie der Consumer Reports Study. Medizinische Fakultät, Universität Saarland (Habilitationsschrift).
Hartmann, S./S. Zepf (2002): Effektivität von Psychotherapie. Ein Vergleich verschiedener psychotherapeutischer Verfahren. Forum Psychoanal 18, 176-196.
Hau, S. (2004): Träume zeichnen. Über visuelle Darstellung von Traumbildern. Psychoanalytische Beiträge aus dem Sigmund-Freud-Institut. Band 13. Tübingen (Edition diskord).
Hau, S./K. Rabes/L. Müller-Calleja/W. Leuschner (2004): Subliminal Activation of Defensive Processes in Dreams and Waking Free Imageries. Paper presented at the 21st International Conference of the Association for the Study of Dreams, 19-22 June 2004, Copenhagen.
Havemann, R. (1964): Dialektik ohne Dogma - Naturwissenschaft und Weltanschauung. Reinbek bei Hamburg (Rowohlt).
Haynal, A. (1987): Die Technik-Debatte in der Psychoanalyse. Freud, Ferenczi, Balint. Gießen (Psychosozial) 2000.
Hegel, G.W.F. (1807): Phänomenologie des Geistes. Hamburg (Felix Meiner) 1952.
Heinzel, R./F. Breyer/T. Klein (1998): Ambulante analytische Einzel- und Gruppenpsychotherapie in einer bundesweiten katamnestischen Evaluationsstudie. Gruppenpsychotherapie und Gruppendynamik 334, 135-152.

Bibliographie

Hellerstein, D.J./R.N. Rosenthal/H. Pinsker/L. Wallner Samstag/J.C. Muran/A. Winston (1998): A randomized prospective study comparing supportive and dynamic therapies. Outcome and alliance. Journal of Psychotherapy Research and Practice 7, 26-71.

Hellmann, R. (2003): Säuglingsforschung, Bindungstheorie, Neurobiologie - Was bedeuten sie für den psychotherapeutischen Alltag? In: Poscheschnik, G./R. Ernst/Klagenfurter Psychoanalytische Mittwoch-Gesellschaft (Hrsg.): Psychoanalyse im Spannungsfeld von Humanwissenschaft, Therapie und Kulturtheorie. Frankfurt/Main (Brandes & Apsel), 67-70.

Hempel, C.G. (1952): Typological methods in the natural and social sciences. In: Hempel, C.G (1965): Aspects of scientific explanation and other essays in the philosophy of science. New York (Free Press), 155-171.

Henningsen, P. (1998): Im Spiegel des Anderen sich selbst erkennen? Zur Bedeutung der kognitiven Neurowissenschaft für die Psychoanalyse. PPmP 48, 78-87.

Henry, W.P. (1998): Science, politics, and the politics of science: The use and misuse of empirically validated treatment research. Psychotherapy Research 8, 126-140.

Henry, W.O./H.H. Strupp/T.E. Schacht/L. Gaston (1994): Psychodynamic approaches. In: Bergin, A.E./S. L. Garfield (Hrsg.): Handbook of psychotherapy and behavior change, 4th ed.). New York (Wiley), 467-508.

Henseler, H. (2003): Die bisherige Entwicklung der psychoanalytischen Theorie. In: Poscheschnik, G./R. Ernst/Klagenfurter Psychoanalytische Mittwoch-Gesellschaft (Hrsg.): Psychoanalyse im Spannungsfeld von Humanwissenschaft, Therapie und Kulturtheorie. Frankfurt/Main (Brandes & Apsel), 19-32.

Herrmann, T. (1976): Die Psychologie und ihre Forschungsprogramme. Göttingen (Hogrefe).

Hersen, M./A.S. Bellack/J.M. Himmelhoch/M.E. Thase (1984): Effects of social skill training, amitriptyline, and psychotherapy in unipolar depressed women. Behavior Therapy 15, 21-40.

Herzka, H.S. (1979): Gesicht und Sprache des Säuglings. Basel (Schwabe & Co).

Hirsch, M. (1997): Schuld und Schuldgefühl. Zur Psychoanalyse von Trauma und Introjekt. Göttingen (Vandenhoeck & Ruprecht) 2002.

Hirsch, M. (2004): Psychoanalytische Traumatologie - Das Trauma in der Familie. Psychoanalytische Theorie und Therapie schwerer Persönlichkeitsstörungen. Stuttgart (Schattauer).

Hochgruber, W. (2000): Die Bedeutung von Lachen bei der Ärgerregulierung von Paaren: Geschlechtsspezifische und personenspezifische Unterschiede. Unveröffentlichte Diplomarbeit aus der Studienrichtung Psychologie. Naturwissenschaftliche Fakultät der Leopold-Franzens-Universität Innsbruck.

Hoffmann, S.-O./G. Hochapfel (1999): Neurosenlehre, Psychotherapeutische und Psychosomatische Medizin. Stuttgart (Schattauer).

Hoglend, P. (1993a): Personality disorders and long-term outcome after brief dynamic psychotherapy. J Personal Disord 7, 168-181.

Hoglend, P. (1993b): Transference interpretations and long-term change after dynamic psychotherapy of brief to moderate length. American Journal of Psychotherapy 47, 494-507.

Holm-Hadulla, R./L. Kiefer/W. Sessar (1997): Zur Effektivität tiefenpsychologisch fundierter Kurz- und Psychotherapien. PPmP 47, 271-278.

Holmes, J. (1993): John Bowlby und die Bindungstheorie. München (Ernst Reinhardt) 2002.

Holt, R.R. (1981): The death and transfiguration of metapsychology. Int J Psychoanal 8, 129-143.

Holzkamp, K. (1970): Wissenschaftstheoretische Voraussetzungen kritisch-emanzipatorischer Psychologie. In: Holzkamp, K.: Kritische Psychologie. Vorbereitende Arbeiten. Frankfurt/Main (Fischer), 75-98.

Holzkamp, K. (1972): Verborgene anthropologische Voraussetzungen der allgemeinen Psychologie. In: Holzkamp, K: Kritische Psychologie. Frankfurt/Main (Fischer), 35-73.
Holzkamp, K. (1983): Grundlegung der Psychologie. Frankfurt/Main (Campus).
Horowitz, M.J./D.S. Weiss/N. Kaltreider/J. Krupnick/C. Marmar/N. Wilner/K. DeWitt (1984): Reaction to the death of a parent: results from patients and field subjects. The Journal of Nervous and Mental Disease 172, 383-392.
Hoyningen-Huene, P. (1989): Die Wissenschaftsphilosophie Thomas S. Kuhns. Rekonstruktion und Grundlagenprobleme. Braunschweig (Vieweg).
Huber, D./G. Klug/M. von Rad (2001): Die Münchener Prozess-Outcome-Studie - Ein Vergleich zwischen Psychoanalysen und psychodynamischen Psychotherapien unter besonderer Berücksichtigung therapiespezifischer Ergebnisse. In: Stuhr, U./M. Leuzinger-Bohleber/M. Beutel (Hrsg.): Langzeit-Psychotherapie. Perspektiven für Therapeuten und Wissenschaftler. Stuttgart (Kohlhammer),260-270.
Hübner, W. (2001): Verführung und Verführbarkeit. Überlegungen zur metapsychologischen Bedeutung der Allgemeinen Verführungstheorie von Jean Laplanche. Zeitschr f psychoanal Theorie und Praxis 16, 444-465.
Hufnagel, H./E. Steimer-Krause/R. Krause (1991): Mimisches Verhalten und Erleben schizophrener Patienten und bei Gesunden. Zeitschrift für Klinische Psychologie 35, 63-70.
Hughes, J.R./Y. Daaboul/J.J. Fino et al. (1998): The Mozart effect on epileptiform activity. Clin Electroencephalogr 30, 44-45.
Hughes, J.R./J.J. Fino/M.A. Melyn (1999): Is there a chronic change of the »Mozart effect« on epileptiform activity? A case study. Clin Electroencephalogr 31, 44-45.
Jacobs, J. T. (1994): Nonverbal Communications: Some Reflections on their Role in the Psychoanalytic Process and Psychoanalytic Education. JAPA 42, 741-762.
Jaeggi, E. (2003): »Wie war das damals?« Biographie und Psychotherapie. In: Bruder, K.-J. (Hrsg.): »Die biographische Wahrheit ist nicht zu haben«. Psychoanalyse und Biographieforschung. Gießen (Psychosozial), 41-54.
Jaffe, J./B. Beebe/S. Feldstein/C.L. Crown/M.D. Jasnow (2001): Rhythms of Dialogue in Infancy. Monographs of the Society for Research in Child Development 66.
Jenkins, J.S. (2001): The Mozart effect. J R Soc Med 94, 170-172.
Johnson, M.E./C. Popp/T.E. Schacht/J. Mellon/H.H. Strupp (1989): Converging evidence for identification of recurrent relationship themes: Comparison of two methods. Psychiatry 52, 275-288.
Jones, E.E./J.D. Cumming/M.J. Horowitz (1988): Another look at the nonspecific hypothesis of therapeutic effectiveness. J Consult Clin Psychol 56, 48-55.
Joppe, G. (1970): Über Wort und Sprache in der Psychoanalyse. Frankfurt/Main (Fischer).
Juen, B. (2001): Konfliktregulierung in frühen Mutter-Kind Interaktionen. Unveröffentlichtes Manuskript aus der Studienrichtung Psychologie, Naturwissenschaftliche Fakultät der Leopold-Franzens-Universität Innsbruck.
Jung, C.G. (1905): Experimentelle Beobachtungen über das Erinnerungsvermögen. Centralbl. f. Nervenheilk. u. Psychiat. 28, 653-666.
Junkert-Tress, B./U. Schnierda/N. Hartkamp/N. Schmitz/W. Tress (2001): Effects of short-term dynamic psychotherapy for neurotic, somatoform and personality disorders: a prospective 1-year follow-up study. Psychotherapy Research 11, 187-200.
Jüttemann, G. (1985) (Hrsg.): Qualitative Forschung in der Psychologie. Grundfragen, Verfahrensweisen, Anwendungsfelder. Weinheim (Beltz).
Jüttemann, G. (1998): Genetische Persönlichkeitspsychologie und Komparative Kasuistik. In:

Jüttemann, G./H. Thomae (Hrsg.): Biographische Methoden in den Humanwissenschaften. Weinheim (Beltz) 1999, 111-131.
Kächele, H. (1981): Zur Bedeutung der Krankengeschichte in der klinisch-psychoanalytischen Forschung. Jahrbuch Psychoanal 12, 118-177.
Kächele, H. (1986): Maschinelle Inhaltsanalyse in der psychoanalytischen Prozessforschung. Ulm (PSZ-Verlag).
Kächele, H. (1989): Entwicklung und Beziehung in neuem Lichte. Prax Psychother Psychosom 34, 241-249.
Kächele, H. (1990): Welche Methoden für welche Fragen? In: Argelander, H./H. Kächele/M. Leuzinger-Bohleber/A.-E. Meyer: Empirische Forschung in der Psychoanalyse. Materialien aus dem Sigmund Freud-Institut Nr. 10. Frankfurt/Main (Sigmund Freud-Institut), 73-89.
Kächele, H. (1991): Die Validierung der Psychoanalyse: Welche Methoden eignen sich für welche Aufgabe? In: Grünbaum, A. (Hrsg.): Kritische Betrachtungen zur Psychoanalyse. Adolf Grünbaums »Grundlagen« in der Diskussion. Berlin (Springer), 94-96.
Kächele, H. (1992): Psychoanalytische Therapieforschung 1930-1990. Psyche - Z Psychoanal 46, 259-285.
Kächele, H. (2003): Gibt es »Säulen therapeutischer Weisheit« für psychoanalytische Therapien? In: Poscheschnik, G./R. Ernst/Klagenfurter Psychoanalytische Mittwoch-Gesellschaft (Hrsg.): Psychoanalyse im Spannungsfeld von Humanwissenschaft, Therapie und Kulturtheorie. Frankfurt/Main (Brandes & Apsel), 139-147.
Kächele, H./H. Kordy (1992): Psychotherapieforschung und therapeutische Versorgung. Nervenarzt 63, 517-526.
Kächele, H./C. Schaumburg/H. Thomä (1973): Verbatim-Protokolle als Mittel in der psychotherapeutischen Verlaufsforschung. Psyche - Z Psychoanal 27, 902-927.
Kächele, H./W. Ehlers/M. Hölzer (1991): Experiment und Empirie in der Psychoanalyse. In: Schneider, F./M. Bartels/K. Foerster/H.J. Gaertner (Hrsg.): Perspektiven der Psychiatrie. Forschung - Diagnostik - Therapie. Stuttgart (Gustav Fischer), 129-142.
Kamlah, W./P. Lorenzen (1967): Logische Propädeutik. Vorschule des vernünftigen Redens. Stuttgart (J.B. Metzler) 1996.
Kandel, E.R. (1998): A new intellectual framework for psychiatry. Am J Psychiatry 155, 457-469.
Kandel, E.C. (1999): Biology and the future of psychoanalysis: A new intellectual framework for psychiatry revisited. Am J Psychiatry 156, 505-524.
Kandel, E.C./J.H. Schwartz/T.M. Jessell (1995) (Hrsg.): Neurowissenschaften. Eine Einführung. Heidelberg (Spektrum) 1996.
Kant, I. (1781): Kritik der reinen Vernunft. Hamburg (Felix Meiner) 1967.
Kaplan-Solms, K./M. Solms (2002): Neuro-Psychoanalyse. Eine Einführung mit Fallstudien. Stuttgart (Klett-Cotta) 2003.
Karloff, D.J. (2001): Einführung in die Erkenntnis- und Wissenschaftstheorie. Universität Graz (Manuskript für den Hochschullehrgang Psychotherapeutisches Propädeutikum).
Karon, B.P./G.R. Vandenbos (1972): The consequences of psychotherapy for schizophrenic patients. Psychotherapy: Theory, Research and Practice 9, 111-119.
Karterud, S./S. Vaglum/S. Friis/T. Irion/S. Johns/P. Vaglum (1992): Day, hospital therapeutic community treatment for patients with personality disorders. J Nerv Ment Dis 180, 238-243.
Kaufhold, R. (2001): Bettelheim, Ekstein, Federn: Impulse für die psychoanalytisch-pädagogische Bewegung. Gießen (Psychosozial).

Kaufman, I.C. (1960): Instinkt, Energie und Trieb. Einige Folgerungen aus der Verhaltensforschung bei Tieren für die psychoanalytische Theorie. Psyche - Z Psychoanal 15 (1961/62), 494-507.
Kelle, U. (1994): Empirisch begründete Theoriebildung. Zur Logik und Methodologie interpretativer Sozialforschung. Weinheim (Deutscher Studien Verlag).
Kelle, U./C. Erzberger (2000): Qualitative und quantitative Methoden: kein Gegensatz. In: Flick, U./E. von Kardorff/I. Steinke (Hrsg.): Qualitative Forschung. Ein Handbuch. Reinbek bei Hamburg (Rowohlt), 299-309.
Keller, A. (1982): Allgemeine Erkenntnistheorie. Stuttgart (Kohlhammer) 1990.
Kenilword, N.J./P. Ekman (1992): An argument for basic emotions. Cognition and Emotion 6, 169-200.
Kernberg, O.F. (1975): Borderline-Störungen und pathologischer Narzissmus. Frankfurt/Main (Suhrkamp) 1978.
Kernberg, O. F. (1984): Schwere Persönlichkeitsstörungen. Theorie, Diagnose, Behandlungsstrategien. Stuttgart (Klett-Cotta) 1988.
Kernberg, O.F. (1995): ...nicht technische Hochschule oder theologisches Seminar, sondern eine Kombination von Universitätsinstitut und Kunstakademie... Otto F. Kernberg im Gespräch mit Bernhard Handlbauer über das ideale psychoanalytische Ausbildungsinstitut. Werkblatt 35, 3-6.
Kernberg, O.F. (1996): Dreißig Methoden zur Unterdrückung der Kreativität von Kandidaten der Psychoanalyse. Psyche - Z Psychoanal 52 (1998), 199-213.
Kernberg, O.F. (2001a): Affekt, Objekt und Übertragung. Aktuelle Entwicklungen der psychoanalytischen Theorie und Technik. Gießen (Psychosozial).
Kernberg, O.F. (2001b): Aktuelle Herausforderungen an die Psychoanalyse. In: Stuhr, U./M. Leuzinger-Bohleber/M. Beutel (Hrsg.): Langzeit-Psychotherapie. Perspektiven für Therapeuten und Wissenschaftler. Stuttgart (Kohlhammer), 61-70.
Kernberg, O.F. (2004): Psychoanalyse und empirische Forschung: Eine angloamerikanische Perspektive. Psychoanalytische Forschung in den Vereinigten Staaten in den letzten 50 Jahren. In: Leuzinger-Bohleber, M./H. Deserno/S. Hau (Hrsg.): Psychoanalyse als rofession und Wissenschaft. Die psychoanalytische Methode in Zeiten wissenschaftlicher Pluralität. Stuttgart (Kohlhammer), 83-96.
King, P./R. Steiner (1991) (Hrsg.): Die Freud/Klein-Kontroversen 1941-1945, 2 Bände. Stuttgart (Klett-Cotta) 2000.
Klein, D.F./C.M. Zitrin/M.C. Woerner/D.C. Ross (1983): Treatment of phobias. II. Behavior therapy and supportive therapy: Are there specific ingredients? Archives of General Psychiatry 40, 139-145.
Klein, M. (1928): Frühstadien des Ödipuskonflikts. Internationale Zeitschrift für Psychoanalyse 14, 66-77.
Klein, M. (1952): Über das Seelenleben des Kleinkindes. Einige theoretische Betrachtungen. Psyche - Z Psychoanal 14 (1960/61), 284-316.
Kleining, G. (1982): Umriss zu einer Methodologie qualitativer Sozialforschung. Z Soziol Sozialpsychol 34, 224-253.
Kleinsmith, L.J./S. Kaplan (1963): Paired associate learning as a function of arousal and interpolated interval. Journal of Experimental Psychology 65, 190-193.
Kline, P. (1972). Fact and fantasy in Freudian theory. London (Methuen & Co.).
Klinnert, M./R.N. Emde/P. Butterfield/J. Campos (1986): Social referencing: The infants use of emotional signals from a friendly adult with mother present. Developmental Psychology 22, 427-432.

Bibliographie

Klußmann, R. (1986): Psychosomatische Medizin. Ein Kompendium für alle medizinischen Teilbereiche. Berlin (Springer) 1998.
Klüwer, R. (1983): Agieren und Mitagieren. Psyche - Z Psychoanal 37, 828-840.
Knorr-Cetina, K. (1981): Die Fabrikation von Erkenntnis. Zur Anthropologie der Naturwissenschaft. Frankfurt/Main (Suhrkamp) 1984.
Knorr-Cetina, K. (1999): Wissenskulturen. Ein Vergleich naturwissenschaftlicher Wissensformen. Frankfurt/Main (Suhrkamp) 2002.
Köhler, L. (1995): Bindungsforschung und Bindungstheorie aus der Sicht der Psychoanalyse. In: Spangler, G./P. Zimmermann (Hrsg.): Die Bindungstheorie. Grundlagen, Forschung und Anwendung. Stuttgart (Klett-Cotta) 1999, 67-85.
Köhler, L. (1998): Zur Anwendung der Bindungstheorie in der psychoanalytischen Praxis. Psyche - Z Psychoanal 52, 369-403.
Köhler, T. (1993): Kritik der Psychoanalyse-Kritik. In: Mertens, W. (Hrsg.): Schlüsselbegriffe der Psychoanalyse. Stuttgart (Verlag Internationale Psychoanalyse) 1997, 65-70.
Köhler, T. (1995): Freuds Psychoanalyse. Eine Einführung. Stuttgart (Kohlhammer).
Köhler, T. (2000): Das Werk Sigmund Freuds: Entstehung, Inhalt, Rezeption. Lengerich (Pabst).
Köhler, T. (2001): Biopsychologie. Ein Lehrbuch. Stuttgart (Kohlhammer).
Köhler, T. (2002): Anti-Freud-Literatur von ihren Anfängen bis heute. Zur wissenschaftlichen Fundierung von Psychoanalyse-Kritik. Stuttgart (Kohlhammer).
Köhler, T. (2004a): Anti-Freud-Literatur. Was will sie und welchen wissenschaftlichen Wert hat sie? Vortrag gehalten im Rahmen des Colloquium Psychoanalyse an der Universität Klagenfurt am 2. Juni 2004.
Köhler, T. (2004b): Statistik für Psychologen, Pädagogen und Mediziner. Ein Lehrbuch. Stuttgart (Kohlhammer).
Köhler, T./M. Thöns (1998): Eine experimentelle Studie zur Lehre von Widerstand und Verdrängung. Zeitschrift für Klinische Psychologie, Psychiatrie und Psychotherapie 46, 227-232.
Köhler, T./W. Wilke (1999): Das Vergessen von Wortassoziationen in Abhängigkeit von Indikatoren ihrer Emotionalität. PPmP 49, 64-67.
Köhler, T./G. Tiede/M. Thöns (2002): Kurz- und längerfristiges Vergessen von Wortassoziationen - eine experimentelle Studie zur freudschen Lehre von Widerstand und Verdrängung. Zeitschrift für Klinische Psychologie, Psychiatrie und Psychotherapie 50, 328-333.
Kohut, H. (1971): Narzissmus. Eine Theorie der psychoanalytischen Behandlung narzisstischer Persönlichkeitsstörungen. Frankfurt/Main (Suhrkamp) 1976.
Kohut, H. (1977): Die Heilung des Selbst. Frankfurt/Main (Suhrkamp) 1979.
Kohut, H. (1984): Wie heilt die Psychoanalyse? Frankfurt/Main (Suhrkamp) 1996.
König, H.-D. (2000): Tiefenhermeneutik. In: Flick, U./E. von Kardorff/I. Steinke (Hrsg.): Qualitative Forschung. Ein Handbuch. Reinbek bei Hamburg (Rowohlt), 556-569.
Kosik, K. (1967): Die Dialektik des Konkreten. Frankfurt/Main (Suhrkamp) 1970.
Koukkou, M./M. Leuzinger-Bohleber/W. Mertens (1998): Erinnerung von Wirklichkeiten. Psychoanalyse und Neurowissenschaften im Dialog. Band 1: Bestandsaufnahme. Stuttgart (Verlag Internationale Psychoanalyse).
Krause, R. (1981): Sprache und Affekt. Stuttgart (Kohlhammer).
Krause, R. (1988): Eine Taxonomie der Affekte und ihre Anwendung auf das Verständnis der frühen Störungen. PPmP 38, 77-86.
Krause, R. (1990): Psychodynamik der Emotionsstörungen. In: K. Scherer (Hrsg.): Enzyklopädie der Psychologie. Bd. C/IV/3: Emotionen. Göttingen (Hogrefe), 630-705.

Krause, R. (1993): Über das Verhältnis von Trieb und Affekt am Beispiel des perversen Aktes. Forum Psychoanal 9, 187-197.
Krause, R. (1997): Allgemeine Psychoanalytische Krankheitslehre. Band 1: Grundlagen. Stuttgart (Kohlhammer).
Krause, R. (1998): Allgemeine Psychoanalytische Krankheitslehre. Band 2: Modelle. Stuttgart (Kohlhammer).
Krause, R. (2002a): Psychoanalytische Affektforschung: Anwendungen auf die psychoanalytische klinische Arbeit. In: Giampieri-Deutsch, P. (Hrsg.): Psychoanalyse im Dialog der Wissenschaften. Band 1. Europäische Perspektiven. Stuttgart (Kohlhammer), 273-286.
Krause, R. (2002): Affekte und Gefühle aus psychoanalytischer Sicht. Psychotherapie im Dialog 3, 120-127.
Krause, R./J. Merten (1996): Affekte, Beziehungsregulierung, Übertragung und Gegenübertragung. Zeitschr Psychosom Med 42, 261-280.
Kriz, J./H.E. Lück/H. Heidbrink (1990): Wissenschafts- und Erkenntnistheorie. Eine Einführung für Psychologen und Humanwissenschaftler. Opladen (Leske & Budrich).
Krovoza, A. (2003): Psychoanalyse und Geschichtswissenschaft. Anmerkungen zu Stationen eines Projekts. Psyche - Z Psychoanal 57, 904-937.
Krupnick, J.L./S.M. Sotsky/S. Simmens/J. Moyer/I. Elkin/J. Watkins/P. Pilkonis (1996): The role of the therapeutic alliance in psychotherapy and pharmacotherapy outcome: Findings in the National Institute of Mental Health Treatment of Depression. Collaborative Research Program. J Consult Clin Psychol 64, 532-539.
Küchenhoff. J. (1994): Spezifitätsmodelle in der Psychosomatischen Medizin. Zeitschr Psychosom Med Psychoanal 40, 236-248.
Küchenhoff, J. (2000): Psychosomatik. In: Mertens, W./B. Waldvogel (Hrsg.): Handbuch psychoanalytischer Grundbegriffe. Stuttgart (Kohlhammer) 2002, 588-594.
Kugler, K./W.H. Jones (1992): On conceptualizing and assessing guilt. Journal of Personality and Social Psychology 62, 318-327.
Kuhn, T. (1962): Die Struktur wissenschaftlicher Revolutionen. Frankfurt/Main (Suhrkamp) 1976.
Kuhn, T. (1969): Postskriptum - 1969. In: Kuhn, T. (1962): Die Struktur wissenschaftlicher Revolutionen. Frankfurt/Main (Suhrkamp) 1976, 186-221.
Kuhn, T. (1970a): Logik der Forschung oder Psychologie der wissenschaftlichen Arbeit. In: Lakatos, I./A. Musgrave (1970): Kritik und Erkenntnisfortschritt. Braunschweig (Vieweg) 1974, 1-24.
Kuhn, T. (1970b): Bemerkungen zu meinen Kritikern. In: Lakatos, I./A. Musgrave (1970): Kritik und Erkenntnisfortschritt. Braunschweig (Vieweg) 1974, 223-269.
Kuhn, T. (1970c): Bemerkungen zu Lakatos. In: Lakatos, I./A. Musgrave (1970): Kritik und Erkenntnisfortschritt. Braunschweig (Vieweg) 1974, 313-321.
Künzler, E. (1967): Über die Möglichkeit einer Zusammenarbeit von Ethologie und Psychoanalyse. Frühkindliche Verhaltensweisen in ethologischer und psychoanalytischer Sicht. Psyche - Z Psychoanal 21, 166-192.
Kunzmann, P./F.-P. Burkard/F. Wiedmann (1991): dtv-Atlas Philosophie. München (Deutscher Taschenbuch Verlag) 2003.
Kutter, P. (1989): Moderne Psychoanalyse. Eine Einführung in die Psychologie unbewußter Prozesse. München (Verlag Internationale Psychoanalyse).
Kutter, P. (2000): Moderne Psychoanalyse. Eine Einführung in die Psychologie unbewusster Prozesse. Stuttgart (Klett-Cotta).

Bibliographie

Kutter, P. (2004): Psychoanalytische Interpretation und empirische Methoden. Auf dem Weg zu einer empirisch fundierten Psychoanalyse. Unter Mitarbeit von Jürgen M. Giesler, Sabine Lorenz und Dorothea Thums. Gießen (Psychosozial).

Labov, W./J. Waletzky (1973): Mündliche Versionen persönlicher Erfahrungen. In: Ihwe, J. (Hrsg.): Literaturwissenschaft und Linguistik Band II. Frankfurt/Main (Athenäum), 78-126.

Lacan, J. (1949): Das Spiegelstadium als Bildner der Ichfunktion wie sie uns in der psychoanalytischen Erfahrung erscheint. In: Lacan, J. (1966): Schriften I. Olten (Walter) 1973, 61-70.

Lakatos, I. (1970a): Falsifikation und die Methodologie wissenschaftlicher Forschungsprogramme. In: Lakatos, I./A. Musgrave (1970): Kritik und Erkenntnisfortschritt. Braunschweig (Vieweg) 1974, 89-189.

Lakatos, I. (1970b): Die Geschichte der Wissenschaft und ihre rationalen Rekonstruktionen. In: Lakatos, I./A. Musgrave (1970): Kritik und Erkenntnisfortschritt. Braunschweig (Vieweg) 1974, 271-311.

Lambert, M.J./A.E. Bergin (1994): The Effectiveness of psychotherapy. In: Bergin, A.E./S. L. Garfield (Hrsg.): Handbook of psychotherapy and behavior change, 4th ed. New York (Wiley), 143-189.

Lamnek, S. (1988): Qualitative Sozialforschung. Bd.1: Methodologie. München (Psychologie Verlags Union).

Langebner, M. (2000): Ärgerregulierung bei Paaren. Unveröffentlichte Diplomarbeit aus der Studienrichtung Psychologie. Naturwissenschaftliche Fakultät der Leopold-Franzens-Universität Innsbruck.

Laplanche, J. (1987): New Foundations for Psychoanalysis. Cambridge (Basil Blackwell) 1989.

Laplanche, J. (2004): Die rätselhaften Botschaften des Anderen und ihre Konsequenzen für den begriff des »Unbewussten« im Rahmen der Allgemeinen Verführungstheorie. Psyche - Z Psychoanal 58, 898-913.

Laplanche, J./J.-B. Pontalis (1967): Das Vokabular der Psychoanalyse. Frankfurt/Main (Suhrkamp) 1973.

Latour, B. (1999): Die Hoffnung der Pandora. Untersuchungen zur Wirklichkeit der Wissenschaft. Frankfurt/Main (Suhrkamp) 2002.

Lazar, R.A./N. Lehmann/G. Häußlinger (1986): Die psychoanalytische Beobachtung von Babys innerhalb der Familie. In: Stork, J. (Hrsg.): Zur Psychologie und Psychopathologie des Säuglings - neue Ergebnisse in der psychoanalytischen Reflexion. Stuttgart-Bad Cannstatt (Frommann-Holzboog), 185-211.

Leibing, E./C. Winkelbach/F. Leichsenring (2003): Die generalisierte Angststörung. Darstellung eines kognitiv-behavioralen Behandlungsmanuals. Verhaltenstherapie und psychosoziale Praxis 35, 517-529.

Leichsenring, F. (1996): Zur Meta-Analyse von Grawe. Gruppenpsychotherapie und Gruppendynamik 32, 205-234.

Leichsenring, F. (1997): Borderline-Persönlichkeits-Inventar (BPI). Göttingen (Hogrefe).

Leichsenring, F. (2001): Comparative effects of short-term psychodynamic psychotherapy and cognitive-behavioral therapy in depression. A meta-analytic approach. Clinical Psychology Review 21, 401-419.

Leichsenring, F. (2002): Zur Wirksamkeit psychodynamischer Therapie. Ein Überblick unter Berücksichtigung von Kriterien der Evidence-based Medicine. Zeitschrift für Psychosomatische Medizin und Psychotherapie 48, 139-162.

Leichsenring, F. (2004a): Randomized controlled vs. naturalistic studies. A new research agenda. Bulletin of the Menninger Clinic 68, 137-151.

Leichsenring, F. (2004b): Studien zur Wirksamkeit von psychoanalytischen Therapien bei Erwachsenen. In: Hau, S./M. Leuzinger-Bohleber (Hrsg.): Psychoanalytische Therapie. Eine Stellungnahme für die wissenschaftliche Öffentlichkeit und für den Wissenschaftlichen Beirat Psychotherapie. Forum Psychoanal 20, 34-38.

Leichsenring, F./E. Leibing, E. (2003): The effectiveness of psychodynamic psychotherapy and cognitive-behavioral therapy in personality disorders: A meta-analysis. American Journal of Psychiatry 160, 1223-1232.

Leichsenring, F./H. Staats (2003): Die Göttinger Studie zur Wirksamkeit psychoanalytischer und tiefenpsychologisch fundierter Psychotherapien. Vortrag: Symposium zur Wirksamkeit von Psychoanalysen und Psychotherapien. Heidelberg 17. Oktober 2003.

Leichsenring, F./U. Rüger (2004): Psychotherapeutische Behandlungsverfahren auf dem Prüfstand der Evidence Based Medicine (EBM). Randomisierte kontrollierte Studien vs. naturalisitsche Studien - Gibt es nur einen Goldstandard? Zeitschr Psychosom Med Psychother 50, 203-217.

Leichsenring, F./C. Winkelbach/E. Leibing (2002): Die generalisierte Angststörung. Krankheitsbild, Diagnostik, Therapie. Zeitschrift für Psychosomatische Medizin und Psychotherapie 48, 235-255.

Leichsenring, F./S. Rabung/E. Leibing (2004): The efficacy of short-term psychodynamic psychotherapy in specific psychiatric disorders: A meta-analysis. Arch Gen Psychiatry 61, 1208-1216.

Leichsenring, F./C. Winkelbach/E. Leibing (im Druck): Psychoanalytisch orientierte Fokaltherapie der Generalisierten Angststörung - ein Manual. Psychotherapeut.

Leichsenring, F./J. Biskup/R. Kreische/H. Staats (2005): The effectiveness of psychoanalytic therapy. First results of the »Göttingen study of psychoanalytic and psychodynamic therapy«. International Journal of Psychoanalysis, in press.

Leising, D./G. Rudolf/K. Stadler/T. Jakobsen/C. Oberbracht/T. Grande (2003): Do interpersonal behavior and emotional experience change in the course of successful longterm psychoanalytic therapies? Psychotherapy Research 13, 461-474.

Leithäuser, T./B. Volmerg (1979): Anleitung zur Empirischen Hermeneutik. Psychoanalytische Textinterpretation als sozialwissenschaftliches Verfahren. Frankfurt/Main (Suhrkamp).

Lepenies, W. (1978): Vergangenheit und Zukunft der Wissenschaftsgeschichte - Das Werk Gaston Bachelards. In: Bachelard, G. (1938): Die Bildung des wissenschaftlichen Geistes. Beitrag zu einer Psychoanalyse der objektiven Erkenntnis. Frankfurt/Main (Suhrkamp) 1978, 7-34.

Leuschner, W. (1986): Mitteilung über eine akustische Methode experimenteller Traumerregung. Psyche - Z Psychoanal 40, 342-346.

Leuschner, W. (2000): Traumarbeit und Erinnern im Lichte von Dissoziierungs- und Reassoziierungs-Operationen des Vorbewussten. Psyche - Z Psychoanal 54, 699-720.

Leuschner, W. (2004): Telepathie und das Vorbewusste. Experimentelle Untersuchungen zum »siebten Sinn«. Psychoanalytische Beiträge aus dem Sigmund-Freud-Institut. Band 12. Tübingen (Edition diskord).

Leuschner, W./S. Hau/T. Fischmann (1998): Couch im Labor - Experimentelle Erforschung unbewusster Prozesse im Labor. Psyche - Z Psychoanal 52, 824-849.

Leuschner, W./S. Hau/T. Fischmann (2000): Die akustische Beeinflussbarkeit von Träumen. Psychoanalytische Beiträge aus dem Sigmund-Freud-Institut. Band 3. Tübingen (Edition diskord).

Leuzinger-Bohleber, M. (1995): Die Einzelfallstudie als psychoanalytisches Forschungsinstrument. Psyche - Z Psychoanal 49, 434-480.

Bibliographie

Leuzinger-Bohleber, M. (1996): Erinnern in der Übertragung - Zum interdisziplinären Dialog zwischen Psychoanalyse und biologischer Gedächtnisforschung. PPmP 46, 217-227.
Leuzinger-Bohleber, M. (1997): Psychoanalytische Katamneseforschung und die »Wissenschaft zwischen den Wissenschaften«. In: Leuzinger-Bohleber, M./U. Stuhr (Hrsg.): Psychoanalysen im Rückblick. Methoden, Ergebnisse und Perspektiven der neueren Katamneseforschung. Gießen (Psychosozial), 125-163.
Leuzinger-Bohleber, M. (2002): Ist die Psychoanalyse eine Wissenschaft? - Zur Wiederkehr einer alten Debatte in Zeiten des Pluralismus der Wissenschaften. In: Leuzinger-Bohleber, M./B. Rüger/U. Stuhr/M. Beutel: »Forschen und Heilen« in der Psychoanalyse. Ergebnisse und Berichte aus Forschung und Praxis. Stuttgart (Kohlhammer), 10-33.
Leuzinger-Bohleber, M./U. Stuhr (1997) (Hrsg.): Psychoanalysen im Rückblick. Methoden, Ergebnisse und Perspektiven der neueren Katamneseforschung. Gießen (Psychosozial).
Leuzinger-Bohleber, M./D. Bürgin (2004): Generelle Einleitung. In: Leuzinger-Bohleber, M./H. Deserno/S. Hau (Hrsg.): Psychoanalyse als Profession und Wissenschaft. Die psychoanalytische Methode in Zeiten wissenschaftlicher Pluralität. Stuttgart (Kohlhammer), 3-11.
Leuzinger-Bohleber, M./W. Mertens/M. Koukkou (1998): Erinnerung von Wirklichkeiten. Psychoanalyse und Neurowissenschaften im Dialog. Band 2: Folgerungen für die psychoanalytische Praxis. Stuttgart (Verlag Internationale Psychoanalyse).
Leuzinger-Bohleber, M./U. Stuhr/B. Rüger/M.E. Beutel (2001): Langzeitwirkungen von Psychoanalysen und Psychotherapien: Eine multiperspektivische, repräsentative Katamnesestudie. Psyche - Z Psychoanal 55, 193-276.
Leuzinger-Bohleber, M./B. Rüger/U. Stuhr/M. Beutel (2002): »Forschen und Heilen« in der Psychoanalyse. Ergebnisse und Berichte aus Forschung und Praxis. Stuttgart (Kohlhammer).
Leuzinger-Bohleber, M./H. Deserno/S. Hau (2004) (Hrsg.): Psychoanalyse als Profession und Wissenschaft. Die psychoanalytische Methode in Zeiten wissenschaftlicher Pluralität. Stuttgart (Kohlhammer).
Levinger, G./J. Clark, J. (1961): Emotional factors in the forgetting of word associations. Journal of Abnormal and Social Psychology 62, 99-105.
Lichtenberg, J.D. (1983): Psychoanalyse und Säuglingsforschung. Berlin (Springer) 1991.
Lichtenberg, J.D. (2003): A clinician's view of attachment theory and research. Psychoanalytic Inquiry 23, 103-151.
Lincoln, Y.S./E.G. Guba (1985): Naturalistic inquiry. London (Sage).
Linke, D. (1999): Das Gehirn. München (Beck) 2000.
Liu, D./J. Diorio/B. Tannenbaum/C. Caldji/D. Francis/A. Freedman/S. Sharma/D. Pearson/ P.M. Plotsky/M.J. Meaney (1997): Maternal care, hippocampal glucocorticoid receptors, and hypothalamic-pituitary-adrenal responses to stress. Science 277, 1659-1662.
Loch, W. (1998): Grundriss der psychoanalytischen Theorie (Metapsychologie). In: Hinz, H. (Hrsg.): Wolfgang Loch. Die Krankheitslehre der Psychoanalyse. Allgemeine und spezielle psychoanalytische Theorie der Neurosen, Psychosen und psychosomatischen Erkrankungen bei Erwachsenen, Kindern und Jugendlichen. Stuttgart (Hirzel), 13-78.
Lorenzer, A. (1970): Sprachzerstörung und Rekonstruktion. Vorarbeiten zu einer Metatheorie der Psychoanalyse. Frankfurt/Main (Suhrkamp).
Lorenzer, A. (1986): Tiefenhermeneutische Kulturanalyse. In: Lorenzer, A. (Hrsg.): Kultur-Analysen. Psychoanalytische Studien zur Kultur. Frankfurt/Main (Fischer) 1988, 11-98.

Luborsky, L. (1977): Measuring a pervasive structure in psychotherapy: The core conflictual relationship theme method. In: Freedman, N./N. Grand (Hrsg.): Communicative structures and psychic structures. New York (Plenum Press), 367-395.
Luborsky. L. (1984): Einführung in die analytische Psychotherapie. Heidelberg (Springer) 1988.
Luborsky, L./H. Kächele (1988): Der zentrale Beziehungskonflikt ZBK. Ulm (PSZ-Verlag).
Luborsky, L./P. Crits-Christoph (1990): Understanding transference. The CCRT method. Manual zur ZBKI-Methodik. Ulm 1991.
Luborsky, L./J. Stuart/S. Friedman/L. Diguer/D.A. Seligman/W. Bucci/S. Pulver/E.D. Krause/J. Ermold/W.T. Davison/G. Woody/E. Mergenthaler (2001): The Penn Psychoanalytic Treatment Collection: a set of complete and recorded psychoanalyses as a research resource. JAPA 49, 217-234.
Lucius-Hoene, G. (2002): Narrative Bewältigung von Krankheit und Coping-Forschung. Psychotherapie und Sozialwissenschaft 4, 166-203.
Lucius-Hoene, G./A. Deppermann (2002): Rekonstruktion narrativer Identität. Ein Arbeitsbuch zur Analyse narrativer Interviews. Opladen (Leske + Budrich).
Lueger, R. (1995): Ein Phasenmodell der Veränderung in der Psychotherapie. Psychotherapeut 40, 267-278.
Mahl, G. (1977) Body movement, ideation and verbalization during psychoanalysis. In: Freedman, N./S. Grand (Hrsg.): Communicative structures and psychic structures. New York (Plenum Press), 291-310.
Main, M./R. Goldwyn (1985-1996): Adult attachment classification and rating system. Berkeley, University of California (Unpublished manuscript).
Main, M./N. Kaplan/J. Cassidy (1985): Security in infancy, childhood and adulthood: A move to the level of representation. In: Bretherton, I./E. Waters (Hrsg.): Growing Points of Attachment Theory and Research. Chicago (University of Chicago Press), 66-104.
Mair, B./M. Geir (2001): Interaktive Regulierung von Schuldgefühlen in Freundschaftsbeziehungen. Unveröffentlichte Diplomarbeit aus der Studienrichtung Psychologie, Naturwissenschaftliche Fakultät der Leopold-Franzens-Universität Innsbruck.
Malle, B./L. Moses/D. Baldwin (Hrsg.) (2001): Intentions and Intentionality: Foundations of Social Cognition. Cambridge (The MIT Press).
Mancia, M. (2002): Methodologische Unterschiede zwischen der neurowissenschaftlichen und der psychoanalytischen Traumforschung. In: Giampieri-Deutsch, P. (Hrsg.): Psychoanalyse im Dialog der Wissenschaften. Band 1. Europäische Perspektiven. Stuttgart (Kohlhammer), 214-224.
Manz, R./P. Henningsen/G. Rudolf (1995): Methodische und statistische Aspekte der Therapieevaluation. PPmP 45, 52-59.
Markard, M. (1991): Methodik subjektwissenschaftlicher Forschung. Jenseits des Streits um quantitative und qualitative Methoden. Hamburg (Argument).
Markowitz, J.C./M. Svartberg/H.A. Swartz (1998): Is IPT time-limited psychodynamic psychotherapy? Journal of Psychotherapy, Practice and Research 7, 185-195.
Masterman, M. (1970): Die Natur eines Paradigmas. In: Lakatos, I./A. Musgrave (1970): Kritik und Erkenntnisfortschritt. Braunschweig (Vieweg) 1974, 59-88.
Mattonet, T. (2002): Und Freud erblasste... Kulturpsychoanalytische Überlegungen zu einem Geburtstagsgeschenk. Psyche - Z Psychoanal 56, 1227-1241.
Mayer, A. (2002): Mikroskopie der Psyche. Die Anfänge der Psychoanalyse im Hypnose-Labor. Göttingen (Wallstein Verlag).
Mayring, P. (1990): Einführung in die qualitative Sozialforschung. Eine Anleitung zum qualita-

Bibliographie

tiven Denken. München (Psychologie Verlags Union).
Mayring, P. (2002): Einführung in die qualitative Sozialforschung. Eine Anleitung zu qualitativem Denken. Weinheim (Beltz).
Mayring, P. (2003): Mixed methodologies. Vortrag gehalten im Rahmen des Kolloquium Psychologie an der Universität Klagenfurt am 27.11.2003.
McDowell, J. (1996): Geist und Welt. Frankfurt/M (Suhrkamp) 2001.
McHugh, P.R. (2001): Reforming psychiatry's DSM. Psychiatric Research Report. John Hopkins Medical Institutions, Department of Psychiatry and Behavioral Sciences. http://www.hopkinsmedicine.org/press/2001/august/McHugh.htm. (12.08.2005)
McLaughlin, J.T. (1992): Nonverbal Behaviors in the Analytic Situation: The Search for Meaning in Nonverbal Clues. In: Kramer, S./S. Akthar (Hrsg.): When The Body Speaks. Psychological Meanings in Kinetic Clues. Northvale (Jason Aronson), 131-161.
Meltzoff, A. (1995): Understanding of intentions of others: Re-enactment of intended acts by 18-month-old children. Developmental Psychology 31, 838-850.
Meltzoff, A. (2002): Imitation as a mechanism of social cognition:Origins of empathy, theory of mind, and the representation of action. In: U. Goswami (Hrsg.): Blackwell Handbook of Childhood Cognitive Development. London (Blackwell), 6-25.
Meltzoff, A./K. Moore (1999): Persons and representations: Why infant imitation is important for theories of human development. In: Nadel, J./G. Butterworth (Hrsg.): Imitation in Infancy. Cambridge (Cambridge Univ. Press), 9-35.
Meltzoff, A./R. Brooks (2001): »Like me« as a building block for understanding other minds: Bodily acts, attention, and intention. In: Malle, B./L. Moses/D. Baldwin (Hrsg.): Intentions and Intentionality: Foundations of Social Cognition. Cambridge (The MIT Press), 171-191.
Mentzos, S. (1982): Neurotische Konfliktverarbeitung. Einführung in die psychoanalytische Neurosenlehre unter Berücksichtigung neuer Perspektiven. Frankfurt/Main (Fischer) 1994.
Mergenthaler. E. (1986): Die Ulmer Textbank. Heidelberg (Springer).
Mergenthaler, E. (1992): Psychotherapy transcription standards. Psychotherapy Research 2, 125-142.
Mergenthaler, E./H. Kächele (1994): Die Ulmer Textbank. PPmP 44, 29-35.
Merten, J. (1996): Affekte und die Regulation nonverbalen, interaktiven Verhaltens (Strukturelle Aspekte des mimisch-affektiven Verhaltens und die Integration von Affekten in Regulationsmodelle. Bern (Peter Lang).
Merten, J. (1997): Wem gelten negative mimische Affekte? In: Posner, R./T. Noll/C. Schmauser (Hrsg.): Körperbewegungen und ihre Bedeutung.
Merten, J. (2001): Beziehungsregulation in Psychotherapien. Maladaptive Beziehungsmuster, die therapeutische Beziehung und der therapeutische Erfolg. Stuttgart (Kohlhammer).
Mertens, W. (1975): Sozialpsychologie des Experiments. Das Experiment als soziale Interaktion. Hamburg (Hoffmann & Campe).
Mertens, W. (1981): Psychoanalyse. Stuttgart (Kohlhammer) 1996.
Mertens, W. (1990): Einführung in die psychoanalytische Therapie. Bände 1 und 2. Stuttgart (Kohlhammer).
Mertens, W. (1992): Kompendium psychoanalytischer Grundbegriffe. München (Quintessenz).
Mertens, W. (1993) (Hrsg.): Schlüsselbegriffe der Psychoanalyse. Stuttgart (Verlag Internationale Psychoanalyse) 1997.
Mertens, W. (1997): Psychoanalyse. Geschichte und Methoden. München (Beck).

Mertens, W. (2000): Introspektion. In: Mertens, W./B. Waldvogel (Hrsg.): Handbuch psychoanalytischer Grundbegriffe. Stuttgart (Kohlhammer) 2002, 356-361.
Mertens, W./B. Waldvogel (2000) (Hrsg.): Handbuch psychoanalytischer Grundbegriffe. Stuttgart (Kohlhammer) 2002.
Messer, S.B./C.S. Warren (1995): Models of brief psychodynamic therapy. A comparative approach. New York (Guilford).
Meyer, A.E. (1993): Nieder mit der Novelle als Psychoanalysedarstellung. - Hoch lebe die Interaktionsgeschichte. In: Stuhr, U./F.-W. Deneke (Hrsg.): Die Fallgeschichte. Beiträge zu ihrer Bedeutung als Forschungsinstrument. Heidelberg (Asanger), 61-84.
Meyer, A.E. (1994): Nieder mit der Novelle als Psychoanalysedarstellung - Hoch lebe die Interaktionsgeschichte. Zeitschr f Psychosom Med 40, 77-98.
Milch, W. (2000): Einfühlung, Empathie. In: Mertens, W./B. Waldvogel (Hrsg.): Handbuch psychoanalytischer Grundbegriffe. Stuttgart (Kohlhammer) 2002, 147-151.
Mill, J.S. (1859): Über die Freiheit. Stuttgart (Reclam) 1974.
Mill, J.S. (1862): System der deductiven und inductiven Logik. Eine Darstellung der Principien wissenschaftlicher Forschung, insbesondere der Naturforschung. Braunschweig (Vieweg) 1877.
Milrod, B./F. Busch/A.C. Leon/T. Shapiro/A. Aronson/J. Roiphe/M. Rudden/M. Singer/H. Goldman/D. Richter/M.K. Shear (2000): Open trial of psychodynamic psychotherapy for panic disorder: a pilot study. Am J Psychiatry 157, 1878-1880.
Milrod, B./F. Busch/A.C. Leon/A. Aronson/J. Roiphe/M. Rudden/M. Singer/T. Shapiro/H. Goldman/D. Richter/M.K. Shear (2001): A pilot open trial of brief psychodynamic psychotherapy for panic disorder. J Psychother Pract Res 10, 239-245.
Mintz, J./L. Luborsky/P. Christoph (1979): Measuring the outcomes of psychotherapy: findings of the Penn Psychotherapy Project. J Consult Clin Psychol 47, 319-334.
Mitterer, J. (2001): Die Flucht aus der Beliebigkeit. Frankfurt/Main (Fischer).
Mojtabai, R./R.A. Nicholson/B.N. Carpenter (1998): Role of psychosocial treatment of schizophrenia: A meta-analytic review of controlled outcome studies. Schizophrenia Bull 24, 569-587.
Möller, H. J. (1978): Psychoanalyse. Erklärende Wissenschaft oder Deutungskunst? München (Fink).
Momigliano, L.N. (1987): A spell in Vienna - but was Freud a Freudian? An investigation into Freud's technique between 1920 and 1938, based on published testimony of former analysands. Int Rev Psychoanal 14, 373-389.
Monsen, K./T.J. Monsen (2000): Chronic pain and psychodynamic body therapy. Psychotherapy, 37, 257-269.
Monsen, J.T./T. Odland/A. Faugli/E. Daae/D.E. Eilertsen (1995): Personality disorders: changes and stability after intensive psychotherapy focusing on affect consciousness. Psychotherapy Research 5, 33-48.
Morgenstern, M./R. Zimmer (2002): Karl Popper. München (DTV).
Moser, T. (1976): Lehrjahre auf der Couch. Bruchstücke meiner Psychoanalyse. Frankfurt/Main (Suhrkamp).
Moser, U. (1989): Wozu eine Theorie der Psychoanalyse? Gedanken zum Problem der »Metapsychologie«. In: Leuzinger-Bohleber, M./U. Stuhr (1997) (Hrsg.): Psychoanalysen im Rückblick. Methoden, Ergebnisse und Perspektiven der neueren Katamneseforschung. Gießen (Psychosozial), 106-124.
Moser, U. (1991): Vom Umgang mit Labyrinthen. Praxis und Forschung in der Psychoanalyse - eine Bilanz. Psyche - Z Psychoanal 45, 315-335.

Bibliographie

Moser, U. (2001): »What is a Bongaloo, Daddy?« Übertragung, Gegenübertragung, therapeutische Situation. Allgemein und am Beispiel »früher Störungen«. Psyche - Z Psychoanal 55, 97-136.

Moser, U./I. von Zeppelin (1996): Der geträumte Traum. Wie Träume entstehen und sich verändern. Stuttgart (Kohlhammer) 1999.

Mueser, K.T./H. Berenbaum (1990): Psychodynamic treatment of schizophrenia: Is there a future? Psychol Med 20, 253-262.

Müller, E (1999): Zusammenhänge zwischen inadäquaten Verarbeitungsformen unbewusster Konflikte und unsicheren Bindungsstilen. Universität Eichstätt.

Müller-Pozzi, H. (2000): Methode und Technik in der psychoanalytischen Arbeit. Ein kritischer Beitrag zum Verhältnis von Psychoanalyse und analytischer Psychotherapie. Zeitschr psychoanal Theorie und Praxis 15, 158-172.

Munroe-Blum, H./E. Marziali (1995): A controlled trial of short-term group treatment for borderline personality disorder. J Personal Disord 9, 190-198.

Nadig, M./J. Reichmayr (2000): Paul Parin, Fritz Morgenthaler und Goldy Parin-Matthèy. In: Flick, U./E. von Kardorff/I. Steinke (Hrsg.): Qualitative Forschung. Ein Handbuch. Reinbek bei Hamburg (Rowohlt), 72-84.

Nahum, J. (1998): The irrelevance of Wolff? JAPA 46, 270-274.

Nahum, J. (Boston Change Process Study Group, CPSG) (2002): Explicating the implicit: the local level and the microprocess of change in the analytic. Int J Psychoanal 83, 1051-1062.

Nathan, P.E./J.M. Gorman (2002) (Hrsg.): A guide to treatment that word. New York (Oxford Press).

Nelson, C. (1995): Erinnern und Erzählen: Eine Entwicklungsgeschichte. In: Petzold, H. (Hrsg.): Die Kraft liebevoller Blicke. Psychotherapie und Babyforschung. Band 2. Paderborn (Junfermann), 167-191.

Neubauer, P.B. (1996): Nature's Thumbprint: The New Genetics of Personality. New York (Columbia University Press).

Neukom, M. (2002): Verloren im Labyrinth »postmoderner« Sprachspiele? Lesarten eines Mikrogramms von Robert Walser. Psyche - Z Psychoanal 56, 1197-1226.

Niedecken, D. (2001): Versuch über das Okkulte. Eine psychoanalytische Studie. Tübingen (Edition diskord).

Niedecken, D. (2004): Neue Perspektiven in einer alten Kontroverse: Melanie Klein. Psyche - Z Psychoanal 58, 114-149.

Nigg, J.T./H.H. Goldsmith (1998): Developmental psychopathology, personality, and temperament: reflections on recent behavioral genetics research. Human Biology 70, 387-412.

Nunberg, H./E. Federn (1962): Protokolle der Wiener Psychoanalytischen Vereinigung, Band I. 1906-1908. Frankfurt/Main (Fischer) 1976.

Ottomeyer, K. (2000): Die Haider-Show. Zur Psychopolitik der FPÖ. Klagenfurt (Drava).

Osofsky, J. (1996): Commentary on Wolff. JAPA 44, 422-429.

Overbeck, G. (1994): Vom Fallbericht zur Fallnovelle - oder vom Erzählen zum Schreiben. Zeitschr f psychoanal Theorie und Praxis 9, 97-115.

Overbeck, G. (1997): Der Koryphäenkiller. Ein psychoanalytischer Roman. Frankfurt/Main (Suhrkamp).

Pagel, G. (1989): Lacan zur Einführung. Hamburg (Junius) 1991.

Panksepp, J. (1998): Affective Neuroscience. New York (Oxford University Press).

Parin, P./G. Parin-Matthèy (1983): Medicozentrismus. In: Parin, P./ G. Parin-Matthèy (1986): Subjekt im Widerspruch. Gießen (Psychosozial) 2000, 61-80.

Parin, P./G. Parin-Matthèy/F. Morgenthaler (1963): Die Weißen denken zuviel. Psychoanalytische Untersuchungen bei den Dogon in Westafrika. Hamburg (Europäische Verlagsanstalt) 1993.
Parkin, A.J./J. Lewinsohn/S. Folkard (1982): The influence of emotion on immediate and delayed retention: Levinger & Clark reconsidered. British Journal of Psychology 73, 389-393.
Patrick, M./R.P. Hobson (1994): Personality disorder and the mental representation of early social experience. Development and Psychopathology 6, 375-388.
Peham, D. (2004): Zur interaktiven Regulierung von Schuldgefühlen in Paarbeziehungen: Eine mikroanalytische Untersuchung. Unveröffentlichte Dissertation an der Naturwissenschaftliche Fakultät der Leopold-Franzens-Universität Innsbruck.
Peham, D./V. Ganzer/E. Bänninger-Huber/B. Juen (2002): Schuldgefühlspezifische Regulierungsprozesse in Mutter-Tochter-Interaktionen und Psychotherapeut-Klient-Beziehungen: Ein Vergleich. Psychologische Medizin 3, 22-27.
Peirce, C.S. (1960): Collected Papers (ed. by Hartshore, Ch, Weiss, P., Burks, A.). Cambridge (Harvard Univ. Press).
Perren, S./A. von Wyl/D. Bürgin/H. Simoni/W. Stadlmayer/K. von Klitzing (2002): Parental psychopathology, marital quality, and the transition to parenthood. American Journal of Orthopsychiatry.
Perron, R. (2004): Was erforschen wir? Wie? In: Leuzinger-Bohleber, M./H. Deserno/S. Hau (Hrsg.): Psychoanalyse als Profession und Wissenschaft. Die psychoanalytische Methode in Zeiten wissenschaftlicher Pluralität. Stuttgart (Kohlhammer), 72-82.
Perry, J.C./E. Banon/I. Floriana (1999): Effectiveness of psychotherapy for personality disorders. American Journal of Psychiatry 156, 1312-1321.
Persons, J.B./G. Silberschatz (1998): Are results of randomized trials useful to psychotherapists? Journal of Consulting and Clinical Psychology 66, 126-135.
Piaget J. (1954): Intelligenz und Affektivität in der Entwicklung des Kindes. Frankfurt/Main (Suhrkamp) 1995.
Pine, F. (1961): Incidental Versus Focal Presentation of Drive Related Stimuli. J. Abnorm. Soc. Psychol. 60, 68-75.
Pine, F. (1988): Die vier Psychologien der Psychoanalyse und ihre Bedeutung für die Praxis. Forum Psychoanal 6 (1990), 232-249.
Piper, W.E./H.F. Azim/M. McCallum/A.S. Joyce (1990): Patient suitability and outcome in short-term individual psychotherapy. Journal of Consulting and Clinical Psychology 58, 475-481.
Plomin, R./J.C. DeFries/G.E. McLearn/R. Rutter (1997a): Behavioral Genetics. New York (W.H. Freeman).
Plomin, R./D.W. Fulker/R. Corley/J.C. DeFries (1997b): Nature, nurture, and cognitive development from 1 to 16 years: A parent-offspring adoption study. Psychological Science 8, 442-447.
Plotsky, P.M./M.J. Meaney (1993): Early, postnatal experience alters hypothalamic corticotropin-releasing factor (CRF) mRNA, median eminence CRF content and stress-induced release in adult rats. Brain Research. Molecular Brain Research 18, 195-200.
Poincaré, L. (1906): Wissenschaft und Hypothese. Leipzig (Teubner) 1914.
Popper, K.R. (1934): Logik der Forschung. Tübingen (J.C.B. Mohr) 1973.
Popper, K.R. (1968): Zur Theorie des objektiven Geistes. In: Popper, K.R. (1972): Objektive Erkenntnis. Ein evolutionärer Entwurf. Hamburg (Hoffmann und Campe) 1973.

Popper, K.R. (1970): Normalwissenschaft, wissenschaftliche Revolutionen und die Geschichte der Wissenschaft. In: Lakatos, I./A. Musgrave (1970): Kritik und Erkenntnisfortschritt. Braunschweig (Vieweg) 1974, 51-57.

Poscheschnik, G. (2003): Einleitung. In: Poscheschnik, G./R. Ernst/Klagenfurter Psychoanalytische Mittwoch-Gesellschaft (Hrsg.): Psychoanalyse im Spannungsfeld von Humanwissenschaft, Therapie und Kulturtheorie. Frankfurt/Main (Brandes & Apsel), 9-18.

Poscheschnik, G./R. Ernst/Klagenfurter Psychoanalytische Mittwoch-Gesellschaft (Hrsg.): Psychoanalyse im Spannungsfeld von Humanwissenschaft, Therapie und Kulturtheorie. Frankfurt/Main (Brandes & Apsel).

Poser, H. (2001): Wissenschaftstheorie. Eine philosophische Einführung. Stuttgart (Reclam).

Posner, M.I./M.K. Rothbart (1989): Intentional chapters on unintended thoughts. In: Uleman, J.S./J.A Bargh: Unintended thoughts, New York (Guilford Press), 450-469.

Pötzl, O. (1917): Experimentell erregte Traumbilder in ihren Beziehungen zum indirekten Sehen. Z. Neurol. 37, 278-349.

Poulin-Dubois, D. (1999): Infants' distinction between animate and inanimate objects: The origins of naive psychology. In: Rochat, P. (Hrsg.): Early Social Cognition. Understanding Others in the First Six Months of Life. Mahwah (Erlbaum), 257-280.

Pulver, S.E. (1992): Gestures, Emblems, and Body Language: What does it all mean? In: Kramer, S./S. Akthar (Hrsg.): When The Body Speeks. Psychological Meanings in Kinetic Clues. Northvale/New Jersey (Jason Aronson).

Quine, W. (1979): Von einem logischen Standpunkt. Neun logisch-philosophische Essays. Frankfurt/Main (Ullstein).

Raguse, H. (1998): Psychoanalytische Hermeneutik. Weltanschauung oder Regelcorpus? Psyche - Z Psychoanal 52, 648-703.

Rank, O. (1922): Der Mythus von der Geburt des Helden. Versuch einer psychologischen Mythendeutung. Wien (Turia & Kant) 2000.

Rapaport, D. (1960): Die Struktur der psychoanalytischen Theorie. Versuch einer Systematik. Stuttgart (Klett) 1973.

Rauscher, F.H./G.L. Shaw/K.N. Ky (1993): Music and spatial task performance. Nature 365, 611.

Rauscher, F.H./G.L. Shaw/K.N. Ky (1995): Listening to Mozart enhances spatial-temporal reasoning: towards a neurophysiological basis. Neurosci Lett 185, 44-47.

Rauscher, F.H./G.L. Shaw/L.J. Levine/E.L. Wright/W.R. Dennis/R.L. Newcomb (1997): Music training causes long-term enhancement of preschool children's spatial-temporal reasoning. Neurol Res 19, 2-8.

Reichenbach, H. (1938): Experience and prediction. Chicago (Univ. Chicago Press).

Reichertz, J. (1991): Aufklärungsarbeit. Kriminalpolizisten und teilnehmende Beobachter bei der Arbeit. Stuttgart (Enke).

Reichmayr, J. (1990): Spurensuche in der Geschichte der Psychoanalyse. Frankfurt/Main (Fischer) 1994.

Reichmayr, J. (1995): Einführung in die Ethnopsychoanalyse. Geschichte, Theorien und Methoden. Frankfurt/Main (Fischer).

Reinke, E. (2003): Reflexive Kompetenz. Der Ansatz von Peter Fonagy und seiner Londoner Forschungsgruppe. In: Fonagy, P./M. Target (2003): Frühe Bindung und psychische Entwicklung. Beiträge aus Psychoanalyse und Bindungsforschung. Gießen (Psychosozial), 7-28.

Reiss, D./E.M. Hetherington/R. Plomin/G.W. Howe/S.J. Simmens/S.H. Henderson/T.J. O'Connor/D.A. Bussell/E.R. Anderson/T. Law (1995): Genetic questions for environ-

mental studies. Differential parenting and psychopathology in adolescence. Arch Gen Psychiatry 52, 925-936.
Reiss, D./J. Neiderhiser/E.M. Hetherington/R. Plomin (2000): The Relationship Code: Deciphering Genetic and Social Patterns in Adolescent Development. Cambridge (Harvard University Press).
Renik, O. (1993): Countertransference enactment and the psychoanalytic process. In: Horowitz, M.J./O.F. Kernberg/E.M. Weinshel (Hrsg.): Psychic Structure and Psychic Change. Essays in Honor of Robert S. Wallerstein. Madicon (International Universities Press), 135-158.
Repacholi, B./A. Gopnik (1997): Early reasoning about desires: Evidence from 14- and 18-month-olds. Developmental Psychology 33, 12-21.
Richter, H.-E. (1995): Bedenken gegen Anpassung. Psychoanalyse und Politik. Hamburg (Hoffmann und Campe).
Richter-Appelt, H. (2003): Psychotherapie bei Störungen der Geschlechtsidentität. In: Poscheschnik, G./R. Ernst/Klagenfurter Psychoanalytische Mittwoch-Gesellschaft (Hrsg.): Psychoanalyse im Spannungsfeld von Humanwissenschaft, Therapie und Kulturtheorie. Frankfurt/Main (Brandes & Apsel), 165-175.
Ricken, F. (1988): Philosophie der Antike. Stuttgart (Kohlhammer) 2000.
Ricoeur, P. (1977): The question of proof in Freud's psychoanalytic writings. JAPA 25, 835-871.
Rideout, B.E./C.M. Laubach (1996): EEG correlates of enhanced spatial performance following exposure to music. Percept Motor Skills 82, 427-432.
Robertson, Ja./Jo. Robertson (1975): Reaktionen kleiner Kinder auf kurzfristige Trennung von der Mutter im Lichte neuer Beobachtungen. Psyche - Z Psychoanal 29, 626-664.
Rochat, P. (2001): The Infant's World. Cambridge (Harvard Univ. Press).
Rochat, P./T. Striano (1999): Social-cognitive development in the first year. In: Rochat, P. (Hrsg.): Early Social Cognition. Understanding Others in the First Months of Life. Mahwah (Erlbaum), 3-34.
Rosenthal, G. (1995): Erlebte und erzählte Lebensgeschichte. Gestalt und Struktur biographischer Selbstbeschreibungen. Frankfurt/Main (Campus).
Rosenthal, R. (1963): On the social psychology of the psychological experiment: The experimenter's hypothesis as an unintended determinant of experimental results. Amer Scientist 51, 268-283.
Rosenzweig, S. (1986): Freud and Experimental Psychology: The Emergence of Idiodynamics. St. Louis (Rana House).
Roughton, R.E. (1993): Useful aspects of acting out: Repetition, enactment, and actualization. JAPA 41, 443-472.
Rowe, D. (1994): The limits of family influence: Genes, experience and behaviour. New York (Guilford Press).
Rudlof, M. (2003): »Ich weiss, dass ich jetzt bestimmt die Kindheit verkläre« - Autobiographische Erzählungen zwischen kommunikativer Identitätsarbeit und reflexiver Biographisierung des Subjekts. In: Bruder, K.-J. (Hrsg.): »Die biographische Wahrheit ist nicht zu haben«. Psychoanalyse und Bographieforschung. Gießen (Psychosozial), 117-138.
Rudolf, G. (1991): Die therapeutische Arbeitsbeziehung. Berlin (Springer).
Rudolf, G. (2000): Psychotherapeutische Medizin und Psychosomatik. Ein einführendes Lehrbuch auf psychodynamischer Grundlage. Stuttgart (Thieme).
Rudolf, G. (2001): Wie analytische Psychotherapeuten Diagnosen handhaben. Eine Bestandsaufnahme und ein Plädoyer. Psychotherapeut 46, 102-109.

Bibliographie

Rudolf, G. (2004): Strukturbezogene Psychotherapie. Leitfaden zur psychodynamischen Therapie struktureller Störungen. Stuttgart (Schattauer).
Rudolf, G./W. Eich (1999): Die Entwicklung wissenschaftlich begründeter Leitlinien. Psychotherapeut 44, 124-126.
Rudolf, G./U. Rüger (2001): Zur Differentialindikation zwischen tiefenpsychologisch fundierter und analytischer Psychotherapie. Psychotherapeut 46, 216-219.
Rudolf, G./T. Grande/U. Porsch (1987): Indikationsstellung und therapeutische Interaktion bei dynamischer Psychotherapie und analytischer Standardbehandlung. Z psychosom Med Psychother 33, 221-237.
Rudolf, G./R. Manz/C. Öri (1994): Ergebnisse psychoanalytischer Therapie. Z psychosom Med Psychother 40, 25-40.
Rudolf, G./T. Grande/C. Oberbracht/T. Jakobsen (1996): Erste empirische Untersuchungen zu einem neuen diagnostischen System: Die Operationalisierte Psychodynamische Diagnostik (OPD). Z Psychosom Med Psychoanal 42, 343-357.
Rudolf, G./C. Oberbracht/T. Grande (1998): Die Struktur-Checkliste. Ein anwenderfreundliches Hilfsmittel für die Strukturdiagnostik nach OPD. In: Schauenburg, H./P. Buchheim/M. Cierpka/H.J. Freyberger (Hrsg.): OPD in der Praxis. Konzepte, Anwendungen, Ergebnisse der Operationalisierten Psychodynamischen Diagnostik. Bern (Huber), 167-181.
Rudolf, G./T. Grande/C. Oberbracht (2000): Die Heidelberger Umstrukturierungsskala. Ein Modell der Veränderung in psychoanalytischen Therapien und seine Operationalisierung in einer Schätzskala. Psychotherapeut 45, 237-246.
Rudolf, G./T. Grande/R. Dilg/T. Jakobsen/W. Keller/C. Oberbracht/C. Pauli-Magnus/S. Stehle/S. Wilke (2001): Strukturelle Veränderungen in psychoanalytischen Behandlungen - Zur Praxisstudie analytischer Langzeittherapien (PAL). In: Stuhr, U./M. Leuzinger-Bohleber/M. Beutel (Hrsg.): Langzeit-Psychotherapie. Perspektiven für Therapeuten und Wissenschaftler. Stuttgart (Kohlhammer), 238-259.
Rudolf, G./R. Dilg/T. Grande/T. Jakobsen/W. Keller/B. Krawietz/M. Langer/S. Stehle/C. Oberbracht (2004): Effektivität und Effizienz psychoanalytischer Langzeittherapie: Die Praxisstudie analytische Langzeittherapie. In: Gerlach, A./A. Schlösser/A. Springer (Hrsg.): Psychoanalyse des Glaubens. Gießen (Psychosozial), 515-528.
Rüegg, J.C. (2001): Psychosomatik, Psychotherapie und Gehirn. Neuronale Plastizität als Grundlage einer biopsychosozialen Medizin. Stuttgart (Schattauer) 2003.
Rüger, U. (2002): Tiefenpsychologisch fundierte Psychotherapie. Z psychosom Med Psychother 48, 117-138.
Sachverständigenrat für die konzertierte Aktion im Gesundheitswesen (2000): Bedarfsgerechtigkeit und Wirtschaftlichkeit, 215-227.
Sandahl, C./K. Herlitz/G. Ahlin/S. Rönnberg (1998): Time-limited group psychotherapy for moderately alcohol dependent patients: A randomized controlled clinical trial. Psychotherapy Research 8, 361-378.
Sandell, R./J. Blomberg/A. Lazar (1999): Wiederholte Langzeitkatamnesen von Langzeitpsychotherapien und Psychoanalysen. Erste Ergebnisse des »Stockholmer Outcome of Psychotherapy (STOP) Project«. Z Psychosom Med Psychother 45, 43-56.
Sandell, R./J. Blomberg/A. Lazar/J. Schubert/J. Carlsson/J. Broberg (1999): Wie die Zeit vergeht: Langzeitergebnisse von Psychoanalysen und analytischen Psychotherapien. Forum Psychoanal 15, 327-347.
Sandell, R./J. Blomberg/A. Lazar/J. Carlsson/J. Broberg/J. Schubert (2001): Unterschiedliche Langzeitergebnisse von Psychoanalysen und Langzeitpsychotherapien: Aus der For-

schung des Stockholmer Psychoanalyse- und Psychotherapieprojekts. Psyche - Z Psychoanal 55, 277-310.
Sandler, J. (1976): Gegenübertragung und Bereitschaft zur Rollenübernahme. Psyche - Z Psychoanal 30, 297-305.
Sandler, J. (1987a): From safety to superego. London (Karnac).
Sandler, J. (1987b): Projection, identification, projective identification. Madison (Int. Univ. Press).
Sandler, J. (2000): Diskussionsbemerkung. Zeitschr f psychoanal Theorie und Praxis 16 (2001), 105.
Sandler, J./A.-M. Sandler (1984): Vergangenheitsunbewusstes, gegenwärtiges Unbewusstes und die Deutung der Übertragung. Psyche - Z Psychoanal 39, 800-829.
Sandler, J./A.-M. Sandler/R. Davies (Hrsg.) (2000): Clinical and Observational Psychoanalytic Research: Roots of a Controversy. André Green and Daniel Stern. London (Karnac).
Saß, H./H.U. Wittchen/M. Zaudig (1996): Diagnostisches und statistisches Manual psychischer Störungen. DSM-IV. Göttingen (Hogrefe).
Saudino, K.J./N.L. Pedersen/P. Lichtenstein/G.E. McClearn/R. Plomin (1997): Can personality explain genetic influences on life events? Journal of Personality and Social Psychology 72, 196-206.
Sauvant, J.-D. (2004): Das emanzipatorische Denken von Jean Laplanche. Oder »Wie lesen Sie Freud?« Werkblatt 52, 55-68.
Scarr, S. (1992): Developmental theories for the 1990s: Development and individual differences. Child Development 63, 1-19.
Schachter, S./J.E. Singer (1962): Cognitive, social and physiological determinants of emotional state. Psych Review 69, 379-407.
Schafer, R. (1994): Die zeitgenössischen Kleinianer in London. Psyche - Z Psychoanal 51 (1997), 338-357.
Schäfer, L./T. Schnelle (1980): Einleitung. Ludwik Flecks Begründung der soziologischen Betrachtungsweise in der Wissenschaftstheorie. In: Fleck, L. (1935): Entstehung und Entwicklung einer wissenschaftlichen Tatsache. Einführung in die Lehre vom Denkstil und Denkkollektiv. Frankfurt/Main (Suhrkamp) 1980, VII-XLIV.
Schantz, R. (2001): Der Inhalt der Erfahrung. In: Grundmann, T. (Hrsg.): Erkenntnistheorie. Positionen zwischen Tradition und Gegenwart. Paderborn (Mentis), 249-263.
Schauenburg, H./M. Cierpka (1994): Methoden der Fremdbeurteilung interpersoneller Beziehungsmuster. Psychotherapeut 39, 135-145.
Schauenburg, H./M. Strack (1998): Die Symptom Checklist-90-R (SCL-90-R) zur Darstellung von statistisch und klinisch signifikanten Psychotherapieergebnissen. PPmP 48, 257-264.
Schaumburg, C./H. Kächele/H. Thomä (1974): Methodische und statistische Probleme bei Einzelfallstudien in der psychoanalytischen Forschung. Psyche - Z Psychoanal 28, 353-374.
Scherer, K.R./P.H. Tannenbaum (1986): Emotional experiences in every day life; a survey approach. Motivation and Emotion 10, 295-314.
Schmithüsen, G. (2004): »Die Zeit steht still in rasender Eile«. Eine psychoanalytische Einzelfallstudie zu frühem Trauma und Zeiterleben. Psyche - Z Psychoanal 58, 293-320.
Schneider, W.L. (1991): Objektives Verstehen. Rekonstruktion eines Paradigmas. Gadamer, Popper, Toulmin, Luhmann. Opladen (Westdeutscher Verlag).
Schnell, R./P.B. Hill/E. Esser (1999): Methoden der empirischen Sozialforschung. München (Oldenbourg).
Schors, R. (1993): Empirische Psychoanalyseforschung. In: Mertens, W. (Hrsg.): Schlüsselbegriffe der Psychoanalyse. Stuttgart (Verlag Internationale Psychoanalyse) 1997, 267-274.

Bibliographie

Schrötter, K. (1912): Experimentelle Träume. Zentralbl. Psychoanalyse 2, 638-646.
Schulz, S. (2000): Affektive Indikatoren struktureller Störungen. Philosophische Fakultät der Universität des Saarlandes (Dissertation). Dissertations Verlag: www.dissertation.de.
Schulz, W. (1970): Kausalität und Experiment in den Sozialwissenschaften. Mainz (Von Hase u. Köhler).
Schürer-Necker, E. (1990): Arousal and paired-associated learning: Evidence refuting the action decrement theory of Walker and Tarte. Pavlovian Journal of Biological Sciences 25, 195-200.
Schüßler, G. (2001): Psychodynamische Psychotherapie und Psychiatrie. Spektrum 3, 50-58.
Schüßler, G. (2002): Aktuelle Konzeption des Unbewussten - Empirische Ergebnisse der Neurobiologie, Kognitionswissenschaften, Sozialpsychologie und Emotionsforschung. Z Psychosom Med Psychother 48, 192-214.
Schüßler, G./A. Bertl-Schüßler (1992): Neue Ansätze zur Revision der psychoanalytischen Entwicklungstheorie II. Das Konzept von J.D. Lichtenberg und Grundsätze einer neuen psychoanalytischen Entwicklungstheorie. Z Psychosom Med Psychother 38, 101-114.
Schwab, F. (2000): Affektchoreographien. Dissertations Verlag: www.dissertation.de.
Schwaber, E.A. (1998): The non-verbal dimension in psychoanalysis: ›state‹ and its clinical vicissitudes. Int J Psychoanal 79, 667-678.
Schwartz, J.M./P.W. Stoessel/L.R. Baxter/K.M. Martin/M.E. Phelps (1996): Systematic changes in cerebral glucose metabolic rate after successful behavior medication treatment of obsessive-compulsive disorder.
Searle, J. (1983): Intentionalität. Eine Abhandlung zur Philosophie des Geistes. Frankfurt/Main (Suhrkamp) 1987.
Seel, M. (2000): Rezension von Richard Raatzsch, Philosophiephilosophie. Die Zeit Nr. 40 vom 30.11. 2000.
Seidler, G.H. (1993) (Hrsg.): Magersucht. Öffentliches Geheimnis. Göttingen (Vandenhoeck & Ruprecht).
Seidler, G.H. (2001): Phänomenologische und psychodynamische Aspekte von Scham- und Neidaffekten. Psyche - Z Psychoanal 55, 43-62.
Seidler, G.H./P. Laszig/R. Micka/B.V. Nolting (2003) (Hrsg.): Aktuelle Entwicklungen in der Psychotraumatologie. Theorie - Krankheitsbilder - Therapie. Gießen (Psychosozial).
Seiffert, H. (1969a): Einführung in die Wissenschaftstheorie. Erster Band. Sprachanalyse - Deduktion - Induktion in Natur- und Sozialwissenschaften. München (Beck) 1996.
Seiffert, H. (1969b): Einführung in die Wissenschaftstheorie. Zweiter Band: Geisteswissenschaftliche Methoden: Phänomenologie - Hermeneutik und historische Methode - Dialektik. München (Beck) 1996.
Seiffert, H. (1985): Einführung in die Wissenschaftstheorie. Dritter Band. Handlungstheorie - Modallogik - Systemtheorie. München (Beck) 2001.
Seiffert, H. (1997): Einführung in die Wissenschaftstheorie. Vierter Band. Wörterbuch der wissenschaftstheoretischen Terminologie. München (Beck).
Seligman, M.E.P. (1995): The effectiveness of psychotherapy. The Consumer Reports study. American Psychologist 50, 965-974.
Seligman, M.E.P. (1996): Science as an ally of practice. The American Psychologist 51, 1072-1079.
Seligman, S. (1996): Commentary on Wolff. JAPA 44, 430-446.
Seubert, B. (2004): Melanie Klein und die Post-Kleinianer. Ein Überblick über die Theorie und Praxis. Werkblatt 53, 73-85.

Bibliographie

Shadish, W./G. Matt/A. Navarro/G. Phillips (2000): The effects of psychological therapies under clinically representative conditions: a meta-analysis. Journal of Consulting and Clinical Psychology 126, 512-529.
Shadish, W. R./T.D. Cook/D.T. Campbell (2002): Experimental and quasi-experimental designs for generalized causal inference. Boston (Houghton Mifflin Company).
Shapiro, D.A./M. Barkham/A. Rees/G.E. Hardy/S. Reynolds/M. Startup (1994): Effects of treatment duration and severity of depression on the effectiveness of cognitive-behavioral and psychodynamic-interpersonal psychotherapy. Journal of Consulting and Clinical Psychology 62, 522-534.
Shapiro, D.A./A. Rees/M. Barkham/G.E. Hardy (1995): Effects of treatment duration and severity of depression on the maintenance of gains after cognitive-behavioral and psychodynamic-interpersonal psychotherapy. Journal of Consulting and Clinical Psychology 63, 378-387.
Shefler, G./H. Dasberg/G. Ben-Shakar (1995): A randomized controlled outcome and follow-up study of Mann's time limited psychotherapy. Journal of Consulting and Clinical Psychology 63, 585-593.
Shevrin, H. (1986): Subliminal perception and dreaming. The Journal of Mind and Behavior 7, 379-396.
Shevrin, H. (2004): Die experimentelle Untersuchung von unbewusstem Konflikt, unbewusstem Affekt und unbewusster Signalangst. In: Giampieri-Deutsch, P. (Hrsg.): Psychoanalyse im Dialog der Wissenschaften. Band 2. Anglo-amerikanische Perspektiven. Stuttgart (Kohlhammer), 114-142.
Shevrin, H./L. Luborsky (1958): The measurement of preconscious perception in dreams and images: An investigation of the Poetzl phenomenon. J. Abnorm. and Soc. Psychol. 56, 285-294.
Shevrin, H./C. Fisher (1967): Changes in the effects of waking subliminal stimulus as a function of dreaming and non-dreaming sleep. Journal of Abnormal Psychology 72, 362-268.
Siebel, W. (1965): Logik des Experiments in den Sozialwissenschaften. Berlin (Duncker u. Humblot).
Sifneos, P.E./R.J. Apfel/E. Bassuk/G. Fishman/A. Gill (1980): Ongoing outcome research on short-term dynamic psychotherapy. Psychotherapy and Psychosomatics 33, 233-241.
Sifneos, P.E. (1984): Short-term dynamic psychotherapy for patients with physical symptomatology. Psychotherapy and Psychosomatics 42, 48-51.
Sifneos, P.E. (1990): Short-term dynamic psychotherapy. Evaluation and technique. New York (Plenum).
Sigusch, V. (2001): Sexuelle Störungen und ihre Behandlung. Stuttgart (Thieme).
Silverman, D. (1998): The relevance of infant observation. JAPA 46, 265-270.
Sjodin, I./J. Svedlund/J. Ottosson/G. Dotevall (1986): Controlled study of psychotherapy in chronic peptic ulcer disease. Psychosomatics 27, 187-196.
Skirbekk, G. (1977) (Hrsg.): Wahrheitstheorien. Eine Auswahl aus den Diskussionen über Wahrheit im 20. Jahrhundert. Frankfurt/Main (Suhrkamp) 1980.
Sloane, R.B./F.R. Staples/A.H. Cristol/N.J. Yorkston/K. Whipple (1975): Psychotherapy versus behavior therapy. Cambridge (Harvard University Press).
Sloane, R.B./F.R. Staples/A.H. Cristol/N.J. Yorkston/K. Whipple (1981): Analytische Psychotherapie und Verhaltenstherapie. Eine vergleichende Untersuchung. Stuttgart (Enke).
Sloterdijk, P. (1993): Die gescheiterte Beseelung. Vorschläge zu einer Geschichtsphilosophie der Neurose. Dokumentation der DPG-Arbeitstagung 1993 Göttingen.

Bibliographie

Snodgrass, M./E. Bernat/H. Shevrin (2004): Unconscious perception: A model-based approach to method and evidence. Perception & Psychophysics 66, 846-867.
Söllner, W./G. Schüßler (2001): Psychodynamische Therapieverfahren bei chronischen Schmerzerkrankungen: Eine systematische Literaturübersicht. Z psychosom Med Psychother 47, 115-139.
Solms, M. (1996): Was sind Affekte? Psyche - Z Psychoanal 50, 485-522.
Solms, M. (1999): »Traumdeutung« und Neurowissenschaften. In: Starobinski, J./I. Grubrich-Simitis/M. Solms (2000): Hundert Jahre Traumdeutung von Sigmund Freud. Drei Essays. Frankfurt/Main (Fischer), 101-120.
Solms, M./O. Turnbull (2003): Das Gehirn und die innere Welt. Neurowissenschaft und Psychoanalyse. Patmos (Walter) 2004.
Solomon, R.C./K.M. Higgins (1997): Eine kurze Geschichte der Philosophie. München (Piper) 2000.
Spensley, S. (1995): Frances Tustin. London (Routledge).
Spillius, E.B. (1992): Clinical experiences of projective identification. In: Anderson, R. (Hrsg.): Clinical Lectures on Klein and Bion. London (Routledge), 59-73.
Spitz, R. (1963): Life and the dialogue. In: Emde, R.N. (Hrsg.): René Spitz: Dialogues from infancy. New York (International Universities Press), 147-160.
Squire, L. (1987): Memory and the Brain. New York (Oxford Press).
Stasch, M./M. Cierpka/R.W. Dahlbender et al. (2004): OPD und Repräsentation interpersonellen Beziehungsverhaltens: ein Ansatz zur Konstruktvalidierung. In: Dahlbender, R.W./P. Buchheim/G. Schüßler (Hrsg.): Lernen an der Praxis. OPD und die Qualitätssicherung in der psychodynamischen Psychotherapie. Bern (Huber), 85-94.
Steele, H./M. Steele (2000): Klinische Anwendung des Adult Attachment Interviews. In: Gloger-Tippelt, G. (Hrsg.): Bindung im Erwachsenenalter. Bern (Huber), 322-343.
Stegmüller, W. (1987): Hauptströmungen der Gegenwartsphilosophie, Band 3. Stuttgart (Kröner).
Stehr, N. (2000): Die Macht der Schwachen. Von der Zerbrechlichkeit moderner Gesellschaften, der Stagnation der Herrschaft und den Folgen wissenschaftlicher Erkenntnisse. Velbrück Almanach Wissenschaft, Herbst 2000: 15-23.
Steiner, R. (2000): Introduction. In: Sandler, J./A.-M. Sandler/R. Davies (Hrsg.): Clinical and Observational Psychoanalytic Research: Roots of a Controversy. André Green and Daniel Stern. London (Karnac), 1-17.
Steinke, I. (1999): Kriterien qualitativer Forschung. Ansätze zur Bewertung qualitativ-empirischer Sozialforschung. Weinheim (Juventa).
Steinke, I. (2000): Gütekriterien qualitativer Forschung. In: Flick, U./E. von Kardorff/I. Steinke (Hrsg.): Qualitative Forschung. Ein Handbuch. Reinbek bei Hamburg (Rowohlt), 319-331.
Stern, D.N. (1985): Die Lebenserfahrung des Säugling. Stuttgart (Klett-Cotta) 1998.
Stern, D.N. (1995a): Die Mutterschaftskonstellation. Eine vergleichende Darstellung verschiedener Formen der Mutter-Kind-Psychotherapie. Stuttgart (Klett-Cotta) 1998.
Stern, D.N. (1995b): Die Repräsentation von Beziehungsmustern. Entwicklungspsychologische Betrachtungen. In: Petzold, H. (Hrsg.): Die Kraft liebevoller Blicke. Psychotherapie und Babyforschung. Band 2. Paderborn (Junfermann), 193-218.
Stern, D. (2000a): Die Relevanz der empirischen Säuglingsforschung für die psychoanalytische Theorie und Praxis. Zeitschr f psychoanal Theorie und Praxis 15, 467-483.
Stern, D. (2000b): Diskussionsbemerkung. Zeitschr f psychoanal Theorie und Praxis 16 (2001), 92-95.

Stern, D.N./L.W. Sander/J.P. Nahum/A.M. Harrison/K. Lyons-Ruth/A.C. Morgan/N. Bruschweiler-Stern/E.Z. Tronick (1998): Non-interpretive mechanisms in psychoanalytic therapy. The »something more« than interpretation. Int J Psychoanal 79, 903-921.
Stevenson, J./R. Meares (1992): An outcome study of psychotherapy for patients with borderline personality disorder. Am J Psychiatry 149, 358-362.
Strachey, J. (1934): The nature of the therapeutic action of psychoanalysis. Int J Psychoanal 15, 127-158.
Strauß, B./S. Schmidt (1997): Die Bindungstheorie und ihre Relevanz für die Psychotherapie. Psychotherapeut 42, 1-16.
Strauß, B./A. Buchheim (2002): Bindung und Trennung: Zum Verhältnis von Bindungstheorie und Psychoanalyse. Psychother Soz 4, 138-152.
Strauß, B./A. Buchheim/H. Kächele (2002) (Hrsg): Klinische Bindungsforschung. Theorien - Methoden - Ergebnisse. Stuttgart (Schattauer).
Streeck, U. (1994): Institutionelle Herausforderungen an die Psychoanalyse. Forum Psychoanal 10, 322-331.
Streeck, U. (1995): Die interaktive Herstellung von Widerstand. Zeitschr psychosom Med Psychoanal 41, 241-252.
Streeck, U. (1996): Psychoanalytische Therapieverfahren. In: Senf, W./M. Broda (Hrsg.): Praxis der Psychotherapie. Stuttgart (Thieme).
Streeck, U. (2002): Begrüßungen und Verabschiedungen. Kleine rituelle Handlungen zwischen Therapie und Realität. Forum Psychoanal 18, 20-36.
Streeck, U. (2004): Auf den ersten Blick. Psychotherapeutische Beziehungen unter dem Mikroskop. Stuttgart (Klett-Cotta).
Strenger, C. (1989): The classic and the romantic vision in psychoanalysis. Int J Psychoanal 70, 593-610.
Strenger, C. (1991): Between Hermeneutics and Science. An Essay on the Epistemology of Psychoanalysis. New York (Int. Univ. Press).
Stroczan, K. (1998): Verfehlte Begegnungen: Raffaels »Madonna Colonna« und die Großformate von Mark Rothko. Psyche - Z Psychoanal 52, 97-142.
Strümpell, L. (1874): Die Natur und Entstehung der Träume. Leipzig (Veit & Comp).
Strupp, H.H. (1996): Nachhaltige Lektionen aus der psychotherapeutischen Praxis und Forschung. Psychotherapeut 41, 84-87.
Strupp, H.H. (1998): The Vanderbilt I study revisited. Psychotherapy Research 8, 17-29.
Stuhr, U. (1997): Psychoanalyse und qualitative Psychotherapieforschung. In: Leuzinger-Bohleber, M./U. Stuhr (1997) (Hrsg.): Psychoanalysen im Rückblick. Methoden, Ergebnisse und Perspektiven der neueren Katamneseforschung. Gießen (Psychosozial), 164-181.
Stuhr, U. (2001): Methodische Überlegungen zur Kombination qualitativer und quantitativer Methoden in der psychoanalytischen Katamneseforschung und Hinweise zu ihrer Integration. Oder: Rhetorische Sprachfiguren als Stolpersteine auf dem Weg zur Einheitswissenschaft. In: Stuhr, U./M. Leuzinger-Bohleber/M. Beutel (Hrsg.): Langzeit-Psychotherapie. Perspektiven für Therapeuten und Wissenschaftler. Stuttgart (Kohlhammer), 133-148.
Stuhr, U./M. Leuzinger-Bohleber/M. Beutel (Hrsg.) (2001): Langzeit-Psychotherapie. Perspektiven für Therapeuten und Wissenschaftler. Stuttgart (Kohlhammer).
Svartberg, M./T.C. Stiles (1991): Comparative effects of short-term psychodynamic psychotherapy: A meta-analysis. Journal of Consulting and Clinical Psychology 59, 704-714.
Svartberg, M./M.H. Seltzer/T.C. Stiles/S.T. Khoo (1995): Symptom improvement and its tem-

poral course in short-term dynamic psychotherapy. A growth curve analysis. Journal of Nervous and Mental Disease 183, 242-248.

Svartberg, M./T. Stiles/M.H. Seltzer (2004): Randomized, controlled trial of the effectiveness of short-term dynamic psychotherapy and cognitive therapy for Cluster C personality disorders. American Journal of Psychiatry, 161, 810-817.

Svedlund J./I. Sjödin/J.O. Ottosson/G. Dotevall (1983): Controlled study of psychotherapy in irritable bowel syndrome. Lancet 10, 589-592.

Target, M. (2003): Über psychoanalytische Ausbildung: Literaturübersicht und Beobachtungen. Forum Psychoanal 19, 193-210.

Task Force on Promotion and Dissemination of Psychological Procedures (1995): Training and Dissemination of empirically-validated psychological treatments. Report and recommendations. Clinical Psychologist 48, 3-23.

Taylor, C. (1991): Das Unbehagen an der Moderne. Frankfurt/Main (Suhrkamp) 1995.

Tetens, H. (1994): Welchen wissenschaftstheoretischen Fortschritt bringt das Konzept der Forschungsprogramme? In: Inhetveen, R./R. Kötter (Hrsg.): Forschung nach Programm? Zur Entstehung, Struktur und Wirkung wissenschaftlicher Forschungsprogramme. München (Fink), 25-42.

Thoma, G. (2003): Die Rhetorik des Traumas in Patientenerzählungen. Eine Untersuchung aus text- und psychoanalytischer Perspektive. Universität Zürich (Unveröff. Lizentiatsarbeit).

Thomä, H. (1991a): Idee und Wirklichkeit der Lehranalyse. Ein Plädoyer für Reformen (I). Psyche - Z Psychoanal 45, 385-433.

Thomä, H. (1991b): Idee und Wirklichkeit der Lehranalyse. Ein Plädoyer für Reformen (II). Psyche - Z Psychoanal 45, 481-505.

Thomä, H. (1999): Zur Theorie und Praxis von Übertragung und Gegenübertragung im psychoanalytischen Pluralismus. Psyche - Z Psychoanal 53, 820-872.

Thomä, H. (2004): Ist es utopisch, sich zukünftige Psychoanalytiker ohne besondere berufliche Identität vorzustellen? Forum Psychoanal 20, 133-157.

Thomä, H./H. Kächele (1973a): Wissenschaftstheoretische und methodologische Probleme der klinisch-psychoanalytischen Forschung. I. Teil. Psyche - Z Psychoanal 27, 205-236.

Thomä, H./H. Kächele (1973b): Wissenschaftstheoretische und methodologische Probleme der klinisch-psychoanalytischen Forschung. II. Teil. Psyche - Z Psychoanal 27, 309-355.

Thomä, H./H. Kächele (1985): Lehrbuch der psychoanalytischen Therapie. Band 1: Grundlagen. Berlin (Springer) 1996.

Thomä, H./H. Kächele (1988): Lehrbuch der psychoanalytischen Therapie. Band 2: Praxis. Berlin (Springer) 1997.

Thomä, H./H.J. Grünzig/H. Böckenförde/H. Kächele (1976): Das Konsensusproblem in der Psychoanalyse. Psyche - Z Psychoanal 30, 978-1027.

Thompson, L.W./D. Gallagher/J.S. Breckenridge (1987): Comparative effectiveness of psychotherapies for depressed elders. Journal of Consulting and Clinical Psychology 55, 385-390.

Tidd, C.W. (1960): Ethologie und Psychoanalyse. Psyche - Z Psychoanal 15 (1961/62), 487-493.

Tienari, P./L.C. Wynne/J. Moring/I. Lahti/M. Naarala (1994): The Finnish adoptive family study of schizophrenia: implications for family research. British Journal of Psychiatry 23 (Suppl 164), 20-26.

Tomasello, M. (1995): Joint attention as social cognition. In: Moore, C./P. Dunham (Hrsg.): Joint Attention. Its Origins and Role in Development. Hillsdale, New Jersey (Erlbaum), 103-130.

Tomasello, M. (1999a): Die kulturelle Entwicklung des menschlichen Denkens. Zur Evolution der Kognition. Frankfurt/M (Suhrkamp) 2002.
Tomasello, M. (1999b): Having intentions, understanding intentions, and understanding communicative intentions. In: Zelazzo, P./J. Astington/D. Olson (Hrsg.): Developing Theories of Intention. Social Understanding and Self-Control. Mahwah (Erlbaum), 63-76.
Toulmin, S. (1961): Voraussicht und Verstehen. Ein Versuch über die Ziele der Wissenschaft. Frankfurt/Main (Suhrkamp) 1981.
Traue, H.C./J.W. Pennebaker (1993): Emotional expression and Inhibition in Health Illness. Göttingen (Hogrefe-Huber).
Tress, W. (1987): Sprache - Person - Krankheit. Vorklärungen zu einer psychologischen Medizin der Person. Berlin (Springer).
Tress, W. (1993) (Hrsg.): Die Strukturale Analyse Sozialen Verhaltens (SASB). Heidelberg (Asanger).
Tress, W./G. Fischer (1991): Psychoanalytische Erkenntnis am Einzelfall: Möglichkeiten und Grenzen. Psyche - Z Psychoanal 45, 612-628.
Tress, W./W.P. Henry/H.H. Strupp et al. (1990): Die Strukturale Analyse Sozialen Verhaltens (SASB) in Ausbildung und Forschung. Ein Beitrag zur »funktionellen Histologie« des psychotherapeutischen Prozesses. Zeitschrift für Psychosomatische Medizin und Psychoanalyse 36, 240-257.
Tress, W./W.P. Henry/B. Junkert-Tress/G. Hildenbrand/N. Hartkamp/G. Scheibe (1996): Das Modell des Zyklisch-Maladaptiven Beziehungsmusters und der Strukturalen Analyse Sozialen Verhaltens (CMP/SASB). Psychotherapeut 41, 215-224.
Treurniet, N. (1995): Was ist Psychoanalyse heute? Psyche - Z Psychoanal 49, 113-140.
Trevarthen, C. (2003): Neuroscience and intrinsic psychodynamics: Current knowledge and potential for therapy. In: Corrigall, J./H. Wilkinson (Hrsg.): Revolutionary Connections. Psychotherapy and Neuroscience. London (Karnac), 53-78.
Tschuggnall, K. (2003): Favourite bits - Autobiographische Erinnerungen im Gespräch. In: Bruder, K.-J. (Hrsg.): »Die biographische Wahrheit ist nicht zu haben« Psychoanalyse und Biographieforschung. Gießen (Psychosozial), 163-182.
Tschuschke, V./H. Kächele (1996): What do psychotherapies achieve? A contribution to the debate centered around differential effects of different treatment concepts. In: Esser, U./W. Pabst/G.W. Speierer (Hrsg.): The power of the person-centered approach - new challenges, perspectives, answers. Köln (Gesellschaft für wissenschaftliche Gesprächspsychotherapie, GwG).
Tschuschke, V./E. Bänninger-Huber/H. Faller/E. Fikentscher/G. Fischer/I. Frohburg/W. Hager/A. Schiffler/F. Lamprecht/F. Leichsenring/M. Leuzinger-Bohleber/G. Rudolf/H. Kächele (1998): Psychotherapieforschung - Wie man es (nicht) machen sollte. Eine Experten/innen-Reanalyse von Vergleichsstudien bei Grawe et al. (1994). PPmP 48, 430-444.
Tucker, L./S.F. Bauer/S. Wagner/D. Harlam/I. Sher (1987): Long-term hospital treatment of borderline patients: A descriptive outcome study. Am J P 144, 1443-1448.
Tustin, F. (1991): Anmerkungen zum psychogenen Autismus. Psyche - Z Psychoanal 47 (1993), 1172-1183.
Tustin, F. (1994): Die Zementierung eines Irrtums. Arbeitshefte Kinderanalyse, Heft 22/23, April 1996: 15-37.
Tyson, P./R.L. Tyson (1990): Lehrbuch der psychoanalytischen Entwicklungspsychologie. Stuttgart (Kohlhammer) 1997.
Urbantschitsch, V. (1918): Über unbewusste Gesichtseindrücke und deren Auftreten im subjektiven optischen Anschauungsbilde. Z. Neur. Psychiat. 41, 170-184.

Bibliographie

van Ijzendoorn, M.H. (1995): Adult attachment representation, parental responsiveness and infant attachment; a metaanalysis. Psychological Bulletin 117, 387- 403.
Vaughan, S.C./S.P. Roose (1995): The analytic process: clinical and research definitions. Int J Psychoanal 76, 343-356.
Vidich, A.J./S.M. Lyman (1994): Qualitative methods: Their history in sociology and anthropology. In: Denzin, N.K./Y.S. Lincoln (Hrsg.): Handbook of qualitative research. London (Sage), 23-59.
Vinamäki, H./J. Kuikka/J. Tiihonen/J. Lehtonen (1998): Change in monoamine transporter density related to clinical recovery: A case-control study. Nordic Journal of Psychiatry 52, 39-44.
von Klitzing, K./D. Bürgin (2005): Parental capacities for triadic relationships during pregnancy: early predictors of children's behavioral and repesentational functioning at preschool age. Infant Mental Health Journal 26, 19-39.
von Klitzing, K./H. Simoni/D. Bürgin (1999): Child development and early triadic relationships. Int J Psychoanal 80, 71-89.
von Klitzing, K./K. Kelsay/R.N. Emde/J. Robinson/S. Schmitz (2000): Gender-specific characteristics of 5-year-olds' play narratives and associations with behavior ratings. Journal of the American Academy of Child and Adolescent Psychiatry 39, 1017-1023.
von Matt, P. (1995): Verkommene Söhne, Missratene Töchter. Familiendesaster in der Weltliteratur. München (Hanser).
von Wyl, A. (2000): Magersüchtige und bulimische Patientinnen erzählen. Eine narrative Studie der Psychodynamik bei Essstörungen. Psychoanalyse im Dialog. Band 9. Bern (Peter Lang).
von Wyl, A./R. Wepfer/B. Boothe (1997) (Hrsg.): Korpus der Erzählungen. NF-Projekt Nr. 11-37364-93 zur Erzählanalyse JAKOB. Berichte aus der Abteilung Klinische Psychologie Nr. 40. Zürich (Psychologisches Institut der Universität Zürich).
Walker, E.L. (1958): Action decrement and its relation to learning. Journal of Social Psychology 42, 417-429.
Wallerstein, R.S. (1990): Psychoanalysis: the common ground. Int J Psychoanal 71, 3-20.
Wallerstein, R.S. (1998): The new American psychoanalysis: A commentary. JAPA 46, 1021-1043.
Wallerstein, R.S. (2001a): Entwicklung und moderne Transformation der (amerikanischen) Ich-Psychologie. Psyche - Z Psychoanal 55, 649-684.
Wallerstein, R.S. (2001b): Die Generationen der Psychotherapieforschung - ein Überblick. In: Stuhr, U./M. Leuzinger-Bohleber/M. Beutel (Hrsg.): Langzeit-Psychotherapie. Perspektiven für Therapeuten und Wissenschaftler. Stuttgart (Kohlhammer), 38-60.
Wampold, B.E. (2001): The great psychotherapy debate. Models, methods and findings. London (Erlbaum).
Warren, S.L./D. Oppenheim/R.N. Emde (1996): Can emotions and themes in children's play predict behavior problems? Journal of the American Academy of Child and Adolescent Psychiatry 35, 1331-1337.
Waters, E./C.E. Hamilton/N.S. Weinfield (2000): The stability of attachment security from infancy to adolescence and early adulthood: general introduction. Child Development 71, 678-683.
Watkins, J. (1970): Gegen die »Normalwissenschaft«. In: Lakatos, I./A. Musgrave (1970): Kritik und Erkenntnisfortschritt. Braunschweig (Vieweg) 1974, 25-38.
Weinryb, R.M./R.J. Rössel/H. Schauenburg (1999): Eine deutsche Version des »Karolinska Psychodynamic Profile - KAPP«. Psychotherapeut 44, 227-233.

Weiss, J./H. Sampson (1986): The Psychoanalytic Process: Theory, Clinical Observations and Empirical Research. New York (Guilford Press).
Wellman, H./K. Lagattuta (2000): Developing understandings of mind. In: Baron-Cohen, S./H. Tager-Flusberg/D. Cohen (Hrsg.): Understanding Other Minds. Perspectives from Developmental Cognitive Neuroscience. Oxford (Oxford Univ. Press), 21-49.
Wellman, H./A. Phillips (2001): Developing intentional understandings. In: Malle, B./L. Moses/D. Baldwin (Hrsg.): Intentions and Intentionality: Foundations of Social Cognition. Cambridge (The MIT Press), 125-148.
Welzer, H. (2003): Was ist autobiographische Wahrheit? Anmerkungen aus Sicht der Erinnerungsforschung. In: Bruder, K.-J. (Hrsg.): »Die biographische Wahrheit ist nicht zu haben« Psychoanalyse und Biographieforschung. Gießen (Psychosozial), 183-204.
Werthmann, H.-V. (1982): Zur Anwendung des Hempel-Oppenheim-Schemas der wissenschaftlichen Erklärung auf die Psychoanalyse. Psyche - Z Psychoanal 36, 888-907.
Wesiack, W. (1994): Kann eine Theorie der Humanmedizin einen Beitrag zur Integration verschiedener Forschungskonzepte leisten? In: Inhetveen, R./R. Kötter (Hrsg.): Forschung nach Programm? Zur Entstehung, Struktur und Wirkung wissenschaftlicher Forschungsprogramme. München (Fink), 129-137.
Wesiack, W. (1998): Die Bedeutung der Psychoanalyse für die psychosomatische Medizin. In: Hinz, H. (Hrsg.): Wolfgang Loch. Die Krankheitslehre der Psychoanalyse. Allgemeine und spezielle psychoanalytische Theorie der Neurosen, Psychosen und psychosomatischen Erkrankungen bei Erwachsenen, Kindern und Jugendlichen. Stuttgart (Hirzel), 289-347.
Westmeyer, H. (1982): Wissenschaftstheoretische Aspekte der Feldforschung [Scientific-theoretical aspects of field research]. In: Patry, J.L. (Hrsg.): Feldforschung. Bern (Huber), 67-84.
Wetz, F.J. (1995): Edmund Husserl. Frankfurt/Main (Campus).
Whitman, R./M. Kramer/B. Baldridge (1963): Which dream does the patient tell? Arch Gen Psychiatry 8, 277-282.
Wiborg, I.M./A.A. Dahl (1996): Does brief dynamic psychotherapy reduce the relapse rate of panic disorder? Arch Gen Psychiatry 53, 689-694.
Widmer, C. (1997): Erzählte Schuldgefühle und ihre Entsprechung in der therapeutischen Interaktion: Eine Analyse von erzählten und auftretenden Beziehungsmustern. Unveröffentlichte Dissertation an der Phil. Fakultät I der Universität Zürich.
Wiegand-Grefe, S. (2004): Die Destruktivität in der psychoanalytischen Ausbildung. Plädoyer für eine Ausbildungsreform. Forum Psychoanal 20, 331-350.
Wilberg, T./S. Friis/D. Karterud/L. Mehlum/O. Urnes/P. Vaglum (1998): Outpatient group psychotherapy. A valuable continuation treatment for patients with borderline personality disorder treated in a day hospital? Nordic Journal of Psychiatry 52, 213-221.
Wilfley, D.E./W.S. Agras/C.F. Telch/E.M. Rossiter/J.A. Schneider/A.C. Cole/L.A. Sifford/S. Raeburn (1993): Group cognitive-behavioral therapy and group interpersonal psychotherapy for the nonpurging bulimic individual: a controlled comparison. Journal of Consulting and Clinical Psychology 61, 296-305.
Wilke, S. (1992): Die erste Begegnung. Eine konversations- und inhaltsanalytische Untersuchung der Interaktion im psychoanalytischen Erstgespräch. Heidelberg (Asanger).
Wilke, S. (1994): Einige Überlegungen zur Angemessenheit Qualitativer Methoden für die Untersuchung psychoanalytischer Dialoge. In: Faller, H./J. Frommer (Hrsg.): Qualitative Psychotherapieforschung. Grundlagen und Methoden. Heidelberg (Asanger), 73-93.

Bibliographie

Wilke, S./C. Pauli-Magnus/C. Oberbracht/T. Grande/T. Jakobsen/G. Rudolf (2001): Psychoanalytiker kommentieren ihre Behandlungen. Ein Beitrag zur qualitativen Psychotherapieprozessforschung. Psychother Soz 3, 143-159.
Will, H. (2001): Was ist klassische Psychoanalyse? Vom defensiven und polemischen zum historischen Gebrauch. Psyche - Z Pschoanal 55, 685-717.
Wilson, T.L./T.L. Brown (1997): Re-examination of the effect of Mozart's music on spatial task performance. Journal of Psychology 131, 365-370.
Wingert, L. (2001): Epistemisch nützliche Konfrontationen mit der Welt? In: Wingert, L./K. Günther (Hrsg.): Die Öffentlichkeit der Vernunft und die Vernunft der Öffentlichkeit. Festschrift für Jürgen Habermas. Frankfurt/M (Suhrkamp), 77-105.
Winnicott, D.W. (1965): Reifungsprozesse und fördernde Umwelt. Gießen (Psychosozial) 2001.
Winston, A./J. Pollack/L. McCullough/W. Flegenheimer/R. Kestenbaum/M. Trujillo (1991): Brief psychotherapy of personality disorders. The Journal of Nervous and Mental Disease 179, 188-193.
Wirtgen, W. (Hrsg.) (1997). Trauma - Wahrnehmen des Unsagbaren. Heidelberg (Asanger).
Wirth, H.-J. (2000): Spaltungsprozesse in der psychoanalytischen Bewegung und ihre Auswirkungen auf die Theoriebildung. In: Schlösser, A.-M./K. Höhfeld (Hrsg.): Psychoanalyse als Beruf. Gießen (Psychosozial), 177-192.
Wirth, H.-J. (2001): Das Menschenbild der Psychoanalyse: Kreativer Schöpfer des eigenen Lebens oder Spielball dunkler Triebnatur? In: Schlösser, A.-M./A. Gerlach (Hrsg.): Kreativität und Scheitern. Gießen (Psychosozial), 13-40.
Wirth, H.-J. (2002): Narzissmus und Macht. Zur Psychoanalyse seelischer Störungen in der Politik. Gießen (Psychosozial).
Wissenschaftlicher Beirat (1999): Leitfaden für die Erstellung von Gutachten-Anträgen zu Psychotherapieverfahren. Deutsches Ärzteblatt 96, A-1015.
Wissenschaftlicher Beirat (2000a): Anwendungsbereiche von Psychotherapie bei Erwachsenen. Deutsches Ärzteblatt 97, B-52.
Wissenschaftlicher Beirat (2000b): »Mindestanforderungen für die Begutachtung von Wirksamkeitsstudien im Bereich Psychotherapie«. Stand vom 08.06.2000. Internet: www.wbpsychotherapie.de
Wolff, E. (2000): Einleitung. André Green - Leben und Werk. In: Green, A. (1990): Geheime Verrücktheit. Grenzfälle der psychoanalytischen Praxis. Gießen (Psychosozial), 9-16.
Wolff, P. (1996): The irrelevance of infant observations for psychoanalysis. JAPA 44, 369-474 (mit Diskussion).
Wolff, P. (1998): Response to Silverman and Nahum. JAPA 46, 274-278.
Woodward, A. (1998): Infants selectively encode the goal object of an actor's act. Cognition 69, 1-34.
Woodward, A./J. Sommerville/J. Guajardo (2001): How infants make sense out of intentional action. In: Malle, B./L. Moses/D. Baldwin (Hrsg.): Intentions and Intentionality: Foundations of Social Cognition. Cambridge (The MIT Press), 149-170.
Woody, G.E./L. Luborsky/A.T. McLellan/C.P. O'Brien/A.T. Beck/J. Blaine/I. Herman/A. Hole (1983): Psychotherapy for opiate addicts: Does it help? Archives of General Psychiatry 40, 639-645.
Woody, G. E./T. McLellan/L. Luborsky/C.P. O'Brien (1985): Sociopathy and psychotherapy outcome. Arch Gen Psychiatry 42, 1081-1086.
Woody, G.E./A.T. McLellan/L. Luborsky/C.P. O'Brien (1987): Twelve-month follow-up of psychotherapy for opiate dependence. American Journal of Psychiatry 144, 590-596.

Woody, G.E./L. Luborsky/A.T. McLellan/C.P. O'Brien (1990): Corrections and revised analyses for psychotherapy in methadone maintenance patients. Archives of General Psychiatry 47, 788-789.
Woody, G.E./L. Luborsky/A.T. McLellan/C.P. O'Brien (1995): Psychotherapy in community methadone programs: a validation study. American Journal of Psychiatry 152, 1302-1308.
Woolf, S.H. (1992): Practice guidelines, a new reality in medicine. II. Methods of developing guidelines. Arch Intern Med 152, 946-952.
Wuchterl, K. (1995): Grundkurs: Geschichte der Philosophie. Bern (Haupt).
Yalom, I.D. (1989): Die Liebe und ihr Henker und andere Geschichten aus der Psychotherapie. München (btb) 1999.
Yorke, C. (2002): Die Aktualität der Triebtheorie. Gießen (Psychosozial).
Zahn-Waxler, C./P.M. Cole/K.C. Barrett (1991): Guilt and empathy. Sex differences and implications for the development of depression. In: Garber, J./K. Dodges (Hrsg.): The development of emotion regulation and dysregulation. Cambridge (Cambrigde University Press), 243-272.
Zahn-Waxler, C./J. Robinson/R.N. Emde (1992): The development of empathy in twins. Developmental Psychology 28,1038-1047.
Zelazzo, P./J. Astington/D. Olson (1999) (Hrsg.): Developing Theories of Intention. Social Understanding and Self-Control. Mahwah, New Jersey (Erlbaum).
Zepf, S. (1994): Die geheime Anthropologie in den empirischen Sozialwissenschaften. In: Zepf, S.: Abgründige Wahrheiten im Alltäglichen. Göttingen (Vandenhoeck u. Ruprecht), 171-229.
Zepf, S. (2000): Allgemeine psychoanalytische Neurosenlehre, Psychosomatik und Sozialpsychologie. Ein kritisches Lehrbuch. Gießen (Psychosozial).
Zepf, S./S. Hartmann (1989): Psychoanalytische Praxis und Theoriebildung: Verstehen und Begreifen. Heidelberg (Springer).
Zepf, S./S. Hartmann (2002): Wissenschaftliche Prüfung und wissenschaftliche Anerkennung psychotherapeutischer Verfahren. Einige grundsätzliche Anmerkungen zu den Prüfkriterien des Wissenschaftlichen Beirats Psychotherapie. Psychotherapeut 47, 278-284.
Zepf, S./S. Hartmann (2003): Einige Anmerkungen zur epistemischen Struktur der Diagnostik und Behandlung in der Humanmedizin und der Psychotherapie. J Psychol 11, 413-419.
Zepf, S./S. Hartmann (2004): Some remarks about constructivism in psychoanalysis. J Europ Psychoanal (in press).
Zima, P. (1999): Dialogische Theorie. Zum Problem der wissenschaftlichen Kommunikation in den Sozialwissenschaften. Ethik und Sozialwissenschaften 10, 585-669 (mit Diskussion).
Zima, P. (2000): Theorie des Subjekts. Subjektivität und Identität zwischen Moderne und Postmoderne. Tübingen (Francke/UTB).
Zitrin, C.M./D.F. Klein/M.C. Woerner/D.C. Ross (1983): Treatment of phobias. I. Comparison of imipramine hydrochloride and placebo. Archives of General Psychiatry 40, 125-138.
Zwiebel, R. (1994): Das Protokoll von Analysesitzungen. Zeitschr f psychoanal Theorie und Praxis 9, 192-203.

Verzeichnis der Autorinnen und Autoren

Eva Bänninger-Huber, Univ.-Prof. Dr., Vizerektorin für Lehre und Studierende an der Leopold-Franzens Universität Innsbruck, Lehrstuhl für Klinische Psychologie, Psychotherapeutin, langjährige Forschungstätigkeit in der Klinischen Emotions-, Interaktions- und Psychotherapieforschung, Leiterin der Arbeitsgruppe Notfallpsychologie am Institut für Psychologie an der Leopold-Franzens Universität Innsbruck, Präsidentin der Österreichischen Gesellschaft für Psychologie. Adr.: Institut für Psychologie, Innrain 52, A-6020 Innsbruck, eva.baenninger-huber@uibk.ac.at.

Brigitte Boothe, Prof. Dr. phil, Psychoanalytikerin (DPG, DGPT), Lehrstuhl für Klinische Psychologie, Psychotherapie und Psychoanalyse an der Universität Zürich. Mithrsg. der Zeitschrift *Psychotherapie und Sozialwissenschaft*. Besonderer Forschungsschwerpunkt: Klinische Erzählforschung, Erzähl- und Traumanalyse, qualitative Einzelfall- und Prozessforschung. Akt. Publikation: *Der Patient als Erzähler in der Psychotherapie* (Neuaufl. 2004). Adr.: Klinische Psychologie, Psychotherapie und Psychoanalyse, Universität Zürich, Schmelzbergstrasse 40, CH-8044 Zürich, b.boothe@psychologie.unizh.ch.

Anna Buchheim, Dipl.-Psych. Dr. biol. hum., Psychoanalytikerin (DPV), wissenschaftl. Assistentin an der Abt. für Psychosomatische Medizin und Psychotherapie der Universität Ulm (Dir.: Prof. Dr. H. Kächele). Forschungsschwerpunkte: Emotionale Entwicklung von Frühgeborenen, Klinische Bindungsforschung (Methodenvergleich, Angst- und Borderlinestörungen, Trauma (PTSD), psychoanalytische Einzelfälle), Neurobiologie und Bindung. Adr.: Abt. Psychosomatische Medizin und Psychotherapie, Universitätsklinikum Ulm, Am Hochsträss 8, D-89081 Ulm, buchheim@sip.medizin.uni-ulm.de.

Martin Dornes, Dr. phil., Jg. 1950, Soziologe, Entwicklungspsychologe und Gruppenanalytiker, ist Privatdozent für psychoanalytische Psychologie an der Universität Kassel und Kollegiumsmitglied des Instituts für Sozialforschung in Frankfurt/M. Buchpublikationen: *Der kompetente Säugling* (13.

Aufl. 2004); *Die frühe Kindheit* (7. Aufl. 2003); *Die emotionale Welt des Kindes* (3. Aufl. 2002). Adr.: Humboldtstraße 5, D-60318 Frankfurt/M.

Tamara Fischmann, Jg. 1960, Dr. rer. med., Dipl.-Psych., Psychoanalytikerin in eigener Praxis, wissenschaftliche Mitarbeiterin am Sigmund-Freud-Institut, Frankfurt am Main, Forschungsschwerpunkt und Veröffentlichungen vor allem auf dem Gebiet der Wahrnehmungs-, Traum- und Gedächtnisforschung. Adr.: Sigmund-Freud-Institut, Myliusstr. 20, D-60323 Frankfurt/M., SFI-T.Fischmann@t-online.de.

Peter Fonagy, PhD FBA, Freud Memorial Professor of Psychoanalysis am UCL; Klinischer Psychologe, Lehr- und Kontrollanalytiker der *BPS*; Co-Chairing des Research Committee der *IPA*. Forschungsschwerpunkte: Borderline-Störung, Bindung, Integration empirischer Forschung und psychoanalytischer Theorie. Akt. Publikation: mit Gergely/Jurist/Target: *Affektregulierung, Mentalisierung und die Entwicklung des Selbst* (2002). Adr.: Psychoanalysis Unit, Sub-Department of Clinical Health Psychology, University College London, 1–19 Torrington Place, London WC1E 7HB; p.fonagy@ucl.ac.uk.

Thomas Köhler, Prof. Dr. med. Dr. phil., Jg. 1949. Studium der Medizin, Psychologie und Mathematik in München. Habilitation in Hamburg 1990. Er lehrt am Psychologischen Fachbereich der Universität Hamburg. Forschungsschwerpunkte: Freuds Psychoanalyse, Biopsychologie, biologische Grundlagen psychischer Störungen. Akt. Publikationen: *Das Werk Sigmund Freuds* (2000); *Biopsychologie* (2001); *Statistik für Psychologen, Pädagogen und Mediziner* (2004). Adr.: Universität Hamburg, Psychologisches Institut III, Von-Melle-Park 5, D-20146 Hamburg.

Rainer Krause, Prof. Dr. phil., Lehrstuhl für klinische Psychologie und Psychotherapie Fachrichtung Psychologie, Universität des Saarlandes. Lehranalytiker und Supervisor Deutsche Gesellschaft für Psychoanalyse. Vorsitzender der Forschungskommission der DPG. Forschungen zum unbewussten Affektaustausch. Adr.: Universität des Saarlandes, Klinische Psychologie und Psychotherapie, Universitätscampus Gebäude 1.1, D-66041 Saarbrücken, r.krause@mx.uni-saarland.de.

Falk Leichsenring, Prof. Dr., Dipl.-Psych., Psychoanalytiker, Lehranalytiker (DGPT), Leiter der Arbeitsgruppe Psychotherapieforschung der Abt.

Psychosomatik u. Psychotherapie der Universität Göttingen und Leiter der Abt. Dokumentation und Qualitätssicherung des Krankenhauses Tiefenbrunn. Mitglied des Wissenschaftlichen Beirats Psychotherapie. Forschungsschwerpunkte: Psychodiagnostik, Psychotherapieforschung, Persönlichkeitsstörungen. Adr.: Klinik für Psychosomatik und Psychotherapie, Universität Göttingen, von-Siebold-Str. 5, D-37075 Göttingen.

Wolfgang Leuschner, Arzt für Psychiatrie, Psychotherapeutische Medizin und Psychoanalyse. Ehemaliger Leiter des Labors für experimentelle Traum- und Gedächtnisforschung am Sigmund-Freud-Institut. Wissenschaftliche Untersuchungen und Veröffentlichungen zum Thema Traum, unbewusste Wahrnehmung, Vorbewusstes Processing System und Ausnahmezustände. Adr.: Sigmund-Freud-Institut, Myliusstr. 20, D-60323 Frankfurt/M., SFI-W.Leuschner@t-online.de.

Gerald Poscheschnik, Mag. phil., Psychologe, Klinischer Psychologe und Gesundheitspsychologe. Zur Zeit Dissertation über wissenschaftstheoretische und methodologische Grundlagen empirischer Forschung in der Psychoanalyse am Institut für Psychologie der Universität Klagenfurt. Interessensschwerpunkte: Psychoanalytische Konzeptforschung, Psychoanalytische Entwicklungsforschung, Wissenschaftstheorie, Methodologie. Akt. Publikation als Mithrsg.: *Psychoanalyse im Spannungsfeld von Humanwissenschaft, Therapie und Kulturtheorie* (2003). Adr.: Karawankenblickstr. 263, A-9020 Klagenfurt, poscheschnik@gmx.net.

Gerd Rudolf, Prof. Dr. med., ehem. Direktor der Psychosomatischen Universitätsklinik Heidelberg. Mitbegründer der OPD; Mithrsg. der *Zeitschrift für Psychosomatische Medizin*. Akt. Publikationen: *Psychotherapeutische Medizin und Psychosomatik. Ein einführendes Lehrbuch auf psychodynamischer Grundlage* (4. Aufl. 2000); *Strukturbezogene Psychotherapie. Leitfaden zur psychodynamischen Therapie struktureller Störungen* (2004); mit Grande/Henningsen: *Die Struktur der Persönlichkeit* (2002). Adr.: Thibautstr. 2, D-69115 Heidelberg. Gerd.Rudolf@med.uni-heidelberg.de.

Gerhard Schüßler, O. Univ.-Prof. Dr. med., Vorstand der Univ.-Klinik für Medizinische Psychologie und Psychotherapie in Innsbruck seit 1995. Arzt für Neurologie und Psychiatrie. Psychosomatische Ausbildung in Berlin und Göttingen von 1982–1989. Gründungsmitglied der Operationalisierten Psychodynamischen Diagnostik (OPD). Adr.: Univ.-Klinik für Medizin.

Psychologie und Psychotherapie, Sonnenburgstr. 16, A-6020 Innsbruck, medpsych@uibk.ac.at.

Ulrich Streeck, Prof. Dr., Facharzt für Psychiatrie und psychotherapeutische Medizin, Psychoanalyse. Ärztlicher Direktor der Klinik Tiefenbrunn bei Göttingen. Arbeitsschwerpunkte: Qualitative Psychotherapieforschung, Nichtsprachliches Verhalten, Interaktion und Kommunikation in Psychotherapie, Persönlichkeitsstörungen, Stationäre Psychotherapie. Mithrsg. der Zeitschriften *Psychotherapie und Sozialwissenschaft* und *Psychotherapie im Dialog*. Akt. Publikation: *Auf den ersten Blick. Psychotherapeutische Beziehungen unter dem Mikroskop* (2004). Adr.: Herzberger Landstr. 53, D-37085 Göttingen, ulrich@streeck.net.

Mary Target, PhD, Dozentin für Psychoanalyse am UCL; Klinische Psychologin, Psychoanalytikerin; Professional Director des Anna Freud Centre; Mitglied des Research Committee (Conceptual Research) der *IPA*. Forschungsschwerpunkte: Entwicklungspsychopathologie, Bindung, Psychotherapiewirksamkeit. Akt. Publikation: mit Fonagy: *Psychoanalytic Theories: Perspectives from Developmental Psychopathology* (2003). Adr.: Psychoanalysis Unit, Sub-Department of Clinical Health Psychology, University College London, 1–19 Torrington Place, London WC1E 7HB; m.target@ucl.ac.uk.

Kai von Klitzing, Dr. med., Professor für Kinder- und Jugendpsychiatrie an der Universität Basel, Mitglied der Schweizerischen Gesellschaft für Psychoanalyse/IPV, Herausgeber der Zeitschrift *Kinderanalyse* (mit M. Günter), Board-Mitglied der World Association for Infant Mental Health (WAIMH). Adr.: Kinder- und Jugendpsychiatrische Klinik, Universitäre Psychiatrische Kliniken, Schaffhauserrheinweg 55, CH-4058 Basel, kai.vonklitzing@unibas.ch.

Siegfried Zepf, Univ.-Prof. em. Dr. med. Ehemaliger Direktor des Instituts für Psychoanalyse, Psychotherapie und Psychosomatische Medizin der Universität des Saarlandes. Facharzt für Innere Medizin und Psychotherapeutische Medizin, Lehranalytiker (DPG, DGPT). Zahlreiche Publikationen zu epistemologischen, psychosomatischen, sozialpsychologischen und psychoanalytischen Themen. Akt. Publikation: *Allgemeine psychoanalytische Neurosenlehre, Psychosomatik und Sozialpsychologie* (2000). Adr.: Narzissenstr. 5, D-66119 Saarbrücken, s.zepf@rz.uni-sb.de.

Silke Wiegand-Grefe,
Michaela Schuhmacher
**Strukturelle Gewalt
in der psychoanalytischen
Ausbildung**
Eine empirische Studie zu Hierarchie,
Macht und Abhängigkeit

Originalausgabe · ca. 200 Seiten
Broschur · E (D)19,90 · SFr 34,90
ISBN 3-89806-418-2

Eine groß angelegte empirische Erhebung zur Problematik der psychoanalytischen Ausbildung, die interessante und fundierte Anregungen für eine grundsätzliche Reform dieser Ausbildung präsentiert.

Es ist interessant, dass sich seit Bestehen der Ausbildung an den hierarchischen Macht- und Ausbildungsstrukturen trotz wiederholter Kritik und Reformvorschlägen namhafter Psychoanalytiker wie Anna Freud, Michael Balint, Horst-Eberhard Richter, Otto Kernberg und Hemut Thomä bislang wenig verändert hat. Mittels einer Studie, die in einem empirischen und einem quantitativen Teil erforscht, wie die Kandidaten die Ausbildung erleben, und die prüft, ob sich die in der Literatur beschriebenen Prozesse empirisch belegen lassen, gehen die Autorinnen diesem Problem auf den Grund.

P❂V
Psychosozial-Verlag

2005 · ca. 250 Seiten · Broschur
EUR(D) 29,90 · SFr 52,—
ISBN 3-89806-481-6

Die hier vorliegende Untersuchung ist eine Replikationsstudie der 1994 in den USA durchgeführten »Consumer Reports Study«. Sie beschreibt die jeweilige Zufriedenheit von Männern und Frauen mit unterschiedlichen Behandlungsformen psychischer Störungen. Untersucht werden Fachpsychotherapie, Laienbehandlung in Selbsthilfegruppen und hausärztliche Behandlung im Vergleich.

P🕮V
Psychosozial-Verlag

Dezember 2005
640 Seiten · Broschur
EUR(D) 39,90 · SFr 69,—
ISBN 3-89806-479-4

Dieses Lehrbuch ist eine systematische Einführung in Theorie und Technik der Intensiven Dynamischen Kurzpsychotherapie, die sich innerhalb der letzten Jahrzehnte neben der (traditionellen) Langzeittherapie als therapeutische Methode fest etabliert hat. Neben der Bedeutung Habib Davanloos für die Entwicklung der Kurzpsychotherapie werden unter Einbezug der Neurowissenschaften vor allem Aspekte der personen- und konfliktbezogenen Übertragung, die Behandlung der Widerstände und der Aufbau der therapeutischen Allianz dargelegt. Ein Kernstück ist die Systematik der Interventionsstrategien sowie die kurztherapeutische Behandlung einer Vielzahl von Krankheitsbildern. Merkmale erfolgreich verlaufender Therapien, die Ausbildung und spezifische Schwierigkeiten von Therapeuten und ein Ausblick für die psychotherapeutische Forschungslandschaft runden das Buch ab.

P⊠V
Psychosozial-Verlag

2005 · 343 Seiten · Broschur
EUR(D) 29,90 · SFr 52,—
ISBN 3-89806-432-8

Wie bewältigen Frauen und Männer sexuelle Traumata, und wie können Therapeuten und Therapeutinnen sie dabei unterstützen? Diese qualitative Untersuchung zeigt deutliche geschlechtsspezifische Unterschiede bei Langzeitauswirkungen und Verarbeitung. Die forschungsaktuellen Resultate vermitteln sowohl neue Aspekte für geschlechtssensible Psychotherapie- und Beratungskonzepte als auch ein tieferes Verständnis für den Bewältigungsprozess.

P🔲V
Psychosozial-Verlag

www.ingramcontent.com/pod-product-compliance
Ingram Content Group UK Ltd.
Pitfield, Milton Keynes, MK11 3LW, UK
UKHW041946230426
12048UKWH00008B/169